Lebensrückblick als Dank

Horst Helle

Neuauflage 2025

Lebensrückblick als Dank

für die Relevanten Anderen

Horst Helle

Erweiterte Neuauflage

München 2025, Amazon.com

Inhalt

Vorwort

Was kann Leser und Verfasser verbinden?

Wie aus dem Inhaltsverzeichnis deutlich wird, ist dies Buch *nicht* ein Lebenslauf des Verfassers. Der Charakter einer Autobiographie mag für das erste Kapitel trotz teils sachlicher Berichte über den Zweiten Weltkrieg weitgehend zutreffen. Für das zweite Kapitel gilt das nur noch sehr eingeschränkt und für die drei weiteren Kapitel gar nicht mehr. Dort wird über Besonderheiten asiatischer Kulturen reflektiert und am Ende des Buches über die neuesten Kriege in der Ukraine und in Israel, die bedauerlicherweise über Erweiterungen und Neuauflagen dieses Textes hinweg fortbestehen. Trotzdem ist hier manches fast unerträglich persönlich, z.B. wenn ich über die Bombardierung Hamburgs 1943 berichte, einer Grausamkeit, die zu unser aller Entsetzen in der Ukraine und in Palästina acht Jahrzehnte später wieder die wehrlose Zivilbevölkerung einschließlich kleiner Kinder heimsucht.

Das Buch beginnt mit den eigenen Vorfahren, meiner Kindheit und Schulzeit unter Hitler, dem Krieg und mit Musikbegeisterung und Studium in Hamburg und den USA. Dann folgen Berichte über Erfahrungen in Aachen an der RWTH und an den Universitäten Wien und München und über Auslandsaufenthalte in Japan, Korea and besonders in China. Inzwischen haben zwei neue Kriege die Menschheit heimgesucht, so dass ein trauriger Blick auf alte und neue Kriege und damit auch auf die Ukraine und auf Gaza am Ende dieses Buches nicht vermeidbar war.

Es ist eine Mischung geworden aus Bericht, Tagebuch und Reflexion. Der Leser ist eingeladen, den Wechsel zu tolerieren zwischen spontanen Notizen und den Referaten und Spekulationen über das Wesen und den Wandel der Menschheit in ihren verschiedenen Epochen und Kulturen.

München, April 2025 Horst Helle

Kapitel I: Altfordere und Kindheit

I,1: Großeltern und Erster Weitkrieg

Im Jahre 1883, in dem Karl Marx starb und Karl Jaspers geboren wurde, kamen zu Weihnachten die Eltern meiner Mutter zur Welt. Ihr Vater lebte in meiner frühen Kindheit Wand an Wand in zwei verbundenen Doppelhaushälften in Hamburg-Eidelstedt mit *seinen* Eltern, also mit meinen Urgroßeltern. Hier folgt ein Foto, in dem mein Urgroßvater mich an der Hand hält. Das Bild macht den Eindruck, als ob der alte Herr – übrigens mit dem Vollbart, den Karl Marx auch trug, und der eben für Männer dieser Generation ganz normal war – *gerade noch* gehen konnte und als ob ich mit einiger Unsicherheit über vier Generationen hinweg *immerhin schon* gehen konnte.

Das Foto muss 1935 oder 1936 aufgenommen worden sein. Es zeigt also meinen Urgroßvater Moescher und mich. Die Informationen, die ich über ihn habe, stammen aus den Gesprächen in der Familie: Er war, wie seine Söhne Gustav (mein Großvater) und Max (dessen jüngerer Bruder) Tischler, oder hier in Bayern: Schreiner, von Beruf. Aber er war nicht nur Tischlermeister, sondern hat daneben als Berufsschullehrer unterrichtet; doch diese Lehrer-Rolle übernahmen seine Söhne nicht.

Mit seiner Lehrtätigkeit war mein Urgroßvater ein wenig auch ein Pionier des deutschen Bildungswesens; denn „Die Berufsschule ist seit 1871 eine Schulform im Bereich der berufsbildenden Schulen. Berufsschulen hießen bis 1912 *Fortbildungsschulen*". Es könnte also wohl sein, dass der Vater des Vaters meiner Mutter als lehrender Tischlermeister ein Mann der ersten Stunde gewesen ist. Wir kennen sein Geburtsjahr nicht, wissen aber, dass sein ältester Sohn, mein Großvater, wie oben schon erwähnt, im Jahre 1883 als „Weihnachtsgeschenk" geboren wurde, und zwar am 24. Dezember.

Doch zunächst zu seiner Ehefrau, meiner Großmutter mütterlicherseits, ebenfalls 1883 geboren. Zu ihr gibt es mehr
mündliche Hinweise, an die ich mich erinnere, da wir seit der
Katastrophe der Luftangriffe auf Hamburg von 1943 bei den
Eltern meiner Mutter wohnten, und ich also regelmäßig Gespräche mit ihr führte. Sie stammte aus Thüringen, ihre
Sprechweise signalisierte das, und sie erzählte mir, dass sie,
wie ihr Ehemann, im Dezember 1883 geboren wurde. Sie ist
das 13. und letzte Kind ihrer Eltern gewesen.

Von ihrem Vater berichtete sie, er habe körperlich gearbeitet und sei an den Folgen eines „Blutssturzes" gestorben. Was sich hinter diesem Hinweis auf starke Blutungen als Ursache seines Todes verbarg, wissen wir nicht. Ich habe die vage Erinnerung, dass der Vater meiner Großmutter Waldarbeiter war und sich auch mit dem Fällen von Bäumen beschäftigte.

In unseren Gesprächen erwähnte meine Großmutter den Ortsnamen *Oldisleben*, den Fluss *Unstrut,* in dem sie und ihre Freunde manchmal badeten, und auch *Heldrungen* und den *Kyffhäuser*. Ich habe mir ein kaum auffindbares kleines Dorf vorgestellt, doch als ich nun nach Jahrzehnten im Internet nachschaute, fand ich, dass Oldisleben heute 2300 Einwohner hat, dass es auf eine Geschichte von mehr als 900 Jahren zurückblickt, beginnend mit der Gründung eines Benediktinerklosters, das bis zur Reformation bestand, als die Gegend evangelisch wurde. Ich wäre gern einmal zu einer Besuchstour dorthin gereist, aber als die Großmutter noch lebte, war Thüringen kaum zugänglich, weil es in der DDR lag, und nun ist der Gedanke an eine Reise dorthin irgendwie eine verpasste Chance.

Die Familien dieser Zeit waren ganz anders als die heutigen. Wie erwähnt, war die Mutter meiner Mutter das dreizehnte Kind, und der Vater meiner Mutter war das älteste von neun Kindern. In meinen Vorlesungen über Soziologiegeschichte erwähnte ich manchmal vergleichbare Geschwisterzahlen, z.B. bei Marx oder Simmel, und beeilte mich dann, den staunenden Studenten rasch zu versichern, dass solche Nachwuchszahlen im 19. Jahrhundert nicht ungewöhnlich waren. Zur Erhaltung eines wirtschaftlichen Gleichgewichts, besonders in der Unterschicht, gehörte dann, dass Kinder früh Geld verdienten und das ganz, oder zu einem erheblichen Teil, bei ihren Eltern ablieferten. Nach diesem Grundsatz verließ meine Großmutter einige Jahre vor der Jahrhundertwende ihr kleines Oldisleben und zog in die Großstadt Halle (Saale) um, wo sie als Verkäuferin in einem Fleischgeschäft (Schlachterei, Metzgerei) arbeitete.

Anscheinend lebte zur gleichen Zeit ihr zukünftiger Ehemann, der spätere Vater meiner Mutter, auch in Halle und hatte regelmäßig Bedarf an Fleischwaren, was das Anbahnen von Kontakten zu einer zuständigen Verkäuferin nahelegte. Während wir uns zu den Einzelheiten auf die kreative Fantasie des jeweiligen Lesers dieser Zeilen verlassen müssen, ergibt sich aus der Aktenlage (Geburtsurkunde), dass der ältere Bruder meiner Mutter, mein Onkel Gustav, am 18.12.1904 in Halle an der Saale als Sohn eines Tischlergesellen geboren wurde. Die Familie lebt dann seit spätestens 1906 in Hamburg, und – ein wenig überraschend – mein Großvater wurde eben dort, nämlich in Hamburg, 1883 auch geboren.

Was ihn um die Jahrhundertwende nach Halle brachte, ist mir unbekannt. Ich erinnere mich jedoch an ein Gespräch mit ihm, in dem er beschrieb, dass es zu dieser Zeit Streiks gegeben habe, und wie er den Konflikten, z.B. der Alternative entweder zu streiken oder als Streikbrecher beschimpft zu werden, durch Wechsel des Wohnorts entging. Ob ihn das von Hamburg nach Halle oder später von Halle nach Hamburg (oder sowohl als auch) getrieben hat, weiß ich nicht. Jedenfalls wächst mein Onkel Gustav in Hamburg auf, und dort wird 1910 auch seine kleine Schwester, meine Mutter, geboren.

Als sie etwa vier Jahre alt ist, beginnt der *Erste Weltkrieg*. Ihr Vater wird Soldat, nicht freiwillig – wie der älteste Bruder *meines* Vaters – dazu später mehr, sondern weil es seine Pflicht war, für den Kaiser zu kämpfen. Die Familienmitglieder waren Lutheraner. Dann, als der Krieg vorüber ist, kehrt der Vater meiner Mutter heim, gesund und unverletzt, und alle sind dankbar, ihn wieder zu haben.

Doch er – ein besonders sensibler und hilfsbereiter Mann – erklärt seinen Lieben: Leider muss ich Euch sagen: „Einen lieben Gott gibt es nicht! Denn wenn es ihn gäbe, hätten die Dinge nicht passieren können, die ich erlebt habe." – Mit diesem Urteil ihres Vaters, den sie sehr liebte, musste meine

Mutter leben und auch versuchen, später mich in einer religiösen Tradition zu erziehen.

Im Wohnzimmer meiner Großeltern mütterlicherseits entdeckten mein Großvater und ich als Kind zufällig in einem Schubfach ein Eisernes Kreuz als Verdienstabzeichen. Ich fragte den Großvater, wofür er es erhalten habe. Er sagte etwa: „Ich stand plötzlich ganz nah vor einem Soldaten der anderen Seite, und der war schneller als ich damit, die Waffen wegzuwerfen. So nahm ich ihn gefangen anstatt er mich."

Familie Gustav Moescher ohne den Vater, *Hamburg 1915: Meine Mutter, ihre Mutter, ihr Bruder: Das Foto wurde für den an der Front kämpfenden Ehemann und Vater aufgenommen.*

Der Krieg führte die Bevölkerung daheim zu dem furchtbaren „Steckrübenwinter", in dem gehungert wurde. Meine Mutter schilderte eine tränenreiche Szene zwischen ihr und ihrer Mutter: Das Einzige, was die Mutter der kleinen Tochter zu essen geben konnte, war eine Steckrübe, aber das war schon den ganzen Tag über die einzige Speise gewesen, und nun wollte die Kleine lieber gar nichts essen als schon wieder Steckrübe.

Meine Mutter war eine geborene Moescher. Hier wurde bisher von den Kriegsleiden der Familie Moescher berichtet, die auch in dem Foto sichtbar werden, weil alle drei Personen in ihren Gesichtern widerspiegeln, wie sehr ihnen der als Soldat abwesende Ehemann und Vater fehlt. Noch härter war das Schicksal der Familie Helle, die im Ersten Weltkrieg den ältesten Sohn verlor.

Meine Großeltern väterlicherseits hatten fünf Kinder, eine Tochter und vier Sohne. Sie wurden in dieser Reihenfolge geboren: Erich, Hedwig, Emil, Friedrich und Paul. Mein Vater hatte den gleichen Vornamen wie sein Vater, beide hießen Emil Helle, unterschieden sich aber durch weitere, nachrangige Vornamen. Während die Moeschers aus dem lutherischen *Thüringen* in das wachsende *Hamburg* zuwanderten, kamen die Helles aus dem katholischen Teil *Westfalens*. Dort waren einige Vorfahren in *Rüthen* Gastwirte, Bäcker, Bierbrauer, und Einzelhändler.

Mein Vater wurde 1901 in Barmen geboren, das damals noch nicht zu Wuppertal gehörte. Sein Vater war Elektroingenieur geworden und folgte mit der Wahl des Wohnortes seinen Karrierechancen entsprechend der damaligen Tendenz, die Städte zu elektrifizieren. Bevor das geschah, beruhte die Beleuchtung der Wohnräume auf Gas: In den städtischen Behausungen lösten Gaslampen um die Mitte des 19. Jahrhunderts die davor verwendeten Kerzen und Petroleumlampen ab, die jedoch auf dem Land noch lange ihre Daseinsberechtigung behielten. Die Zeit der Gasbeleuchtung in Wohnungen endete nach dem 1. Weltkrieg wieder, da sich die elektrische Beleuchtung zunehmend mehr durchsetzte. Das hing auch mit der hohen Explosionsgefahr zusammen, die durch ausströmendes Gas in Wohnräumen immer wieder entstand.

Ähnlich wie der Bruder meiner Mutter als Kleinkind nach Hamburg umziehen musste, wurde auch mein Vater im frühesten Kindesalter dorthin „importiert". An der Elektrifizierung war sein Vater auch dadurch beteiligt, dass er von 1906 bis zu seiner Versetzung nach Dresden Chef des Elektrizitätswerkes in Hamburg-Stellingen war. Sein zweiter Sohn, mein Vater, wuchs auf, umgeben von den Geschwistern, Erich und Hedwig, die etwas älter waren als er, und seinen beiden kleinen Brüdern Friedrich und Paul.

Vater meines Vaters, ältestes Enkelkind Helga, 1935.

Als am 28. Juli 1914 der Erste Weltkrieg begann, war Emil
Junior gerade 13 geworden. Sein ältester Bruder war mit 18
alt genug, sich freiwillig als Soldat zu melden. Er wurde zum
Kampf an die Front geschickt und kam nie zurück. Das Foto
zeigt die Großmutter Helle mit zwei ihrer Enkel: Rolf, dem
Sohn von Paul, der von seiner Mutter die dunklen Haare geerbt, und mir.

*Frau Johanna Helle, geborene Plümer, Mutter meines Va-
ters, mit ihren Enkeln Rolf Helle und Horst Helle, ca. 1938.*

Doch ihr Lebensalltag war gezeichnet von dem Verlust ihres Ältesten im Ersten Weltkrieg und später auch noch Pauls, ihres Jüngsten, im Zweiten Weltkrieg. Mein Onkel Paul musste für die Wehrmacht kämpfen und starb bei Stalingrad als Opfer der Schlacht, die vom August 1942 bis zum Februar 1943 dauerte, oder als einer der in russische Gefangenschaft geratener Soldaten, von denen 95% nicht überlebten.

In der *Zeit zwischen den beiden Weltkriegen* freuten sich die Männer der Familie über berufliche Erfolge: Mein Großvater Helle wurde von seinem Arbeitgeber, der *Sachsenwerk Licht- und Kraft-AG,* nach Dresden versetzt, was vermutlich eine Beförderung war. Mein Vater und sein jüngster Bruder Paul ließen sich zu Bankkaufleuten ausbilden und Friedrich studierte Elektrotechnik an einer Fachhochschule und folgte damit dem Vorbild des Vaters. Zwischen den drei Brüdern Emil, Friedrich und Paul bestand ein enges und herzliches Verhältnis, das sich auf deren Kinder übertrug, die als Vettern und Cousinen viel Kontakt hatten und so fast wie Geschwister aufwuchsen. Der dadurch besonders Begünstigte war ich, da ich keine Geschwister habe.

Nach seiner Tätigkeit bei der Bank (es war die Dresdner Bank, die damals eine der drei Großbanken Deutschlands war) wechselte mein Vater zu der Tochtergesellschaft eines internationalen Konzerns, der Margarine Union, die durch ihre Marken Sanella und Rama bekannt und Teil des *Unilever-Konzerns* wurde. Das dahinterstehende Firmengeflecht sollte 1959-1961 auch mein Arbeitgeber werden, wie sich mein Vater gewünscht hatte. Doch Thema ist zunächst die Zwischenkriegszeit, also die Jahre um und nach 1920.

Mein Vater wurde wegen seiner Bankerfahrung Leiter der Finanzabteilung. In der Nachbarschaft der Büroräume war eine junge Angestellte tätig, eine Emmy Moescher, die gutmeinende Kollegen vor dem Herrn Helle warnten. Sie schlug alle Negativberichte in den Wind, und mit der Verlobung zwischen den beiden war die Grundlage für meine Existenz gelegt.

Doch, ehe die beiden heiraten konnten, begann mit dem New Yorker Börsenkrach vom Oktober 1929 die Weltwirtschaftskrise. Damit kamen die unbeschwerten zwanziger Jahre, die allerlei modische Musik und Kleidung hervorgebracht hatten, zu einem dramatischen Ende: Es war damals üblich, dass ein Mann erst heiratete, wenn es ihm möglich war, glaubhaft zu machen, dass er finanziell in der Lage war, Frau und Kinder zu unterhalten. Dem entsprach es, dass mein Vater seine Bankenkenntnisse – wie er meinte – nutzte, um ein Wertpapierdepot zu begründen, in das er seine Ersparnisse – also, was er verdiente, vermindert um das, was er seiner Mutter gab, oder selbst verbrauchte – investierte. Die weltweite Finanzkrise vernichtete sein bescheidenes Vermögen, und da er wieder bei Null anfangen musste, wurde die Eheschließung erst einmal verschoben.

Zusätzlich ereigneten sich Einkommensverminderungen auch auf der anderen Seite: Als meine Mutter ihrer Mutter von der Absicht Mitteilung machte, den Abteilungsleiter Helle zu heiraten, verlangte meine spätere Großmutter, dass ihre Tochter alsbald ihre Berufstätigkeit aufgeben und bei ihrer Mutter lernen sollte, wie man einen Haushalt führt, wozu nach damaliger Vorstellung weit mehr gehörte als die Kochkunst. Die Absicht einer Familiengründung war also nicht Anlass für eine junge Frau, berufstätig zu werden, sondern im Gegenteil, eine gut funktionierende Berufstätigkeit aufzugeben.

Obschon die Folgen der Wirtschaftskrise noch viel persönliches Leid und politische Spannungen erzeugten, heirateten meine Eltern 1933, als Adolf Hitler gerade erst einige Monate vorher *durch eine legale Wahl* an die Macht gekommen war.

I,2: Kindheit und Zweiter Weltkrieg

Im Juli 1934 wurde ich geboren. Aus Furcht, ein Säugling könnte ungetauft auf direktem Weg in der Hölle landen, hielten meine Eltern, wie damals weit verbreitet, auf dem Heimweg von der Entbindungsstation an der Kirche, um mich, das Neugeborene, taufen zu lassen. Doch der Pfarrer weigerte sich, mich einfach nur „Horst" zu taufen, da ihm kein Heiliger diese namens geläufig war. Erst als meine Eltern den zweiten Vornamen „Jürgen" als Hinweis auf den heiligen Georg anboten, konnte ich dann „Horst Jürgen" getauft werden.

Bei meinen Onkeln Friedrich und Paul kam bald nach dem ersten ein zweites Kind, und in der Korrespondenz (besonders der zwischen Emil und Friedrich) wurde bald gewitzelt, ob der ältere Bruder wohl irgendwelche Probleme hätte, weil es bei dem einen Kind blieb. Der Grund war aber keineswegs Anlass zu Heiterkeit denn ich blieb ungewollt ohne Geschwister und freute mich über intensiven Kontakt zu Vettern und Cousinen.

Der Bruder meiner Mutter hatte einen Sohn, der (wie der Sohn des jüngsten Bruders meines Vaters) ebenfalls Rolf hieß. Rolf Moescher war fünf Jahre älter als ich, was nicht hinderte, dass wir ab 1943, als wir nach der Bombenkatastrophe zu den Eltern meiner Mutter zogen, engen Kontakt hatten, auch weil er mit seinen Eltern in der Nähe wohnte und Rolf und ich oft zusammen in Hamburg-Eidelstedt bei unserer gemeinsamen Großmutter waren.

Meine Eltern wohnten seit ihrer Heirat, und eben auch ich als Kind in einer Straße, die Karkwurt (mittelniederdeutsch für Kirchhügel) heißt. Der Stadtteil Eidelstedt mit dem Karkwurt liegt am Stadtrand Hamburgs in Richtung Pinneberg und ist mit seinen Einzelhäusern und während des Krieges noch vorhandenen kleinen Landwirtschaften ein wenig agrarisch, so wie der angrenzende Süden Schleswig-Holsteins. Geistliches Zentrum war (und ist vermutlich noch) die lutherische Kirche, mit der ich, obschon katholisch, auf mehrere Weisen verbunden war, wie weiter unten berichtet wird.

Unsere Hausnummer im Karkwurt war die 5, die aber heute nicht mehr auf der (von der Kirche kommend) linken, sondern auf der rechten Straßenseite liegt. Mein Fußweg zu dieser Kirche war weniger als fünf Minuten lang.

Vor der evangelisch-lutherischen Kirche in Hamburg-Eidelstedt im August 2019.

Ich hatte in der Zeit vor der Schulpflicht zwei gleichaltrige Freunde, den Sohn des Pfarrers und den ältesten Sohn des Schlachters (oder in Bayern, des Metzgers) Ernst Torner, der heute in Toronto in Kanada wohnt, und mit dem ich trotz der großen Distanz immer noch eng befreundet bin.

Außer der Story von dem entwichenen Schwein, über die ich weiter unten berichte, und der Notwendigkeit, bei Besuchen im Bereich der Schlachterei besonders leichtes Schuhwerk anzuziehen, kann ich mich aus der Zeit vor der Bombenkatastrophe an keine besonderen Vorfälle mit Ernst erinnern. Darum wende ich mich zuerst dem Pfarrerssohn zu. Entgegen den Erwartungen, die man mit einem Familienmitglied des Herrn Pastors (so nennt man in Hamburg die Pfarrer) verbindet, war Uwe Münx (leichte Unsicherheit bei mir, ob der Name so stimmt), eher ein Lausbub.

Das Innere der Kirche gehörte für ihn zu seinem Spielterrain, in das er mich trotz meiner eher zögernden Zurückhaltung kraftvoll einführte. Einmal saßen wir Äpfel essend im Inneren der Orgel hoch auf der Empore zwischen den Orgelpfeifen, und Uwe warf zu meiner großen Beunruhigung die abgegessenen Apfelreste in hohem Bogen zwischen die Orgelpfeifen, was nach meinen Erwartungen den zukünftigen Klang des Orgelspiels beeinträchtigen musste. Meine Anregungen zu mehr Zurückhaltung überging Uwe mit dem Hinweis, die Orgel müsse ohnehin von Zeit zu Zeit gereinigt werden.

Uwe fragte mich auch, ob ich schon mal einen Toten gesehen hatte. Er empfand es als Mangel, dass dies bei mir nicht zutraf, und nahm mich heimlich mit zu einem Kurzbesuch ins Innere der Leichenhalle hinter der Kirche. Die Besichtigung des Verstorbenen, dessen Trauergottesdienst schon für den nächsten Tag vorgesehen war, löste aber bei mir nicht die von Uwe angestrebte Begeisterung aus. Umgekehrt ging ich an Sonntagen regelmäßig in den lutherischen Kindergottesdienst, den Uwe eher mied. So war mein Kontakt zu ihm nicht so eng, wie zu Ernst, dem Schlachtersohn.

Ging man den Karkwurt von der Nr. 5 aus nicht nach oben zur Kirche, sondern hinunter zur Hauptstraße, der Kieler Straße, dann musste man mit aller gebotener Behutsamkeit den stark befahrenen Verkehrsweg überqueren, um auf der gegenüberliegenden Seite zu dem Laden der Schlachterei Torner zu kommen. Der Vater meines Freundes Ernst hatte die Erlaubnis, in den zum Hof gelegenen Räumen Tiere zu schlachten, und dem entsprach es, dass er einige Schweine in Ställen hielt, bis sie an der Reihe waren. Ernst lud mich ein, auf dem Rücken der Schweine zu reiten, was ich eher gefährlich fand.

Beim Betreten und wieder Verlassen der Schweineboxen geschah es einmal durch eine Unachtsamkeit von uns, dass ein Schwein entwich. Es nutzte seine ungewohnte Freiheit zu einem Hochgeschwindigkeitslauf in Richtung auf die Kieler Straße, dem Ernst und ich gar nichts entgegenzusetzen wussten. Aus der Hofeinfahrt raste es in den Fußgängerbereich, wo ein ahnungsloser Radfahrer von seinen Einkäufen heimradeln wollte. Das Hochgeschwindigkeitsschwein traf mitten auf das Fahrrad, das von dem Aufprall in die Luft geschleudert wurde. Ich habe keine genaue Erinnerung an die Folgen für den Radfahrer, weiß aber noch genau, dass sich eine sehr ernste Unterredung zwischen Ernst und seinem Vater anschloss, von der ich mich eilig zurückzog, da ich von meiner Mutter erwartet wurde.

Ihrer Hoffnung, dass ich stets pünktlich von meinen Besuchen bei Ernst heimkommen würde, konnte ich manchmal darum nicht entsprechen, weil Ernst nicht jederzeit bereit war, mich gehen zu lassen. Wann unser gemeinsames Spielen endete, oder eine Pause vertrug, wollte *er* bestimmen. Um gleichwohl bei der Entscheidung über die Dauer meiner Besuche bei Ernst möglichst frei zu sein, trug ich immer dann, wenn er mich eingeladen hatte, besonders leichtes und zum schnellen Laufen geeignetes Schuhwerk, um seinen entschiedenen Aufforderungen, noch etwas länger zu bleiben, durch überraschende Flucht entrinnen zu können.

Als ich dann 1941 eingeschult wurde, empfand ich das eher
als Zumutung. Der neue Krieg hatte 1939, dem Todesjahr
meines Großvaters Helle, begonnen, und war äußerer Anlass dafür geworden, nach und nach auch das Alltagsleben
in Deutschland in Richtung auf die Diktatur umzugestalten.
So erinnere ich mich, dass es bei meiner Einschulung schon

üblich geworden war, anstatt mit „guten Tag" mit „Heil Hitler" zu grüßen, jedenfalls in der Schule.

Weiter habe ich erlebt, wie mein Vater Zeuge wurde, dass mein Großvater Moescher, also sein Schwiegervater, im Radio einen britischen Sender hörte, weil er als Teilnehmer des Ersten Weltkriegs ungefähr wusste, wie ein Krieg so läuft, und keine Lust darauf hatte, sich die *fake news*-Sendungen des Berliner Propagandaministeriums anzuhören.

Mein Vater war in großer Sorge, dass dies ein Hitlertreuer Nachbar mitbekommen und durch Denunziation meinen Großvater ins KZ bringen könnte. Endlich, erinnere ich mich auch, wie einmal mein Vater mit seinem Bruder Friedrich zusammen im Radio eine Rede des Führers, also Hitlers, hörten. Auch ich hörte das mit. Als die Ansprache Hitlers beendet war, fragten sich beide Männer: Was hat er nun eigentlich gesagt? Es gab zu dieser Frage kein Ergebnis, nur war man sich einig, dass der Führer sehr zornig gewesen war.

I,3: Bombenterror und klassische Musik

Mein Vater war bei Kriegsausbruch 38 Jahre alt. Er war für die erste Einberufungswelle als Soldat zu alt und arbeitete außerdem in der Lebensmittelindustrie, wirkte also ungewollt für die Versorgung der kämpfenden Truppe mit Nahrung. Als später Fliegerbomben auf Zivilisten fielen, tat er Luftschutzdienst und lief mit Stahlhelm auch nachts herum, um zu schauen, wer zu Schaden gekommen war. Das wurde dann fast so gefährlich wie ein Fronteinsatz. In der Schule brach immer mal wieder ein Mitschüler in Weinen aus, weil seine Familie die Nachricht erhalten hatte, dass der Vater „im Felde geblieben" war.

Dann kam der Juli 1943! Das unfassbare Geschehen trug zunächst (bei den betroffenen Deutschen) die Bezeichnung *„Terrorangriffe"* und wandelte nach Kriegsende seine Benennung zu derjenigen, die die Siegermächte bei der Durchführung benutzt hatten: „Operation Gomorrha". Zu dem Ortsnamen Gomorrha berichtet die Bibel in Genesis (Meine Mutter nannte es *Erstes Buch Mose*) Kapitel 19, Vers 24-25: „Nun ließ Jahwe über Sodom und Gomorra[1] Schwefel und Feuer von Jahwe regnen. So zerstörte er diese Städte und die ganze Gegend und alle Bewohner der Städte und alles Gewächs des Bodens." Es gab also für die militärische Operation eine biblische Vorlage.

Ich hatte gerade meinen neunten Geburtstag gefeiert. Einige Tage danach, am 24. Juli1943, mussten wir, wie so oft von dem Heulen der Luftschutzsirenen aus dem Schlaf gerissen, uns möglichst rasch warm anziehen und hinunter in den Luftschutzkeller des Mietshauses, in dem wir wohnten. Mein Vater hatte Luftschutzdienst in seiner Firma, also waren meine Mutter und ich zu zweit in den Keller gegangen. Der erstreckte sich durch drei verbundene Räume, der erste nahe dem Treppenhaus, der dritte an der Wand zum Nachbarhaus.

Diese Wand hatte einen Mauerdurchbruch: Eine Öffnung, die man zunächst in die Wand hineingehauen, dann aber in leichter Bauweise wieder zugemauert hatte, mit dem Ziel, dass dieser potenzielle Durchgang in Notfällen einen Fluchtweg in den Keller des Nebenhauses bot.

Ein Freund meines Vaters, Hermann Krause, war Fachmann für Luftschutzbauten und hatte sich auf Bitten meines Vaters unseren Keller angeschaut. Er riet, sich bei Luftangriffen nahe beim Mauerdurchbruch aufzuhalten, was überraschte, denn es schien fast allen anderen Bewohnern wünschenswert, nahe am Treppenhaus zu sitzen, weil es von dort aus möglich schien, den Keller später rasch wieder zu verlassen.

In der Nacht der Katastrophe saßen etwa 18 Personen, alle Bewohner des Hauses Karkwurt 5, in dem Keller, als das Haus getroffen wurde. Es war nach dem ohrenbetäubenden Knall sofort stockfinster, weil uns natürlich kein Strom mehr

---

[1] Vgl. Zu Gomorra siehe hier die letzte Textseite dieses Buches!

erreichte. Außerdem wurde die Luft erfüllt von Mauerstaub. Vermutlich (wegen der Dunkelheit, war es nicht zu sehen) füllten sich die beiden ersten Kellerräume rasch, oder sogar plötzlich mit Mauerschutt. Die Betroffenen waren Frauen, Kinder und Greise. Eine alte Dame jammerte in die Dunkelheit hinein: „Jetzt sind wir alle hin, jetzt sind wir alle hin!" Auch dort, wo meine Mutter und ich saßen, kam Mauerschutt auf uns zugerollt. Mich an die Hand nehmend zog meine Mutter, und ich mit ihr, die Füße immer wieder aus dem anrollen Schutt heraus, so dass wir nicht davon zugedeckt wurden, sondern *darauf* standen.

Nach angstvollem Warten, das eine Ewigkeit zu dauern schien, hörte ich das Zuschlagen des schweren Hammers, der am Mauerdurchbruch gelagert war, und den ein junger Mann (Herbert Grunert?) gedankenlos in der Hand gehalten hatte. Die Schläge wurden von der anderen Seite erwidert, und in kurzer Zeit drang Licht vom Nebenhaus durch die langsam weiter werdende Öffnung, durch die dann der junge Mann mit dem Hammer und meine Mutter und ich ins Nebenhaus hinabkletterten, *hinab*, weil wir ja auf hereingerieselten Mauerschutt standen. Ich kann mich nicht erinnern, dass außer uns dreien noch jemand aus unserem Keller hindurchstieg.

Die Kellerinsassen des Nachbarhauses hatten einen Ausstieg ins Freie geschaffen, durch ein normales Kellerfenster, das aber eigentlich vergittert war. Man redete auf meine Mutter und mich ein, noch im Keller zu bleiben und dort Schutz zu suchen, weil es draußen doch sehr gefährlich sei. Aber wir zwei hatten nur ein Ziel: Hinaus ins Freie! Verschmutzt, vielleicht mit blutenden Händen, wen interessiert das schon noch, standen wir vor dem eingestürzten und brennenden Haus, wieder Hand in Hand, und gingen langsam hinauf in Richtung auf die Eidelstedter Kirche, von der man auf S. 20 hier ein Foto sieht.

Mein Vater erlebte in derselben Nacht ähnlich dramatische Szenen im Keller des Betriebsgebäudes seiner Firma, in dem er zum Dienst eingeteilt war. Dort trug er einen Verletzten ins Freie. Beide, meine Mutter und mein Vater, hatten gerüchteweise gehört, dass es am Aufenthaltsort des jeweils anderen Elternteils Tote gegeben hatte. Als die Nacht vorüber war, gingen meine Mutter und ich, meinen Vater suchen. Beide mussten damit rechnen, dass der andere tot war. Die Szene des Wiedersehens ist unbeschreiblich und unvergesslich.

Die *Operation Gomorrha* dauerte 1943 vom 24. Juli bis zum 3. August. Die Gesamtzahl der Opfer wird auf 34.000 Tote und 125.000 Verletzte geschätzt. Betroffen waren überwiegend Frauen, Kinder und Alte. Auf dem Zentralfriedhof Hamburg-Ohlsdorf existiert ein weiträumig kreuzförmig angelegtes Massengrab für die Bombenopfer, in das meine Mutter und ich eigentlich hineingehören.

Als ich an der Universität Hamburg als Assistent arbeitete, besuchte uns der amerikanische Soziologe David Riesman, den ich auf seine Bitte zu dem Massengrab führte, weil er es besichtigen wollte, und vor dem er lange stumm stand. Als wir endlich gingen, sagte er: Nun weiß ich, warum ich damals meine *teach-ins* gegen Massenbombardierungen gehalten habe.

Ohne irgendein Gepäck- oder Kleidungsstück, ohne auch nur eine Handtasche mit Ausweispapieren trafen meine Mutter und ich, in der Horrornacht, noch bevor meine Eltern einander wiedergefunden hatten, bei den Eltern meiner Mutter ein, wo wir dann zehn Jahre lang, von 1943 bis 1953 wohnten. Wir waren schlicht froh und dankbar, noch zu leben. Aus heutiger Sicht ist es schwierig, sich vorzustellen wie ein normales Leben anschließend weitergehen oder wieder aufgenommen werden konnte. Aber das war so.

Die Grundschulzeit von 1941 bis 1944 habe ich anstatt in den vorgesehenen vier Jahren, in drei Jahren mit der Zugangsberechtigung zum Gymnasium abgeschlossen. Zu Beginn des zweiten Schuljahres nahm ich an den aufeinander folgenden Unterrichtsstunden sowohl des zweiten als auch die des dritten Schuljahres teil. Da ich das zur Zufriedenheit des Lehrers tat, der beides unterrichtete, erhielt ich dann irgendwann die Erlaubnis, nur noch in den Unterricht des dritten Schuljahres zu kommen. Das nannten die Mitschüler dann: „Er hat eine Klasse übersprungen." Meine Grundschulzeit war durch die Fliegerbomben vom Juli 1943 in Hamburg abgebrochen worden und musste in der Dorfschule des kleinen Ortes Krupunder im Kreis Pinneberg in Schleswig-Holstein weitergeführt werden.

So erfreulich mein schulischer Erfolg war, er führt dazu, dass ich im Frühjahr 1944, also etwas mehr als ein halbes Jahr nach der Operation Gomorrha, einen Platz als Sextaner an einem Gymnasium suchte. Hamburg war zerstört und hatte keinen Schulbetrieb. Meine Eltern fanden das Bismarck-Gymnasium in Elmshorn, 35 km nordwestlich gelegen, das mit einem von einer Lokomotive angetriebenen Vorortszug erreichbar war. Das Gebäude der Schule war zu einem Teil in ein Lazarett umgewandelt worden. Ich lernte dort meine ersten Englischkenntnisse: Der Lehrer betrat den Klassenraum und sagte: *Give me a penholder!* Ein Mitschüler gab ihm seine Geldbörse. Für uns war Englisch wirklich neu.

Kaum waren die anstrengenden Fahrten zur Schule und zurück einigermaßen zur Routine geworden, da fingen die späteren Siegermächte an, Tieffliegerangriffe auf Eisenbahnzüge zu fliegen und dann mit Maschinengewehren aus den Flugzeugen zu feuern. Wir wurden instruiert, genau hinzuhören, aus welcher Richtung das Flugzeug kam und dann, sobald der Zug stand, an der anderen Seite aus dem Eisenbahnwagen zu springen und uns am Bahndamm flach hinzulegen. Es kam dazu bei mir aber nicht mehr: Meine Eltern entschieden für mich, jeden Schulbesuch völlig aufzugeben.

Es wurde zu einem anstrengenden Projekt, den Krieg, der für Deutschland ganz offensichtlich verloren gehen musste, zu überleben. Zu Beginn war mein Großvater Helle gestorben. Bei dem Versuch, wegen eines Fliegerangriffs eilig im

Keller Schutz zu suchen, fiel meine Urgroßmutter Moescher in der angrenzenden Doppelhaushälfte die Treppe hinunter und starb an den Folgen des Sturzes. Mein Onkel Paul Helle galt als bei Stalingrad gefallen, seine Mutter, meine Großmutter Helle starb bald nach dem Juli 1943 an Burstkrebs.

Im Jahr 1944 wurde ich zehn Jahre alt. In der Zeit der Diktatur Hitlers wurde jeder Zehnjährige ungefragt eingezogen, dem *Deutschen Jungvolk* anzugehören. Dabei handelte es sich um eine Jugendorganisation der Hitlerjugend für Jungen zwischen 10 und 14 Jahren. Weil ich schon für den verbleibenden Rest meiner Grundschulzeit nach Krupunder im Kreis Pinneberg überstellt war, leistete ich auch dort meinen Dienst im *Jungvolk* ab. Ich wurde dafür kritisiert, dass meine Stiefel nicht den erwarteten Hochglanz aufwiesen, und rechtfertigte mich damit, dass sie aus Schweinsleder hergestellt waren, und daher nicht in gewohnter Weise glänzen konnten.

Als der Theologe Ratzinger zum Papst gewählt worden war, fand eine Tageszeitungen in den USA, dass in seinem Lebenslauf die Mitgliedschaft im *Jungvolk* erwähnt war. Daraus schlossen die New Yorker Journalisten auf eine besondere Nähe Ratzingers zur Hitler-Bewegung, was von ihrer völligen Unkenntnis der tatsächlichen Verhältnisse im damaligen Deutschland zeugte.

Es wurde immer schwieriger, sich mit Lebensmitteln zu versorgen. Die Eltern meiner Mutter hielten Hühner und Kaninchen und hatten einen großen Garten, in dem vielerlei Essbares wuchs. Ich war auch nach Kriegsende noch damit beschäftigt, Futter für die Kaninchen einzusammeln, also Unkraut abzurupfen, das sie fressen konnten. Die Männer, mein Großvater Moescher und mein Vater mussten täglich hinausgehen zu ihrer Berufsarbeit, die nun in dramatischer Weise gefährlich geworden war.

So lebten wahrscheinlich fast alle am Rande völliger Erschöpfung, und als *der Krieg endlich vorüber* war, freuten wir uns einfach darüber, noch am Leben zu sein und dafür zu arbeiten, dass es besser werden konnte. „Der Zweite Weltkrieg endete" am 9. Mai 1945, „für Hamburg schon am 3. Mai mit der kampflosen Übergabe der Stadt an die britische Armee. Besonders in dem strengen Winter 1946/47 litt die Bevölkerung unter Hunger und Kälte: Strom, Gas und Kohle waren streng rationiert. Nahrungsmittel gab es nur unzureichend auf Lebensmittelkarten" (Wikipedia). Aber alle waren, wie erwähnt, einfach froh und dankbar, noch zu leben.

Zum Glück beschränkten sich meine Aktivitäten danach nicht darauf, die historische Misere von Krieg und materieller Not zu bewältigen. Wir hatten vor der Bombenkatastrophe in der später zerstörten Wohnung ein Klavier, und meine Mutter, die darauf ein wenig spielte, hatte mir Unterricht gegeben. Als der Krieg beendet war, bemühten sich meine Eltern, für unsere neue Unterkunft bei meinen Großeltern, wieder ein Klavier zu beschaffen. Allerdings meinte meine Mutter nun, sie könne mich nicht mehr wirksam unterrichten, und so suchten wir eine professionelle Klavierlehrerin, Frau Wegener, die sich bald sogar als Pianistin herausstellte.

Nicht weit von Eidelstedt wohnte sie in Richtung Hamburger City in Stellingen, in der Kieler Straße 381. Sie war damals eine junge Frau mit einem kleinen Sohn, zwei oder drei Jahre alt, die durch Klavierunterricht etwas zu dem hinzuverdiente, was ihr Ehemann als Kriminalbeamter bekam. Sie unterrichtete klassische Musik, und veranstaltete in größeren zeitlichen Abständen Hauskonzerte, bei denen ihre Schüler einem Publikum aus Eltern und Freunden vorspielten. Seit Anfang 1946 in ich ging dort einmal pro Woche zum Klavierunterricht und übte recht regelmäßig zu Hause. Bei einem ihrer Hauskonzerte spielte ich zum ersten Mal vor Zuhörern.

Aus einer Eintragung in meinen Taschenkalender für diese Zeit ergibt sich, dass am 18. Februar 1946 um 16 Uhr in der Aula meines Gymnasiums eine „erste Choraufführung" stattfand, in der das „Vater unser" von Samuel Scheidt (1587-

1654) gesungen wurde. Am 14. März ist vermerkt, dass ich in den Auswahlchor der Schule aufgenommen wurde. Mein Musiklehrer sah es gern, dass ich nicht nur Spaß am Singen hatte, sondern auch regelmäßig Klavierspielen übte.

Frau Wegener *gab* nicht nur Klavierunterricht, sie *erhielt* ihn auch. Ihr Lehrer, dessen Namen ich nicht mehr weiß, veranstaltete ebenfalls Schülerkonzerte in einer anspruchsvollen Wohnung, die in der Innenstadt Hamburgs nicht von Bomben zerstört worden war. Das erste fand in der kalten Jahreszeit statt, und weil Heizmaterial kaum zu beschaffen war, brachte jeder Zuhörer ein Kohlebrikett gleichsam als Eintrittspreis.

Meine Lehrerin und ihr Lehrer, der Gastgeber, spielten an zwei Flügeln das Klavierkonzert von Schumann. Der Orchesterpart ist für Klavier bearbeitet worden und wurde von dem Lehrer gespielt, Frau Wegener spielte den Solopart. Immer wenn ich heute dieses Konzert höre, versetzt es mich zurück in diese Situation etwa 1946 oder 1947. Es war eine unvergessliche Konfrontation von gelebter Kargheit mit gefeierter Kunst.

Auch die Klavierkonzerte a-Moll von Grieg und Nr. 2 von Saint-Saens lernte ich auf diese Weise kennen. Meine Lehrerin trug sie auch beide begleitet von ihrem Lehrer vor, und das zeigte wieder das Niveau ihrer Fähigkeiten als Pianistin. In meinem Taschenkalender steht nur unter dem 7. Dezember 1948 „Konzert bei Rüpke." Ich bin nicht sicher, ob das der Name des Lehrers meiner Lehrerin war. Auch hatte ich damals keine Vorstellung davon, was es bedeutet, eine Lehrerin zu haben, die selbst hochkarätige Pianistin ist.

Wenn ein Auftritt bevorstand, wie eben beschrieben, bei dem sie das Klavierkonzert von Schumann oder das von Grieg vorspielen wollte, dann „missbrauchte" sie manchmal meine Unterrichtsstunde, um selbst zu üben, und um problematische Passagen aus dem Stück für mich, als einem Pseudo-Publikum vorzuführen. So lernte ich auch, die Leistung einer Pianistin aus der Innenperspektive zu beurteilen und – als Zwölfjähriger – zu bewundern.

Dann war da noch ein Werk der klassischen Musik, das in meiner Kindheit eine große Rolle spielte: die 4. Symphonie von Brahms, auch, wie die beiden Klavierkonzerte, von großer romantischer Emotionalität. Mein Großvater, bei dem wir wohnten, war als Tischlermeister Spezialist für den Wieder-

Gustav O. Moescher, Tischlermeister, der Vater meiner Mutter

aufbau oder eben einfach den Ausbau von Ladengeschäften, wobei damals alles aus Holz und noch kaum aus Plastik

hergestellt wurde. So half er auch einem Radio- und Schallplattengeschäft, das dann Schwierigkeiten hatte, die Rechnung meines Großvaters zu bezahlen.

Mein Vater riet zu den üblichen rechtlichen Schritten, aber
mein Großvater meinte, so kurz nach Kriegsende ging das
Schallplattengeschäft noch nicht so gut, da müsse man
schon Geduld haben. So brachte er dann – vielleicht einen
neuen Plattenspieler, dass weiß ich nicht mehr so genau –
aber eben auch Langspielplatten mit klassischer Musik als
Naturalvergütung zur Verrechnung mit der unbezahlten
Rechnung mit nach Hause, und darunter auch die Brahms-
Symphonie, die er und ich dann immer mal wieder gemeinsam anhörten, wenn er Feierabend hatte.

I,4: Gymnasium und Studium

a) Studium in Hamburg

Seit der Beendigung der Fahrten zum Bismarck-Gymnasium
in Elmshorn befanden sich meine Schulbesuche in der
Schwebe. Doch nach Kriegsende im Herbst 1945, wurde ich
Schüler des Wilhelm-Gymnasiums in Hamburg. Die Schule
nahm ihre Tätigkeit in ihrem angestammten Gebäude nahe
der Universität wieder auf. Mein Taschenkalender 1946 zeigt
unter dem 3. Januar den Eintrag: „Neuer Schulbeginn." Wir,
der jüngste Jahrgang, saßen zu 60 Jungen in einem Klassenzimmer auf unzureichenden Sitzplatz gequetscht, der
wohl für 30 vorgesehen war. Niemand kam auf die Idee, damit unzufrieden zu sein.

Lehrern, die nach Kriegsdienst, Verletzungen und Gefangenschaft wieder unterrichten konnten, saßen Schüler gegenüber, die als Vertriebene, Flüchtlinge oder, wie ich,
schlicht als Hamburger, Schlimmes erlebt hatten, und als
Folge davon nicht alle gleich alt waren. Das traditionsreiche
Bauwerk, in dem wir uns versammelt hatten, wurde meinem
Gymnasium bald entzogen, weil die Universität es als Bibli-
otheksgebäude brauchte. So musste Ende 1946, Anfang

1947 das Wilhelm-Gymnasium in ein neues Quartier umziehen und beim Albrecht Thaer Gymnasium in dessen angestammten Räumen vor dem Holstentor weiterarbeiten.

Wir hatten das Glück, von Beginn an hervorragenden Englischunterricht zu bekommen von einem Lehrer, der selbst in England studiert hatte. Er hieß Richard Edens, und wir nannten ihn „Pappi Edens", oder „Sir Richard," was als Spitzname ein großes Kompliment war, denn da kursierten weniger schmeichelhafte Beispiele für andere Lehrer wie „der blaue Bomber" für den zu Zornesausbrüchen neigenden Deutschlehrer, oder „der Knochenbrecher" für den Turnlehrer mit dem Schwerpunkt Geräteturnen. Des Spitznamens „blauer Bomber" haben wir uns oft auch geschämt, weil es eine Anspielung auf eine Gesichtsverletzung aus dem Krieg war, die das Gewebe in der Nähe des Auges unheilbar blau eingefärbt hatte.

Meine Schule, das Wilhelm-Gymnasium in Hamburg, war 1881 unter der Patenschaft von Kaiser Wilhelm I gegründet worden, Dort gab es einen Musiklehrer mit besonderen Fähigkeiten als Chorleiter, Herrn Dr. Fock. Ihm hatten wir die Aufführung in der Aula der Schule zu verdanken. Sie rahmten feierliche Versammlungen des ganzen Gymnasiums ein z.B. mit Beethovens Vertonung von „Die Himmel rühmen des Ewigen Ehre" und bei einer Trauerfeier wegen des Selbstmordes eines Schulkameraden das mittelalterliche Responsorium vom Karsamstag „Ecce quo modo moritur justus" (Jesaja 57, 1-2).

Dr. Fock studierte außerdem mit gesangfreudigen Schülern, wie ich es vor dem Stimmbruch als Sopran war, den Knabenchor-Cantus-Firmus aus Bachs Matthäus Passion, Haydens Schöpfung, Händels Messias und die Carmina Burana von Carl Orff ein. Mein Taschenkalender 1946 zeigt am 29. Januar den Eintrag: „Jeden Dienstag und Donnerstag Chor vor der Schule." Das hatte die Konsequenz, dass ich diese Werke durch die vielen Proben ungewöhnlich genau kennenlernte. So erlebte ich als Mitwirkender der Matthäus Passion eine Aufführung in der Hamburger Petrikirche am 27. Februar und eine Wiederholung am 7. März in der Musikhalle. Beides war weniger als ein Jahr nach Kriegsende.

So erzieherisch bedeutend und erfreulich diese Erlebnisse waren, sie trugen wohl auch zur Destruktion meiner Stimme (als Sänger) bei, weil der Musiklehrer mich zum Entsetzen meines Deutschlehrers auch im Stimmbruch weiter heftig singen ließ; zwar zum Schluss nicht mehr als Sopran, sondern als Alt, was für den „blauen Bomber" die faulste Ausrede war, die der Musiklehrer sich je ausgedacht habe.

Nun habe ich in meinem Gymnasium allerdings nicht nur gesungen. Die Schule betrieb zwei parallele Jahrgänge, den einen als klassisches Gymnasium mit Altgriechisch als Pflichtfach, den anderen, dem ich angehörte, ohne Griechisch und mit mehr Betonung von Mathematik und Naturwissenschaften und selbstverständlich Latein und Englisch. Die Entscheidung, auf altes Griechisch zu verzichten war in meiner Familie damit begründet worden, dass ich ja Kaufmann werden würde, wir mein Vater. Weil das aber nicht stattfand, habe ich meine Unkenntnis der Originalsprache von Platon und Aristoteles während meines ganzen Berufslebens als bedauerlichen Mangel empfunden.

Da ich zu dem ersten Nachkriegsweihnachtsfest, das so etwas möglich machte, einen Chemiekasten als Spielzeug geschenkt bekam, hatte ich gewisse eigene Laborerfahrungen, die in der Familie überwiegend gefördert wurden, die allerdings bei meiner Großmutter Moescher den Einspruch provozierte, dass es in ihrer Küche im Anschluss an meine Chemiespiele nach Dingen roch, die nicht zu ihrer Kochkunst passten. Es kam auch gelegentlich bei mir zu kleineren Explosionen, die sie ebenfalls als überflüssig bis lästig empfand. Aber dem Dialog mit dem Chemielehrer kamen meine Erfahrungen mit dem Weihnachtsgeschenk sehr zugute.

Herr Zinke, der Chemielehrer, demonstrierte den Lernstoff im Chemiesaal gern durch vorgeführte Experimente, wobei ihm an dem großen Experimentiertisch einer von uns Schülern als Famulus assistierte. Diesen ehrenvollen Dienst versah ein Mitschüler, dessen Vater vor Kriegsende Polizeipräsident von Hamburg war. Er hatte die in dem Alter, in dem wir waren, weit verbreitete Neigung, albern über etwas zu lachen, das nicht allen Anwesenden amüsant vorkam.

Als einmal ein Experiment nicht gelang und der nach dem Lehrbuch angezeigte Effekt nicht eintrat, versagte der Famulus völlig dabei, seine bedauernde Anteilnahme an dem Scheitern zu artikulieren; er begann stattdessen in kaum gebremster Schadenfreude zu lachen. Das erregte den spontanen Zorn des Herrn Zinke: Er befahl dem albernen Polizeipräsidentensohn, sich zu setzten und rief in den Chemiesaal: Helle, komm her! Von da an war ich der Famulus des Herrn Zinke.

Eine ähnlich überraschende Umbesetzung geschah, als der Deutschlehrer mit einer Auswahl von zum Rollenspiel geeigneten Schülern, die Szene in Auerbachs Keller aus Goethes Faust einstudierte, mit dem Ziel, sie an einem Elternabend zur Aufführung zu bringen. Ich bekam die Rolle des Faust, was in der Szene völlig untätiges Herumstehen bedeutete, abgeschlossen mit dem gelangweilt vorgetragenen Satz: „Ich hätte Lust, jetzt abzufahren!" Attraktiv waren dagegen die Rollen der betrunkenen Studenten, doch dafür schien ich zunächst ungeeignet.

Bei einer der Proben kamen wir zu dem laut zu deklamierenden Satz eines der Trunkenbolde: „Zauberei! Stoßt zu, der Kerl ist vogelfrei!" Doch trotz wiederholter Mahnungen des „blauen Bombers" akzentfrei auf Hochdeutsch zu artikulieren, was Goethe niedergeschrieben hatte, klang der Ausruf des Mitschülers auch bei präzisem Hinhören wie: „Sauerei, stoßt zu..." Die Reaktion des Lehrers war eindeutig, eigentlich wie erwartet: Der Schüler wurde aus dem Ensemble entfernt, der Faust wurde neu besetzt, und ich wurde geprüft, ob ich in der Lage war, „Zauberei" zu sagen.

In der Zeit bis zum Stimmbruch und dem Abschied von der Kindheit hielt ich weiterhin Kontakt zu der lutherischen Kirche, wenn auch nicht ausdrücklich zu dem Sohn des Pfarrers, der mich in die Leichenhalle eingeführt hatte. Die Kirche lag zwar nun nicht mehr direkt vor der Haustür, wie vor der Bombenkatastrophe, war aber von meinen Großeltern aus mit dem Fahrrad mühelos erreichbar. Im April 1946 wurde der Pastor wegen einer Versetzung mit einem Theaterstück verabschiedet, bei dem ich laut Taschenkalender mitwirkte und als Spende der Kirche eineinhalb Pfund Nudeln und ein Pfund Zucker bekam. Dieser unscheinbare Kalenderhinweis vom 28. April zeigt die schwierige Versorgungslage 1946.

Dann wurden wir an der Grenze zum *teenager* eines Tages aufgefordert, uns für den Konfirmandenunterricht anzumelden. Ich wollte das tun, musste es aber selbstverständlich mit meinen Eltern besprechen. Zu meiner großen Verblüffung sagte mein Vater dazu: „Du kannst nicht zum evangelischen Konfirmandenunterricht gehen, denn du bist katholisch!" Das war doch mal eine Neuigkeit, über die sich nachzudenken lohnte. Die Konsequenz war für mich, dass ich nun viele Jahre lang in überhaupt keine Kirche mehr ging, sondern eben schlicht nur katholisch war. Übrigens gab es unter der einfachen Bevölkerung Hamburgs den Spruch: Du bist ja wohl katholisch! – Das hieß dem Sinne nach etwa: Du bist vermutlich nicht ganz normal im Kopf.

Der nächstjüngere Bruder meines Vaters, Friedrich, genannt Fredy, wohnte mit seiner Familie in Dresden und war dort, wie sein Vater als Elektroingenieur tätig. Die Lebensbedingungen unter der sowjetischen Besatzung machten es für ihn unerträglich, dort zu bleiben. Daher bereitete er 1946 einen Umzug von Dresden nach Hamburg vor. Voraussetzung für die Erlaubnis der Sowjets, Dresden zu verlassen, war dann, dass mein Onkel Fredy alles, was er als Ingenieur wusste und konnte in einem umfangreichen Schriftsatz, der an ein Buchmanuskript grenzte, niederschrieb und so seine berufliche Kompetenz an die Siegermacht auslieferte!

Wie schwierig es dann trotzdem noch war, den Plan einer Umsiedlung zu verwirklichen, zeigt ein Brief meines Vaters an Fredy vom 20. Januar 1946: „Zunächst besteht ja noch eine grundsätzliche Einreisesperre für Hamburg. Mein Kollege Jonni Bruhn… ist ja für unsere Firma der Verbindungsmann zu den Behörden. Er bemüht sich schon für Dich und hat schon die Zusage, dass man Dir für ein halbes Jahr die Aufenthaltsgenehmigung erteilen würde." Fredy kommt dann allein am 6. Februar nach Hamburg. Die Brüder hatten die Hoffnung, dass sich die Genehmigung verlängern ließe und die Familie nachkommen könne. Das geschah endlich am 27. Juni 1946 mit dem Einzug in die Kieler Straße 168.

In dem gleichen Brief vom Januar, den der Bruder Emil aus der britischen Besatzungszone an den Bruder Fredy in der russischen schreib, ist davon die Rede, dass es in dem Winter bei minus 10 Grad kein Heizmaterial gab. Zur Ernährungslage schrieb mein Vater noch: „Unsere Fleischrationen sind jetzt auf 450 gr. pro Periode festgelegt, sonst eine Portion, die man an einem Tage aufessen konnte."

Auf der gegenüberliegenden Straßenseite vom Haus meiner Großeltern mütterlicherseits, in dem meine Eltern und ich seit der Terrorangriffe von 1943 wohnten, lag ein landwirtschaftlich genutztes Grundstück. Ich kannte den Sohn des Bauern, der etwa in meinem Alter war. Dort wo der Acker endete, also vom Haus meiner Großeltern aus in Richtung Innenstadt, beginnt noch heute der Dürenackersweg. Ganz an dessen Ende lag während des Krieges eine FLAK-Stellung (Flugzeug-Abwehr-Kanonen) mit dem Auftrag, Flugzeuge der Gegner abzuschießen.

Auf dem ehemaligen Militärgelände und im Anschluss daran lagen mehrere kleine Grundstücke, auf denen nach Kriegsende die Pächter sich Nahrungsmittel anbauten. Auch wir hatten einen solchen Gemüsegarten, der zusammen mit dem Grundstück am Haus meiner Großeltern der Aufbesserung unserer Lebensmittelversorgung diente.

In einem der Einzelhäuser nahe unserem Gemüsegarten, wohnte ein junges Mädchen, vielleicht vier oder fünf Jahre

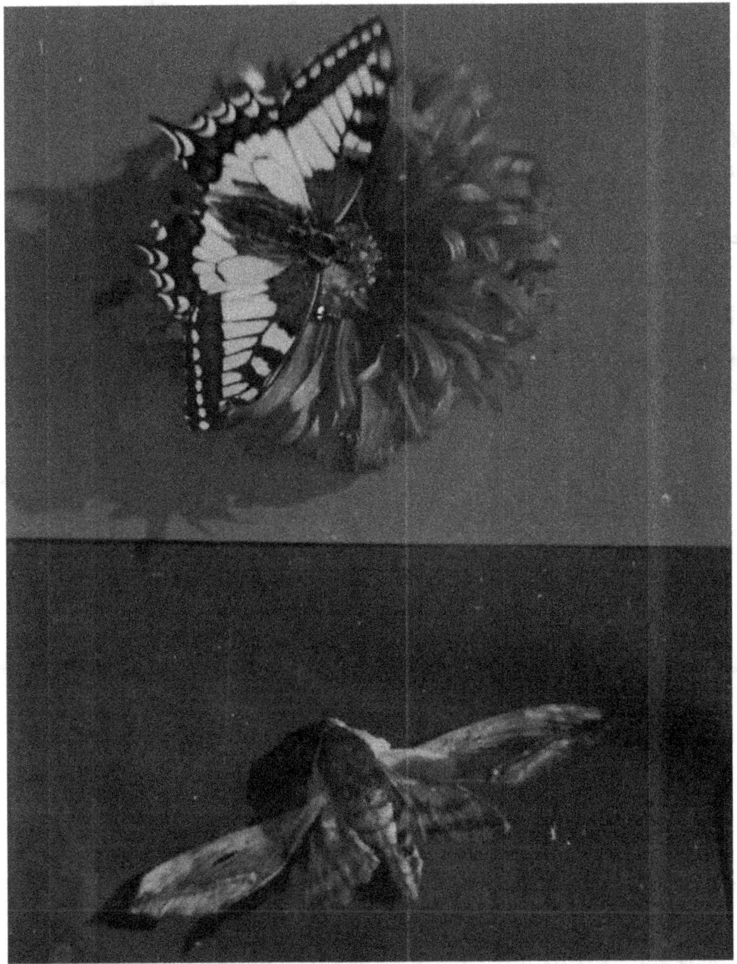

Schwalbenschwanz und Ligusterschwärmer: eigene Zucht.

älter als ich, die mich in das Haus ihrer Eltern zum Anhören von Kammermusik einlud. Ich habe den Namen der Familie leider vergessen. Das Mädchen war sehr schwer krank gewesen und hatte daher kaum Kontakte zu Gleichaltrigen. Nun war sie aber gesund, musizierte, und sammelte und züchtete auch Raupen, die sie in einem Terrarium hielt, bis daraus Schmetterlinge bzw. Nachtfalter geworden waren. Ich lernte das von ihr und machte es eine Zeit lang auch.

In ihrem Haus, also im Dürenackersweg in Hamburg-Eidelstedt, hörte ich über Monate oder Jahre häufig Kammermusik, wahrscheinlich zwischen 1946 und 1949. Die Familie lud jeweils noch einen oder zwei Freunde dazu, und dann spielte man Quartette oder Quintette von Hayden, Schubert und anderen. Ich durfte einfach dabeisitzen und zuhören.

Die vierziger Jahre vergingen, die Teilung Deutschlands wurde zementiert, auch durch die Gründung der beiden deutschen Staaten. Meine Eltern hatten den völlig verständlichen Wunsch, nicht länger als notwendig im Hause meiner Großeltern zu wohnen und schufen für sich und mich in der Straße „im Gehölz" Nr. 9 in Hamburg-Eimsbüttel ein neues zu Hause. Damit kehrte mein Vater zurück in die Nähe der Kirche, in der er als Kind ministriert hatte. Er und ich begannen eine rituelle Gewohnheit, nach der wir, zwar nicht jeden Sonntag, aber immerhin zu jedem Weihnachtsfest zusammen in die Messe gingen.

Wir besuchten dann allerdings das levitierte Hochamt mit all den Schikanen an Musik und Chorgesang, die selbst den am härtesten gesottenen Kirchgänger emotional packen und wohl auch den Vater Georg Simmels in Paris in der inzwischen ausgebrannten Kathedrale *Notre Dame* dazu bewogen haben, katholisch zu werden. Unsere aufrichtige Einladung an meine Mutter, uns zu begleiten, erwiderte sie mit dem erstaunlichen Hinweis, dort seien ihr zu viele Menschen, und sie ginge lieber im Wald spazieren, um dem lieben Gott dort zu begegnen (von dem ihr Vater sie ja gelehrt hatte, dass er nicht existiere, vgl. hier S. 13).

Musik als Klavierspielen allein und zusammen mit Ernst Torner als Geiger hatte bei mir zu Hause ständig große Bedeutung. Klavierunterricht hatte ich vom Februar 1946 bis mindestens zum 29. September 1954 wöchentlich. In meinem

Taschenkalender 1951 steht die Eintragung, dass ich 1950 zu komponieren begonnen hatte. Dort ist auch vermerkt, dass Ernst und ich uns 52-mal im Jahr 1950 zum Musizieren getroffen hatten und das 1951 fortsetzen wollten.

Andererseits hatte Ernst, dem erheblichen Druck seines Vaters nachgebend, eine Schlachterlehre begonnen, obschon er erfolgreicher Gymnasialschüler war. Daneben nahm er Geigenunterricht, und so trafen wir uns nun regelmäßig, meistens für viele Stunden an Sonnabenden, und spielten zusammen klassische Musik, wobei meine Mutter uns mit Getränken versorgte.

Mit Ernst Torner in der Wohnung in Hamburg-Eimsbüttel, Im Gehölz 9, beim Musizieren, ca. 1954.

Die Freude bei meinen Eltern und mir, über das neue eigene zu Hause war leider begleitet von dem Bedauern meiner Großeltern, bei denen wir zehn Jahre lang gewohnt hatten, dass wir einander nicht mehr täglich sahen. Sie waren beide, wie zu Beginn erwähnt, 1883 geboren. Das Jahr 1953 brachte daher zu Weihnachten beiden den 70. Geburtstag, also ein Alter, in dem man engen Kontakt zu seinen lieben Nachkommen eher wieder sucht als aufgeben möchte. Mein Großvater starb 1956, und seine Frau, die dann in dem Haus allein lebte, starb 1961. Dann wurde das Haus verkauft.

Das Jahr 1953 hatte, außer unserem Auszug aus dem Haus meiner Großeltern, am *27. Februar mein Abitur* gebracht, bevor ich 19 Jahre alt wurde. Das Studium schloss daran direkt an. Meine Heraufstufung zu einem Mitglied der Universität Hamburg verlief so anders als ich es in der Gegenwart bei Personen im ersten Semester beobachte, dass ich den Vorgang beschreiben möchte: Mein Vater bat, vermittelt durch einen Kollegen in der Firma, dessen Sohn, der an der Universität studierte, sich mit mir zu verabreden und mich dort einzuführen. Der tat das sehr selbstbewusst, zwei oder drei Jahre älter als ich, geleitete mich durch die relevanten Bauten und Räume und wies auch auf nahegelegene Bars und Discos hin, von denen er meinte, dass ihre Kenntnis für mein fortgesetztes Wohlbefinden von Bedeutung sein würde.

Am 5. September 1952 trafen sich ein Klassenkamerad (Harald Einsmann 1934-2023) und ich am Hauptgebäude, gingen zur Pförtnerloge, in der der Pedell der Universität Dienst tat, und teilten mit, dass wir für die gesicherte Wahl unseres Hauptfaches einen kompetenten Rat suchten. Ehe sie zu „Hausmeistern" herabgestuft wurden, hatten Pedelle eine traditionsreiche Position an den Universitäten Europas inne: „Im Mittelalter und in der Frühen Neuzeit unterstanden die Angehörigen einer Universität nicht den örtlichen Institutionen, sondern hatten ihre eigene Gerichtsbarkeit. Der Pedell hatte dabei die Exekutive inne. Er war Gerichtsdiener und für die Ordnung und Einhaltung der Universitätsgesetze zuständig" (Wikipedia).

Unser Pedell in Hamburg telefoniert mit dem Syndikus Dr. Münzer, den man sich als den Kanzler vorstellen muss. Der war sofort bereit, meinen Freund und mich zu einem Gespräch zu empfangen. Der Umgangsstil war so, dass wir spürten, als Abiturienten einen neuen Status erworben zu haben, dem Rechte und freilich auch Pflichten entsprachen. Wir trugen dem Syndikus vor, uns für die Wirtschaftswissenschaften entschieden zu haben, wir seien allerdings nicht sicher, ob Volkswirtschaftslehre oder Betriebswirtschaftslehre für uns das geeignetere Hauptfach sein würden.

Der Syndikus hielt einen kurzen einführenden Vortrag, und danach verließen wir ihn, ihm gehörig dankend, und meinten nun, die BWL sei für uns das richtige Studienfach. So begegnete mir, dem noch Achtzehnjährigen, im Frühjahr 1953 die deutsche Universität.

Als Studierender der Betriebswirtschaftslehre wurde ich in die Fakultät der Juristen eingeschrieben. Die alte Universität Europas (Siehe Kant „Streit der Fakultäten") hatte ja nur vier Fakultäten, drei obere (woraus im anglophonen Kulturbereich *graduate schools* wurden) und eine niedere. Letztere ist die Vorläuferin in England und den USA des *„college"* und bei uns einerseits der Philosophischen Fakultät und andererseits des Gymnasiums.

Die oberen Fakultäten waren Theologie, Juristerei und Medizin, (vergleiche den Faust-Monolog „Habe nun ach...") in die man erst zugelassen wurde, nachdem man in der unteren Fakultät erfolgreich war. Mit dem Abitur ausgestattet, brauchte ich die untere Fakultät nicht zu beachten, sondern konnte direkt Mitglied der Fakultät der Rechte (Jura, Plural: Kirchenrecht plus ziviles Recht) werden.

Aber in der Nachkriegsgeschichte des deutschen Bildungswesens haben sich die oberen Fakultäten solcher späten Eindringlinge wie der Wirtschafts- und Sozialwissenschaften bald entledigt: Die Neulinge stiegen ab in die der Tradition nach untere (Philosophische) Fakultät. Das geschah über einen längeren Zeitabschnitt hinweg: Als ich 1972 an der Universität Wien als Soziologe Professor wurde, gehörte ich dort noch der Juristischen Fakultät an: In dem Schreiben der

Frau Bundesminister für Wissenschaft und Forschung vom 22. Februar 1972 wird bestätigt, dass ich vom 1. März 1972 an „Ordentlicher Professor für Soziologie" an der „Rechts- und Staatswissenschaftlichen Fakultät der Universität Wien" sein würde.

Der Beratung folgend, die Harald Einsmann und ich Ende 1952 vom Syndikus der Universität Hamburg erhalten hatten, waren wir Betriebswirte mit dem Ziel, das Examen als Diplomkaufleute abzulegen. Das war damals noch nach mindestens sechs Semestern möglich. Mir fiel zwar während des Studiums auf, dass mich mein Hauptfach nicht wirklich fesselte: Ich belegte neben den Wirtschaftswissenschaften Lehrveranstaltungen zu englischer Literatur (von Chaucer zu Spencer), in Niederländisch (das für einen Niederdeutschen wohl die am leichtesten zu erlernende Fremdsprache ist) und hatte viel Freude an Vorlesungen und Übungen zur Juristerei, die nach der Studienordnung für Wirtschaftswissenschaftler vorgeschrieben waren. Dazu gehörten die legendären Lehrveranstaltungen des emeritierten Völkerrechtlers und Rechtsphilosophen Rudolf Laun (1882-1975). Trotz mancher Neigung zu Abschweifungen legte ich die Diplomprüfung für Kaufleute ab, weil man etwas einmal Begonnenes nach Möglichkeit auch zu Ende führen sollte.

Den sechs Semestern entsprachen fünf Semesterferien, in denen ich entweder in einer der Tochterfirmen des Unilever-Konzerns arbeitete, was als Praktikum für einen Betriebswirt nahelag, oder mit aller Behutsamkeit (für einen, der als Deutscher der damals unbeliebtesten Nation Europas angehörte) eine Auslandsreise unternahm, zuerst in die Niederlande, dann nach England. Beides war nützlich, um das Sprechen der jeweiligen Sprache zu üben.

Dem heutigen Bewohner eines Staates der Europäischen Union ist es kaum vorstellbar, dass ich für die erste Auslandsreise, die ich in meinem Leben unternahm, und die mich in die Niederlande führte, einen deutschen Pass und ein niederländisches Visum brauchte. Ich machte im April

1953 einen einwöchigen Kurzbesuch bei einer Familie in
Eindhoven. Vorher lag ich vom 3. Bis 12. März 1954 stationär in einer Klinik in Hamburg, um mir die chronisch entzün-
deten Mandeln herausnehmen lassen. Trotzdem, am 31.
März kurz vor Mitternacht reiste ich ab nach Rotterdam. Dort
war ich im April und Mai Student an einer sehr angesehenen
Wirtschaftshochschule, der Vorläuferin der heutigen Eras-
mus Universität, und studierte danach nahtlos an der Universität Hamburg weiter.

NEDERLANDSCHE ECONOMISCHE HOOGESCHOOL

Bewijs van inschrijving voor enkele lessen

STUDIEJAAR 1953-1954

De Rector Magnificus der Nederlandsche Economische Hoogeschool verklaart, dat:

H. J. Helle

geboren te *Hamburg* op *19 Juli 1934*
voor het studiejaar 1953-1954 is ingeschreven aan de Nederlandsche Economische
Hoogeschool en als zodanig gedurende dit studiejaar gerechtigd is tot het volgen van
het onderwijs in:

*staathuishoudkunde (Prof. Witteveen) op Dinsdags van
9.30 - 10.15; 10.30 - 11.15; 14.30 - 15.15. Indus. econ. (Prof. Winsemius) op Donderd. 11.30 - 12.15*

No 14

Rotterdam, 15 APR 1954

Zorgvuldig bewaren en op verlangen vertonen.   Rector Magnificus

In den Monaten März und April 1955 arbeitete ich dann in
Hyde nahe Manchester bei der Firma T. Wall & Sons, die
eine Tochter des Unilever-Konzerns war (und vermutlich
noch ist). Die Produktion konzentrierte sich in der kalten Jahreszeit auf Fleischpasteten *(meat pies)* und in den Sommermonaten auf Eiskrem. Große Teile des Fabrikpersonals waren geschult, beides zu leisten, also wahlweise an zwei völlig
verschiedenen maschinellen Anlagen zu arbeiten.

In den Sommerferien reiste ich mit meinem Freund Ernst Torner, dem Schlachter und Geiger, wieder nach England, diesmal touristisch in den *Lake District* in der Gegend von *Windermere*. Wir waren zu Fuß unterwegs und verirrten uns so sehr, dass wir keinen normalen Pfad mehr finden konnten, sondern von der Rückseite eines ansehnlichen Grundstückes her den großen Garten von uns unbekannten Leuten betraten.

Wir taten das mit schlechtem Gewissen und waren bei unserer Entdeckung sofort bereit, uns zu erklären und um Entschuldigung für die Übertretung zu bitten. Völlig überraschend begegneten uns die Eigentümer, in deren Besitz wir eingedrungen waren, mit großer Freundlichkeit und luden uns in ihr Haus ein, wo ich aus Dankbarkeit Klaviermusik vortrug, und wo wie wir sogar zum Essen bleiben durften. Als wir erwähnten, dass wir in Hamburg regelmäßig zu zweit musizieren, wobei Ernst dann die Geige spielt, wollten die freundlichen Engländer spontan in der Nachbarschaft eine Geige beschaffen; doch wir bedankten uns sehr und setzten bald unsere Wanderung fort.

Etwa ein Jahr vor dem Ende des Studiums fiel mir 1955 in Hamburg in einem Gang des Universitätshauptgebäudes ein Hinweis auf, man möge sich für ein Fulbright-Stipendium in den USA bewerben. Ich hatte das Gefühl, das versuchen zu müssen, selbst wenn die Chance auf eine aussichtsreiche Bewerbung sehr gering war. Monate später fand ein Auswahlgespräch statt, bei dem ich allein mehr als zehn Prüfern gegenübersaß. Sie waren eine Mischung aus Amerikanern und Deutschen und fragten mich bald auf Deutsch, bald auf Englisch. Ganz überraschend wurde ich auf Niederländisch angesprochen, weil in meinen Bewerbungsunterlagen stand, dass ich Niederländisch studiert hatte. In der Aufregung antwortete ich mit einem Redefluss auf Holländisch, dem nun außer dem Frager niemand mehr folgen konnte. Vielleicht hat das die Konsequenz gehabt, dass sich die Prüfer später noch an mich erinnern konnten. Jedenfalls erhielt ich ein

Fulbright-Stipendium, um im Anschluss an mein Studium an der Universität Hamburg als Kandidat für den Grad eines *Master of Business Administration* in die USA reisen zu können.

Das setzte voraus, dass ich zuerst Diplomkaufmann wurde. Das Prüfungszeugnis vom 18. Mai 1956 bestätigt das. Durch Examensvorbereitungen und Kurse beim Repetitor entstand ein enger Freundeskreis, der weit über die Universitätszeit hinaus Bestand behalten hat. Aus Freude über den gemeinsam erreichten Studienabschluss machten wir zu sechst eine Reise an die Mosel und fuhren von Trier nach Koblenz. Die Gruppe bestand aus einem Paar (Carmen und Eckart) und vier Junggesellen, und wir reisten in zwei Paddelbooten. Darin fanden vier von uns Platz, die zwei übrigen fuhren im Auto voraus und kümmerten sich um das Quartier für die jeweils kommende Nacht. Es versteht sich von selbst, dass

Teilnehmer der Moselreise 1956 (von links): Carmen, Harald, Volkmar, Eckart, Anton, Horst.

dabei jeden Tag gewechselt wurde. Diese unvergesslich fröhliche Reise signalisierte für uns sechs den Abschied vom Studium in Hamburg, und für mich zugleich einen Abschied von Deutschland für ein Jahr.

b) Studium in Kanss, USA.

Von 1953 bis 1961 war Eisenhower der Präsident der USA. Die Zeit des Wahlkampfes um seine Wiederwahl für eine zweite Amtszeit fiel zusammen mit meiner Reise dorthin. Ich fuhr mit dem Schiff von Rotterdam nach New York und weiter *nach Kansas* per Schiene. Dazu benutzte ich die Eisenbahngesellschaft *New York Central* bis nach Chicago und von dort die *Santa Fe Railway* in den Mittelwesten und endlich nach Kansas.

Rotterdam – New York 29.8.-7.9.1956 mit MS Zuiderkruis. Party am 5.9.1956, Esther Lerdahl, Horst Helle.

Als ich dort im Herbst 1956 eintraf, erhob sich Ungarn in einem Volksaufstand gegen die Unterdrückung durch die da malige Sowjetunion. Sie entledigten sich ihrer verhassten stalinistischen Regierung, erklären sich für neutral und forderten die sowjetischen Besatzer auf, das Land zu verlassen; doch die schickten noch mehr Truppen und schlugen die Revolte blutig nieder. Im Radio hörte ich den Versuch Eisenhowers, zu begründen, warum die USA nicht eingriffen, um die Ungarn zu unterstützen, wie viele von ihnen gehofft hatten. In die tragische Abfolge der Personen, die aus Überschätzung der internationalen Hilfsbereitschaft der USA in Verzweiflung endeten, reihen sich syrische Kurden, Afghanen und wohl neuerdings auch Ukrainer.

Bei der Bewerbung um das Studium in Amerika hatte ich keine von mir bevorzugte Universität genannt, obschon das beim Ausfüllen der Formulare als Möglichkeit vorgesehen war. So hatte nicht ich die *University of Kansas* ausgewählt, sondern umgekehrt wurde ich von dieser Universität aus dem Kreis der Bewerber ausgesucht.

Ich wurde dann dort von einer Studentenverbindung, der *Fraternity Beta Theta Pi*, als Gast aufgenommen. Während die ordentlichen Mitglieder alle in dem Verbindungshaus wohnten, also dort auch Schlafräume hatten, verbrachte ich nur Teile meiner freien Zeit tagsüber dort und war eingeladen, an den Mahlzeiten teilzunehmen. Tatsächlich saß ich dann häufig länger an dem Flügel, der in einem bequem eingerichteten Aufenthaltsraum stand, und spielte Chopin und andere Klassiker, was stets den Beifall eines Teils der Mitglieder fand.

An einem meiner ersten Sonntage dort fragte mich einer der *Fraternity*-Brüder, in welche Kirche ich ginge. Ich bekannte, kein guter Kirchgänger zu sein, sei aber katholisch. Von da an trafen mich an jedem Sonntag drei andere Mitglieder, die auch katholisch waren, und nahmen mich mit in den Gottesdienst. Außerdem bekam ich, wie die anderen Katholiken, von da an freitags Fisch serviert. Niemand hat mich je gefragt, ob ich das wollte oder nicht.

*Lawrence, Kansas: Tischgebet bei einem Festessen im Ver-
bindungshaus der Fraternity Beta Theta Pi vor dem Ball am
19.12.1956, unmittelbar vor meiner Reise nach Mexico City.*

Mit Hilfe der Universitätsverwaltung suchte ich ein Zimmer in
einem Privathaus. Ich fand eins das im Obergeschoß lag,
und bewohnte es zusammen mit einem Kommilitonen aus
Indien, Hemen Parekh (eigentlich: Hemendra C. Parekh),
mit dem ich nun wieder Kontakt auf Facebook habe, und der
in Indien längst ein einflussreicher Mann geworden ist. Hemen schockte mich eines Morgens dadurch, dass ich ihn, als
ich aufwachte, in seinem Bett kopfstand machen sah. Für ihn
war das eine normale Art, eine Erkältung auszukurieren.

Besitzer des Hauses war ein Ehepaar mit dem Familiennamen Lawson. Herr Lawson erhielt Geld von der Regierung
nach der sogenannten *G.I. Bill*, dem *Servicemen's Readjust-
ment Act* heißt aus dem Jahr 1944. Dieses Gesetz sah Zah-

lungen an ihn vor, weil er Teilnehmer am II. Weltkrieg war. Die Lawsons hatten einen kleinen Sohn und verdienten zu dem Einkommen aus der *G.I. Bill* ein wenig Geld dazu, indem sie ein Zimmer an uns Studenten vermieteten. Hin und wieder diente ich ihnen als Babysitter. Als Gegenleistung durfte ich dann das Auto der Lawsons benutzen.

Oktober 1956: Studentenball an der University of Kansas: Zwei Freunde und ich in der selbstverständlichen Kleidung.

Während ich mich in der neuen Universität zurechtfinden musste, begegnete ich meiner zukünftigen ersten Ehefrau (1935–1999). Sie wurde sowohl meine Tutorin für die englische Sprache als auch die Repräsentantin all dessen, was man am Mittelwesten der USA als positiv anerkennen muss.

Sie war in einer Familie und Gemeinde von Presbyterianern aufgewachsen und war als Kind dazu angehalten worden, enge Kontakte zu Katholiken zu meiden.

Sie, eine Gesangstudentin, und ich haben wiederholt Wand and Wand in den Übungsräumen der zur *University of Kansas* gehörenden Musikhochschule geübt, sie als zukünftige Opernsängerin, ich als Hobby-Pianist und Betriebswirt. Marilyn fand es abwegig, dass ich mein Stipendium als zukünftiger Manager bekam anstatt als Musiker. Sie half also dabei, dass ich mich bei der Instrumentenabteilung um die Zulassung zum Musikstudium bewarb, wobei das ja für die Universität keine Kosten verursachte, weil ich mein Stipendium schon hatte.

So wurde ein Vorspieltermin vereinbart, zu dem ich vor einer Reihe von Professorinnen und Professoren mich am Flügel vorstellte. Ich spielte, und das war gar nicht Gegenstand von Gesprächen oder Überlegungen, auswendig. Zuerst von Chopin das Fantasie-Impromptu in cis-Moll op. 66, das ich gut konnte, und das dem Schwierigkeitsgrad entsprach, den ich damals gerade noch bewältigte. Dann, nach kurzer Stille, fragte der Dekan, ob ich *noch etwas* vorspielen könne.

In einer halsbrecherischen Art, die sonst für mich wohl nicht typisch ist, bot ich als Nr. 2 meines Programms, ebenfalls von Chopin, die Fantasie f-Moll op.49 an, obschon ich genau wusste, dass ich nach den ersten drei bis vier Minuten elend scheitern würde, weil ich das Niveau nicht erreichte. Der Dekan bat mich zu spielen, und nach etwa drei Minuten unterbracht er mich, schaute in die Runde der Hochschullehrer, sah allgemein zustimmendes Nicken und erklärte, ich könnte ab sofort auch *graduate piano* studieren. Mein Professor war Holländer, und wir hielten den Unterricht auf Niederländisch.

Zwischendurch spielte ich Fußball. Die *foreign students*, die man später *international students* nannte, bildeten drei Mannschaften: Asien, Lateinamerika und Europa. Ich hatte die Ehre, in der Hintermannschaft für Europa zu kämpfen.

Wir waren aus Frankreich, Italien, Schweden, Deutschland und der Türkei. Die Zuschauer hatten noch nie Fußball gesehen hatten, sondern kannten nur ihren *American football*.

Lawrence, Kansas, 1956-57 Fußball-Europamannschaft mit Spielern aus Frankreich, Deutschland, Italien, Schweden und der Türkei (Helle: unten, 2. von links).

Doch weder Sport noch Musik waren offiziell meine Themen in Kansas: Meine Einladung war erfolgt unter der Annahme, dass ich dort Betriebswirtschaftslehre studieren würde. Meine wichtigsten Professoren waren jung und hatten an der *Harvard Graduate School of Business* studiert. Das garantierte eine gute Qualität des Unterrichts und hatte sogar die Wirkung, dass das Studieren dort Spaß machte, was an der Universität Hamburg in BWL nicht immer der Fall war.

Zu Beginn der Weihnachtsferien 1956/57 organisierte der *Foreign Students Club* eine Reise in die Hauptstadt Mexikos. Ich konnte mich der Gruppe nicht anschließen, weil der Abreisetermin vor dem Datum eines Weihnachtsballs meiner Studentenverbindung, der *Fraternity*, lag. Da ich auf keine der beiden Gelegenheiten verzichten wollten, nahm ich zuerst an dem Ball teil und reiste dann allein mit der Reise-Bus-Linie *Greyhound* von Lawrence, Kansas, nach Mexico City. Die Fahrt dauerte *sechzig Stunden*! Ich trat sie im Winter-wetter bei tiefem Schnee an und erlebte auf der Reise nach Süden die verschiedensten Klimazonen.

Dezember 1956: Fredrikke Lunde (Norwegen) und ich bei einem Spaziergang in Mexico City.

Am 26. März 1957 war eine Gruppe von Studierenden aus den verschiedensten Ländern der Welt, alle an der *University of Kansas* zu Gast, zu einem Besuch bei dem Ex-Präsidenten *Harry S. Truman* in Kansas City, Missouri, eingeladen. Truman arbeitete dort für eine Bank, wohl vorwiegend für das Image der Bank in der Welt. Er empfing uns sehr freundlich und war bereit mit uns Jungakademikern aus aller Welt zu plaudern.

Doch gegen Ende der Begegnung meldete sich ein junger Mann aus dem Nahen Osten zu Wort und machte Truman Vorwürfe, weil er es zugelassen hatte, dass – so sagte der

Sprecher damals – auf dem Territorium der Palästinenser die Gründung des Staates Israel hatte stattfinden können. Truman reagierte nicht darauf. Es fällt heute schwer, sich vorzustellen, dass sich das im Jahre 1957 ereignet hat.

Harry S. Truman (1884-1972), von 1945-1952 Präsident der USA in seinem Büro in Kansas City am 26.03.1957.

Um die *University of Kansas* mit dem Grad eines *Master of Business Administration* zu verlassen, war es Voraussetzung, dass ich eine kleine wissenschaftliche Arbeit schrieb. Mein Betreuer war ein Professor für *Human Relations in Business,* also etwa ein angewandter Sozialpsychologe, der Howard John Baumgartel Jr. hieß und noch bis 1988 an der University of Kansas gelehrt hat.

Er und ich einigten uns auf ein Thema, das den Zusammenhang zwischen *Fehlen oder Krankfeiern* einerseits, und *Führungsqualitäten* des unteren Management, also der Abteilungsleiter andererseits nachweisen sollte: Zwei Arbeiter haben eine Erkältung mit leichtem Fieber, der eine geht trotzdem zur Arbeit, weil er seinen Chef nicht enttäuschen will, der andere meldet sich krank, weil er froh ist, seinem Chef für ein paar Tage nicht zu begegnen, das war die These.

Ich bekam die Erlaubnis, Arbeiter in dem Instandhaltungs- werk der damals bedeutenden Fluglinie *Trans World Airlines* in Kansas City zu interviewen, und ein Freund in Hamburg machte für mich die gleichen Interviews in einem Betrieb dort. Aus dem Vergleich der Daten wurde die *thesis*, die im Jahre 1957 zu meinem MBA führte. Anfang Juni wurden die akademischen Grade in einer feierlichen Zeremonie, *com- mencement* genannt, verliehen.

Lawrence, Kansas, Commencement, 3. Juni1957

Vor dem Abschied vom Campus in Lawrence bestätigte mir der *Registrar* der *University of Kansas* den erfolgreichen Abschluss der Studiums, wie hier abgebildet, in meinem deutschen Studienbuch.

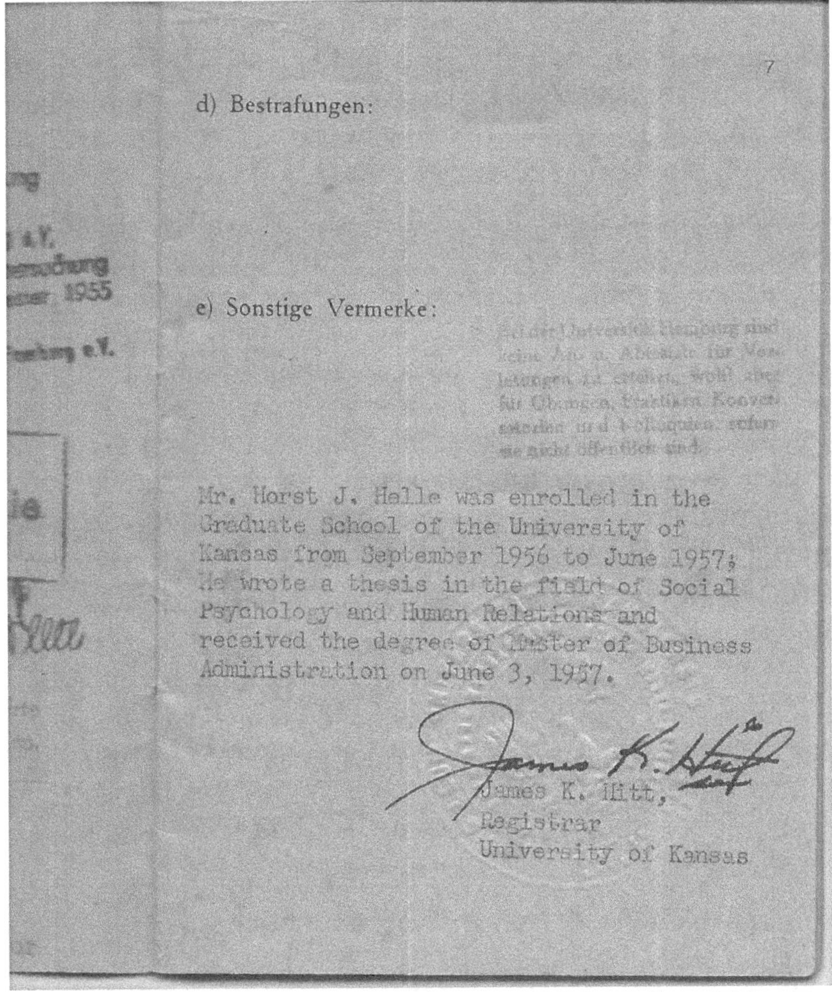

Bestätigung durch den Registrar der University of Kansas über den erfolgreichen Abschluss der Studiums im deutschen Studienbuch.

Außerdem erhielt ich eine große Urkunde zum an die Wand hängen.

Ein Praktikum bei einer Tochter des *Unilever-Konzerns in den USA* begann ich wenige Tage danach am 10. Juni bei der Firma *Thomas J. Lipton*. Ich wurde im Außendienst als Verkäufer eingesetzt, bekam einen Firmenwagen zur ständigen Verfügung und besuchte, zunächst zusammen mit dem regulären Mann, dann als dessen Urlaubsvertretung, Supermärkte und andere Lebensmittelgeschäfte in Arkansas und Iowa. Dabei kam es darauf an, möglichst große Mengen von Lipton-Tee und der Trockensuppe der Firma bei dem jeweiligen Einzelhändler zu verkaufen.

Ich war in *Kansas City, Missouri*, stationiert. Dort hatte ich eine kleine Wohnung, die nicht in der Nachbarschaft von Präsident Truman lag und die ohne eine Klimaanlage in den Sommermonaten sehr heiß war. In dem Firmenwagen legte ich große Entfernungen zurück, übernachtete aber wohl auch manchmal in Arkansas oder Iowa. Meine Tätigkeit als Reisender der Firma Lipton endete am 17. August 1957, als ich mich darum kümmern musste, das Schiff zurück nach Europa zu erreichen. Rechtzeitig zum Beginn des Wintersemesters 1957/58 kehrte ich in Hamburg an meine Heimatuniversität zurück.

Eine bruchlose Weiterarbeit schloss sich dort jedoch nicht an: Ich landete aus den USA in der Erwartung, an die MBA-Prüfungsarbeit aus Kansas anzuknüpfen und sie zur Dissertation auszubauen. Doch zu meiner amerikanischen *master thesis* meinte mein Hamburger Professor: „Das ist nicht Betriebswirtschaftslehre, wie wir sie hier betreiben, *das ist Soziologie!*"

Er ahnte wohl nicht, was er damit anrichtete.

Kapitel II: Universitätslehrer als Beruf

II,1: Promotion und Habilitation in Hamburg

Auf der Suche nach einer neuen akademischen Heimat an einem Universitätsinstitut in Hamburg, ging ich in die Sprechstunde des Psychologen Curt Bondy (1894–1972), der von 1949 bis 1959 die einzige Professur für sein Fach dort innehatte. Er prüfte mich zwar später in meiner mündlichen Doktorprüfung, doch eine Zusammenarbeit an einer Dissertation kam nicht zustande. Anschließend fand ein ähnliches Gespräch mit Helmut Schelsky (1912–1984) statt, dem damals (1953–1960) einzigen Professor für Soziologie an der Universität Hamburg.

Er hörte sich etwas gelangweilt die Darstellung meiner Absichten an, wurde aber plötzlich hellwach und sehr aufmerksam, als ich erläuterte, dass ich zwar Diplomkaufmann sei, aber eine Promotion zum Dr. phil. anstrebte. Das fand er interessant, weil es ungewöhnlich war: Normal wäre es für einen Wirtschaftswissenschaftler gewesen, den Grad eines Dr.rer.pol. zu erwerben. Da Schelsky Sitz und Stimme in beiden Fakultäten hatte, konnte er einen Doktoranden fördern, ganz gleich welche der beiden Promotionen er oder sie plante. Ich war froh und erleichtert, dass Schelsky bereit war, mich bei meinen Bemühungen um einen Doktorgrad als „Doktorvater" zu begleiten.

Während ich mich seit Ende 1957 als Hauptfachsoziologe daran machte, zu promovieren, hatte ich unverändert weiter das gleiche Berufsziel wie seit meinem Abitur: Meines Vaters und meine Erwartungen stimmten unverändert darin überein, dass ich Industriekaufmann beim Unilever-Konzern werden würde. Der Wechsel zu dem Hauptfach Soziologie wurde dabei noch gedeutet als eine mögliche Vorschau auf zukünftige Arbeitsschwerpunkte im Personalwesen oder in der Werbung und dem Marketing.

Die ersten Kapitel meiner geplanten Doktorarbeit hatte ich schon geschrieben, als der Assistent Schelskys mich im Institut ansprach: „Bitte kommen Sie in Prof. Schelskys Büro, der Chef mochte etwas mit Ihnen besprechen." In der Unterhaltung erfuhr ich, dass mein Doktorvater von Arbeitgebern der Bremischen Häfen (Bremen und Bremerhaven) angesprochen worden war wegen einer wissenschaftlichen Untersuchung des Arbeitsklimas unter den Hafenarbeitern.

Dabei konzentrierte sich die Besorgtheit der Eigentümer oder Leiter von Hafenbetrieben auf zwei Probleme: Die geringe Effizienz der Arbeit und die hohe Unfallhäufigkeit. Das wurde in Bremen besonders im Vergleich mit dem großen Konkurrenten Rotterdam deutlich, der als internationaler Hafen weit erfolgreicher war als Bremen und Bremerhaven.

Kurz vor Schelskys Aufforderung zu unserem Gespräch hatte ich ihm meine persönlichen Daten geschickt und darum gebeten, dass er einen Antrag auf ein Stipendium durch ein Gutachten unterstützen möge. Aus diesen Unterlagen war ihm bekannt geworden, dass ich die Literatur und Sprache der Niederlande im Nebenfach studiert hatte. Da es die Anfrage aus Bremen nahelegte, Rotterdam in die Untersuchung einzubeziehen und dort auch empirisch zu arbeiten, war Schelsky zu der für mich zunächst sehr zweischneidigen Überzeugung gelangt, dass ich für die aus Bremen angeregte Hafenarbeiterforschung der richtige Mann sei, eben weil ich Holländer in ihrer Muttersprache würde befragen können.

Schelsky schlug daher in unserer Unterhaltung vor, dass ich das Thema meiner Dissertation ändern sollte, oder – genauer – dass ich aufgeben sollte, was ich bis dahin im Anschluss an mein Studium in Kansas geschrieben hatte, um stattdessen das neue Projekt über die Lage der Hafenarbeiter zu beginnen. Ich zögerte, dem sofort zuzustimmen, und Schelsky schlug dann vor, ich möge eine Weile in Ruhe drüber nachdenken. Aber mir wurde sehr schnell klar, dass ich in Wahrheit keine Wahl hatte, wenn ich nicht riskieren wollte, die Unterstützung Schelskys zu verlieren. Also entsorgte ich die schon fertig formulierten Kapitel und wurde Hafenarbeiter.

Am Ende der fünfziger Jahre herrschte in Deutschland Arbeitslosigkeit. In Hamburg wurde über das Radio täglich sehr früh durchgegeben, wie viele „unstetig beschäftigte" Arbeiter im Hafen gebraucht wurden. Wer interessiert war, musste sich an der *Admiralitätsstraße* melden. Dort wurde man an eine Lagerhalle im Hafen oder an ein dort liegendes Schiff verwiesen, wo man dann acht – oder in Extremfällen auch mal sechzehn – Stunden lang am Beladen oder Löschen (das bedeutet Entladen) eines Schiffes mitwirkte. Ich kaufte mir feste Stiefel und sonstige Arbeitskleidung und trat als Student auf, der etwas Geld verdienen wollte. Allerdings hätte es bei *dem* Ziel näher gelegen, in irgendeinem gut beheizten Büro tätig zu werden, in dem die Gefahr, durch herabstürzende Ladung erschlagen zu werden, wesentlich geringer war als im Hafen.

Als jemand, der in Hamburg aufgewachsen war, fiel ich unter den Aushilfsarbeitern selbst als Student nicht so sehr als Außenseiter auf wie viele andere. Zwar sprach ich die Mundart nicht gut, weil sie bei mir zu Hause nicht gesprochen wurde, doch ich konnte das „Plattdütsch" mühelos und lückenlos verstehen. Aber unter uns Mitgliedern der „Reservearmee" waren viele „Flüchtlinge" aus ehemals deutschen Gebieten wie Ostpreußen oder Schlesien, und die konnten das „Hamburger Platt" kaum oder gar nicht verstehen.

Wenn also während einer Schicht (achtstündige Arbeitszeit) der Vorarbeiter vom Deck des Schiffes aus durch die offene Ladeluke in den Laderaum zu den dort eingesetzten Arbeitern hinunterrief: „ünner-rut" (drunter-raus), dann wusste ich, das hieß „verschwindet da unten!", weil etwas im Begriff war hinunterzufallen. Aber mein Kollege Flüchtling fragte dann: „Was hat er gesagt?" und ehe ich das übersetzen konnte, lagt er schon schwerverletzt unter einer Holzkiste. Es waren diese Erlebnisse, die mich zum Soziologen werden ließen.

Ich verbrachte das Jahr 1958 damit, 500 Hafenarbeiter in fünf Seehäfen Europas zu interviewen, je 100 in Hamburg, Bremen, Bremerhaven, Rotterdam und Antwerpen. Die beiden Bremischen Häfen und Rotterdam waren von Anbeginn Teil der Vorstellungen, welche die Auftraggeber mit dem Forschungsprojekt verbanden; Hamburg lag nahe, weil ich da wohnte und ohne nennenswerten Aufwand einen meiner freien Tage im Hafen verbringen konnte, doch Antwerpen war eine neue Idee. Sie hing wieder mit meinen für einen Deutschen ungewöhnlichen Kenntnissen der niederländischen Sprache zusammen.

Wohl aus einem gewissen Nationalstolz formulierten damals die Bewohner Antwerpens das so, dass sie *Flämisch* sprechen, aber das ist, als wenn ein Salzburger sagt, er spreche nicht Deutsch, sondern Österreichisch. Als ich mich einmal im Hafen von Antwerpen bei einem Arbeitgeber vorstellen wollte, um die Erlaubnis für meine Interviews zu erhalten, kündigte die Sekretärin mich ihrem Chef an mit den Worten: „Mijnheer spreekt vlaams!" Die Hafenarbeiter haben zwar in Antwerpen einen anderen, den flämischen, Akzent als die in Rotterdam, bei denen ich vorher war, aber ich konnte doch ohne Mühe mit ihnen reden. Einmal traf ich auf eine merkwürdig abweisende Haltung unter den Antwerpener Kollegen, bis sich herausstellte, dass sie mich wegen meines Akzents für einen Rotterdamer hielten. Als sie erfuhren, dass ich aus Hamburg kam, ließen sie sich dann gern interviewen.

Ein Visum zur Einreise nach Belgien oder in die Niederlande war 1958 nicht mehr erforderlich. Aber in keinem der fünf Häfen konnte ich ohne eine Arbeitserlaubnis als Hafenarbeiter tätig werden. Diese Genehmigung war in Hamburg impliziert, weil ich da wohnte und „arbeitslos" war, in Bremen nutzten die Auftraggeber ihre Kontakte, die übrigens bis nach Rotterdam reichten, zu meinen Gunsten, aber Antwerpen blieb der Einzige der fünf Häfen, in dem ich zwar Interviews durchführen, aber nicht selbst als Kollege der einheimischen Seehafenarbeiter tätig werden durfte.

Die relative Nähe der fünf Häfen zueinander erleichterte es, dass ich 1958 neben den Aufenthalten dort auch in Hamburg weiter studieren konnte. Ich hörte Schelskys Vorlesung und war Mitglied seines Doktorandenseminars, das einmal im Jahr in seinem Hause tagte. In den Seminarsitzungen im Institut erlebte ich wichtige Soziologen, die dort auf Einladung Schelskys Gastvorträge hielten und mit uns diskutierten (vor allem mit Schelsky). Dazu gehörten Arnold Gehlen, Ralf Dahrendorf und Everett C. Hughes aus Chicago. Hughes kam in Begleitung seiner Frau, und beide sprachen deutsch! Damals hatte ich keine Ahnung, dass ich Hughes später in Chicago wiedersehen würde.

Das ereignisreiche Jahr 1958 schloss auch das Absenden meiner seit langem geplanten Bewerbung beim Unilever-Konzern ein. Ich hoffte, dort als Management Trainee eingestellt zu werden, um nach einer zweijährigen Ausbildung eine feste Stellung zugewiesen zu bekommen. Da das gelang, begann meine feste und hauptberufliche Tätigkeit dort dann am 1. Januar 1959, als ich zwar die Doktorarbeit in einer Rohfassung geschrieben, aber noch entscheidende Etappen auf dem Weg zur Promotion vor mir hatte. Ungewohnt und nicht erfreulich war der Beginn einer regelmäßigen Arbeitszeit mit Anwesenheitspflicht.

Das Jahr 1959 war also für mich das erste Jahr einer für die meisten Personen normalen Berufstätigkeit, es war das Jahr, in dem ich den Doktorgrad erwarb, und es war das Jahr, in dem meine Freundin aus Kansas und ich in Hamburg heirateten. Sie und ich hatten einander, wie oben berichtet, über die Musik kennengelernt. Fast gleichzeitig waren wir beide aus den USA nach Deutschland gereist, sie an die Musikhochschule Köln, ich zurück nach Hamburg.

Sie hatte das Berufsziel Opernsängerin und hat viele Jahre lang in Kansas und seit dem Herbst 1957 in Deutschland auf dieses Ziel hingearbeitet. Doch irgendwann Ende 1958 machte sie die Erfahrung, die heute nicht mehr als so überraschend wirkt wie damals, dass junge Frauen an der Bühne ihre Karriere nicht allein durch ihr Können, sondern auch durch intime Freundlichkeiten gegenüber Intendanten oder Regisseuren fördern mussten. Sie war über diese Entdekkung so zornig, dass sie das Berufsziel Oper spontan aufgab und beschloss, auf Kirchenmusik umzusatteln.

Nun ist das nicht so einfach, wie es für mich damals und für andere Nicht-Sänger klingen mag. In der Oper wird mit Tremolo gesungen, also so, dass der Ton ein wenig hinauf- und herunterzittert. In der Kirchenmusik ist das nicht zulässig: Dort muss der Ton eindeutig klar und ohne Schwankungen erzeugt werden. Das bedeutete einen erheblichen Aufwand an Umschulung; aber sie wurde so die Abhängigkeit von der Bühne los und ersetzte sie durch Auftritte in Kirchen und Konzertsälen in Hamburg.

Zugleich war es für sie durch diesen Wandel in der Musikausübung leichter geworden, sich eine *Heirat* vorzustellen. Wegen der Kompliziertheit des Verfahrens (verschiedene Staatsangehörigkeiten) und seiner transkontinentalen Konsequenzen wurden wir am 27. Mai 1959 standesamtlich getraut und heirateten in der Katholischen Kirche am 13. September 1959. Kurz danach, am 5. Oktober 1959, verlieh mir die Philosophische Fakultät der Universität Hamburg den Titel eines Doktors der Philosophie.

Das zweite Jahr meiner Tätigkeit als Management Trainee 1960, war angefüllt mit Ausbildungsaufenthalten in Produktionsstätten und Vertriebseinrichtungen außerhalb Hamburgs. Einer meiner Trainings-Einsätze im Jahr 1960 führte mich zu der Speiseöl-Raffinerie in Brake an der Unterweiser. Ich wurde dort Zeuge der Ankunft und des Löschen der Ladung eines Speiseöl-Tankers aus Japan.

Die Schiffsmannschaft führte die notwendigen Arbeiten - wie Vorbereiten und Ordnen der Leitungen, durch die das Öl an Land gepumpt wurde - als hochorganisiertes arbeitsteiliges Team im Laufschritt durch! Das ganze Geschehen wirkte wie eine unter Leistungsdruck stehenden Sportveranstaltung und weckte sogar Assoziationen mit einer Ballettaufführung. Dies war ein erster, aber bleibender, Eindruck von der Arbeitskultur Japans.

Eine weitere Ausbildungserfahrung beim Unilever-Konzern erhielt ich in der Verkaufsdirektion Münster, Westfahlen. Ich war mit einem Zweieinhalbtonner-Kleinlastwagen im Münsterland unterwegs und verkaufte, (und lieferte zum Teil,) Margarine, Speiseöl (Livio), Schmelzkäse (Milkana) und andere Produkte der damaligen *Margarine-Union*.

Ich wohnte dort allein, also wurde ich in den Abendstunden Student der Universität Münster, und schrieb mich ein – so belegt es das Studienbuch – im Sommer-Halbjahr 1960 und im Winter-Halbjahr 1960/61 für Lehrveranstaltungen der Fakultät für Rechts- und Staatswissenschaften.

Ich bat den Professor für Christliche Sozialwissenschaften und katholischen Priester Joseph Höffner (1906-1987), einen anerkannten Fachmann für die Soziallehre der katholischen Kirche, an seinem Doktorandenkolloquium teilnehmen zu dürfen, was merkwürdig war, da ich ja einen Doktorgrad schon hatte und, wie damals üblich, so auch angeredet wurde.

Eines Tages verkaufte ich gerade irgendwo im Münsterland Schmelzkäse an den Inhaber eines Lebensmittelladens, als ein Teilnehmer von Höffners Seminar das Geschäft betrat, meinen weißen Kittel bewunderte, mich aber gleichwohl erkannte und mit „Herr Dr. Helle" begrüßte. Diese Anrede verwirrte den Einzelhändler und war für den Erfolg meiner Verkaufstätigkeit nicht hilfreich.

Die Wahl meines neuen akademischen Lehrers wurde durch allerlei Folgeentwicklungen so beeinflusst, dass eine längere Lehrer-Schüler-Beziehung sich nicht entfalten konnte: Der Bauernsohn Höffner nahm mich 1960 in den Kreis seiner Studenten auf, war schon bald danach nicht mehr Professor, sondern 1962-1969 Bischof von Münster und wurde von

1969 bis zu seinem Tod 1987 Erzbischof von Köln und Kardinal.[2]

Doch, bevor diese Ereignisse passierten, wurde ich am 19. Mai 1960 bei meiner Rückkehr in die Verkaufsdirektion in das Büro des Chef bestellt, und der erklärte mir, ich sei Vater geworden und gratulierte mir dazu. Er ordnete auch an, dass ich am nächsten Tag nach Hamburg reisen sollte. Etwas verwirrt überlegte ich, ob das nicht alles ein merkwürdiger Irrtum sei, weil das Kind ja erst in etwa einem Monat, also nach dem Ende meines Einsatzes in Münster, geboren werden sollte. Aber unser erster Sohn hatte es geschafft, bei auf acht Monate verkürzter Schwangerschaft an der Einweisung in einen Brutkasten vorbeizukommen, auch weil er trotz Frühgeburt normal atmen konnte.

Der Pfarrer wurde wegen der Taufe angesprochen. Meine Frau wünschte sich die Anwesenheit ihrer Eltern dazu, und tatsächlich kamen sie zu einem ersten Deutschlandbesuch zu uns. Die Atmosphäre war aber angespannt, weil die Taufe in der katholischen Kirche stattfand. Umso mehr Spaß und Freude hatten wir an unserem neuen Baby Paul.

Vom Januar 1961 an war ich *Marketing-Manager* bei der Firma Sunlicht Gesellschaft A.G., die in Hamburg in der Konzernzentrale des Unilever-Konzerns als Tochtergesellschaft Büroräume unterhielt und im Jahr 1907 der größte Seifenhersteller Europas gewesen war. Eine Herausforderung für meine neue Tätigkeit dort war der Start von OMO, einem damals neuen Waschmittels mit diesem Namen, für das eine Werbe- und Vertriebsstrategie entwickelt werden musste.

Am 19. März 1961 starb meine Großmutter Moescher. Sie hatte seit dem Tod ihres Mannes allein in dem Haus Pinnberger Chaussee 91 gelebt. Dabei hat sie oft über Einsam-

---

[2] Bei meinen Korea-Besuchen stellte sich heraus, dass auch der Kardinal-Erzbischof von Seoul, der Hauptstadt Süd-Koreas, bei Höffner in Münster studiert hatte (siehe weiter unten!).

keit geklagt, obschon ihr Sohn in der Nähe wohnte und sowohl wir als auch mein Cousin Rolf Moescher sie regelmäßig besuchten.

Das Jahr 1961 bescherte mir die Totgeburt unseres zweiten Kindes und eine zunehmende Unzufriedenheit mit der Berufsarbeit. Mein Vater und auch mein Vorgesetzter in meiner Firma, die davon erfuhren, brachten meine Missstimmung mit der Totgeburt in Verbindung, weil private Belastungen zu beruflichen Folgen führen können. Aber wenn es eine solche Verbindung gab, dann nicht im Sinne einer Verursachung, sondern einer Auslösung meines Entschlusses, mich zu verändern. Hinzu kam des Folgende:

In der Osterzeit veröffentlichten die beiden großen christlichen Kirchen die Höhe des Geldbetrags, der bei den Protestanten als *Brot für die Welt* und bei den Katholiken als *Misereor* in ganz Westdeutschland gespendet worden war. Mir fiel auf, dass die Summe beider Beträge fast genau mit der Höhe des Werbe-Etat übereinstimmte, den meine Firma für die Einführung des neuen Waschmittels OMO 1961 ausgeben wollte.

Immer häufiger konfrontierte ich mich selbst mit der Frage, ob ich den Rest meines Berufslebens damit verbringen wollte, einige hunderttausend Hausfrauen davon zu überzeugen, dass sie nicht das Waschmittel A, sondern stattdessen das Waschmittel B benutzen sollten. Also beschloss ich, bei starker Unterstützung meine Frau, mich nach beruflichen Alternativen umzuschauen.

Es gab damals für mich in Hamburg drei institutionell gesicherte Verbindungen in die USA: Marilyn, das Amerikanische Generalkonsulat und das Amerikahaus. Mit Marilyn sprach ich damals noch überwiegend Englisch. In Amerika war Kennedy (1917-1963) nach seinem knappen Wahlsieg über Nixon im Januar 1961 als Präsident vereidigt worden und setzte sich für die Stärkung der Rechte der Schwarzen ein.

Im Amerikahaus zu Hamburg sah ich die Möglichkeit einer zukünftigen beruflichen Tätigkeit als Programmdirektor. Ich signalisierte das dort, hatte wohl auch eine Stellenausschreibung gesehen, und traf zu einem längeren Gespräch im Amerikahaus mit einem deutschen Mitarbeiter zusammen, den ich aufgrund von äußeren Umständen für einen Geheimdienstmann hielt.

Es macht Sinn, dass man als Programmdirektor nicht eine Person einstellen wollte, die dazu geneigt war, Propaganda für die Sowjetunion zu machen. Mein Gesprächspartner und ich verstanden uns, geschützt durch eine besonders gesicherte Tür und schallschluckende Einrichtungen, sehr gut, auch etwas später noch, als klar geworden war, dass ich nicht im Amerikahaus arbeiten würde.

Ähnlich meiner Entscheidung in Münster, dort nach Feierabend an der Universität tätig zu werden, hielt ich auch in Hamburg trotz abgeschlossener Promotion Kontakt zu den Soziologen. Meine mündliche Doktorprüfung war eine der letzten Amtshandlungen von Schelsky gewesen, denn er nahm einen Ruf an die Universität Münster an (mit einem etwas abgefahrenen Sinn für Humor könnte man sagen, er war mir nach Münster gefolgt).

Dem Lehrstuhl, den er in Hamburg vakant zurückließ, waren zwei Assistentenstellen zugeteilt, um deren kompetente Besetzung sich der neue Soziologieprofessor, Schelskys Nachfolger, Heinz Kluth, nun bemühte. Der neue Lehrstuhlinhaber wurde Kluth mit seiner Ernennung am 6. Juli 1961. Er war wie Schelsky Kriegsteilnehmer (welcher erwachsene Deutsche Mann war das nicht?) und, wie ich, eines der ehemaligen Mitglieder von Schelskys Doktorandenseminar.

Kluth kannte mich nicht nur aus der Seminarteilnahme, er hatte auch erste Entwürfe der Hafenarbeiterdissertation gelesen und mich bei deren Verbesserung beraten. Nun sah ich neben der Möglichkeit, im Amerikahaus zu arbeiten, die Chance, an die Universität zurückzukehren, wenn Kluth mich denn nehmen würde. Er nahm mich, und ich wurde am 16. Oktober 1961 Wissenschaftlicher Assistent. Ich erhielt einen Dreijahresvertrag mit der Chance zu einer Verlängerung für den Fall, dass Aussicht auf eine Habilitation bestehen würde. Marilyn war ebenso begeistert wie ich, sie gratulierte mir und ich ihr. Ohne ihre beständige Ermutigung wäre es zu dem gewagten Berufswechsel wohl nicht gekommen.

Ich verdiente als Universitätsassistent so viel wie ein Studienrat am Gymnasium, musste (oder: durfte) wöchentlich zwei Stunden unterrichten und war von da an in der Forschung tätig, was ich dann gut vierzig Jahre lang fortgesetzt habe. Lange nach meiner Einstellung als Assistent bei ihm, als ich schon erfolgreich Seite an Seite mit dem anderen Assistenten, dem durch seine Doktorarbeit über die Arbeiterpriester als Katholik bekannten Gregor Siefer, bei ihm arbeitete, fragte ich Prof. Kluth, warum er mich genommen habe, obschon, wie mir bekannt war, ein anderer Bewerber, für den Job sehr gut geeignet schien. Kluth antwortete: „Der war katholisch, und ich wollte nicht zwei Katholiken als Mitarbeiter haben." Ich antwortete ihm: „Aber ich bin doch auch katholisch!" Darauf Kluth: „Weil Sie in Hamburg geboren sind und Horst heißen, hielt ich das für ausgeschlossen. Aber übrigens ist es mir völlig egal, welcher Kirche Sie angehören."

Mein Bekannter, der mich im Amerikahaus als einen der Bewerber um die Stelle des Programmdirektors interviewt hatte, schien einverstanden damit zu sein, dass ich nicht sein Kollege geworden, sondern an die Universität gegangen war. Er vermittelte von nun an häufig Kontakte zu Besuchern von amerikanischen Universitäten, die vorübergehend in Deutschland waren. Wenn diese Leute in unser Institut kamen und besonders nett waren, luden wir sie auch zu Marilyn und mir nach Hause ein.

Ab 1962 fing ich an, soziologische Fachtagungen zu besuchen. Die *Deutsche Gesellschaft für Soziologie* hatte Adorno und Popper zu einem Streitgespräch nach Tübingen eingeladen, doch Kollegen, die zu dem Treffen gereist waren, berichteten nach ihrer Rückkehr, es sei kein Streit, sondern ein recht konsensualer Dialog gewesen. Zur Jahrestagung *der American Sociological Association* 1963 reiste ich nach Washington. Im Flugzeug und beim Ein- und Aussteigen begegnete ich dem französischen Soziologen Raymond Aron (1905-1983), der 1930-33 in Deutschland studiert hatte.

Am 28. August 1963 hatte der *March on Washington for Jobs and Freedom* stattgefunden, der damals ein Höhepunkt der Bürgerrechtsbewegung gegen Rassendiskriminierung war und an dem 200.000 Menschen teilgenommen hatten, auch um die berühmte Rede von Martin Luther King *„I Have a Dream"* zu hören. Für die Soziologie bot die soziale und politische Situation eine ungewöhnliche Fülle an Themen zur Bearbeitung.

Dann wurde im gleichen Jahr (1963) am 22. November Präsident Kennedy in Dallas, Texas ermordet. Danach, und nach dem Eintritt der USA in den Vietnamkrieg im Jahre 1964 waren die Weichen gestellt für unruhige sechziger Jahre. Das Amerikahaus hatte alle Hände voll zu tun bei seinen Versuchen, der Hamburger Öffentlichkeit zu erklären, was in den USA vor sich ging, und ich war froh, dort nicht Programmdirektor zu sein.

Am 1. Juni 1964 wurde unser drittes Kind geboren. Unsere erste gemeinsame Wohnung war nun offensichtlich zu klein geworden, und wir fanden ein neues Heim etwas weiter außerhalb Hamburgs in Henstedt-Rhen (Heute: Norderstedt). Als wir uns gerade gut eingelebt hatten, mussten wir dort Untermieter für ein Jahr finden, weil mich eine Einladung zu einem Forschungsstipendium nach Chicago erreicht hatte.

Ähnlich, wie ich durch einen Anschlag in einem Schaukasten der Universität auf das Fulbright-Stipendium aufmerksam geworden war, das mich nach Kansas geführt hatte, entdeckte ich nun den Hinweis auf eine Forschungsförderung durch den *American Council of Learned Societies (ACLS)*. Die Arbeit an einem Habilitationsprojekt hatte ich begonnen.

Das war auch notwendig, weil die Vertragsverlängerungen als Assistent an der Universität Hamburg daran geknüpft waren, dass Aussicht auf eine erfolgreiche Habilitation bestand.

Ich besprach das ACLS-Stipendium mit Kluth, und der war bereit, mich für ein Jahr unter Wegfall der Bezahlung zu beurlauben. Wir fünf, unsere drei Kinder und wir, deren Eltern würden dann in den USA von dem Stipendium leben. So kam es: Wir untervermieteten unser Haus in Henstedt-Rhen und begaben uns auf Wohnungssuche *nach Chicago*.

Vor allem war eine Beziehung zu einer amerikanischen Universität nötig, die mich als Gast aufnehmen und meine Forschungsabsichten fördern würde. Im Anschluss an ein Buch von Kluth über *Sozialprestige*, das mir sehr einleuchtete, begann ich eine theoretische Untersuchung über soziale Symbole. Der Literatur konnte ich entnehmen, dass es eine *Chicago School of Sociology* gab, die sich mit dem verstehenden Ansatz und symbolischer Interaktion befasste, und in deren Kontinuität wollte ich arbeiten. Darum wandte ich mich an die Soziologische Abteilung der *University of Chicago* mit der Bitte, mich als Gast für ein Jahr aufzunehmen.

Eine entsprechende Einladung traf bald bei uns in Hamburg ein, wohl nicht zuletzt, weil es auch dem Ansehen der Kollegen dort guttat, wenn ein Stipendiat des ACLS bei ihnen arbeitete. Doch als ich bei meinen neuen wissenschaftlichen Gastgebern ankam, stellte sich heraus, dass es bei ihnen einen fundamentalen Richtungswechsel in der Soziologie gegeben hatte und die Vertreter der *Symbolic Interaction Theory* kurz vorher fast alle Chicago verlassen hatten.

Ich unternahm im Laufe des Jahres Reisen, z.B. nach Berkeley und Santa Barbara, um solchen Soziologen trotzdem zu begegnen. Doch die wichtigsten Kontaktpersonen in Chicago, die mir mit Anregungen vor Ort sehr halfen, waren *Donald N. Levine* (1931-2015), einer der bedeutendsten Simmel-Experten, und *Everett C. Hughes* (1897-1983) als Emeritus, den ich schon aus Schelskys Seminar kannte.

Zu Donald Levine entwickelte sich eine Freundschaft, die auch Marilyn als Sängerin einschloss. Er war Mitglied der konservativen Synagoge, deren Gottesdienste oft musikalisch eingerahmt waren. Dorthin erhielt Marilyn durch Levines Fürsprache Einladungen zur Mitwirkung als Solo-Sängerin, zu denen ich als Zuhörer mitgehen konnte. Nach dem Gottesdienst erlebte ich, wie sich die Teilnehmer anschließend informell trafen und auf Jiddisch unterhielten.

Um all das in die Wege zu leiten, reisten wir im Juni 1966 nach Kansas und trafen Marilyns Eltern und ihren Bruder. Wir mieteten danach ein Haus in Chicago in dem Stadtteil South Shore mit der Adresse 7320 South Clyde, Chicago 60649. Die Gegend war damals eine sogenannte *changing neighbourhood*, d.h. sie wandelte sich gerade von *rein weiß* zu *gemischt* bewohnt. Unsere Nachbarn waren überwiegend Katholiken und Juden, die sich gut verstanden: An Sonntagen durften die Katholiken zusätzlich zu dem Parkplatz an der Kirche auch den der Synagoge benutzen, und umgekehrt die Juden am Sabbat den der Katholiken.

Wir durchlebten zweimal angstvolle Stunden, weil unser erst zweijähriger Sohn ohne Angabe von Gründen verschwunden war und erst von der Polizei in einem Einsatzwagen, in dem er fröhlich lächelnd saß, heimgebracht werden musste, nachdem wir am Telefon verzweifelt einen Zweijährigen als vermisst gemeldet hatten.

Ein weiteres furchterregendes Ereignis war der *hold-up*, dem ich ausgesetzt war: Einen an meine Eltern gerichteten Brief wollte ich noch am späteren Abend in den Postkasten einwerfen, obwohl wir davor gewarnt worden waren, nach Einbruch der Dunkelheit auszugehen. Als ich den Brief gerade eingeworfen hatte, hielt ein junger Schwarzer mir eine kleine handliche, silberglänzende Pistole an den Kopf und forderte *money*. Tatsächlich hatte ich außer dem Hausschlüssel und dem Brief nichts mitgenommen, also erklärte ich wahrheitsgemäß, kein Geld bei mir zu tragen.

Entscheidend ist aber manchmal gar nicht, ob man die Wahrheit sagt, sondern ob sie einem geglaubt wird. Die beiden jungen Männer fingen daher an, meinen Hut nach versteckten Banknoten zu durchsuchen, fanden nichts, weil dort nichts war. Ich fing aus einer merkwürdigen Eingebung heraus an, die beiden auf Deutsch anzureden und sie mit durchaus ernst gemeinten Inhalten zu konfrontieren, etwa so: „Glaubt ihr an Gott!" Das erwiderte einer mit der Gegenfrage: „Are you a Rabbi!"

Ich wusste nicht, ob es in der Situation des Raubüberfalls für das Opfer nützlich oder schädlich ist, ein Rabbiner zu sein, also trug ich anstelle einer Antwort weiter fromme Sprüche auf Deutsch vor. Inzwischen glaubten die beiden, dass ich tatsächlich kein Geld bei mir trug, schickten mich in den Verbindungsweg an der Rückseite der Grundstücke, der nur von der Müllabfuhr genutzt wird, und ließen mich gehen.

Der Heimweg dauerte dadurch länger für mich, und genau das hatten die beiden netten Räuber auch erreichen wollen. Erst in der Wohnung wurde mir klar, in welcher Gefahr ich mich befunden hatte, und sofort riefen wir die Polizei an und berichteten von dem Überfall.

Ein erfreuliches Ereignis war der Besuch meiner Eltern. Sie kamen mit dem Schiff nach New York, wo ich sie mit dem Auto abholte. Während sie bei uns in Chicago waren, erreichte ich einen Termin bei *Everett Hughes* mit meinem Vater. Die beiden fast gleichaltrigen Senioren besprachen Probleme der Weltpolitik auf Deutsch.

Allein unternahm ich Reisen zu den Soziologen, die ich wegen des Richtungswechsels dort an der Universität in Chicago nicht mehr antraf: Ich interviewte *Herbert Blumer* in Berkeley[3], wurde von *Anselm Strauss* in seine Wohnung in San Francisco eingeladen und lernte in Santa Barbara

---

[3] Herbert Blumer, Horst J. Helle: Herbert Blumer im Interview: Mead, Park und deren Schüler – eine Innenansicht der Schule von Chicago. In: H. J. Helle, Hrsg., *Architekten der Soziologie 1900-2000*. Amazon.com 2024, S. 44-63.

Tamotsu Shibutani kennen. Diese Kontakte begannen 1967 und wurden in den Jahren danach immer wichtiger.

Die genannten Wissenschaftler teilten das Interesse an einer Soziologie, die in der Tradition Simmels aus einem verstehenden Ansatz heraus entwickelt worden war, und die *Robert E. Park* (1864-1944) in Chicago eingeführt hatte. Zu Parks Schülern gehörte auch des Ehepaar Everett und Hellen Hughes, die zusammen in den zwanziger Jahren an der *University of Chicago* studiert hatten.

Das Thema meiner *Habilitationsschrift* wurde eine *Soziologie der Symbole*. Die Wirtschafts- und Sozialwissenschaftlichen Fakultät der Universität Hamburg habilitierte mich am 13. Dezember 1967 zum Privatdozenten für Soziologie. Ich hielt von da an Vorlesungen in eigener Verantwortung und machte das sehr gern und recht engagiert, wie die beiden Fotos hier zeigen.

Zwei Vertreter der studentischen Linken sprachen mich einmal nach der Vorlesung an und meinten, dass ich das falsche Bewusstsein hätte: Als Universitätsdozent sei ich Lohnempfänger und daher, ob ich wollte oder nicht, Angehöriger der Arbeiterklasse. Ich bat die beiden, es mir zu überlassen, auf welcher Grundlage ich mein Bewusstsein weiterentwickeln wollte.

II,2: Professuren in Aachen und Wien

Anfang 1968 kam der Umstieg von einer Assistentenstelle in die Stelle eines Universitätsdozenten. Ein Jahr später, 1969 erhielt ich einen Ruf an die Rheinisch-Westfälischen Technischen Hochschule Aachen auf den Lehrstuhl, den Arnold Gehlen seit 1962 innegehabt hatte. Meine Annahme des Rufes führte zur Ernennung am 9.6.69, einem Datum, das man sich leicht merken kann.

Wir mieteten in Aachen ein Haus. In der Verwaltung der Technischen Hochschule hatte jemand ermittelt und die Nachricht verbreitet, dass ich der erste Lehrstuhlinhaber sei, der noch bis ins nächste Jahrtausend hinein im aktiven Dienst bleiben könnte. Als ich meine Ernennungsurkunde entgegennahm, war ich erleichtert, keine Furcht vor einem Arbeitsplatzverlust mehr haben zu müssen.

Seit dem Weggang aus der Wirtschaft in der zweiten Hälfte des Jahres 1961 war mein Vater etwas traurig und in Sorge, weil er sich sehr gewünscht hatte, dass ich in dem Firmengeflecht arbeiten würde, in dem er fast seine ganze Berufstätigkeit verbracht hatte. Als ich aber nun in Aachen Professor geworden war, konnte er sich völlig damit versöhnen und freute sich mit uns allen. Er starb 1975, nicht an einer Erkrankung, sondern wohl als Folge der Kriegsbelastungen.

Leider traf mein Eintritt in den Professorenstand zusammen mit den Studentenunruhen und unklaren Bemühungen, die Universitäten zu reformieren. Ich gehörte einer Philosophischen Fakultät an, die sogar die Wirtschaftswissenschaften in ihre Reihen aufgenommen hatte. Mancher Kollege war pessimistisch angesichts der Tatsache, dass ausgerechnet der *Lehrstuhl für Soziologie* in dieser politisch brisanten Zeit neubesetzt werden musste. Als ich den Dienst antrat, war dann die Erleichterung darüber groß, dass ich nicht politisch so weit links angesiedelt war, wie befürchtet worden war.

Man wählte mich schon bald zum Dekan, und ich hatte die an Agentenaktivitäten erinnernde Aufgabe, Geheimtreffen der Professorenschaft so zu organisieren, dass sie nicht von radikalen Studenten aufgespürt und „gesprengt" wurden. Dazu musste einer der Kollegen zur Verschwiegenheit gegenüber seinem eigenen Sohn verpflichtet werden, weil der Sohn der radikalen Studentenbewegung angehörte.

Dann erreichte mich völlig überraschend ein Ruf an die Universität Wien. Dort setzte sich Leopold Rosenmayr (1925-2016) sehr dafür ein, dass mir günstige Bedingungen gewährt würden. Er bemühte sich sogar um Kontakte in die Musikszene, um Marilyn als Sängerin den Übergang von Aachen nach Wien zu erleichtern.

Karrieretechnisch war eine Ablehnung des Rufes nach Wien für mich undenkbar. In Aachen existierte Soziologie nur als Nebenfach in den Studiengängen für Berufsschullehrer und zum Erwerb eines Mastergrades. Arnold Gehlen (1904-1976) hatte darin einen Vorteil gesehen: Als er mir als seinem Nachfolger die Räume des Lehrstuhls zeigte, kommentierte er das mit den Worten: „Ich war stets bemüht, den Laden möglichst klein zu halten." Ich konnte zwar Doktoranden im Hauptfach Soziologie betreuen, aber an ein arbeitsteiliges Forschungsprogramm war in Aachen nicht zu denken.

In Wien dagegen bestanden an einer alt-ehrwürdigen europäischen Universität, die 1356 gegründet wurde und im heutigen deutschsprachigen Gebiet die älteste Hochschule ist, allein in der Fakultät der Juristen drei Lehrstühle für Soziologie, von denen mir einer angeboten wurde. Zusammen mit der Ernennung zu Ordinarius erhielt ich als Bundesbeamter der Republik Österreich die *österreichische Staatsangehörigkeit*. Da das durch Verleihung anstatt auf Antrag geschah, konnte ich daneben weiterhin auch Deutscher bleiben. Eine Ablehnung des Rufes wäre mir als Arroganz gedeutet worden, und ich hätte dann den Rest meiner Karriere in Aachen verbracht.

Andererseits sprach vieles dafür, das erst 1969 dort begonnene Leben in Aachen fortzuführen, anstatt es nach nur drei Jahren schon wieder abzubrechen, doch ich nahm den Ruf nach Wien an. Dann erreichte mich kurz nach der Aufnahme meiner Arbeit in Wien ein Ruf an die Universität München. Das verursachte große Sorge bei Kollegen und Mitarbeitern in Wien, wo ich neben den beiden anderen Lehrstühlen in einem kleinen vierköpfigen Team, einer Sekretärin, zwei Assistenten und mir, den Lehr- und Prüfungsbetrieb begonnen hatte. Aber die Rückkehr nach Deutschland war verlockend, und die Universität München erfreute sich damals wie heute als Einrichtung geisteswissenschaftlicher Forschung international hohen Ansehens.

Die Kulturpolitiker des Freistaats Bayern waren sich der *Frankfurter Schule der Soziologie* bewusst und wollten deren neo-marxistischen Neigungen möglichst nicht nach München eindringen lassen. Vor Errichtung der ersten ordentlichen Professur bot der Historiker und Soziologe *Alfred von Martin* (1882-1979) in München Lehrveranstaltungen in Soziologie an, zunächst an der Technischen Hochschule und seit 1948 an der Universität. Ein neu errichteter Lehrstuhl für Soziologie konnte damals nicht zügig besetzt werden, und von Martin wurde damit beauftragt, die Professur zu vertreten. Es war formal nicht möglich, ihn in diese Position hineinzuernennen, weil er dafür schon zu alt war.

Tatsächlich dauerte es dann bis zum Oktober 1958, ehe man *Emerich K. Francis*, (1906-1994) einen Österreicher mit amerikanischem Pass, berief und endlich ab 1959 als den ersten Ordinarius der Soziologie an der Universität München ernennen konnte. Danach vergingen die Jahre bis 1964, ehe eine zweite ordentliche Professur mit Karl Martin Bolte (1925-2011) besetzt wurde. Erst in den siebziger Jahren kam eine dritte Professur hinzu, auf die ich berufen wurde.

Die Jahre zwischen der Ernennung Boltes und meiner Berufung im Mai 1973 waren geprägt von den Studentenunruhen. Das führte auch zu einem Infragestellen der Legitimation von Berufungen: In Wien konfrontierten mich studentische Aktivisten vorwurfsvoll mit der Frage, wieso ich einen Ruf angenommen hätte, von dem ich wissen musste, dass er ohne eine Mitwirkung von Studenten zustande gekommen war.

Als ich den Dienst in Wien am 1. März 1972 antrat, war es mir nicht möglich, vertraute Mitarbeiter aus Deutschland mit nach Wien zu nehmen, weil die Besoldung von Universitätsassistenten in Österreich bedeutend schlechter war als in Deutschland. Darum stellte ich kurz nach Aufnahme meiner Arbeit in Österreich zwei Doktoren ein, die erst kurz vorher in Wien promoviert worden waren und ihre soziologische Ausbildung dort erhalten hatten, die Herren Dr. Girtler und Dr. Wenko.

DER DEKAN
und das
PROFESSORENKOLLEGIUM
der rechts- und staatswissenschaftlichen Fakultät der Universität Wien
erlauben sich,

zur Antrittsvorlesung

des Herrn o. Univ. Prof. Dr. Horst Jürgen Helle
über das Thema
„Soziologie zwischen Positivismus und Dialektik"
einzuladen.
Die Vorlesung findet am Mittwoch, dem 22. März 1972, um 17 Uhr s. t.
in der Universität Wien, im Hörsaal 33 statt.

Der Dekan
FASCHING

Girtler hatte neben Soziologie auch Völkerkunde studiert. Er war ein beliebter und gesuchter Unterhalter am Rande von, und sogar innerhalb von Fachtagungen. Diese Qualtäten wirkten auch in den Arbeitsalltag am Wiener Institut für Soziologie hinein, wo Girtler manchmal überraschend an meine Bürotür klopfte, um mir eine Flasche eines hochprozentigen Getränks nahezubringen: „Herr Professor, den müssen Sie probieren, der kommt aus meiner Heimat!" Es war dann nicht leicht, das freundliche Angebot höflich abzulehnen mit so banalen Argumenten wie: „Ich habe nicht die Gewohnheit, während der Dienstzeit Alkohol zu trinken."

Solche Auftritte blieben dem anderen Assistenten, Herrn Dr. Wenko, nicht verborgen. Er war dann ebenfalls hilfsbereit, indem er mir unter vier Augen die Ursache des Verhaltens seines Kollegen erläuterte: „Herr Professor, der Dr. Girtler hatte einen schweren Verkehrsunfall mit einer Gehirnerschütterung, und man kann nicht ganz sicher sein, wie vollständig er davon genesen ist."

Es gehörte keine besonders ausgeprägte Sensibilität dazu, herauszufinden, dass das Klima zwischen meinen beiden engsten Mitarbeitern angespannt war. Dazu mag auch beigetragen haben, dass Wenko aus einer Arbeiterfamilie stammte, während die Eltern von Girtler beide Ärzte waren. Ich mahnte bei den beiden Assistenten friedliche Zusammenarbeit an, erwähnte auch als Argument, dass sie beide Österreicher seien, woraufhin Girtler seine an Bayern grenzende Herkunftsregion in Erinnerung rief mit den Worten: „Aber ich bin Ober-Österreicher, Herr Professor!"

Meine private Existenz war in der Zeit meiner Tätigkeit in Wien nicht so erheiternd. Meine erste Frau und die vier Kinder lebten unverändert in Aachen. Vor allem, weil die Kinder mich vermissten, machte ich zu jedem Wochenende die Reise von Wien nach Aachen und zurück, manchmal mit der Bahn, aber meistens mit dem Auto. Die Fahrstrecke betrug zufällig genau 1000 km in eine Richtung. Ich war allein im Auto am Steuer häufig übermüdet und dann manchmal auch in der Versuchung, den nächsten Brückenpfeiler auf der Autobahnstrecke nicht ganz ernst zu nehmen.

II,3: Professur in München

Bei der Aufnahme der Arbeit an der Universität München (Ernennungsurkunde vom 9. Mai 1973) wurde ich Inhaber eines neugegründeten Lehrstuhls, war also nicht der Nachfolger von irgendwem. Als die Sekretärinnen-Stelle frei wurde, tauschte ich die nach Verhandlungen mit dem Kanzler der Universität um in einen jährlich verfügbaren Betrag an Haushaltsmitteln für die Beschäftigung von studentischen Hilfskräften, von denen dann eine oder zwei die Arbeit einer Sekretärin übernahmen, also vor allem die Korrespondenz und den mit dem Lehrstuhl entstehenden Telefonverkehr. Aus der Tatsache, dass ich über keine Sekretärinnenstelle verfügte, schloss später der eine oder andere Kollege, der nicht meiner Fakultät angehörte, dass meine Planstelle keine ordentliche Professur sein könne.

Wichtig war aber nicht das Fehlen einer Sekretärin, sondern mein vergleichsweise großer Kreis von Mitarbeitern, auf der oberen Ebene die Assistenten, die normalerweise schon Doktoren waren, und auf der Ebene darunter die Hilfskräfte, die ihr Studium noch nicht abgeschlossen hatten und unter denen sich dann diejenigen fanden, die in eine Assistentenstelle aufrücken wollten. Eine solche „Berufung" in eine freigewordene Stelle entschied ich nicht allein, sondern aufgrund der Beratung durch das Team.

Das bewährte sich, und wir behielten diesen Modus der Zusammenarbeit während meiner ganzen Dienstzeit in München (1973-2002) bei. Allerdings wandelte sich um uns herum in der Gesellschaft und dem entsprechend auch bei uns der Umgangsstil: Während wir 1973 und lange danach einander mit „Herr" (bzw. „Schwester" gegenüber der Nonne aus der Gemeinschaft der Pallottinerinnen, die wir viele Jahre lang bei uns hatten) plus Familienname anredeten, waren wir schon einige Jahre *vor* 2002 alle „per Du."

Obschon hier davon kaum berichtet wird, waren mir gute Beziehungen zu meinen Studenten ebenfalls sehr wichtig. Zwar nicht als Routine, doch zu einigen besonders erfreulichen Anlässen, luden mich die Studenten der Universität München auch zu der einen oder anderen ihrer Partys ein.

Studentenparty: Siehe hier oben den Text!

Als mich der Ruf nach München erreichte, der all dies erst möglich machte, war es nötig, von Wien aus zu Berufungsverhandlungen den zuständigen Ministerialrat im Kultusministerium in München aufzusuchen. Es bedeutet also mindestens *eine* zusätzliche Reise von Wien nach München, also zum Glück nicht so weit wie nach Aachen. Damit ich zu den wichtigen Gesprächen möglichst ausgeruht im Ministerium ankommen würde, bat ich Dr. Girtler, mich *am Steuer meines Wagens* nach München zu fahren. Dr. Wenko fand das riskant und fragte, ob ich die Zahl der Verkehrsunfälle kenne, die Girtler verursacht habe.

Es war bei einer solchen München-Fahrt im Wintersemester 1972/73, als Girtler und ich das Gebäude des Instituts für Soziologie der Universität München in der Konradstrasse zum ersten Mal betraten. Dank seiner Ausbildung als Völkerkundler verfügte Girtler über das Können, das Institut *inkognito* zu unterwandern, sich auf Befragen als österreichischer Stadtstreicher auszugeben und sich so von Stockwerk zu Stockwerk durch die Korridore zu schleichen, um das soziale Klima zu erkunden. Gleichzeitig hatte ich Gespräche mit den zukünftigen Kollegen Francis und Bolte und war damit einverstanden, für eine Weile von Dr. Girtler getrennt zu sein.

Während Girtler seine informelle Feldforschung im Institut ausführte, traf ich nacheinander zuerst Prof. Francis, dann Prof. Bolte zu Verhandlungen unter vier Augen. Francis sagte dem Sinne nach: „Wie Sie ja sicher wissen, haben wir in Herrn Bolte hier einen politisch weit linksstehenden Kollegen im Hause, und da wäre es sehr schön, wenn Sie als Ausgleich dafür den Ruf annehmen."

Eine halbe Stunde später saß ich dann im Büro von Herrn Bolte, den ich aus Hamburg ein wenig kannte. Er argumentierte etwa so. „Wie sie ja sicher wissen, haben wir in Herrn Francis einen politisch weit rechtsstehenden Kollegen im Hause, und da wäre es sehr wichtig, dass Sie als Mann der Mitte den Ruf annehmen."

Dann fuhr Girtler mich ins Kultusministerium. Ich war wohl so müde und nach den Gesprächen mit den Kollegen auch verwirrt, dass ich kaum noch präzise verfolgte, welche Angebote der Ministerialrat mir machte für den Fall, dass ich Wien verlassen würde. Der deutete mein introvertiertes Verhalten wohl als schlaue Verhandlungstaktik und entwickelte eine entgegenkommende Großzügigkeit, die mir sofort danach auch noch schriftlich bestätigt wurde.

Auf der Rückfahrt in meinem Auto nach Wien berichtete Herr Girtler dann von dem schlechten Betriebsklima, das er im Institut für Soziologie angetroffen habe: Das Institut sei in übler Weise zerstritten, und der eine Teil spreche völlig negativ über den anderen. Im Laufe der langen Fahrt erweiterte er die Skala der Negativeindrücke aus München, die mich in ihrer Gesamtheit davon abhalten sollten, Wien zu verlassen.

Als historisch kundiger Intellektueller erinnerte Girtler mich zusätzlich zum Beispiel daran, mit welch unzivilisierter Grausamkeit die Bayern wiederholt Kriege gegen die Österreicher, zumal die Oberösterreicher, geführt hätten. In päpstlichen Verlautbarungen aus dem Mittelalter sei nicht zufällig die Verwechslung zwischen Bavaria und barbarica anzutreffen, was die Unzufriedenheit des Kirchenoberhaupts mit Bayern schon damals zum Ausdruck gebracht habe. So argumentiert er während der ganzen Autofahrt von München nach Wien immer weiter. Als wir in Wien eintrafen, war ich entschlossen, *den Ruf nach München anzunehmen*.

Aus Loyalität zu den Herren Dr. Girtler und Dr. Wenko, die bereit gewesen wären, mir in Wien jahrelang als engste Mitarbeiter zu helfen, bot ich beiden eine Assistentenstellen an der Universität München an, was kein Opfer für mich war, denn dort standen mir bei Rufannahme die Besetzung von sechs Assistentenstellen zu, vier am Lehrstuhl, zwei am Max-Weber-Institut.

Beide Österreicher nahmen das Angebot an und zogen mit ihren Familien von Wien nach München. Ich kann aus dem Gedächtnis nicht mehr datieren, wie lange danach es war, dass meine Münchener Sekretärin mich am Telefon angstvoll anrief: „Herr Professor, kommen Sie schnell, Herr Dr. Girtler und Herr Dr. Wenko sind kurz davor, sich in meinem

Zimmer zu prügeln!" Solche Ereignisse schlossen aber eine erfolgreiche Kooperation nicht aus.[4]

Ich arbeitete im Bereich der Religionssoziologie und war als Mitglied der Görres-Gesellschaft als Katholik erkennbar. Das führte zu einigen Einladungen zu Tagungen und Vorträgen, in denen ich meinen damaligen Wissensstand zur Diskussion stellte. Auf einer oder einigen solcher Tagungen traf ich den Kollegen Theologieprofessor Ratzinger, der damals an einer anderen Bayerischen Universität tätig war, in Regensburg, wo auch sein Bruder lebte, der Priester war wie er.

Dann wurde endlich nach langem vergeblichen Bemühen meinem Institut für Soziologie im Jahre 1977 eine vierte ordentliche Professur zugewiesen, deren Besetzung wir vorbereiten sollten. Das Besondere daran war die Bindung dieser Planstelle an einen alten Staatsvertrag zwischen Bayern und dem Vatikan, was sie zu einer Konkordatsprofessur machte. Das bedeutete, dass sie nur mit Zustimmung des katholischen Bischof besetzt werden konnte. Der zuständige Erzbischof in München war von 1977 bis 1982 Joseph Ratzinger (geboren 1927), der 2005 Papst wurde und es im Ruhestand noch lange war.

Da der älteste Soziologieprofessor an der Universität München, *Francis*, inzwischen emeritiert und durch den Kollegen *Walter L. Bühl* (1934-2007) ersetzt worden war, standen nun Bolte, Bühl und ich vor der Aufgabe, geeignete Kandidaten für die Besetzung des Konkordatslehrstuhl zu finden. Unser gemeinsames Ziel war es, nicht einen Kollegen zu nominieren, der im Laufe des Berufungsverfahrens an einem Veto des Erzbischofs von München scheitern würde.

Weil im Kollegenkreis bekannt war, dass ich Ratzinger, ehe er zum Erzbischof wurde, als an dem Gegenstand Religion interessierten Kollegen kennengelernt hatte, baten Bolte und

---

[4] Dieter Wenko, Konflikte in Familie und Ehe im Lichte der Ablösungsproblematik, in: *Soziologenkorrespondenz*, Neue Folge, Heft 4, München 1977, 19-36.

Bühl mich, in einem informellen Gespräch mit dem inzwischen zum Kardinal erhobenen ehemaligen Professor zu klären, welche Widerstände von dort etwa zu befürchten wären. So kam es zu einem *Wiedersehen zwischen Ratzinger und mir* in seiner Bischofsresidenz, bei dem ich ihm erklärte, dass wir dabei wären, den Konkordatslehrstuhl für Soziologie zu besetzten.

Er war sehr freundlich und verständnisvoll und unsere Unterhaltung rief mir in Erinnerung, dass er vor seiner Ernennung zum Erzbischof seine ganze berufliche Karriere an Hochschulen zugebracht hatte und die Besonderheiten von Berufungsverfahren genau kannte. Im Ergebnis konnte die vierte Münchener Professur 1977 mit Professor Rolf Ziegler besetzt werden, ohne dass es irgendwelche Konflikte mit der Kirchenleitung gegeben hätte.

Während der berufliche Bereich meines Lebens im Rückblick unproblematisch verlief, gab es im Privatleben, wie angedeutet, manche Hürde zu nehmen.

II,4: Besucher aus anderen Universitäten

Die fast drei Jahrzehnte meiner Arbeit in München ließen mich wegen der Prominenz der Universität und der Attraktivität Münchens zum Gastgeber einer Reihe von wichtigen und besonders freundlichen Kollegen werden. Zu denen gehörten außer den Kollegen aus Asien (dazu später) die Soziologen *Jeffery Alexander, Reinhard Bendix, Peter Etzkorn, Phillip Hammond, Talcott Parsons*[5]*, Tamotsu Shibutani, Edward Shils, Neil Smelser, Ralph Turner, Kurt Wolff* und der Kulturanthropologe *Elman R. Service*, den ich in Santa Barbara kennengelernt hatte.

---

[5] Die Tragik des Besuches von Parsons am 7. Mai 1979 mit Vorlesung und Kolloquium bestand darin, dass er in der folgenden Nacht in den frühen Morgenstunden des 8. Mai in seinem Hotel starb. Siehe dazu weiter unten!

Wie im Fall von *Elman Service* knüpften die Besuche mancher dieser Wissenschaftler bei Begegnungen an, die ich in den USA, vor allem durch die Teilnahme an Tagungen gehabt hatte. Dort sowohl als auch bei unseren Treffen in München kam es oft zu Gesprächen auf Deutsch, wenn es um das richtige Verständnis von Autoren ging, die auf Deutsch zur Geschichte der Soziologie beigetragen hatten. Das betraf die Zusammenarbeit mit *Martin Albrow*, der von London aus längere Zeit seine Max-Weber-Forschungen in München betrieb und mit *Peter Berger* (der, wie wir scherzhaft sagten, nicht deutsch, sondern als gebürtiger Wiener „österreichisch" sprach).

Es traf ebenso zu für den als Teenager aus Berlin geflohenen *Reinhard Bendix*, und für *Peter Etzkorn, Barbara Heyl, Everett Hughes, Donald Levine, Carl W. Roberts*, und *Kurt Wolff*, die alle zur Lektüre deutschsprachige Literatur auf keine Übersetzung angewiesen waren. Es muss nicht besonders erwähnt werden, dass man heute in den USA kaum noch Kollegen begegnet, für die das gilt.[6]

Von *Hughes,* dem ich schon in Schelskys Oberseminar in Hamburg begegnet war, lernte ich, dass zur Zeit seiner Promotion in den USA die Anforderungen an den Erwerb des Doktortitels Fremdsprachenprüfungen einschlossen, die in den siebziger Jahren längst abgeschafft waren. Davor entschied sich ein promovierender Soziologe jenseits des Atlantik für Deutsch, wenn er sich für Weber und Simmel interessierte, was für *Hughes* zutraf, oder für Französisch, wenn Durkheims Werk im Zentrum des Interesses stand. *Bendix* wies mich darauf hin, dass die nächste Generation amerikanischer Soziologen nicht mehr in der Lage sein würde, deutsch zu lesen. Wer dann noch in Amerika zur Kenntnis

---

[6] Parsons (als ehemals Heidelberger Student und Max-Weber-Übersetzer) *las* selbstverständlich Deutsch, aber im Alter *sprach* er es nicht mehr.

genommen werden will, müsse schon, so meinte *Bendix*, auf Englisch publizieren. So kam es dann.

Conference on "Modernization and Secularization in Europe" to be held at the University of Munich
November 17 - 20, 1993

List of Participants and Themes

Robert Hettlage, Regensburg: Öko-Pietät oder die Wiederkehr des Heiligen"

Roberto Cipriani, Rom: Religiosity, Religious Secularism and Secular Religions

Carl Roberts, Iowa: The Sacralization of Politics - The Politics of Secularization

Martin Albrow, Cardiff: Post-modernity and the Retrieval of Faith

Deena Weinstein, Chicago: Rock: Secularization and its Cancellation

Phillip E. Hammond, Santa Barbara: Tocqueville's Lessons from the New World for Religion in the New Europe

Carlo Mongardini, Rom: Religiosität in der postmodernen Kultur

Irina Borowik, Krakau: Religion and Churches in Post-communist Europe - Between Secularization and Sacralization

Detlev Pollack, Leipzig: Pluralization and Individualization - Factors of Secularization? Discussion of Recent Findings in Research

Christian Giordano, Fribourg: Oppositionelle Devotion in Polen

Teilnehmer einer von uns organisierten Tagung in München

Eine Einladung an *Talcott Parsons*, am 7. Mai 1979 in unser Haus in München zu kommen, führte zu einer kurzen Anwesenheit seiner Ehefrau Helen dort, doch *Parsons* selbst erschien nicht an dem Abend. Er war aus Anlass der fünfzigsten Wiederkehr des Jahrestages seiner Promotion an der Universität Heidelberg dort zu Feierlichkeiten vom 1. Bis 6. Mai 1979 gewesen. Dann sollte sich eine Rundreise zu mehreren deutschen Universtäten anschließen: Die erste Station nach Heidelberg waren wir in München, danach war Erlangen vorgesehen.

Am Abend des 6. Mai 1979 traf ich das Ehepaar *Parsons* im Hauptbahnhof München auf dem Bahnsteig, an dem sein Zug aus Heidelberg eintraf. Beide übernachteten in dem damals einzigen Hilton Hotel in München am Tucherpark. Am Tage danach, einem Montag, hielt *Parsons* eine Vorlesung am Vormittag und bot am Nachmittag ein informelles Kolloquium im Institutsgebäude der Soziologen an. Am gleichen Abend wurden er, seine Frau und eine Reihe interessierter Kollegen bei mir zuhause erwartet. Als Frau Parsons allein eintraf, sagte sie der überraschten Gesellschaft, ihre Mann fühle sich nicht wohl und ließe sich daher entschuldigen. In der nun anbrechenden Nacht starb *Parsons* in den frühen Morgenstunden des 8. Mai 1979 in seinem Hotelzimmer im Alter von 76 Jahren.

Das schockierende Ereignis versetzte mich von der Rolle des Gastgebers in die eines Beerdigungsunternehmers. Ich telefonierte mit der Harvard University und informierte dort den Dekan vom Verscheiden eines seiner prominentesten *Emeriti*. Dann begleitete ich Helen, die Witwe Parsons, zu einem Verhör bei der Kriminalpolizei, wobei ich nicht die Zurückhaltung übte, die normale Pflicht eines Übersetzers ist, sondern fast die Fassung verlor, als Helen gefragt wurde, wer nun des *Vermögen von Talcott erbe*.

Es war der Wunsch Helens, dass ihr Mann eingeäschert würde. Also musste ich einen Termin dafür beim Münchener Krematorium finden. Der Verbrennung ging ein christlicher Gottesdienst voraus, den der Theologe *Horst Bürkle* auf meine Bitte hielt. Er tat das im Talar der Universität München, und in solchen Talaren nahmen auch der Rektor und der zuständige Dekan teil. Außerdem waren in Abendkleidung anwesend *Jürgen Habermas, Joachim Matthes,* Erlangen und *Wolfgang Schluchter*, Heidelberg. *Helen Parsons* hatte den Rückflug nach Boston angetreten. Die Urne mit

Parsons Asche wurde ihr nach einigem bürokratischen Hin und Her zur Beisetzung dorthin nachgeschickt.

Parsons hatte mich während meiner Zeit in Chicago 1967 in seinem Büro an der Harvard University sehr freundlich empfangen. Eine fachliche Zusammenarbeit zwischen ihm und mir hat es nie gegeben. Aber als wir einander 1979 in München sahen, war des Verhältnis weit persönlicher, als zu erwarten gewesen wäre: Wir fuhren in meinem Auto zu zweit durch München, während seine Frau sich im Hotel ausruhte. Er bat mich, mit ihm gemeinsam vom Auto aus ein Hotel zu suchen, in dem er als Jugendlicher mit seinem Vater zusammen bei einem ersten München-Besuch übernachtet hatte.

Wir fanden das Hotel nicht, weil es zu viele bauliche Veränderungen gegeben hatte. Die USA haben Deutschland erst

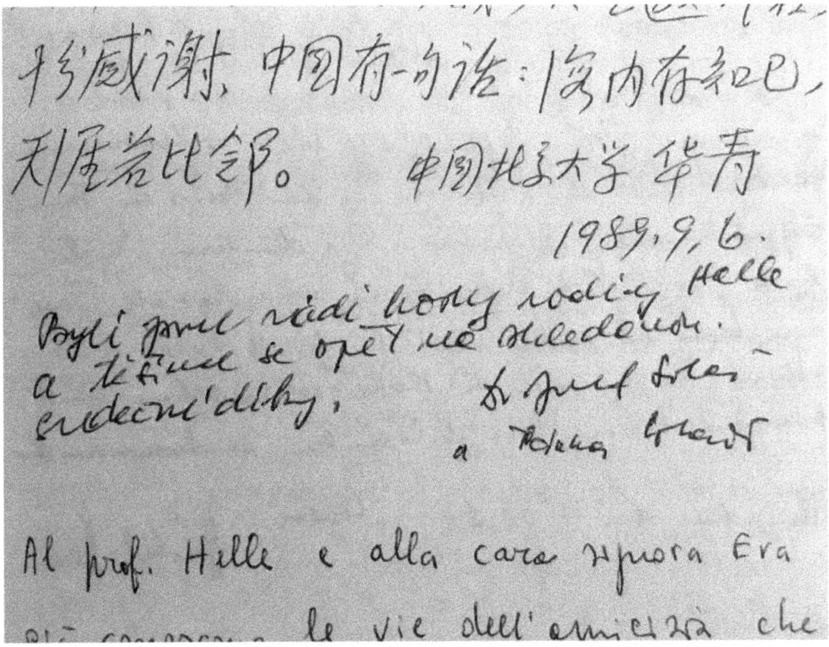

十分感谢。中国有一句话：海内存知己，天涯若比邻。中国北京大学 华青

1989.9.6.

Byli jsme rádi hosty rodiny Helle a těšíme se opět na shledanou. Srdečné díky,

Al prof. Hille e alla cara signora Eva

le vie dell'amicizia che

am 6. April 1917 den Krieg erklärt. Die Reise mit seinem Vater muss also wohl spätestens 1916 gewesen sein, als er 14 Jahre alt war, aber ich kenne den Termin nicht. Doch die Erinnerung an diese Reise mit dem Vater schien *Parsons* sehr wichtig zu sein.

Die Doppelhaushälfte in München in der Waldtruderinger Straße 32a, unser langjähriges Zuhause als Familie, bot ab 1975 Gelegenheit zu einem Wiedersehen auch mit Kollegen, denen ich mehrfach begegnen durfte. Dazu siehe oben einen Ausschnitt aus dem Gästebuch.

Für die Besuche von *Edward Shils* und *David Riesman* bestätige ich das aus meinem Gedächtnis, doch andere Begegnungen sind durch Eintragungen in das Gästebuch belegt. Das trifft zu für Elman und Helen *Service* aus Santa Barbara (August 1986 und September 1989), für *Phil Hammond,* auch von dort (Juni 1988), für *Hua Qing* aus Peking, (siehe hier das Foto am Ende von Kapitel II), für Josef und Sarka *Solar* aus Brno und für *Mario Signore* aus Lecce (alle im September 1988). Im Oktober 1991 kam das Ehepaar Solar, das wir in der CSSR besucht hatten, noch einmal zu uns, ehe *Alexander Dubček* 1992 starb.

Ein sehr freundschaftlicher Kontakt verband mich viele Jahre lang mit *Georg Mantzaridis*, einem Kollegen aus Thessaloniki, der Theologieprofessor dort an der Aristoteles Universität und ein Repräsentant der Orthodoxen Kirche Griechenlands war. Mantzaridis war auch Gast an der Universität München gewesen und lud mich danach zu Gegenbesuchen ein. Dieser Austausch führte zu der Publikation der deutschsprachigen Ausgabe seiner *Soziologie des Christentums*, die - zwei Jahre vor dem Besuch und Tod in München von *Talcott Parsons* - bei Duncker & Humblot 1981 in Berlin erschien (197 S.).

Bei einem meiner Besuche in Thessaloniki vermittelte Mantzaridis für sich und mich eine Audienz bei dem Metropoliten dort, der sich als Nachfolger des Heiligen Paulus versteht und auch so verehrt und wie der Papst mit dem Titel „Eure Heiligkeit" angeredet wird. Die guten Kontakte nach Thessaloniki erlaubten es uns als Familie zwischen 1977 und 1980 mit Eisenbahn oder Auto mehrere Urlausreisen an den Strand der Region Chalkidike zu dem Ort *Néa Flogitá* zu machen und uns dort in einem Ferienhaus der Familie Mantzaridis zu erholen.

Die politischen Verhältnisse in der damals sogenannten CSSR machten es seit dem Ende der Dubcek-Ära unmöglich, die Kontakte zu unseren tschechischen Freunden Josef und Sarka *Solar* aus Brno in bewährter Weise fortzuführen. Sie konnten aber ihren Urlaub am Schwarzen Meer planen. Darum entschied ich, einen Besuch meiner Familie in Chalkidike, Griechenland, zu verbinden mit einer Autofahrt, die die Söhne aus meiner ersten Ehe und mich von München über Belgrad und Sofia dem Lauf der Donau folgend in die Gegend von Varna am Schwarzen Meer führte. Dort trafen wir mit Familie Solar zusammen, und wir Helles fuhren anschließend nach Griechenland zum Urlaub in *Néa Flogitá* zu den anderen Mitgliedern unserer neuen Familie.

Einen Höhepunkt meiner Lebenserinnerungen stellt die Fußwanderung dar, die mein Studienfreund *Dr. Volkmar Mair* und ich ab 11. Mai 1977 zu zweit in Stuttgart begonnen haben, und die Volkmar von Florenz nach Rom führte. Wir legten pro Tag 30 bis 35 km wandernd zurück und konnten so Florenz und die Gegend um Siena, Montepulciano und Bosena zu zweit erleben. Leider musste ich dann schon am 7. Tag der Reise nach München zurück, was wie eine Art Fahnenflucht wirkte, obschon es von vornherein so geplant war. Doch Volkmar setzte allein den Weg über Viterbo nach Rom fort und hielt den ganzen „Spaziergang" in einem faszinierenden Tagebuch fest.

Die Görres-Gesellschaft, deren Sektion für Soziologie ich leiten durfte, veranstaltete vom 29. September bis zum 3. Oktober 1979 ihre Jahrestagung in Salzburg. Daraus entstand ein Sammelband, der 1982 in Berlin erschien und zu dem viele der hier schon genannten Kollegen und Freunde Beiträge lieferten.[7]

II,5: Auslandsaufenthalte

Das Jahr 1981 brachte mich aus Anlass eines Forschungssemesters zurück in die USA nach Kalifornien. Meine zweite Frau organisierte einen *„home exchange"* mit einem im Ruhestand lebenden Ehepaar in *Ventura nahe Los Angeles*: Die beiden übernahmen unser Zuhause mit Auto in München und wir bewohnten gleichzeitig ihr Grundstück mit Haus, Garten und Auto in der *Neath Street Nr. 9144* in der Stadt Ventura, deren offizieller Name „City of San Bonaventura" war. Der Ort war wie *San Francisco* und *Santa Barbara* nach einem Heiligen der Katholischen Kirche benannt worden.

Ventura lag etwa auf halbem Wege zwischen der *University of California Los Angeles UCLA* und der *University of California Santa Barbara UCSB*. Mit dem Auto unserer Haustauschpartner führ ich nach Los Angeles und traf auf dem Gelände der UCLA den Soziologen *Ralph Turner*. Er war Vizepräsident der *International Sociological Association (ISA)* und als solcher damit beschäftigt, den 1982 bevorstehenden Weltkongress in Mexico City vorzubereiten.

Dort war ich seit der 60-Stunden-Busfahrt im Dezember 1956 von Kansas aus nicht mehr gewesen, und als Turner mich darum bat, war ich gern bereit, bei der Planung des Tagungsprogramms zu helfen und dann auch an dem Kongress teilzunehmen. Turner stellte mich bei unserem Treffen seinem Büronachbarn *Harold Garfinkel* vor, den ich einlud,

---

[7] *Kultur und Institution*, (Hrsg. H. J. Helle), Berlin: Duncker & Humblot 1982, 380 Seiten.

in Mexico in der Sektion, die ich leiten sollte, einen Vortrag zu halten.

Turner hatte die Idee, zwei Sektionssitzungen zur soziologischen Theorie zu veranstalten, eine über Makrotheorie und die andere zur Mikrotheorie. Die Leitung der ersten sollte *Samuel Eisenstadt* übernehmen, die der zweiten ich, weil ich wegen meines stark an Sozialpsychologie angelehnten Interesse am symbolischen Interaktionismus mehr ein Mann der „Mikrotheorie" zu sein schien.

Als Referenten glaubte ich schon, *Garfinkel* überredet zu haben. Außerdem bat ich per Brief *Erving Goffman* (1922-1982) einen Vortrag zu halten, was er bereitwillig zusagte. Aber leider kam es weder zu dem einen noch dem zweiten Beitrag: *Garfinkel* war ohne Angaben von Gründen auf dem Kongress nicht auffindbar. (Von anderen Kollegen hörte ich später, dies sei typisch für ihn).

Goffman schrieb mir kurz vor dem Treffen eine Nachricht, in der er von einem ernsten Krebsleiden berichtete, an dem er kurz danach starb. Trotz dieser Tragödie verliefen Vorträge und Diskussion in den von Eisenstadt und von mir geleiteten Sektion erfolgreich.[8]

Häufiger als nach Los Angeles fuhr ich 1981 von Ventura aus nach Santa Barbara. Dort arbeitete an der UCSB *Phillip E. Hammond* (1931-2009) mit dem Schwerpunkt Religionssoziologie am *Department of Religious Studies*. Er publizierte 1998 sein Buch *With Liberty for All*[9] über das Verhältnis von Kirche und Staat in den USA, das wieder merkwürdig aktuell geworden ist.

In München hatten meine Mitarbeiter und ich Jahre damit verbracht, schwer zugängliche und kaum bekannte Texte

<hr>

[8] H. J. Helle and S. N. Eisenstadt (eds.), *Micro-Sociological Theory: Perspectives on Sociological Theory,* vol. 2, London, Beverly Hills, New Delhi: SAGE Publications (International Sociological Association) 1985.
[9] Phillip E. Hammond, *With Liberty for All*. Louisville, John Knox Press 1998.

Georg Simmels zum Thema Religion zu sammeln. Das führte zu einer deutschsprachigen Ausgabe[10], die wir in München mit unserem Studenten für den Unterricht benutzten. *Phil Hammond* erlebte das mit, als er in München zu Gast war und setzte sich von da an dafür ein, eine englische Übersetzung zu veröffentlichen. Als Präsident der *Society for the Scientific Study of Religion* konnte der dem Projekt Nachdruck verleihen und eine Zusammenarbeit mit der *Yale University Press* erreichen.[11]

Der kanadische Soziologe *Harry Hiller* veranlasste 1984 eine Einladung an die *University of Calgary* in der Provinz Alberta für mich als *Killam Visiting Scholar* in der Zeit vom September bis Dezember 1984. Unsere Tochter Vera ging dort in die Schule und brach sich beim Spiel den Arm. Ihr Bruder Heinz wurde sechs Jahre alt, während wir dort waren.

Spätestens seit 1987 wurde ich Mitglied des Herausgebergremiums der *Annali di Sociologia*, einem zweisprachigen italienisch-deutschen Jahrbuch unter der Leitung von *Franco Demarchi,* Universität Trient. *Friedrich Tenbruck* aus Tübingen trat später dem „Comitato Scientifico" bei, und so ergaben sich aus Anlass regelmäßiger Redaktionstreffen in Trento auch Gespräche mit *Tenbruck*. Der Doppelband von 1990 trug den Titel „Familie heute" und wurde von *Pierpaolo Donati* und mir herausgegeben. Das Jahrbuch bot Gelegenheit, Beiträge zu publizieren, die stets in beiden Sprachen, italienisch und deutsch, gedruckt wurden.

Im Jahre 1988 organisieren meine Mitarbeiter und ich in München eine *Summer School in Interpretive Sociology,* der unser Kollege *Phil Atkinson* aus Cardiff, Wales, die Bezeichnung *Organization for Advanced Studies in Interpretive*

---

[10] Georg Simmel, *Gesammelte Schriften zur Religionssoziologie*, herausgegeben von Horst Jürgen Helle, Andreas Hirseland und Hans-Christoph Kürn, Berlin: Duncker & Humblot 1989.
[11] Georg Simmel, *Essays on Religion*, edited by H. J. Helle, Yale University Press 1997.

Sociology (OASIS) gab. Sowohl im Vorfeld zu dieser Tagung als auch besonders dann in Anschluss daran entstand ein oder zwei Jahre später im Internet, angeregt durch den Film von 1989 mit *Robin Williams*, die Idee zu einer *Dead Sociologists Society* als Sammlung kurzer Beiträge zu bedeutenden Soziologen der Vergangenheit. Eine Zusammenfassung findet man neuerdings in dem Buch *Architekten der Soziologie 1900-2000* bei Amazon.[12]

An der OASIS-Tagung haben neben anderen *Friedrich Tenbruck* und *Tamotsu Shibutani* teilgenommen. Dabei erwies sich *Tenbruck* als hervorragender Max-Weber-Kenner. Von Shibutani lernten die Teilnehmer viel über *George Herbert Mead*. Wir haben die Beiträge zu der Tagung auf Englisch publiziert als *Verstehen and Pragmatism: Essays in Interpretative Sociology.*[13]

Wegen meines Interesses an *Mead* nahm ich 1989 eine Einladung zu einem Gastaufenthalt an der *Kansas State University* in Manhattan, Kansas, an. Dort arbeitete ein Kollege, der wie Shibutani ein Mead-Experte war: *Harold Orbach.* Dieser Aufenthalt viel zeitlich zusammen mit den Semesterferien in München. Ein Jahr danach, Im Juli 1990 nahm ich in Madrid an einem der im Vierjahres-Rhythmus abgehaltenen Tagungen der *International Sociological Association* teil. Im Jahr 1994 dann wieder, mit einem Vortrag in Bielefeld. Doch zu Beginn des akademischen Jahres 1990-1991 hatte ich ein Forschungssemester und reiste mit der Familie auf Einladung des Leiters der Soziologieabteilung, *Richard Coughlin,* nach Albuquerque in New Mexico.

Vom September bis Dezember 1990 waren wir dort, die Kinder besuchten die Schule, und wir kauften einen Chrysler Kleinbus als Familienfahrzeug, In dieser Zeit geschah im

---

[12] Horst Helle, *Architekten der Soziologie.* München: Amazon.com 2024.
[13] Horst Helle (Editor) *Verstehen and Pragmatism. Essays in Interpretative Sociology.* Frankfurt/Main, Bern, New York, Paris: Peter Lang 1990.

Wahlkampf 1990 am 12. Oktober in Deutschland das Attentat auf den verstorbenen *Wolfgang Schäuble* (1942-2023), das ihn schwer verletzte und fast tötete. Schon davor gab es am 25. April ein Mordversuch gegen den damaligen Kanzlerkandidaten der SPD *Oskar Lafontaine*, das keine vergleichbaren Folgen hatte. Aber *Schäuble* war bekanntlich seitdem auf einen Rollstuhl verwiesen.

Wir konnten so lange und mit der ganzen Familie in den USA leben, weil ich vom Anfang August 1990 bis Ende Februar 1991 – wie oben erwähnt – das routinemäßig vorgesehene Forschungssemester hatte, das in Amerika der Tradition nach auch heute noch als *sabbatical leave* bezeichnet wird, weil es – wie der Sabbat als wöchentlicher Feiertag – in einem bestimmten zeitlichen Rhythmus Befreiung von normalen Lehrverpflichtungen erlauben soll. Nicht ganz im Sinne dieser Regelung unterrichtete ich anstatt an der Universität München für einige Monate an der *University of New Mexico*.

Dann reisten wir am 18. Dezember 1990 aus Albuquerque nach Ventura, wo wir so etwas wie ein heimliches Zuhause in Amerika hatten, am 23. Dezember ankamen, und unseren Chrysler-Kleinbus bei unseren ehemaligen Haustauschpartnern abstellten. Doch auf dieser Fahrt von New Mexico nach California ereignete sich ein entsetzlicher Zwischenfall: Wir hielten an einer Tank- und Raststätte, und während ich tankte, schaute jedes andere Familienmitglied in dem mit der Tankstelle verbundenen Laden nach Süßigkeiten, Bilderbüchern oder ähnlichen Reiseablenkungen. Wir trafen uns an der Kasse, jeder übergab, was er mitnehmen wollten, ich zahlte, wir stiegen wieder ins Auto und fuhren ab.

Nach kurzer Fahrt rief jemand: Wo ist Anna? Es war das Unglaubliche passiert: Wir hatten die kleine Anna in der Tankstelle vergessen! In panischer Angst suchte ich die nächste Wendemöglichkeit der Autobahn, raste zurück zu der Tankstelle, Gerda hastete in den Laden und dort stand Anna, etwas verschüchtert zwar, aber insgesamt guter Dinge: Sie hatte schon damit gerechnet, dass wir ihr Fehlen irgendwann bemerken würden.

So kamen wir planmäßig in die Nähe des Flughafens von Los Angeles, von dem wir am 27. Dezember 1990 nach einer Weihnachtsfeier im Hotel weiter nach Hawaii flogen. Honolulu war aber nur eine Zwischenstation auf unserer Reise nach Australien. Dort hatte ich eine Gastprofessur an der *School of Humanities and Social Sciences* an der privaten *Bond University* bei Brisbane in der *Provinz Queensland* angenommen, die uns die Chance zu sommerlichem Badespaß im Januar in einer Zeit gab, in der auf der Nordhalbkugel der Erde Winter herrschte.

Am 3. Februar 1991 verließen wir den „Sommer" Australiens und flogen zurück nach Los Angeles. Ich hatte in Santa Barbara zwei Gastvorträge übernommen und hielt die an der UCSB am 5. Februar bei *Phil Hammond* im *Department of Religious Studies* und am Tag darauf im *Department of Sociology* bei *Shibutani*. Dann fuhren wir in unserem eigenen Auto zurück nach Albuquerque und ruhten uns aus für den Rückflug nach München am 11. Februar.

Etwas mehr als einen Monat lang tat ich an der Universität München wieder meine Arbeit in Sitzungen und Prüfungen und besuchte meine Mutter in Großhansdorf bei Hamburg. Dann reiste am 17. März 1991 in die USA, diesmal allein, an die *University of Minnesota* in Minneapolis als Austauschdozent aufgrund eines Kooperationsvertrages der beiden Universitäten. Ich unterrichtete da, während unsere Schulkinder sich wieder im Bayerischen Schulbetrieb zurechtfanden.

Im Juni „besuchte" ich München kurz und reiste Anfang Juli zur Wahrnehmung einer Fulbright-Professur nach Boulder, Colorado. Bei Beginn der Schulferien Ende Juli kam Gerda mit den Kindern dorthin nach und wir machten ab 9. August einen Familienurlaub, bis Mitte September 1991 die Schule in München wieder begann. Damit endete diese etwas chaotische Reisezeit zwischen den Kontinenten. Ich war allerdings ab November 1991 Gast an der *Universität Zürich* bis zum Semesterende im Februar 1992, verbrachte aber nur die Freitage dort und blieb an den übrigen Wochentagen in München.

Das war auch darum wichtig, weil im Januar 1992 die Berufungsverhandlungen begannen, mit denen wir, die Münchener Soziologen, die Kollegin Jutta *Allmendinger* von der *Graduate School of Business* der *Harvard University* zu uns holten. Mein Brief vom 22. Januar an Frau Allmendinger, den ich als damals geschäftsführender Vorstand schrieb, enthielt dann so attraktive Angebote, dass die von ihr nicht abgelehnt werden konnten: Frau Allmendinger hat die Stelle bei uns in München zum Wintersemester 92/93 angetreten.

Im April 1992 nahm ich vom 1. bis 4. an der Jahrestagung der *Midwest Sociological Society* in Kansas City teil, und mein Sohn Heinz begleitete mich. Zusammen trafen wir beide auch den Politologen *Lawrence Scaff*.[14]

Am 18. September 1992 fahre ich zu einem Kurzbesuch nach Stuttgart, weil die 1962 geborene Tochter dort ihr Ein-Personen-Stück im Forum-Theater uraufführt. Sie nennt es „Telefonfluch – Sei weiblich und warte." Sie hat alle Texte kreiert und sich zu den ersten fünf Liedern auch die Melodie komponiert. Das kleine Theater war ausverkauft.

In München erreichte mich Anfang 1993 ein Brief von Elman Service mit der Ankündigung eines weiteren Aufenthalts in München im Juni und Juli 1993. Kurz danach traf eine Einladung von Prof. Wang Butao (Wang ist der Familienname) von der Chinese Academy of Social Sciences vom 11. Febr. ein, in dem Wang eine Forschungskooperation anbietet.[15]

Ab März 1993 unterrichte ich als Gast in Kanada an der *University of Alberta* in Edmonton. Edmonton ist größer als

---

[14] Mein Brief an Lawrence A. Scaff vom 29.06.1992
[15] Brief von Professor Wang aus Beijing vom 11. Februar 1993

Calgary, wo wir als Familie 1984 waren. Etwa 150 km östlich von Edmonton liegt das Dorf Mannville, in dem Erving Goffman (1922-1982) geboren wurde.

Vom 21. bis zum 25. Juni 1993 findet an der Sorbonne in Paris der 31. Jahreskongress des *International Institute of Sociology* statt, auf dem ich eine Sektionsveranstaltung leite. Von meinem Münchener Institut nehmen auch *Felicitas Dörr* und *Ludwig Nieder* daran teil. Die angesehene Stellung der Universität München und die Attraktivität Münchens als Reiseziel machten es möglich, dort international besetzte Tagungen zu veranstalten, wie die von November 1993.

Im Januar 1995 erreicht mich die Nachricht vom Tod des Amerikaners *Edward Albert Shils* (1910-1995), der hier schon als mein Gast in München genannt wurde, und den ich in Chicago mehrmals wiedersehen durfte.[16] Das Sommersemester 1995 ist für mich ein Freisemester. Eine Einladung nach Manoa auf Oahu bringt mich im April und Mai wieder an die *University of Hawaii*. Am 28. Mai beginnt dann ein Gastaufenthalt in Santa Barbara bis zum 20. Juli. Danach bin ich im August wieder Lehrer im Programm der *summer school* an der *University of Colorado* in Boulder, wie 1991.

Die Kontakte in Boulder führen zu einer engen Zusammenarbeit mit dem dortigen *department head* der Soziologie, *Gary T. Marx*, was die von Gary und mir gemeinsamen geleiteten Tagung über Simmel im April 1996 in Boulder zur Folge hatte: Wir organisierten eine internationale Konferenz mit dem Thema: "*Georg Simmel's Actual and Potential Impact on Contemporary Sociology.*" Teilnehmer waren die weltweit damals bedeutenden Simmel-Forscher, unter ihnen Kurt Wolff und Donald Levine.

Wegen politisch-historischer und auch persönlicher Umstände hatten sich meine Reisen, wie dieser Rückblick zeigt,

---

[16] Edward Shils: *The Calling of Sociology and other Essays on the Pursuit of Learning.* Chicago and London: The University of Chicago Press 1980, 498 pp.

abgesehen von Griechenland, Italien und Kurzbesuchen in Polen und der damaligen CSSR nach Westen bewegt, meistens in die USA. Das wurde 1995 anders, als ich zum ersten Mal eine Asienreise unternahm. Kollegen aus Japan und Süd-Korea hatten bei Besuchen der Universität München auch meine Mitarbeiter und mich kennengelernt. Einige von ihnen sprachen nun Gegeneinladungen in ihre Heimatländer aus.

Zu meinen Gastgebern in China gehörte der Soziologe Hua (Foto), dem ich verdanke, dass ich im März 1996 zu einem ersten Besuch nach China reisen konnte. Im Zusammenhang damit hielt ich eine Vorlesung an der *Peking University*

Prof. Dr. Hua Qing 華青, *Peking University, 1996 in Peking.*

und begegnete dem wohl bedeutendsten Soziologen Chinas, *Fei Xiaotong* (mit dem Familienname *Fei*) (1910-2005).

Mein Betreuer während meiner ersten Chinareise hieß mit vollem Namen *Hua Qing* (1924-2012, Familienname *Hua*).

Er hatte (laut Gästebuch, wie oben erwähnt, S. 89f.) schon am 6. September 1989 einen Besuch in unserem Haus in München gemacht.

Mit meinen Asienreisen seit 1995 und mit dem Wiedersehen mit *Professor Hua* in dessen Heimat ein Jahr danach begann eine Reihe von Aufenthalten in Japan, Korea und China, von denen in den nächsten Kapiteln zu berichten sein wird.

Kapitel III: Asien ist anders

III,1: Besonderheiten Asiens

Zu Beginn dieses Lebensrückblicks musste ich von den beiden *Weltkriegen* (1914-1918 und 1939-1945) berichten, weil meine lieben Nächsten betroffen waren. Aber ich erwähnte weder eine Radtour mit meinem Freund Ernst Torner, die während des *Korea-Krieges* (1950-1953) zu unserer Gymnasialzeit im Weserbergland stattfand, noch den *Vietnam-Krieg* (1955-1975), den die USA mit Unterstützung ihrer Verbündeten zwanzig Jahre lang führten.

Am Anfang des zweiten Teiles wird berichtet, wie sich am 25. März 1999 mein Flug von Paris nach Peking verzögerte, weil Militärmaschinen wegen der Kosovo-Krise den Luftraum beanspruchten.[17] Endlich können die letzten Seiten dieses Rückblicks nicht vermeiden, dass auch die Rede sein wird von dem Krieg in der Ukraine (Russischer Überfalls am 24. Februar 2022, vorher Annexion der Krim am 18. März 2014 und Krieg im Donbas ab 13. April 2014) und dem Krieg zwischen Israel und der Hamas (seit dem 7. Oktober 2023 und davor).

Der Verfasser des Lebensrückblicks – und wohl auch der Leser – könnten zu der Meinung neigen, es sei möglich und sinnvoll, die abschreckenden Geschehnisse des zwanzigsten Jahrhunderts und dessen, was seit der Jahrtausendwende 2000 bis 2024 ereignete, aus europäisch-westlicher Sicht verständlich darzustellen, Ereignisse, die man lieber verdrängt und vergisst, anstatt sie zu debattieren.

---

[17] Eine Übereinkunft, die Präsident Clinton im November 1995 in Dayton, Ohio, vermittelte, hätte im Vertrauen auf die Unterschriften von Milosevic für Serbien, Tudman für Kroatien und Izetbegovic für Bosnien-Herzegowina einen der zahlreichen Jugoslawien-Kriege beenden sollen: Dieser Krieg begann 1991, führte am 11. Juli 1995 mit dem *Massaker von Srebrenica* zu einer Grausamkeit unvorstellbaren Ausmaßes und befand sich auf einem weiteren Höhepunkt, als ich im März 1999 nach Peking fliegen wollte.

Doch den *Vietnam-Krieg* führten zuerst Frankreich und dann die USA in *Vietnam*. Der *Korea-Krieg* ereignete sich in dem ganzen noch ungeteilten *Korea*[18]. Während des *Jugoslawienkriegs* sah die Führung *Chinas* im Serbien des Milosevic einen kommunistischen Verbündeten. Diese Sätze erinnern daran, dass all dies in *Asien* geschah oder doch dort für relevant gehalten wurde.

Es war auch in *Asien,* wo die beiden Atombomben am 6. August 1945 auf Hiroshima und am 9. August auf Nagasaki abgeworfen wurden. Präsident Harry S. Truman, den wir hier am Ende von Kapitel 1 abgebildet finden, hatte den Abwurf befohlen, obschon in Europa seit Mai 1945 die Waffen schwiegen.[19]

Aus solchen Überlegungen und weil ab 1995 meine Reisen mich immer häufiger nach Asien führten, ist dieses dritte Kapitel *Asien*, dem *Kontinent des Sonnenaufgangs* gewidmet mit Berichten aus Japan und Korea. Das vierte Kapitel wird China vorbehalten sein.

Die Verwundungen, die Gesellschaften Asiens einander oder sich selbst zugefügt haben, sind nicht alle Konsequenz europäischer Herrschaftsansprüche einer kolonialen Vergangenheit oder Gegenwart, wie das für die Opiumkriege noch zutraf.[20] Japan hat bis 1945 über Korea und Teile Chinas eine unerbittliche innerasiatische Fremdherrschaft ausgeübt. China hat den Horror seiner Kulturrevolution 1966-

---

[18] Ein Sohn Mao Tse-tungs fand dabei als Frontsoldat den Tod, was die Einstellung Chinas zu diesem Krieg dauerhaft beeinflusste: Mao Tse-tung soll in diesem Sohn seinen möglichen Nachfolger gesehen haben.

[19] Der Horror-Befehl wurde *in Deutschland* gegeben, weil Truman sich zu Kriegsfolgenverhandlungen in Potsdam aufhielt. Die physischen Konsequenzen seines Befehls hat Japan bis heute zu tragen, die kulturellen und ethischen Folgen bleiben den USA und der ganzen Menschheit aufgebürdet.

[20] Schmidt-Glintzer, Helwig: *Das neue China. Von den Opiumkriegen bis heute.* 6. überarbeitete Auflage, (zuerst 1999), München: C.H. Beck 2014.

1976 und vorher den Schrecken im Gefolge seines Bürgerkriegs und der Gründung des „Neuen China" seit 1949 sich selbst angetan.

Die Staatsgründung 1949 als Machtergreifung Mao Zedongs (1893-1976) hatte zunächst nichts „Schreckhaftes" für dessen Anhänger, doch das bürgerliche Lager in der Gefolgschaft des Chiang Kai-Shek (1887-1975) war in dem innerchinesischen Bürgerkrieg besiegt worden und rettete Teile seiner Führerschaft durch die Flucht nach Taiwan. Vorher hatte Chiang Kai-Shek in China als dessen Präsident während einer Ära von sozialen Reformen und wirtschaftlichem Aufschwung geherrscht und war in freien Wahlen fünf Mal hintereinander zu Amtszeiten von je sechs Jahren zum Präsidenten der Republik China gewählt worden. Nach seiner Flucht nach Taiwan blieb er bis zu seinem Tode Parteivorsitzender der Partei Kuomintang. Wir kommen darauf in dem nachfolgenden Kapitel über China zurück.

So wie sich nach Wilhelm Dilthey (1833-1911) die Geschichte der Völker in den Biografien der Einzelnen widerspiegelt, so werden auch Aspekte der neueren Entwicklungen in Asien in den Erlebnissen der Personen aufscheinen, die dieses Kapitel als Kollegen, Freunde oder Studierende des Verfassers zu Wort kommen lässt.

Der einzige „room-mate," den ich in meiner Studentenzeit hatte, war in Kansas *Hemen Parekh*, von dem bei meinem Bericht über das Studium in Kansas ein Foto zu sehen ist. Trotz des freundschaftlichen Verhältnisses zwischen uns, bin ich leider in *Hemens* Heimat, Indien, niemals gewesen. Wenn auf den folgenden Seiten *Asienreisen* erwähnt werden, sind das selbstverständlich Besuche nur in einem Ausschnitt Asiens, in Japan, Süd-Korea und China. Asien ist weit größer, und Indien ebenso wie viele andere hier nicht erwähnte Gegenden, gehört eben auch dazu.

In Indien, oder genauer in Nepal, elf Kilometer entfernt von der Grenze zu Indien, lebte der Prinz, aus dem der historische Buddha wurde. Trotz dieser geschichtlichen, geographischen und kulturellen Ausganslage des Buddhismus, ist Indien kein buddhistisches Land geworden,[21] sondern seine Bewohner sind Hindus oder Anhänger der Sigh-Religion der Turban-Träger, die im 15. Jahrhundert entstand. Aber in Japan, Korea und China spielt der aus Indien importierte Buddhismus, wenngleich auf unterschiedliche Weise, eine bedeutende Rolle. Das verraten die Tempel, die der Besucher auch als Tourist nicht übersehen kann.

Einige Jahrzehnte vor Buddha war Laozi in China geboren worden, auf den sich der Daoismus bezieht, und annähernd gleichzeitig mit Buddha kam Konfuzius ebenfalls in China zur Welt, der eine in den Kulturen Nordostasiens tief verwurzelte, philosophisch-ethische Tradition begründet hat. Der Überlieferung nach sind in Asien neben dem Buddhismus die Einflüsse von Daoismus und Konfuzianismus wichtig. In dem Abschnitt über China wird deutlich werden, dass ein Diskurs darüber sowohl durch die offizielle marxistische, aus Europa stammende Ideologie als auch durch die dort *typische Unklarheit darüber* erschwert wird, *was Religion sei.*

Der Reisende aus dem Westen sollte in allen drei Ländern lernen, mit Stäbchen zu essen. Die Wahrscheinlichkeit, dass diese einfachen Esswerkzeuge nicht aus Holz oder Bambus, sondern aus Kunststoff oder Metall sind, ist in Japan größer als in China, aber bei allen Unterschieden dominiert doch das Gemeinsame. Als ich zuerst im Stil des typischen Kurzfristgastes in Asien auftauchte, hatten die Restaurants der internationalen Hotels selbstverständlich Messer und Gabel beim Tischdecken bereitgelegt. Doch unter solchen globalen Hotelbedingungen kann man keine Gastprofessur in China übernehmen.

---

[21] Max Weber: „Allgemeiner Charakter der asiatischen Religiosität," S. 363-367 in: Ders., Die Wirtschaftsethik der Weltreligionen, II: *Hinduismus und Buddhismus*, 6. Auflage. Tübingen: J.C.B. Mohr (Paul Siebeck) 1978 (zuerst 1921).

Der am intensivsten fühlbare Unterschied zu früheren, nach Westen gerichteten Auslandsreisen war die jeweilige Sprache: Japanisch, Koreanisch, Hoch-Chinesisch (Mandarin), Kantonesisch, Hakka (客家) und die anderen *mündlich* vorgetragenen Redeweisen blieben mir leider unverständlich. Aber ich lernte einen für mich neuen Zugang zur *Schrift* kennen: Bei den ihrem Ursprung nach europäischen Sprachen ist das, was man schreibt, der Versuch, Gesprochenes als *Hörbares* in *Lesbares* zu übersetzen. In Japan und China ist (die alte, traditionsreiche) Schrift weitgehend von Gesprochenem unabhängig und stellt stattdessen den Versuch dar (etwa, wie in einem Bilderrätsel oder einem Smiley im Internet bei uns), das *Gemeinte* unabhängig von dem, was man beim Reden *hört*, abzubilden.

Die Hauptstädte (genauer: Kaiserstädte) Chinas und Japans der Gegenwart heißen Peking und Tokio. Aber geschrieben sieht das in China so aus: Peking wird zu Bei-Jing 北京, und Tokio zu Tō-kyō und zu Dong-Jing 東京. Nach einer Weile lernt man in China die vier Himmelsrichtungen kennen: „Bei" bedeutet Norden, „Dong" heißt Osten und weil die Namen so vieler Städte und Gegenden mit „Nan" anfangen, weiß man bald auch, dass „Nan" Süden bedeutet. Bei-jing ist die Hauptstadt im Norden und Dong-jing die Hauptstadt im Osten, die von den Einheimischen Tō-kyō[22] genannt wird, und Nan-jing erkennt man dann schon als eine frühere kaiserliche Residenz und Hauptstadt im Süden Chinas.

Wer als Gast Hochschulen besucht, lernt bald das Wort für *Universität* kennen. In China spricht man das etwa so aus, dass es wie Daschüe = „Da-Xue" 大學 klingt. Das zweite Zeichen bedeutet Lernen, Wissenschaft oder Gelehrsamkeit (in der traditionellen Schreibweise). Das erste der beiden

---

[22] Erst seit 1869 trägt die ehemalige Stadt Edo den Namen Tōkyō, weil der Kaiser Meidschi (gelebt 1852-1912) erst dann die kaiserliche Residenz dorthin verlegte.

Zeichen für Universität erinnert an eine kraftvolle Person, die ihre Arme ausbreitet. In der englischsprachigen sinologischen Literatur findet man dieses „stark" auch als „great" übersetzt. Eine Universität ist demnach ein Beispiel für *starke Gelehrsamkeit*, die durchaus auch „great" sein kann. Freilich heißt Universität auf Japanisch *ausgesprochen* nicht „Daxue," aber obschon sich in Japan das Wort gesprochen völlig anders anhört, *schreibt* man es auch dort so 大學, wie wir es schon aus China kennen.[23]

Dass die Schrift nicht den *Klang* des Gesprochenen, sondern ein *Abbild* des *Gemeinten* wiedergibt, hat allerdings beachtliche Konsequenzen: Personen, die nicht miteinander *reden* können, weil sie verschiedene mündliche Sprachen sprechen, können einander als Nordostasiaten über ihre Schriftzeichen verstehen! Das spielt eine große Rolle für die Kommunikation innerhalb Chinas, insbesondere mit den Regionen, in denen Hoch-Chinesisch (Mandarin) nicht die lokale Muttersprache ist.

Das gilt z.B. für Hongkong[24], für die chinesische Großstadt Guangzhou und fast die ganze Provinz Guangdong (wörtlich: der *östliche* Teil des Guang-Gebietes). Aus *Guangdong* machten die Europäer *Kanton*, und folglich spricht man (für den Menschen aus dem Westen) auch in Hongkong, das abgesehen von Kolonialgeschichte und aktueller Politik zu Guangdong gehörte, *Kantonesisch (Guangdongesisch).*[25]

Korea hat sich von dieser Tradition verabschiedet, als der Monarch Sejong dort 1443 seinen Gelehrten befahl: Erfindet

---

[23] *Das Große Lernen* (Dà Xué) (traditionelles Chinesisch 大學 /vereinfachtes Chinesisch 大学) ist das erste der Vier Bücher, die Zhu Xi in der Song-Dynastie zur Grundlage des Konfuzianismus erklärt hat. Ursprünglich handelte es sich hierbei um ein Kapitel im *Buch der Riten,* das Konfuzius zugeschrieben wird.

[24] Wo außer innerchinesischen Sprachproblemen auch der aus England importierte *Linksverkehr* für den Touristen eine Überraschung sein kann.

[25] Das gilt für die *Umgangssprache.* Die beiden *Amtssprachen* für Behördengänge sind in *Guandong* Hochchinesich (Mandarin) und in *Hongkong* Englisch.

eine neue Schrift für unsere koreanische Nation! Dieser Schritt, durch den sich Korea kulturell auf eine gewisse Distanz zu seinen Nachbarn China und Japan begab, wird unter den gebildeten Koreanern dadurch ausgeglichen, dass sie schriftliches Chinesisch lernen, wie der gebildete Europäer Lateinisch und das Griechisch der Antike.

III,2: Japan

Wie am Ende von Kapitel II erwähnt, hatten sich sowohl wegen politisch-historischer als auch persönlicher Umstände meine Reisen zunächst nach Westen bewegt, meistens in die USA. Das wurde 1995 anders, als ich zum ersten Mal eine Asienreise unternahm. Kollegen aus Japan, Süd-Korea und China hatten bei Besuchen der Universität München meine Mitarbeiter und mich kennengelernt. Einige von ihnen sprachen nach ihrer Rückkehr Gegeneinladungen aus.

Nach den Stempeln der Grenzkontrolleure, denen ich meinen Reisepass vorlegte, führte meine erste Landung auf dem Boden Asiens am 29. September 1995 in Tōkyō zur Einreise nach Japan. Damit begann eine neue Erfahrung: Während ich bei meinen früheren Auslandsreisen zu der Sprache der Einheimischen stets einen gewissen Zugang hatte, waren mir nun, wie erwähnt, in Asien Japanisch, Koreanisch und die verschiedenen Varianten des *gesprochenen* Chinesisch unbekannt. Ich war darauf angewiesen, dass meine Gastgeber dazu bereit waren, sich mit mir auf dem sprachlich neutralen Boden des Englischen zu treffen.

Nur in seltenen Ausnahmefällen konnten meine Gesprächspartner deutsch sprechen und verstehen, selbst wenn sie es lesen und sogar wissenschaftlich darüber arbeiten konnten, was bei mehreren Japanern zutraf, wie bei Professor Atoji, der mein erster Gastgeber in Japan wurde.

Wohl aus Rücksicht auf ihre europäischen Partner reihen Japaner ihre Namen gegenüber Ausländern gern so, wie man es im Westen gewohnt ist: Zuerst der Vorname, dann der Familienname, obschon es innerhalb Japans, wie in China, umgekehrt üblich ist. Einen *ganz in deutscher Sprache* handschriftlich niedergeschriebenen Brief vom 7. Januar 1993 endet Professor Kaneko von der Meiji Universität in Tōkyō mit „Ihr Mitsuo Kaneko."

Der schon genannte japanische Simmel-Forscher mit dem Familiennamen Atoji, Professor Yoshio Atoji (1913-1997), von der Universität Nagoya[26] und ich waren einander schon in Madrid 1990 aus Anlass der Konferenz der *International Sociological Association* begegnet.[27] Auch Donald Levine aus Chicago war damals in Madrid anwesend und hat dazu beigetragen, dass Atoji und ich einander kennenlernten. Atoji konnte Simmel im Original lesen. Er schickte mir eines seiner Bücher über Simmel, und wir blieben wegen dieses gemeinsamen Interesses in Kontakt. Dann erhielt ich eine Einladung von ihm, ihn am 2. Oktober 1995 in Nakano zu treffen. Damals wusste ich nicht, dass Atoji einer der besten Kenner Simmels in Asien war.

Zwei seiner ehemaligen Schüler, der schon erwähnte Professor Mitsuo Kaneko und sein Kollege Shinobu Kuramoto, von der Meiji Universität in Tōkyō, sandten mir am 7. September ein Fax, mit dem auch sie mich nach Tōkyō einluden. In einem Antwortfax vom gleichen Tage erwähnte ich gegenüber den beiden außer der Einladung von ihrem früheren Lehrer Atoji auch eine Einladung des Professors Takahiro Ono aus Nagasaki zu einer Diskussion mit Kollegen dort über die evolutionistische Theorie der Religion. Darum bat ich die Herren Kaneko und Kuramoto um Verständnis, wenn wir einander diesmal nur kurz sehen würden, schrieb aber,

---

[26] Nagoya hat von 1932 bis 1943 zu Tōkyō gehört und ist seitdem selbständiger Ort in einem Verwaltungsbezirk nahe Tōkyō.

[27] Die Tagung fand vom 9. Bis 13. Juli 1990 in Madrid (bei unerfreulich heißem Wetter) statt. Siehe hier S. 95.

dass ich hoffte, bei einem weiteren Besuch in Japan länger an der Meiji Universität sein zu können, was dann auch sehr bald geschah.

Eine Anfrage an die Deutsche Forschungsgemeinschaft von mir enthielt meine Bitte um Finanzierung einer Vortragsreise nach Süd-Korea und Tōkyō. Die Antwort aus Bonn sagte eine solche Förderung unter der Bedingung zu, dass ich bei den Gastgebern Vorträge halten und an Fachdiskussionen teilnehmen würde. Darum wandte ich mich in einem Fax vom 15. September 1995 an Prof. Kaneko, bot Themen an, zu denen ich reden konnte und erwähnte auch, dass ich mich sehr freuen würde, ihn wiederzusehen.

Zwei Wochen danach, am 29. September landete ich wie erwähnt in Tōkyō und traf dort und in Nakano meine Gastgeber, zunächst Herrn Atoji zu einem längeren Gespräch. Nachdem ich mich ein wenig an den in Japan wie in England selbstverständlichen Linksverkehr gewöhnt hatte, zeigte Herr Kaneko mir den Kaiserpalast, schintoistische und buddhistische Tempel und andere Sehenswürdigkeiten.

Mein Aufenthalt führte auch, wohl wegen der Finanzierung durch die Deutsche Forschungsgemeinschaft, zur Teilnahme an einem Empfang beim Deutschen Botschafter und dessen Kulturattaché in Tōkyō. Am 5. Oktober 1995 fuhr ich mit dem schnellen Fernzug von Tōkyō nach Nagasaki, um dort als Gast von Prof. Ono den vereinbarten Vortrag zu halten. Die japanische Bahn erreichte schon damals eine Geschwindigkeit von 270 km/h.

In Nagasaki traf ich mit Kollegen zusammen, doch ich habe nicht darum gebeten, den Ort zu sehen, an dem im August 1945 die Atombombe auf Befehl Präsident Trumans explodiert war, die 64.000 Menschen das Leben kostete.[28] Aber ich saß eine Weile bei einem romantischen Aussichtspunkt über dem Hafen, an dem der Legende nach die Hauptfigur der Puccini-Oper *Madame Butterfly* gesessen und auf die Rückkehr des amerikanischen Marineoffiziers gewartet haben soll, von dem sie ein Kind hatte.

Der Aufenthalt in Nagasaki war kurz: Der 6. Oktober 1995 ist in meinem Reisepass als Tag der Ausreise aus Japan vermerkt. Ich flog anschließend nach Korea. Darüber und über meinen ersten Chinabesuch wird in den nächsten Kapiteln ausführlich berichtet. Die ersten Tage in China begannen am 11. März 1996 und endeten schon am 15. März wieder mit meiner Ausreise nach Japan zu einem zweiten Japan-Aufenthalt, weniger als ein halbes Jahr nach dem ersten Besuch dort.

Einen Kaiserpalast kann man an manchen Orten der Welt besichtigen, aber nicht einen, in dem wie in Tōkyō auch in der Gegenwart noch ein Kaiserpaar residiert. Die Führung der USA hatte nach dem Atombombensieg die Klugheit, die uralte Institution des Kaisers in Japan nicht durch ein „Fiat" des siegreichen ehemaligen Kriegsgegners zu beseitigen, sondern nur darauf zu bestehen, dass man im Nachkriegsjapan dem Kaiser nicht mehr den Status einer Gottheit zugestand.

Bei meinem zweiten Aufenthalt in Japan besuchte ich auch Kyōto (japanisch und chinesisch: 京都), das wie Tōkyō (Dong-Jing 東京) auf der Hauptinsel Honshu liegt. Der Name für Kyō-to beginnt mit dem uns schon vertrauten Zeichen *Jing* für Kaiserstadt, gefolgt von dem Zeichen 都 für Großstadt. Es war bis 1185 das Zentrum der Macht und wurde

---

[28] Davon verbrannten 22.000 bei der Explosion der Bombe. Die übrigen starben qualvoll in den folgenden Monaten, weil sie radioaktiv verstrahlt waren. Die Zahlen für Hiroshima: 136.000 Tote, davon sind 45.000 beim Abwurf verbrannt.

1333 bis 1568 mit abnehmender Wirksamkeit von den Shogunen genutzt.

Ein Shogun war dem Titel nach etwa ein *Barbaren unterwerfender großer General* aus dem Kriegeradel des Samurai, der sich dem japanischen Konfuzianismus besonders verpflichtet fühlte. Die Präsenz des Shoguns während langer Perioden der Geschichte Japans machte die Stellung des Kaisers an seiner Seite oft kompliziert, weil die Kooperation zwischen dem Kaiser, als dem Inhaber religiöser Macht aus dem Jenseits, und dem Shogun als Inhaber militärischer Macht, oft nicht reibungslos funktionierte.

Neben neuen Kontakten gab es für mich im März 1996 manches Wiedersehen mit vertrauten Kollegen. Daraus folgten offene Gespräche, wie man sie aus Rücksichtnahme oder aus Unsicherheit bei ersten Begegnungen noch nicht führen würde. In Kyōto lag der Schwerpunkt der Besichtigungen auf Tempeln und auf Gesprächen über Buddhismus, Konfuzianismus und dem spezifisch japanischen Schintoismus: Es gibt in Japan etwa 100.000 Shintō-Schreine, in denen Gottheiten und Seelen von Familienmitgliedern als *Unsterbliche Geister* verehrt werden.

Unsere Gesprächsthemen berührten nicht nur Fragen der Religion, sondern auch die jeweilige Geschichte des Landes (Japan und Deutschland) einschließlich der Außenpolitik und der Kriege. Dass ein junger Japaner bereit war, für seinen Kaiser zu kämpfen und sein Leben einzusetzen, war mir schon in der eigenen Familiengeschichte begegnet: Auch für den ältesten Bruder meines Vaters traf das 1914 noch zu.

Obschon 1981 die Doktorarbeit von Gerd Reinhold über Japan[29] erschienen war, die ich betreut hatte, war ich auf Fachgespräche mit Kollegen und Studenten in Japan nicht gut vorbereitet. Ich kannte die Deutschlandfreundlichkeit der

---

[29] Gerd Reinhold: *Familie und Beruf in Japan – Zur Identitätsbildung in einer asiatischen Industriegesellschaft.* Berlin: Ducken & Humblot 1981, 187 Seiten. Reinhold's Forschung wurde von der *Japan Foundation* in Tōkyō gefördert.

Japaner, die als Gäste nach München gekommen waren. Ich erfuhr auch von Dr. Karl-Ludwig Ay, dem ehemaligen (bis 2004) Generalredaktor, dass die Max-Weber-Gesamtausgabe in einer großen Zahl von Wissenschaftlern und Bibliotheken in Japan abonniert worden war. Das erklärt sich wieder daraus, dass man dort eine Fremdsprache womöglich lesend versteht, ohne sie sprechen zu können.

Nach den beiden ersten Aufenthalten in Japan 1995 und 1996 hatte ich das Glück, noch weitere kurze Besuche dort zu erleben und hielt zuletzt 2008 in Tokio auf Einladung der Konrad-Adenauer-Stiftung den Vortrag „Family and Work in Today's Society."[30]

Japaner lebten nach den Ergebnissen archäologischer Forschung von 4500 bis 300 v.Chr. in einer schriftlosen Jäger- und Sammlerinnen-Kultur. Dann setzte etwa zwischen 300 vor und 300 nach Christi Geburt eine Zuwanderung aus China ein, die zur schrittweisen Übernahme der Schrift führte. Recht genau datiert wird dann 538 als das Jahr, in dem über Korea der Buddhismus in Japan eintraf und dort religiöse und politische Konflikte provozierte.

Seine Insellage sicherte für Japan immer wieder eine weitgehende Abgeschlossenheit. Reinhold nennt vor diesem Hintergrund „drei fundamentale Einflüsse von außen"[31], die Übernahme der Schrift, die Verbreitung der chinesischen Variante des Buddhismus und die erzwungene „Öffnung des Landes durch den amerikanischen Commodore Perry" (1853).[32] Hieran schließt dann der Sieg der USA über Japan von 1945 an.

Die wohl entscheidende Grundlage der Gegenwartskultur Japans liefert aber trotz aller Auslandseinflüsse weiterhin der Konfuzianismus. Ende des 15. Jahrhunderts breitete

---

[30] Horst J. Helle, Guest-Lectures in Europe, America and Asia, München: Amazon.com 2024, S. 215ff.
[31] Gerd Reinhold, op.cit., S. 15, Fußnote.
[32] Ebd.

sich bei japanischen Intellektuellen das Idealbild des „reinen Shinto" aus, wonach der Shintoismus von Einflüssen aus Indien (Buddhismus) und aus China (konfuzianische Verherrlichung der alten *chinesischen* Geschichte) gereinigt werden sollte. Die bis heute maßgebliche Fernwirkung des Konfuzianismus sieht Friedrich Fürstenberg darin, „dass die personale Entfaltung in Japan nicht das Primärziel der Sozialisation ist, sondern vielmehr gegenseitige Verpflichtungen im Rahmen von Gruppenbindungen den Menschen prägen. Hierdurch ist auch der Sinn für eine ureigene Privatsphäre außerordentlich gering entwickelt."[33]

Während im Westen unter dem Einfluss des Christentums die Tradition zu einer Zweiteilung führte - es gibt Personen, die in Familien lebten, und solche, die das nicht tun, weil sie sich kirchlichen Einrichtungen ganzheitlich hingeben - ist es nach konfuzianischen Vorstelllungen undenkbar, dass jemand *nicht* dauerhaft einer Familie als aktives Mitglied angehört. Das gilt für Japan, Korea und China.

Diese Verschiedenheit erklärt wohl auch, warum in Japan Beziehungen in der Arbeitswelt gern der Familie nachgebildet werden (was es im Westen freilich auch gibt), während die (ehemals?) christlichen Kulturen die Alternative von *öffentlich* (funktionale Beziehungen) und *privat* (personale Beziehungen) entwickelt haben, der die Verhältnisse in Japan nicht entsprechen. Das erklärt die oben zitierte Feststellung von Fürstenberg. Die Frage liegt nahe, ob sich das im Westen zurzeit gerade ändert: Man ist in Deutschland nicht mehr nur mit Personen im *Privatbereich* „per Du."

Auffallend ist in Japan die Grußformel, mit der man einander die geschuldete Höflichkeit erweist: Man verneigt sich voreinander, umso tiefer, je klarer man anerkennen möchte, dass der Begrüßte berechtigt ist, einen höheren Status zu beanspruchen als man selbst. Das erzeugt den Eindruck einer auf

---

[33] Friedrich Fürstenberg: Vorwort, in: Gerd Reinhold, op.cit., S. 7.

Ungleichheit basierenden, aber gut funktionierenden sozialen Ordnung.

Während China mit seinen großen fruchtbaren Ackerflächen die Entwicklung einer Agrarkultur schon vor Jahrtausenden möglich machte, waren die Japaner von jeher auf die engeren Flächen der von ihnen bewohnten Inseln verwiesen. Meine Gastgeber und ich stellten in unseren Gesprächen Vergleiche mit England und Deutschland an und fragten uns, ob Knappheit oder Verfügbarkeit von fruchtbarem Boden die Bereitschaft beeinflusst hat, Kriege zu führen oder, im Falle Englands, Kolonien zu erobern.

Ein Jahrhundert bevor wir diese Spekulationen austauschten, hatte Japan in dem Krieg von 1894-95 China besiegt. Das bedeutete einen schwer verkraftbaren Schlag gegen das traditionelle Selbstverständnis Chinas und seines Kaisers, die sich als Träger der vom Himmel für das *Reich der Mitte* ausersehenen und eingesetzten Kultur verstanden.[34]

Unter dem Eindruck der erlittenen Demütigung durch Japan schloss China dann einen Beistandspakt mit Russland, in dem die Regierungen des Kaisers und des Zaren zusagten, einander im Falle eines Angriffs durch Japan Beistand zu leisten.[35] Es gelang damals, diese Übereinkunft geheim zu halten. Die so begründete Hoffnung, dass Russland China vor zukünftigen Aggressionen Japans schützen würde, erwies sich jedoch als Illusion, denn im Jahre 1905 besiegte Japan auch noch Russland!

Davor empfand es die Führung Russlands als unbefriedigend, dass im Nordosten ihrer riesigen Landflächen der Seehafen Wladiwostok im Winter zeitweilig zufror. Also rückte man weiter nach Süden vor bis nach Port Arthur (heutiger Name: Dalian) in China, um über einen ganzjährig offe-

---

[34] Schmidt-Glintzer, 2014, op.cit.: 28. Bald danach endete 1912 die Herrschaft des letzten Kaisers.
[35] Kindermann, Gottfried-Karl, *Der Ferne Osten – in der Weltpolitik des industriellen Zeitalters*. Lausanne: Edition *Rencontre*, 1970: 78.

nen Hafen zu verfügen. Daraufhin avancierte Japan über Korea entlang der Küste und besiegte vor dem heutigen Dalian und in der südlichen Mandschurei 1904 das zaristische Russland. Die von Russland annektierte Mandschurei kam vorübergehend wieder an China zurück, doch in den dreißiger Jahren okkupierte Japan immer größere Gebiete des Festlandes und hielt Korea, die Mandschurei und wichtige Teile Chinas bis 1945 besetzt.

Gemeinsame Grenzen von Russland, Nord-Korea und China.

Der spektakuläre Sieg von 1905 einer asiatischen Nation über das große europäische Russland war mir in meinem

Geschichtsunterricht verborgen geblieben und damit auch
die in unseren Gesprächen erwähnte Vermutung, dass Japan durch seine militärische Stärke und seinen Sieg von
1905 zum Sturz des Zaren und zum Erfolg der Revolution in
Russland beigetragen haben könnte, auch ohne, dass dies
in Japans Absicht gelegen hätte.

In Japan war die Industrialisierung früh und mit großer Entschiedenheit in Angriff genommen worden. Das förderte neben seiner wirtschaftlichen auch seine militärische Überlegenheit über das zur gleichen Zeit noch weitgehend agrarisch geprägte China. Japan erlebte wegen seiner Industrialisierung eine rasante Bevölkerungsentwicklung, sodass es
von 35 Mio. Einwohnern im Jahre 1872 auf 106 Mio. im
Jahre 1971 wuchs. Die Einwohnerzahl stieg bis 2012 bis auf
128 Mio. weiter an und fiel seitdem bis 2020 zurück auf 125
Mio., wobei wegen sinkender Bereitschaft, zu heiraten, ein
weiterer starker Rückgang in Zukunft erwartet wird.

Die Entwicklung Japans im letzten Drittel des neunzehnten
Jahrhunderts verschaffte ihm ein respektvolles internationales Ansehen, das über den ersten Weltkrieg hinaus fortwirkte: Bei den Friedensverhandlungen von Versailles wurde
auch über Neuverteilung die deutschen Kolonien entschieden, und die deutschen Besitzungen in der Provinz Shandong (der Name bedeutet: im Osten des Berges gelegen) im
Bereich der Stadt Qingdao (Tsingtau, in München gibt es
eine Tsingtauer Straße) wurden Japan zugesprochen.

Verantwortlich für diesen Schritt waren der britische Premierminister *David Lloyd George*, der Premierminister Frankreichs *Georges Clemenceau* und der Präsident der USA
Woodrow Wilson, die Chinas Erwartung ignorierten, nach
der das Territorium aus deutschem Kolonialbesitz an China
zurückgegeben würde. Mit der Übergabe an Japan demütigten sie China, provozierten landesweite Protestdemonstrationen chinesischer Studenten[36] und lösten ein tiefes

---

[36] Bekannt als „Bewegung der vierten Mai" des Jahres 1919.

Mistrauen gegenüber dem Westen (USA, England, Frankreich) aus, das in der älteren Generation noch lange nachgewirkt hat.

Aus japanischer Sicht dagegen gelangte die deutsche Kolonie in der chinesischen Provinz Shandong, nachdem der deutsche Kaiser besiegt war, in die Hände des Kaisers von Japan, was der Stellung Japans in der Welt von 1918 gegenüber China und einer gewissen Nähe zwischen den beiden Kaisern zu entsprechen schien.

Ganz unabhängig davon empfand ich eine gewisse Nähe zu Japan merkwürdigerweise wegen der beiden Abwürfe der Atombomben. Die dem Gedächtnis dieser schrecklichen Ereignisse gewidmeten Gedenkstätten der Japaner habe ich nicht aufgesucht. Ich kannte in Hamburg die Massengräber der Opfer von 1943 auf dem Zentralfriedhof Ohlsdorf.[37]

Zwischen Hamburg und Dresden einerseits und Hiroshima und Nagasaki andererseits sah ich schon bald nach 1945 eine Parallele: Der Krieg war offenbar fast vorüber, die Sieger standen fest, und Japan hatte in Moskau mitgeteilt, dass es um Friedensverhandlungen bitte. Trotzdem mussten Tausende Personen, die in der Sprache des Völkerrechts Nichtkombattanten waren, auf unvorstellbar grausame Weise getötet werden, wobei das Vorgehen in Deutschland und das in Japan sich durch die angewendete Tötungstechnik, nicht jedoch durch eine ethische Legitimation des Tötens unterschieden.

III,3: Süd-Korea

Ein Vergleich meiner ersten Besuche in Japan, Korea und China zeigt Unterschiede je nachdem, wie intensiv Kontakte mit Gästen aus dem betreffenden Land *an der Universität München* vor meiner Reise waren. Die Verschiedenheiten waren teilweise Folgen der Offenheit in der jeweiligen

---

[37] Siehe hier im ersten Kapitel den Abschnitt I.3.

historischen Situation: Japan hatte nach der Katastrophe von 1945 den Anschluss an westliche Länder und damit auch an Deutschland bald wieder gesucht.

Korea war seit dem Korea-Krieg (1950-1953) geteilt: Der Süden war durch den Einsatz von Truppen der USA befreit worden, was ebenfalls – und vielleicht noch deutlicher – den wissenschaftlichen Wiederanschluss an Europa und den übrigen Westen nahelegte. Wir betreuten bald nach meinem Dienstantritt bei uns in München neben Soziologen aus Japan und Korea auch Gäste aus Taiwan.

Das riesige China dagegen isolierte sich während seiner Kulturrevolution ein Jahrzehnt lang (1966-1976) von der übrigen Welt. Daher waren auch an der Universität München Gäste von dort zunächst nicht vertreten. Das änderte sich erst allmählich nach dem Besuch einer hohen Parteidelegation bei Franz Josef Strauß (1915-1988). Es handelte sich dabei um einen Gegenbesuch in München, nachdem Strauß am 16. Januar 1975 den kranken und alternden Mao Zedong (1893-1976) in China zu einer legendären Begegnung aufgesucht hatte. Damals sah Mao selbst das baldige Ende seiner Macht voraus.[38]

In dem hier beginnenden Korea-Teil geht es in Wahrheit nur um Süd-Korea. In Deutschland kannten wir die Abtrennung eines Teils des Landes und die Unzugänglichkeit des ehemals sowjetischen Sektors. In Korea ist es bis heute ähnlich: Ich war leider zu keiner Zeit in Nord-Korea. Mein erster Besuch in Korea war außerdem von einer anderen Besonderheit beeinflusst: Ich war Gast einer Universität des Jesuitenordens, und bei meinen Gastgebern war bekannt, dass ich katholisch war. Das erzeugte spontane Vertrautheiten und Selbstverständlichkeiten.

---

[38] Diese Bemerkungen stützen sich auf den mündlichen Bericht, den Strauß selbst uns, seinem Beraterkreis, unmittelbar nach der Rückkehr von seinem Besuch bei Mao gab.

Der hohe Stellenwert, den religiöse Themen bei Gesprächen in Süd-Korea einnahmen, erinnert mich an meinen ersten Besuch in der Hauptstadt Seoul 6. Oktober 1995. Es war mein erster Spaziergang auf dem Campus der Sogang-Universität der Jesuiten dort. In der Ferne sah ich eine große Christus-Statue, die mich daran erinnerte, dass Süd-Korea das Land mit dem höchsten Anteil an Christen in Asien ist. Als ich mich der Statue näherte, erkannte ich plötzlich, dass Jesus Koreaner war.

Die Gesichtszüge hätten vielleicht offengelassen, dass er auch Chinese oder Japaner hätte sein können. - Bei einem Besuch in den USA war ich mehrfach Christusdarstellungen begegnet, die Jesus als blauäugig und blond präsentierten. Aber Jesus ist nicht nur eine Person des Glaubens, sondern auch eine historische Figur, von der man weiß, wann, wo und mit wem sie gelebt hat, und aus dieser unbezweifelbaren Information folgt, dass der historische Christus weder asiatisch noch blond ausgesehen haben kann.

Das ist unter den jenseitigen Wesen, mit denen religiöser Glaube es zu tun hat, die Ausnahme; denn in den meisten Fällen existiert keine solche Verengung dessen, was man sich von der geglaubten und verehrten göttlichen oder heiligen Gestalt vorstellen darf. Mindestens stammt eine Einengung nicht wie bei Jesus daher, dass es ein historisches Existieren der heiligen Person hier auf Erden gegeben hat. Trotzdem ist nicht jeder frei, die Konkretisierung dessen, was man von dem oder der Unsterblichen zu wissen meint, auf individuelle Weise vorzunehmen.

Die häufig sehr große Gruppe der Mitglaubenden definiert gemeinsam, wie man sich das jenseitige Wesen auszumalen hat. Diese uralte Praxis rechtfertigt dann auch, dass Jesus z.B. in Korea asiatisch und in Norwegen blond zu denken ist. Zugeständnisse an das äußere Erscheinungsbild berücksichtigen den Wunsch des Glaubenden, wonach die heilige Person „einer von uns" ist und bei aller Jenseitigkeit doch in jeder Hinsicht „zu uns" gehört.

Anders als in der christlichen Tradition sind in der konfuzianischen jene, die „zu uns" gehören vor allem die Mitglieder des eigenen Verwandtschaftsverbandes einschließlich der verstorbenen Familienmitglieder, deren Weiterexistenz von vielen Koreanern so konkret geglaubt wird, dass man aus besonderen Anlässen mit ihnen in einen Dialog eintreten möchte, um ihren Rat oder ihre Entscheidung zu erfahren. Zuständig für die Kontaktaufnahme zu Vorfahren, die zwar verstorben, aber gleichwohl unsterblich sind, ist einer uralten Tradition nach der Schamane oder – heute häufiger – die Schamanin.

Ich hatte das Glück, durch die Freundlichkeit koreanischer Kollegen und einer Schamanin deren religiösen Aktivitäten kennenzulernen. Daraus wurde eine mehrere Tage ausfüllende teilnehmende Beobachtung von Vorgängen, die ich religionssoziologisch und allgemein kulturwissenschaftlich für so interessant halte. Der Bericht darüber folgt hier.

III,4: Das Ritual der Schamanin

Die hier folgende Schilderungen haben inhaltlich weit mehr mit einer globalen Kulturgeschichte der Religionen und mit dem Phänomen der Beschwörung jenseitiger Personen[39] zu tun als mit Korea. Darum wären sie in einem Kapitel über den Vergleich der Kulturen vielleicht besser aufgehoben.

27. August 1997: In der Hauptstadt Süd-Koreas treffe ich den Schamanismus-Experten Prof. Park Il-Young (Familienname Park), der an der *Université de Fribourg* in der Schweiz über Schamanismus promoviert hat[40]. Wir werden in einem Büro-Hochhaus in Seoul erwartet. Dort klingelt Prof. Park im 8. Stock an einer Tür, die aussieht wie zahllose andere Eingänge zu Büros. Die Schamanin erscheint, erkennt

---

[39] Vgl. hier weiter unten.

[40] Park Il-Young, publiziert als: *Il-Young Park*: Minjung, *Schamanismus und Inkulturation: Schamanistische Religiosität und christliche Orthopraxis in Korea*. (Dissertation) Universität Fribourg, 1988.

ihn, lächelt, verneigt sich, deutet uns an, einzutreten, und zieht sich wieder hinter einen Raumteiler zurück.

Wir ziehen unsere Schuhe aus und gehen auf Strümpfen in einen Büroraum. Ein altmodischer Schrank steht als Raumteiler quer. Jenseits des Schrankes, in dem Bücher stehen, empfängt, berät, behandelt die Schamanin ihre Klienten, Kunden, Patienten, Gläubigen?

Diesseits des Schranks, also in dem Teil des Zimmers, das allein ich vorerst sehe, sitzen zwei Frauen und zwei Männer am Boden. Einer der Männer rückt etwas zur Seite, um Platz zu machen: Park und ich setzen uns auch auf den Boden. Jenseits des Schranks klingelt ein Telefon, die Schamanin spricht kurz, redet dann aber weiter mit dem Mann, der gerade an der Reihe ist.

Am Durchgang zum "Behandlungsraum", steht der einzige Stuhl, um den ich die Frau beneide, die darauf sitzt. Sie ist eine junge Erwachsene, etwas bunter gekleidet, etwas koketter aufgemacht als die andere, aber alle sind sehr korrekt und gediegen angezogen. Rechts von mir, in Richtung Ausgang, sitzt der zweite, noch jüngere Mann.

Alle sind still, freundlich und geduldig. Hinter dem Bücherschrank hört man selbstverständlich, wie die Schamanin mit einem weiteren Mann redet, den wir noch nicht gesehen haben. Von Vertraulichkeit kann keine Rede sein: jeder hört alles mit! Mir dagegen bleibt fast alles verborgen, weil ich der Landessprache nicht mächtig bin und Herr Park in die Stille hinein nicht dauernd für mich flüsternd übersetzen kann.

Nach fünf oder zehn Minuten kommt der Mann hinter dem Raumteiler, also dem Bücherschrank hervor, sucht seine Schuhe und geht. Die Schamanin bitte nun drei Personen nach hinten: die beiden Frauen und einen Mann. In unserem Teil des Zimmers wird Platz: Herr Park setzt sich auf den einzigen Stuhl, von dem aus der "Behandlungsraum" eingesehen werden kann. Er schaut auch recht ungeniert dort hinein.

Man hört die Schamanin im Singsang einer Litanei beten, man hört sie wiederholt Münzen in einem Behälter schütteln und dann krachend auf den Tisch werfen (erinnert mich an ein Würfelspiel), man hört selten Stimmen der Kunden, aber fast durchgehend ihre sichere und sympathische Stimme in lehrendem Ton. Park sieht, wie ich meine steif gewordenen Beine zu entknoten suche, bietet mir den einzigen Stuhl an.

Der "Behandlungsraum" ist in Wahrheit ein Altarraum, ein Schrein! In Verlängerung der Wand, an die ich gelehnt gesessen hatte, ist ein Altar, bedeckt mit vegetarischen Nahrungsmitteln, vorwiegend Äpfeln und Melonen, auch Wassermelonen. An der Wand oberhalb des Altares hängen Papierbilder von "Heiligen" oder "Gottheiten" und auf dem Altar stehen vier Leuchter mit brennenden Kerzen. Die Schamanin sitzt mit dem Rücken zu mir an einem Tischchen. Sie hat offenbar Mühe mit den Dreien, und ich spekuliere, was wohl das Problem sein könnte. Ich rate, vielleicht kann der Mann sich nicht entscheiden, welche der beiden Frauen er denn nun will. Aber ich kann keinerlei Spannung oder gar Gereiztheit spüren.

Später, in dem anschließenden ausführlichen Gespräch, sagt uns die Schamanin, der Mann sei reich, wolle ein Geschäft (Bar oder Café) mit den beiden gründen und habe eine Art Unternehmensberatung aus dem Jenseits erbeten. Sie habe nach Kontaktaufnahme mit den verstorbenen Vorfahren der Klienten klar gemacht, dass die beiden Frauen zu verschieden seien, als dass das gelingen könnte! Vielleicht wird durch diese Art der Beratung aus dem Jenseits die Zahl der Konkurse in Süd-Korea wirksam verringert oder doch mindestens viel Ärger vermieden. Ein Beitrag zur Religionssoziologie des koreanischen Kapitalismus?

Endlich, nach etwa einer halben Stunde, gehen die Drei, natürlich unter Zurücklassung eines ansehnlichen Honorars in bar. Nun geht noch der letzte junge Mann hinter den Raumteiler in den Altarraum zu der Schamanin. Er ist der letzter Klient heute und verabschiedet sich bald. Park hatte mir auf der Fahrt hierher in der Taxe nahegelegt, doch auch die Schamanin privat als Wahrsagerin in Anspruch zu nehmen, doch mir fehlte dazu der Mut.

Es ist fast 18 Uhr, und da treffen zwei Professorinnen ein, die Kolleginnen von Prof. Park sind. Wir sind nun zu fünft, außer der Schamanin lauter Wissenschaftler. Von Parks Kolleginnen spricht eine Englisch (7 Jahre USA), die andere Deutsch (Verlagslektorin, übersetzt deutsche Bücher ins Koreanische!!). Leider, leider, spricht die Schamanin nur Koreanisch und ich eben nicht.

Wir setzen uns zu fünft in die Runde auf den Boden um ein niedriges Tischchen. Es gab Birpfel (halb Apfel, halb Birne) und Wassermelone, und eine fröhliche und spannende Unterhaltung beginnt. Die dauerte vielleicht eine Stunde, dann gehen wir zusammen in ein vegetarisches (buddhistisches?) Restaurant und anschließend noch in eine Teestube (mit Weihrauch- oder Duftlampen Aroma in der Luft) und plaudern.

Die Schamanin ist etwa 30 Jahre alt und sehr hübsch, sieht aus wie eine Frau aus Süditalien oder Spanien, dunkle Augen, schwarzes Haar (alles natürlich in Korea ganz normal). Das Haar hat sie eng an den Kopf zu einem eleganten "Dutt" zusammengesteckt, man kann sich aber mit etwas Fantasie vorstellen, wie es heruntergelassen um die Schultern wallen würde. Sie trägt ein rosa- bis purpurfarbenes traditionelles Kleid, bodenlang, in großer Glockenform, das erst so hoch am Oberkörper tailliert ist, dass die Brüste mit in der Glocke verschwinden.

Was sie ausstrahlt, ist Sicherheit, Empfindsamkeit, Fröhlichkeit, und dabei hat sie scheint's unerschöpfliche Energie. Ihre Rede, die ich ja leider nicht verstehe, begleitet sie mit den aller ausdrucksvollsten Handbewegungen, und sie wäre gewiss eine begnadete Schauspielerin, falls sie das wollte. Auch ohne ihre Worte zu verstehen, einfach ihr beim Reden zuzuschauen, ist ein Erlebnis. Sie lacht immer wieder laut und herzlich, ist oft auch schelmisch wie ein kleines Mädchen.

Zuerst stelle ich langsam Fragen, später, gegen Ende des Abends, interviewt sie dann mich. Das gipfelt darin, dass sie meint, in zwanzig Jahren wäre sie etwa fünfzig, dann sei sie als Schamanin zu alt, dann wolle sie mit mir an einem Buch über den koreanischen und sibirischen Schamanismus schreiben. Park übersetzt das. Ich lasse zurückübersetzen: Ich werde ab sofort meinen Lebenswandel darauf einstellen, dass ich unbedingt in zwanzig Jahren noch voll einsatzfähig sein werde. Park übersetzt. Sie antwortet, sie werde dafür beten. Ich entgegne ihr, damit sei die Sache geklärt und abschließend entschieden.

Alle habe einen Riesen-Spaß. Sie meint, ich könnte ja schon jetzt bei der Feier der Schamaninnen-Liturgie ihr assistieren: Ich brauchte nur eines der alten Musikinstrumente, oder notfalls auch nur das Schlagzeug (also etwa wie der Ministrant, der zur Wandlung klingelt) beherrschen lernen, dann sei ich sofort einsetzbar.

Sie wurde als achtjähriges Mädchen schwer krank. In ihrer Verzweiflung, weil gar nichts zu helfen schien, ließ ihre Mutter sie katholisch taufen, doch sie wurde nicht gesund. Später brachte sie sie zu einer Gruppe protestantischer Pfingstler. Selbst deren Taufe half nicht. Endlich rieten Nachbarn aus dem Dorf, in dem sie wohnte, ihr die Grundausrüstung einer Schamanin zu kaufen: Schwert und Fächer. Kaum erhielt sie diese Insignien, schon wurde sie gesund.

Sie begann als achtjähriges Mädchen ihre Tätigkeit als Wahrsagerin. Sie konnte ihren Verwandten auf den Kopf zusagen, wieviel Geld jeder in der Tasche hatte. Dann kam die lange Ausbildung zur Schamanin, die natürlich die Beschwörung der Seelen Verstorbener einschloss. Einmal hatte ein älterer Filmregisseur aus Italien sie beauftragt, die Seele seiner toten Mutter herbeizurufen. Erfolgreich, wie sie ist, gelang ihr das: Sie wurde von der Mutter besessen.

Sie erinnert sich, wie sie als des alternden Regisseurs Mutter diesem um den Hals fiel und zugleich dachte: Warum mache ich denn so etwas, ich bin doch eine ganz junge Frau! Als sie das erzählte, musste sie ausgelassen lachen, und ich habe an die Witze denken müssen, die sich katholische Priester über Pannen erzählen, die ihnen während der Messfeier passiert sind. Aber überhaupt, dass jemand von seiner eigenen Besessenheit aus der Binnenperspektive berichtet, wo gibt es das noch einmal!

Ein weiterer Tag in Korea voller Schamaninnen-Erlebnisse beginnt in der Nacht: Nach einem etwas eigenartigen Traum (zwei historisch von weither kommende Männer mit goldenen Gesichtern, vielleicht Krieger?), den ich sofort der Schamanin zuschreibe, schlafe ich länger als hier jemals vorher und erscheine am 28. August 1997 erst kurz nach 9 Uhr in der Jesuitenresidenz, als dort das Frühstück längst vorüber ist. Bald danach sitze ich wieder am Computer, und überarbeite und ergänze meinen Bericht über die Schamanin.

Bei aller vernunftlosen Begeisterung habe ich meine intellektualistische Skepsis nicht völlig abgelegt. Also frage ich (immer noch gestern Abend) in der Teestube (wo wir wieder im Schneidersitz auf dem Boden im Kreis um einen ganz flachen Tisch hocken) nach dem Trick mit den Münzen, der mich wirklich gestört hatte. Sie erklärt sehr freundlich und mit größter Sicherheit: Das laute Schütteln der Münzen hören die Götter. Sie werden so darauf hingewiesen, dass zu einer wichtigen Frage ihre Meinung erbeten wird.

Die Münzen (nach dem, was ich beobachten konnte, etwa 10 bis 12 an der Zahl), fallen dann in einem bestimmten Muster auf den Tisch, und das deutet die Schamanin. Bilden z.B. die Münzen bei der Beratung eines Paares, das Probleme hat, die Form eines Y, so ist mit der baldigen Trennung des Paares zu rechnen. Der Münzenwurf *beeinflusst* also das Schicksal nicht, er dient nur der *Kommunikation* mit dem Jenseits, wo alles, was kommen wird, schon bekannt ist.

Ich lasse sie fragen, ob sie bei allen Klienten immer eine Antwort weiß, oder ob es auch vorkommt, dass sie sagen muss: tut mir leid, dazu kann ich leider gar nichts sagen. Sie lässt übersetzen: Die Götter wissen immer eine Antwort, nur kann es der Schamanin verboten sein, die Wahrheit auch mitzuteilen. So kommt es vor, dass der Klient die Wahrheit, z.B. über den baldigen Tod eines nahen Verwandten, nicht ertragen würde. Dann muss sie die richtige Antwort verschweigen, obschon sie selbst sie kennt.

Einmal wurde sie gebeten, das Verschwinden eines Jungen zu erklären, der seit einer Woche vermisst war. Sie erkannte als Wahrsagerin, dass der Junge tot an einem Bahndamm liege, und sagte es der Mutter. Die Mutter hielt das für falsch und ging zu einer anderen Schamanin, die ihr bestätigte, der Junge lebe und komme bald heim. Kurz darauf wurde die Leiche des Jungen an einem Bahndamm gefunden.

Übrigens wisse sie auch, wer aus der bevorstehenden Präsidentschaftswahl in Süd-Korea als Wahlsieger hervorgehen werde, doch die Götter verbieten ihr, das jetzt schon mitzuteilen. Die Frage: Aber unter vier Augen würden Sie es mir doch sicher sagen? verdränge ich. Sie schaut mich an, und mir kommt der unheimliche Gedanke, dass sie genau weiß, was ich nicht sage! Dann erzählt sie, sie habe einmal einen Amerikaner als Klienten gehabt, der bei den *New York Philharmonics* als Musiker spielte. Ihm habe Sie gesagt, ein so empfindsamer Mann, wie er, werde sich bei einer westlichen Frau auf die Dauer nicht wohlfühlen. Sie rate ihm zu einer Partnerin aus Asien. Darauf habe er geantwortet: Ja, genau das habe er auch vor.

Diese faszinierende Frau erzählt und erzählt. Sie scheint erleichtert, endlich mal von sich reden zu dürfen, anstatt immer nur die Probleme anderer anhören zu müssen. Park kann nur einen Bruchteil für mich übersetzen. Ich beschwöre ihn, noch in der Nacht aus dem Gedächtnis alles aufzuschreiben. Er sagt, man hätte ein Tonband laufen lassen müssen. Doch das hätte wohl eher die Stimmung verdorben.

Sie brauche viel Ruhe zum Beten, sagt sie. In der Stadt sei es zu hell und zu laut. Sie geht darum gern nachts hinaus in die Berge. Da fühlt sie die Nähe zu den Göttern. Sie möchte auch gern mal weit weg, in den Himalaja zum Beten reisen.

Jede Schamanin hat eine Patin, unter deren Schutz sie zur Schamanin wird. Die Patin ist ihre "göttliche Mutter". Sie, unsere dreißigjährige *Mudang* (in Korea das Wort für eine Schamanin mit Kontakt zu Geistwesen) hat schon Patenkinder, und obschon sie deren *göttliche Mutter* ist, sind diese Schamaninnen doch älter als sie selbst! Sie scheint so etwas wie ein schamanisches Wunderkind zu sein.

Am kommenden Samstag feiert sie zusammen mit drei anderen Schamaninnen ein ganztägiges Ritual, Kut genannt. Eine Familie hat eine Serie von Unglücksfällen erlitten. Zuletzt starb der Ehemann, und nun erscheint seine Seele der Ehefrau und fordert sie auf, ihm ins Jenseits zu folgen. Da muss man mit ihm reden und ihm klarmachen, dass er sich aus dem Jenseits heraus falsch verhält. Also wird Samstag vormittags der Beistand der großen Götter erfleht und am Nachmittag redet man den Damen und Herren Toten ins Gewissen.

Ich bin zur Teilnahme eingeladen und denke, dass mein Auftauchen hoffentlich die Familie nicht stören werde. Da erzählt die Schamanin, sie habe einmal einen Völkerkundler aus Italien zu einem Kut gebeten, und wenn während der Zeremonie einer der Klienten vor Ergriffenheit in Tränen ausgebrochen sei, sei der Italiener mit südländischem Temperament auf ihn oder sie zugeschossen und habe gefragt: "warum weinen Sie?" Indem die Schamanin das erzählt, lacht sie schallend. Ich sage Herrn Park, dass ich Samstag nicht vorhabe, weinende Koreaner zu interviewen. Er übersetzt das nicht.

Park kann Samstag erst am Nachmittag kommen. Doch die Verlagsfrau, die auch deutsch kann, erklärt sich sehr freundlich bereit, mich nach dem Frühstück um 9 Uhr hier an der

Sogang Universität der Jesuiten abzuholen. Ab etwa 10:30 Uhr werde ich dann Teilnehmer an einer ganztägigen Schamaninnen-Liturgie sein.

30. August 1997: Dieser Samstag geht damit zu Ende, dass Prof. Park und ich nach dem Schamaninnen-Ritual in einem Bus zurückfahren, der mit etwa 80 km/h in der Spitze durch die nächtliche Megastadt Seoul rast. Dort sind auch nach 22 Uhr die Straßen immer noch recht verkehrsreich. Aus den Lautsprechern tönt - ich musste zweimal genau hinhören, weil ich es nicht glauben wollte - "Freude schöner Götterfunken". Beethoven im Bus in Korea! Das glaubt mir in München niemand, doch es passte gut in die Stimmung. Dies war ein 14-Stunden-Tag in Schamanismus.

Dieser ganz dem Schamanismus gewidmete Samstag verläuft wie folgt: Um 9 Uhr holte mich Frau Kim an der Sogang-Universität ab, die schon Mittwoch mit von der Partie war, und eben um 23 Uhr war ich wieder hier in meinem Zimmer in der Jesuitenresidenz der Universität. Die Rituale dauerten von 10:30 Uhr bis 22 Uhr! Ihren letzten *Auftritt* brach *unsere* junge Mudang (Schamanin auf Koreanisch) wegen völliger Erschöpfung ab; er wurde von einer älteren Kollegin zu Ende zelebriert.

Zu Beginn dieses ereignisreichen Tages gingen Frau Kim und ich zur U-Bahn, nahmen einen Bus, und dann noch einen ganz alten Kleinbus, der das letzte steile Stück bergauf bis kurz unterhalb des kleinen Tempels fuhr. Die 11-Millionen-Stadt (elf Mal München!) Seoul ist von Bergen umgeben, und genau an solchen Stellen, an denen die moderne Stadt nicht weiterwuchern kann, weil es zu steil wird, liegen im Wald versteckt, oft mit Blick auf die Dächer der Randbezirke, etwa 10 solche kleinen Tempel, in denen die Schamaninnen ihre Rituale feiern. Wir werden erwartet, und die Schamanin Chong Sun-Dok, mit der wir schon am 27. August zusammenwaren, begrüßt uns herzlich.

Den *Tempel* kann man sich gar nicht schlicht genug vorstellen: Nur ein Raum mit Flachdach, etwa 4 bis 5 Meter im Quadrat, Linoleum oder sonst irgendein Kunststoffboden, fensterlos, von der Vorderseite her offen mit Glasschiebetüren und Glasfläche. Wegen der heißen Witterung (Ende August!) war die Front die ganze Zeit weit offen. Drinnen versammeln sich die vier *Veranstalter*, drei Schamaninnen und eine Trommlerin, die mir als Sängerin bezeichnet wurde. Eine Schamanin gehört wohl meiner Generation an, die beiden anderen sind etwa 30 Jahre alt, aber *unsere* von Mittwoch hebt sich klar aus der Dreiergruppe heraus (selbst wenn man berücksichtigt, dass ich möglicherweise etwas für sie eingenommen bin).

Unsere, also Sun-Dok, trägt wieder das traditionelle koreanische Kleid, nur diesmal in ganz hellem Grün, und das Zierband ist dunkel-purpur. Das erste Teilritual zelebriert die alte Schamanin. Sie wird eingekleidet, und wer jemals als Ministrant in der Sakristei einer katholischen Kirche miterlebt hat, oder - besser noch - vor einer Bischofsmesse zugeschaut hat, wie ein römisch-katholischer Zelebrant vor der Messe *verkleidet* wird, kann sich das ganz gut vorstellen. Da Sun-Dok nicht zelebriert, kann sie als Zeremonialin die Regie führen und die Ministranz leiten. So funktioniert alles vorzüglich.

Ein schwarzes Stirnband (das ein weißes Schweißtuch aus saug-fähigem Papier auf die Stirn drückt) wird hinterm Kopf nahe dem Dutt mit einer Schleife festgebunden. Die Kleidung ist wechselnd rot, grün, schwarz, weiß, und auf dem Kopf tragen die Zelebrantinnen je nach Anlass unterschiedliche historische *Männerhüte*. Alle sind unter der Zelebrationskleidung mit dem traditionellen koreanischen Kleid und darunter – soweit ich dazu etwas mitteilen kann – mit langen weißen Hosen bekleidet. Auch die Füße sind in weiß aus einem Mittelding von wadenlangen Strümpfen und dünnen Leinenschuhen gehüllt.

Soweit ich es verstehe, ist es Ziel jedes Einzelrituals, eine bestimmte jenseitige Person auf sich aufmerksam zu machen, sie herbeizubeschwören und endlich von ihr besessen zu werden, um dann "als sie" zu den Anwesenden zu reden. (Vielleicht ist das die Ur-Struktur jedes religiösen Rituals!) Das zu erreichen, bemühte sich ab 10:30 Uhr die alte Schamanin. Sie wandte sich an die Seele eines verstorbenen Mannes, dessen zwei Kinder, etwa 20 Jahre alt, und dessen Nichte, etwa 30 Jahre alt mit dreijährigem Töchterchen die Adressaten und Auftraggeber der heutigen ganztägigen Veranstaltung waren. Sie hatten den Schamaninnen dafür 4 Millionen Won (890 Won sind etwa 1 US-Dollar wert, also umgerechnet ca. 4.500 US-Dollar) bezahlt![41]

Anwesend waren also: Vier am Ritual beteiligte Frauen, davon drei Schamaninnen, außerdem die uns schon bekannte Mutter von Sun-Dok, manchmal als Ministranz, manchmal als witzige Nachäfferin von gerade abwesenden Schamaninnen aktiv. (Mir schien, sie verarbeitete so ihre emotionale Distanz zum Schamanin-Sein als dem schweren Schicksal ihrer Tochter, gegen das sie sich lange vergeblich gewehrt hatte.)

Anwesend war außerdem die genannte Trauergemeinde aus drei jungen Erwachsenen mit Kleinkind, und als Gäste Frau Kim und ich. Außerdem waren zwei Gehilfinnen ständig im Einsatz; sei es als Putzfrauen, als Köchinnen, als Serviererinnen etc. Im Hintergrund außerhalb des Tempels tauchten noch zwei, zeitweilig drei Männer auf. Aber im Tempelinnern waren außer dem jungen Sohn des Verstorbenen und mir nur weibliche Menschen.

Betrat man den Kleintempel - und das war nur von der offenen Frontseite her möglich - so konnte man geradeaus auf die gegenüberliegende Wand zugehen, die in ihrer ganzen Länge von einem Altar ausgefüllt war. Darüber hingen schlichte Bilder verschiedener Götter und Geister, der Altar war mit Früchten und Reis reich bedeckt. Wandte man sich nach links, so sah man im hinteren Teil, an den Altar

---

[41] Wechselkurse von 1997.

angrenzend, Götterbilder auch an dieser Wand, und in der Ecke aus linkem Ende des Altars und altarnahem Ende der linken Wand, saßen immer zwei Frauen und sorgten für den nach dem Ritual jeweils erforderlichen Begleitrhythmus.

Eine hatte vor sich eine Uhrenglas-Doppeltrommel, etwa 80 cm lang und mit einem Durchmesser der beiden Trommelfelle von ca. 50 cm, die vor ihr lag, so dass sie mit beiden Händen Stöcke von links und von rechts dranschlagen konnte. Das Material war wohl Holz, und hätte man die Trommel aufrecht hingestellt, so hätte sie wie eine riesige Sanduhr ausgesehen. Die andere hatte einen gold-glänzenden runden Gong, auch etwa 50 cm im Durchmesser. Zu diesem Schlagzeug wurde nach Bedarf gesungen.

Es fängt an mit der Anrufung von Göttern oder Seelen, sehr meditativ, gleichförmig, und dem Trommelschlag meist lang, kurz-kurz lang, usw., wie im Vier-Vierteltakt mit einer halben Note am Anfang des Taktes. Die Schamanin singt, schwingt die Arme, dreht sich wie ein Kreisel, tanzt und wird endlich besessen von der Seele des Verstorbenen (wer *Ghost* im Kino oder als Video gesehen hat, denkt an die farbige Schauspielerin Goldberg). Der Verstorbene schlüpft endlich in den Körper der alten Schamanin und spricht durch ihren Mund zu seinen Kindern und seiner Nichte.

Während des Rituals sind die Trauernden sehr ergriffen, und der Gedanke irgendeines unehrlichen Theaters kommt einem gar nicht. Die Konfrontation mit der Seele des lieben Toten im Körper der von ihr besessenen Schamanin hat etwas Zärtliches: Auf wechselseitigen Trost ausgerichtetes Verhalten scheint im Vordergrund zu stehen.

Von etwa Viertel vor, bis Viertel nach 12 Uhr ist Pause. Sun-Dok geht mit Frau Kim und mir nach draußen. Wir setzen uns an einen kleinen Tisch im Freien und reden. Drinnen werden mundgerechte Apfelstücke als Erfrischung gereicht. Dann geht es weiter: Nun zelebriert Sun-Dok zum ersten Mal.

Von ihr geht ein kaum erträgliches Charisma aus. Als sie noch eingekleidet wird, deutet die Mutter der Dreijährigen ihrem Töchterchen an, sie solle mir doch ein Stückchen Apfel geben. Etwas zögerlich und unbeholfen tut die Kleine das endlich, und so sitze ich genau in dem Moment mit dem Mund voll Apfel da, als Sun-Dok zu zelebrieren beginnt.

Sie dreht sich langsam, betet in alle Himmelsrichtungen. Als sie sich einmal um sich selbst gedreht hat und ihr Gesicht wieder für mich sichtbar wird, sehe ich ihren Augen an: Sie ist innerlich schon weg (Foto hier unten); ihre Augen sind nicht mehr auf alltägliche, diesseitige Personen und Dinge gerichtet, ich kann ruhig den Apfel weiterkauen, sie sieht es ohnehin nicht mehr!

Dann zwingt sie einen männlichen Hochgott mit solch unerbittlicher Energie zu sich herab, dass mir einfällt: Wenn jetzt der Italiener hier wäre, von dem Mittwoch die Rede war, würde der versuchen, mich zu befragen.

Im Anschluss an Sun-Dok zelebriert die andere junge Schamanin. Sie hat keine so starke Ausstrahlung, ist auch keineswegs schlank, wirkt gleichwohl in der Verkleidung mit dem üblichen schwarzen Stirnband schneidig und ehrfurchtheischend. Am späten Abend beobachte ich, dass eine Schamanin in ganz normalem Alltagzivil zelebrieren kann, solange sie nur das schwarze Stirnband trägt.

Die Schamanin Sun-Dok tanzt einen Hochgott herab (30.08.1997)

Als Sun-Dok sich bei einem späteren Einsatz im Rausch des
Kampfes mit bösen Mächten das Stirnband ungewollt herun-
terschleudert, wird es ihr von der Ministranz - eine nicht ganz
ungefährliche Aktion für die Gehilfin, die sich der mit einem

Schwert tanzenden Zelebrantin nähert - wieder umgebunden, und zwar ganz ohne Mitwirkung oder auch nur duldende Beteiligung der "ausgeflippten" Zelebrantin.

Der Vormittag wird damit abgeschlossen, dass auch die dritte Mudang sich mit dem Jenseits in Verbindung bringt, und fast tut sie mir leid, denn während sie zelebriert, sinkt die Beteiligung der Mitfeiernden deutlich ab. Die trauernden *Kunden* der drei Schamaninnen brauchen ein paar Schritte an der frischen Luft, und Sun-Dok setzt im Freien am Gartentischchen des Gespräch mit Frau Kim und mir fort, während drinnen im Tempel bei Trommelschlag und Gonggetön mit den Göttern und Geistern geredet wird.

Wir sprechen vom Tieropfer: Der Verstorbene hatte im Traum seiner Ehefrau signalisiert, sie solle ihm in den Tod folgen. Das Jenseits fordert also einen weiteren Tod. Anstelle der Witwe, die unbedingt weiterleben soll, wird dem Jenseits als Ausgleich der Tod eines Tieres angeboten, in der Erwartung, dass daraufhin der Tod der Frau nicht mehr verlangt wird. Eine rechte Mudang muss also auch töten können!

Sun-Dok bekennt uns, dass sie das Töten hasst: Bisher habe sie nur dreimal in ihrer Eigenschaft als Schamanin eine Tötung vollzogen, als sie zwölf war, als sie sechzehn war und als sie zwanzig war. Sie lässt das eine ihrer Kolleginnen machen. Von der anderen jungen Mudang, die gerade zelebriert, lässt Sun-Dok später übersetzen: *She is a good killer.*

Überraschend für mich verabschiedet sich Frau Kim: nun muss sie wohl doch in ihren Verlag zur Arbeit. Ich zweifle, ob ich nicht mitgehen sollte, da nach ihrem Weggang niemand hier ist, der mir Dolmetscher sein könnte. Sun-Dok lässt mir sagen, dass schon bald ein Student käme, der Englisch kann, also bleibe ich; ganz offenbar will Sun-Dok das.

Nach dem Ritual der anderen jungen Mudang, dem dritten Ritual heute, beginnt eine lange Mittagspause. Die alte Schamanin war etwa von 10:30 Uhr bis 11:45 Uhr für den

Kontakt zur Seele des Verstorbenen zuständig, von etwa 12:15 Uhr bis 13 Uhr zelebrierte Sun-Dok, dann die andere junge Mudang, also muss der Beginn der Pause zwischen zwei und halb drei Uhr gewesen sein.

Im Tempel ist alles gottesdienstliche Gerät zur Seite geräumt worden. In der Mitte wurde ein flacher kurzbeiniger Tisch gedeckt. Alle setzen sich nun auf den Boden darum herum, Sun-Dok übernimmt den Vorsitz, sie ist die offenbare geistige Führerin der Veranstaltung. Ich werde gebeten, mich an ihre linke Seite zu setzen. Da es keinen Übersetzer mehr gibt, brauche ich nichts zu sagen, was auch Vorteile hat.

Man signalisiert Besorgnis, mir könne das Essen nicht gefallen. Ich esse was alle essen, etwas anderes auch nur zu denken, wäre abwegig. Auch mit den Stäbchen komme ich ganz gut zurecht. Ich fühle mich angenommen, auch von den Trauernden, für die dies alles ja schließlich geschieht.

Während der Mahlzeit trifft ein junger Mann ein. Er ist der angekündigte Student, der Englisch kann. Er schreibt an einer Universität in Seoul eine Magisterarbeit über den Schamanismus in Korea. Wir sind also Kollegen. Wir sitzen nach dem Essen - während im Tempel umgebaut wird - wieder zu dritt an dem Gartentisch. Da fällt das von dem Studenten übersetzte Wort *she is a good killer*. Dann zieht sich Sun-Dok in einen Nebenraum des Tempels zurück und legt sich hin, um für den nächsten Durchgang Kraft zu schöpfen.

Nach einer Weile nehmen der Student und ich wieder im Tempel Platz. Sun-Doks Mutter fragt ihn: Wieso kannst Du ausländisch sprechen? Er erklärt ihr, er habe eben Englisch gelernt. Die ambivalente Haltung der alternden Frau zur schicksalhaften Berufung ihrer begabten Tochter wird deutlich, als sie ärgerlich sagt: Ich habe dafür gesorgt, dass sie zweimal die Woche Englischunterricht erhielt, aber sie hat nichts gelernt!

Dass ihre Tochter uralte rituelle Texte stundenlang auswendig beten kann, steht jetzt nicht zur Debatte. Das Leid der

Mutter wird sichtbar, die Frage an das Schicksal, warum konnte ich nicht eine ganz normale Tochter haben, wie andere auch? Ich lasse den Studenten Fragen: Hat Sun-Dok noch Geschwister? Ja. einen älteren Bruder und eine ältere Schwester, und die sind beide unauffällige normale Leute!

Der Vater der Mutter, also Sun-Doks Großvater, war vom Staat examinierter Konfuzianismus-Gelehrter, hatte also uralte Texte von ganz anderer Art genau studiert und vermutlich zum Schamanismus eine eher ablehnende Einstellung. Doch der Vater von Sun-Dok war (in seiner Freizeit) Maskentänzer, und damit pflegte er genau die Tradition, in die eben der Schamanismus auch gehört. Aber dieser der Schauspielkunst sehr zugeneigte Vater starb, als Sun-Dok erst fünf Jahre alt war! Nun ist sie Schamanin und kann noch nicht einmal Englisch! Doch nach dem Ritual, das nun zu Beginn des Nachmittags folgen sollte, das uns alle mitriss, und das Sun-Dok zelebrierte, meinte die Mutter stolz: Man sagt, dass sie die beste Schamanin in ganz Korea sei!

Der Student verabschiedet sich: Er hat wieder Vorlesungen in der Uni. Sun-Dok kommt ausgeruht aus dem Nebenraum des Tempels, sehr konzentriert. Ihr und uns allen steht nun ein Ritus bevor, in dem gleichsam die Diagnose über den Zustand der Seele des Verstorbenen im Jenseits gestellt werden muss: Was stimmt eigentlich mit ihm nicht, warum fordert er, seine Witwe solle ihm in den Tod folgen, warum geht er nicht hinüber in den Frieden des Jenseits?

Der charismatischen schönen jungen Frau werden strenge Gewänder angelegt. Sie wird als Mann verkleidet, was mir nicht besonders gefällt. Abgesehen davon, dass ich nichts davon verstehe, komme ich auf den Gedanken, sie hole nun nicht eine jenseitige Person zu uns in den Tempel herab, sondern sie begebe vielmehr sich nach drüben, um im Jenseits mal nachzuschauen, welche Schwierigkeiten dort aufgetreten sind.

Sie ruft Geister und Götter an, schwingt die Arme, hält Fächer und Rassel in die Höhe, ihr ganzer Körper beginnt zu vibrieren, zittert in immer heftigeren Schwingungen, und dann greifen ihre Arme und Hände den Rhythmus der Trommlerin und der jungen Schamanin am Gong auf. Die immer etwas unsichere Ministranz reicht ihr zwei Schwerter, und sie scheint in eine heftige Auseinandersetzung mit Gegnern verwickelt, die wir nicht sehen und nicht kennen. Mir fällt der verweltlichte Schwertertanz dazu ein.

Während des Rituals muss die Ministranz wiederholt das Gesicht der rasenden Mudang trockenwischen, was aber völlig ohne deren Beteiligung geschieht: Die Behinderung durch starkes Schwitzen betrifft nur ihren *Körper*, nicht ihre *Person*; denn die ist hier im Tempel gar nicht anwesend. Sie führt im Jenseits eine Mission aus, die wir alle nur ahnen können, von der wir gleichwohl spüren, dass sie gefährlich ist, dass sie die ganze Kraft der Zelebrantin erfordert.

Das Ritual geht zu Ende, ich spüre Erleichterung, die Anspannung schon des Zuschauers ist kaum erträglich, wie viel mehr die der Mudang selbst! "Sie kommt wieder zu sich", sagt man im Alltagsdeutsch, und hier erhält diese oft banale Redewendung die Bedeutung tiefsten Ernstes. Man möchte sie fast in die Arme schließen und ihr sagen: Dem Himmel sei Dank, dass Du wieder hier bist!

Sie wirkt erschöpft, ernst, besorgt, entschlossen. Als sie die rituellen Gewänder abgelegt hat, wendet sie sich an die Trauernden, die sie atemlos beobachtet hatten. Sie redet lange mit ihnen. Sie sind die Ersten, die den Bericht von drüben hören. Und die Mutter meint nun wieder: Man sagt, sie sei die beste Mudang in ganz Korea. Prof. Park, der inzwischen eingetroffen ist, übersetzt mir das.

Nach einer kurzen Ruhepause sitzt die Schamanin mit Park und mir an dem Gartentisch. Sie habe soeben gesehen, dass die Seele des Verstorbenen von einer Gangsterbande gefangen gehalten werde! Sie sagt das so, als ob einer von uns dem anderen berichtet: Ich habe gerade im Wetterbericht gehört, dass es morgen Regen geben soll. Sie habe den Hinterbliebenen angekündigt, dass es nicht leicht sein werde, den Toten aus der Umklammerung der Gangster zu befreien, doch sei sie voller Hoffnung, es schaffen zu können.

Ihr Auftreten, ihre Art, mit Ruhe, freundlicher Sicherheit und Entschiedenheit zu reden, lassen den Gedanken gar nicht aufkommen, dass hier etwa ein Spuk abläuft. Es kommt mir vielmehr so vor, als ob ein frommer Katholik vom Fegefeuer redet. Natürlich muss man auch das nicht glauben, doch mir kam es in der Situation so vor, als ob die Mudang in ihrer Vision von der Seele in den Händen der Gangster dem fast schon *ad acta* gelegten Fegefeuer neue Aktualität verleihen könne, und noch dazu eine interkonfessionelle und transkulturelle.

Die Mudang zieht sich zurück. Park und ich verstehen das. So schön und informativ es ist, mit ihr zu plaudern, jetzt wird sie für Wichtigeres gebraucht. Sie muss Kräfte sammeln für das Schwerste dieses Tages, das ihr und uns allen noch bevorsteht.[42]

Im Kulturvergleich, dem Thema dieses Kapitels, stellt sich die Frage: Warum sollte eigentlich eine Schamanin in Korea *nicht* zu den Verstorbenen hinübergehen? Schließlich findet man im Westen der Welt nichts dabei, dass Orpheus in der Unterwelt war, um nach seiner verstorbenen Frau zu schauen. Ähnlich war wohl auch die Mudang Chong Sun-

---

[42] Soweit das Tagebuch über die Ereignisse des 30. August 1997. Die vorhergehenden Teile meines Berichts über die Erfahrungen, die ich in Seoul am 27. und 30. August machen durfte, habe ich ganz kurz danach aufgeschrieben. Was hier folgt, bezieht sich immer noch auf den 30. August, ist aber erst am 3. Oktober niedergeschrieben worden, also nachdem der September verstrichen war.

Dok während des ganztägigen Kut für ihre Klienten im Reich der Toten. Doch nun zum Tieropfer.

Als der am Schluss des vorigen Teils beschriebene bisherige Höhepunkt des Samstags vorüber ist, entknote ich meine gefühllosen und blutleer gewordenen Schneidersitzbeine und gehe etwas taumelig vor den Mini-Tempel, der Hyangch'unsa heißt. Da fallen mir direkt auf der Zementfläche vor dem Tempeleingang (auf der alle ihre Schuhe abstellen, solange sie im Tempel sind, was eben nur auf Strümpfen erlaubt ist) Blutflecke auf! Also doch ein Opferritus!

Eine blutende Verletzung bei einem der beteiligten Menschen scheidet aus. Ich schaue mich um: Wenn man von unterhalb der wenigen Stufen, auf deren obersten die Schuhe stehen, zur Vorderseite des Tempels hinschaut, dann sieht man, dass nun ganz rechts oben, auf der Höhe der Schuhe, auf einer kleinen breiten Holzbank ein totes Ferkel liegt, aber kein so ganz kleines mehr, vielleicht eher ein halbwüchsiges Schwein, etwa so groß wie ein Schäferhund. Mein erster Gedanke: gut nur, dass es schon tot ist und mir die Teilnahme an seiner Schlachtung erspart bleibt!

Mir fallen auch die Worte der Schamanin Chong Sun-Dok wieder ein, dass sie das Töten hasst, dass aber eine Schamanin das können muss. Außer dem Schwein ist noch ein Zwerghuhn (oder ein Huhn, das ebenfalls noch sehr jung ist) als Opfertier ausersehen, und das lebt noch. Es wird von einer der Helferinnen regelrecht *verpackt*, so dass es völlig bewegungsunfähig daliegt, aber den Kopf frei bewegen, hierhin und dorthin schauen kann; nur ist es ihm eben nicht möglich, wegzulaufen. Für den Tierschutzverein wäre dieser Teil des Rituals nicht akzeptabel.

Eine der beiden Hilfs-Schamaninnen bearbeitet das ohnehin schon tote Schwein mit einem Dreizack, einem Ritual-Gerät, das einen dicken Holzstiel hat, etwa wie im Garten bei einem Spaten, nur anstelle des Metallteils des Spatens ist an dem Stiel eine gigantische Gabel befestigt (was man in Korea ja kaum kennt, weil dort mit Stäbchen gegessen wird!), aus flachem Metall, wahrscheinlich Stahl, mit drei Spitzen im Abstand von etwa fünf Zentimetern.

Die alte Schamanin (mir schießt durch den Kopf, dass die Alte die Drecksarbeit machen muss) schafft es endlich (allerdings mit Hilfe des noch anwesenden Metzgers), das ganze schwere Schwein so auf dem Dreizack aufzuspießen, dass es mit der Riesengabel im Bauch freischwebt! Mir kommen furchtbare Fantasien, wie wohl dieser Teil der Zeremonie in seiner Urform ausgesehen haben mag, und ob man vielleicht das Schwein so hat verenden lassen?!

Während das gottlob schon tote Schwein außen vor dem Tempel zwischen Himmel und Erde schwebt, sitzt Sun-Dok mit uns etwas abseits an dem Gartentisch. Sie meint, das Ritual müsse reformiert, modernisiert werden. (Liturgiereform?) Ob das wieder nur Wahrsagerei von ihr ist, die darauf beruht, dass sie meine Gedanken hat lesen können?

Jedenfalls erhält diese Idee sofort noch zusätzliche Nahrung, als die alte Hilfs-Schamanin zu meiner Verblüffung das gefesselte Kleinhuhn im hohen Bogen durch die Luft wirft, so dass es vier bis fünf Meter hinter ihr auf den festgetretenen Tempelvorplatz aufschlägt. Das Huhn (vielleicht ist es auch ein junger Hahn?) gibt trotz dieser Tortur keinen Laut von sich. Weil es nicht in rituell erwünschter Form bei der Landung mit dem Kopf vom Tempel weg zeigt, wird der Wurf mit dem lebenden Huhn noch einmal wiederholt, diesmal zum Glück mit dem für ein günstiges Orakel erforderlichen Ergebnis.

Aber es kommt noch schlimmer! Die Schamanen-Seniorin erhält von der "Ministranz" eine Klarsichtblase aus Plastik, in der das Blut des verendeten Schweines verwahrt wird. Sie entleert den Inhalt in eine Schale und mixt dann allerlei Zutaten hinein, so dass eine Blutsuppe entsteht. Sun-Dok kündigt an, die alte Zelebrantin müsse nun davon essen!

Dieser Teil des Rituals scheint einerseits archaisch mit einem Ursprung auf ferner Kulturstufe, andererseits problematisch, wenn er am Stadtrand einer hochindustrialisierten Weltstadt zelebriert wird. In dem liturgischen Text der Szene für den Berg- und Flussgott hat die Schamanin zu rezitieren: "Das menschliche Leben kann immer gefährlich sein. So soll für das lange Leben eines Menschen ein Tier sein Leben in der Zeremonie opfern."[43] (Nach zweimaligem Wurf sehe ich das Huhn noch leben. Später ist es dann schon gerupft.

Es folgt eine längere Pause; dann wird der Kut im Inneren des Tempels mit der nächsten Szene fortgesetzt. Sun-Dok ist wieder als Zelebrantin an der Reihe. Sie feiert jetzt die Liturgie, von der man sagt, sie sei für die Jagd, für die Jäger, aber auch für Tote. Diese Unklarheit kann man theoretisch aufhellen, doch dazu ist hier nicht der Ort.

Das Schwein ist nun fachmännisch zerlegt in wenige große Fleischstücke und den Schweinskopf, und diese versammelten Körperteile stehen im Mittelpunkt von Sun-Doks Zeremonie. Wieder spielt der Dreizack eine Rolle: Fleischstücke und Kopf werden so aufgespießt, dass eine Chance besteht, die senkrecht stehenden und mit Fleisch behängte Riesengabel einen Moment loszulassen, ohne dass sie sofort krachend zur Seite fällt.

Der Stiel wird am Boden in einen flachen Jutesack voll Salz gesteckt, und da das Salz angefeuchtet wurde, neigt es dazu, zu kristallieren und so den Dreizack ein wenig in der Balance zu halten. Die Schamanin hält die Hände an dem aufgespießten Fleisch, bietet es betend der Gottheit an, lässt es los, und wenn es auch nur für einen Moment freischwebend auf dem senkrechten Dreizack steht, gilt das Opfer als im Jenseits angenommen (wie bei Abel, als der Rauch aufstieg).

---

[43] Park Il-Young, publiziert als: *Il-Young Park*: Minjung, *Schamanismus und Inkulturation,* a.a.O. Fribourg, 1988. S. 211.

Ob es der Zeremonialgeschichte des Kut gerecht wird oder nicht, hier kam es mir so vor, als ob die alte Schamanin draußen vor dem Tempel einen Ritus vollzog, in dem wahrscheinlich früher einmal das Schwein tatsächlich getötet wurde, und als ob dann im Tempelinnern durch Sun-Dok die Darbringung des Opferfleisches an die Gottheit oder Gottheiten zu leisten war. Doch sei dem, wie dem sei, auch Sun-Dok ist nach den rituellen Vorschriften gezwungen, von dem Blut des Schweins zu trinken, doch sie schluckt nicht hinunter, sondern spuckt es wieder aus.

Sie wirkt in diesem Schweineteil des Kut zwar auch kompetent, aber doch nicht so souverän und hingebungsvoll, wie in den anderen Szenen. Natürlich habe ich wiederholt das beunruhigende Gefühl, sie könnte meine Reaktionen auf das kultische Geschehen irgendwie spüren, obschon ich mir große Mühe gebe, mir keine Vorbehalte anmerken zu lassen. Dabei muss man die räumliche Nähe in dem kleinen Tempel bedenken: alles geschieht in einer manchmal beklemmenden Nähe, sozusagen Schamanismus zum Anfassen.

Wiederum nach einer Umbaupause geht es weiter. Alle warten gespannt im Tempel. Sun-Dok hat sich zurückgezogen, um etwas auszuruhen, vielleicht zu beten, auch etwas zu essen. Die Alte Schamanin macht Witze: Wir müssen hier warten und hungern, und die "Mudang" geht essen! sagt sie lachend. Sie sagt *die Mudang* und erkennt damit die zentrale liturgische Rolle der Sun-Dok an.

Das schwarze Stirnband mit dem durchschwitzten saugfähigen Papier dahinter wird erneuert, Sun-Dok wird als Mann, vielleicht als Offizier eingekleidet. Der Kontrast zwischen der sehr fraulichen Frau, als die sie außerhalb des Rituals auftritt, und dem militärischen Gehabe nun, fasziniert mich noch einmal neu.

Trommel und Gong signalisieren den ernsthaften Beginn dieser Szene mit großer Lautstärke, aber ich schaue in einer

Mischung aus Müdigkeit und Versonnenheit auf den tanzenden Körper der als Offizier verkleideten schönen Frau. Sie dreht sich in einem ins Jenseits gewandten kraftvollen Tanz, unsere Blicke begegnen sich für den Bruchteil einer Sekunde, und ich habe blitzartig begriffen: Sie schaut mich fast bittend an.

Hier fängt gerade die schwierigste und entscheidende Szene des ganzen Tages an: Sun-Dok will versuchen, die Seele des Verstorbenen zu befreien, der sich in der Gewalt einer Gangsterbande befindet. Und ich sitze da und träume vor mich hin! Unter dem Eindruck ihres Blickes begreife ich, wie verantwortungslos meine Haltung ihr scheinen muss, nein: wie verantwortungslos meine Haltung ist. Hier wird Gewissheit produziert!

Ich blicke nach unten auf meine Schneidersitzbeine, konzentriere mich und denke: Es muss ihr gelingen, es muss ihr gelingen! Als ich wieder aufschaue, rast sie schon. Man reicht ihr Schwerter, dann Doppelmesser, sie tanzt wie eine Wahnsinnige. Sie erinnert mich an ein eigensinniges Kind, das sagt: Wenn ich meinen Willen nicht bekomme, höre ich auf zu Atmen, auch wenn ich blau anlaufe. Sie kämpft um die Seele des Verstorbenen, und tanzt so - bei über dreißig Grad im Schatten - dass sie sich selbst dabei umbringen könnte, wenn sie das zu lange fortsetzt.

An innerer Beteiligung bei mir besteht nun kein Mangel mehr. Zeitweilig packt mich die nackte Angst, ihr könnte ein Schwert oder Messer aus den rasenden Händen gleiten und sich in meinen erstarrten Körper bohren. Ich spekuliere, ob ich noch blitzschnell ausweichen könnte, so dass ihre Waffe sich krachend in die Tempelwand hineinfressen würde, doch dazu reicht die Distanz nicht, im Gegenteil, wenn sie so weitertobt, wird sie den Aktionsradius ihres Tanzes erweitern; dann kann sie mich mit dem Schwert treffen, auch ohne es aus der Hand fallen zu lassen. Mir schwebt eine Zeitungsüberschrift vor: Deutscher Professor in Korea von Schamanin versehentlich erschlagen.

Und im Jenseits: Da spielt sich vielleicht so etwas ab wie in *action movies:* Der Held allein besiegt eine ganze Bande von Gegnern. Es ist unvorstellbar, dass Sun-Dok die Szene beschließt und sich an die Hinterbliebenen wendet mit den Worten: Es tut mir leid, Euer Vater und Onkel befindet sich weiterhin in der Gewalt der Gangster. Der Sohn, die Tochter, die Nichte, sie alle drei verfolgen atemlos diese Szene. Das kleine Kind, das mir am Vormittag den Apfel gegeben hatte, war von seinem Vater abgeholt worden.

Sun-Dok tanzt diesen Kampftanz weiter; wie lange hält sie das noch durch? Mit den wild in die Höhe geschwungenen Armen reißt sie sich das schwarze Stirnband herunter. Das löst eine sofortige heftige Reaktion bei der Ministranz aus: das Stirnband muss ihr schnellstens wieder angelegt werden. Dabei riskiert die junge Hilfs-Schamanin, die diese schwierige Aufgabe übernimmt, dass Sun-Dok sie gleich mit-erledigt, so als wäre sie Mitglied der Gangster-Bande; denn die zelebrierende Schamanin reagiert auf den Verlust ihres Stirnbandes überhaupt nicht.

Alles gelingt: das Stirnband kann ihr wieder umgebunden werden, sie beschließt die Kampfszene, erschöpft und mit schweißüberströmtem Gesicht, aber ohne zusammenzubrechen, und sie kann ihren Klienten und allen berichten, dass die Gangster von der Seele des Verstorbenen abgelassen haben, sie freigegeben haben. Nun erst hat der Tote die Chance, in den Frieden des Jenseits einzugehen.

Sun-Dok zieht sich zurück, um sich zu erholen. Inzwischen wird umgebaut. Mitten im Tempel und damit zu Füßen des Altares wird am Boden ein ganz flacher Tisch vorbereitet. Die Helferinnen servieren ein Abendessen, vegetarisch mit Reis. Sun-Dok tritt wieder auf, für wenige Momente herrscht Unsicherheit wegen der Sitzordnung, doch dann ist klar: Sie übernimmt den Vorsitz an der Tafel mit dem Rücken zum Altar, und rechts und links von ihr sitzen wir beiden Professoren.

An meiner anderen Seite sitzt die Mutter unserer Vorsitzenden. Gegen Ende der Mahlzeit drängt sich die alte Schamanin zwischen Sun-Dok und mich, so dass ich zwischen die beiden Seniorinnen eingeklemmt bin, welche beide mich mit beängstigender Herzlichkeit mit Essen versorgen.

Park ist so freundlich, und übersetzt vom Kopfende der Tafel her, informiert auch auf Fragen, dass ich am Ende der nun anbrechenden Nacht nach Tokio fliegen werde. Die Mutter der Sun-Dok meint, in vier Wochen sei ein weiterer Kut, und dann würde ich wohl wiederkommen. Von ihr kann die Tochter die Gabe des Hellsehens nicht geerbt haben. Die ganztägige Zeremonienfolge schließt mit der Herbeirufung der Seelen der Ahnen des Klans und endlich, draußen im Dunkel der Nacht auf dem Tempelvorplatz, auf dem vor Stunden das bedauernswerte Huhn zweimal aufgeschlagen war, mit der Vorbereitung der Jenseitsreise.

Wieder zelebriert Sun-Dok: Leinentücher von etwa zehn Meter Länge müssen der Länge nach in drei schmalere Teilstreifen zerrissen werden, dann tanzt sie inmitten dieser drei Streifen, die an ihren Enden von männlichen Helfern stramm gehalten werden, und flicht mit erstaunlichen Tanzbewegungen der Arme aus den drei Streifen gleichsam *Zöpfe.*

Dabei greifen ihre Hände immer wieder die Stoffstreifen in geänderter Reihenfolge und schwingen sie in großen Halbkreisbewegungen über den Kopf, so dass die Textilzöpfe von ihrem Ende auf die Schamanin zuwachsen, ihren Spielraum immer mehr einengend, bis sie endlich gleichsam in ihrem eigenen Geflecht gefangen ist, weil es sich um ihren Hals schließt. Das geschieht zweimal mit zwei verschiedenen Leinentüchern, und dabei muss die Schamanin durch kraftvolles Vorschieben ihres Körpers gegen die Tücher das Zerreißen mit dem Bauch oder den Rippen bewirken, braucht also noch mal viel Kraft.

Obschon die ärgste Hitze des Tages vorüber ist, Sun-Dok signalisiert, dass sie nicht mehr kann. Die Alte springt ein, schon umgezogen, in normaler Alltagskleidung, doch mit dem schwarzen Stirnband als zelebrierende Schamanin erkennbar, und vollendet, was nun noch an der Zeremonie für die Jenseitsreise des Verstorbenen fehlte.

Die völlig erschöpfte Sun-Dok sitzt im Tempel, sie braucht Hilfe, weil sie die Schuhe nicht allein ausziehen kann, eine Frau von der Ministranz assistiert. Man schließt die Tempeltüren, damit sie sich unbeobachtet umziehen kann. Die Klienten besteigen ein Auto und fahren hinunter nach Seoul. Die Schamaninnen beladen zwei Kleinbusse mit ihrer Ausrüstung. Der ganze Altar wird demontiert, alle Bilder der Götter wandern in die Busse. Dann taucht Sun-Dok aus dem Tempel wieder auf.

Jetzt sehe ich sie zum ersten Mal in Zivil, also weder in dem traditionsreichen "koreanischen Dirndl" noch in Schamanenkleidung, sondern mit Pulli und Hose. Sie sieht auch so sehr gut aus. Sie, Park und ich steigen in einen der beiden Kleinbusse, und der Fahrer erhält Anweisung, uns drei hinunterzufahren. Unten am Stadtrand, wo der steile Feldweg auf die erste normale Stadtstraße stößt, bleibt der Kleinbus stehen, und wir drei steigen aus.

Wir schlendern fünfzig Meter zur Haltestelle des Linienbusses. Sun-Dok ist immer noch bei uns, es liegt in der Luft, dass wir noch irgendwo Teetrinken und Plaudern gehen, wie Mittwoch. Aber sie hat einfach keine Kraft mehr und außerdem warten die beiden Busse mit dem ganzen schamanistischen Tross. Sie muss zurück, der Abschied wirkt irgendwie schwer, Park und ich winken ihr noch nach, dann ist sie nicht mehr zu sehen. Park und ich stehen in dieser Nacht, wie Tausende andere Menschen in Seoul, und warten auf den Bus, der uns heimbringt, und in dem der Schlusssatz aus Beethovens Neunter Symphonie gespielt wird.

III,4: Universität und Religion

Eine weitere Einreise nach Seoul fand am ersten Freitag im April 1999 von Peking aus statt. Dort hatte ich bis 7 Uhr im

Minzu Hotel geschlafen. Ich setze mich um 8 Uhr beim Frühstück zu einer Französin aus Straßburg. Dann packte ich in meinem Zimmer bis kurz vor 10 Uhr. Inzwischen rufe ich in Seoul an und bitte, mich vom Flughafen abzuholen. Um 10 Uhr sind verabredungsgemäß der Fahrer des Dienstwagens der Akademie und Frau Chen in der Hotelhalle und wir fahren zum Flughafen von Beijing (Peking).

Check-in bei Korean Air ist kein Problem, doch die langen Warteschlangen vor der Ausreise-Passkontrolle und dann auch noch zur Handgebäckkontrolle wegen möglicher Bomben geht mir nun sehr auf die Nerven. Endlich bin ich rechtzeitig gegen 12:15 Uhr am *Gate.* Die Maschine soll um 12:40 Uhr starten und rollt auch wirklich gegen 12:45 Uhr an.

Der Flug dauert gut eineinhalb Stunden in einem fast voll besetzten riesigen Airbus mit wohl ca. 400 Plätzen. Punkt 15 Uhr China-Zeit, also 16 Uhr Korea-Zeit bin ich an der Gepäckausgabe. Ein junger Germanist, der fast sechs Jahre lang an der FU-Berlin studiert hat, holt mich ab, und wir nehmen gemeinsam ein Taxi zur Sogang Universität der Jesuiten.

Es regnet leicht, also steht dort ein anderer junger Mann mit großem Schirm, als wir aus dem Taxi steigen. Die beiden bringen mich die vielen Treppenstufen hoch in mein Zimmer, und genau um 16:50 Uhr bin ich da. Gegen 17 Uhr will mich Prof. Yoon abholen, um mit dem Mann vor Ort der Hanns-Seidel-Stiftung und mir essen zu gehen.

Prof. Yoon Yeu-Dug war oft unser Gast in München gewesen. Nun war er seit Jahren in der Sogang-Universität für deren Planung und Entwicklung zuständig. Er macht weiterhin häufig Deutschlandbesuche. Mit ihm fahre ich bei strömendem Regen zu einem sehr schönen Restaurant, wo bald darauf das Ehepaar Michels zu uns stößt. Herr Michels vertritt seit (damals fünf?) Jahren die CSU-nahe Hanns-Seidel-Stiftung hier in Süd-Korea und reist viel auch nach China, allerdings überwiegend in den Norden in die Mandschurei.

Wir können in einem lebhaften und spannenden Gespräch
wie in einem Puzzle unsere China-Erfahrungen zusammen-
fügen und den gewaltigen Nord-Süd-Unterschied herausar-
beiten. Zur Sprache kommt auch, dass der Erzbischof von
Seoul, Kardinal Kim, ein Jahr im Institut von Professor Höffner in Münster studiert hatte[44], wo ich ihm ja hätte begegnen
können. Kardinal Kim wusste als Höffner-Schüler um die Bedeutung der sozialen Fragen und schaltete sich bei Bedarf
in die öffentliche Diskussion ein. Seine Sachkenntnis bewog
die Vertreter aller Religionen und Denominationen in Korea,
ihn als ihren gemeinsamen Sprecher in sozialen Fragen an-
zuerkennen.

Prof. Yoon bringt mich gegen 20:30 Uhr in das Gästehaus
der Sogang Universität zurück, und ich muss mir einen Zustand mittlerer Erschöpfung eingestehen.

10. April 1999: An diesem Samstag entdecke ich in der Uni-
versitätskirche, dass über dem Hauptaltar dort, wo man eine
Darstellung von Jesus oder einem hohen Heiligen erwartet,
das Zifferblatt einer Uhr an die Wand gemalt ist. Ich beschließe, das Ludwig Nieder mitzuteilen, der über *Zeit*
forscht.

Gegen 14 Uhr klopfen Prof. Lee Kyu-Young und Dr. Han
Sang-Yeob an meine Zimmertür und geben mir im Deutsch-
landzentrum Gelegenheit, mein Tagebuch nach München zu
faxen und eine E-Mail abzusenden. Am Abend bin ich in der
Wohnung von Prof. Yoon und dessen Frau zum Abendessen. Wir besprechen, dass mein Assistent aus München,
Ludwig Nieder, von Mitte August bis Mitte Dezember hier
sein wird und ab 1. September 1999 hier zwei Lehrveranstaltungen anbietet: Theorie und Religion.

11. April 1999: In der Kirche ist die Sonntagsmesse großar-
tig, die ich um 10:30 Uhr besuche. Das Durchschnittsalter

---

[44] Vgl. hier die Fußnote 2.

liegt bei Anfang Zwanzig; fast nur Süd-Koreaner, bewundernswertes Engagement und freudige Stimmung!

Der Präsident der Sogang Universität, Prof. Simon Lee s.j.[45], ist über Differenzen mit seinem Lehrkörper vom Amt zurückgetreten. *Acting President* ist Pater Prof. Daniel Kister aus den USA, den ich wegen unserer gemeinsamen Schamanismus-Interessen damals gut kannte. Nach vergeblichen Versuchen, ihn telefonisch zu erreichen, verlasse ich das Universitätsgelände zu einem Spaziergang durch die Stadt. Da spricht mich überraschend jemand an: "Hello, Horst!" - Es ist Pater Kister, wir gehen in ein Restaurant und plaudern eine halbe Stunde über unsere Forschungsanliegen zum Schamanismus auf Englisch; Kister ist Theaterwissenschaftler: Er sieht das Ritual (auch aus Rücksicht auf den Jesuitenorden) als Bühnengeschehen.

Ich genieße es, keine Termine zu haben, kaufe etwas Obst und esse zu Abend bei McDonalds! Da geht um fast 21 Uhr das Telefon: Der Philosoph Pak Chong-Tai, der an der in München LMU bei Prof. Spämann promoviert hat, holt mich ab: Wir gehen ein Bier trinken und plaudern über Universitätspolitik, Spinoza und Kant. Da ich von hier aus das Compuserve-Netzwerk erreichen kann, entfalte ich noch erhebliche E-Mail-Aktivitäten, ehe ich endlich um 1 Uhr ins Bett gehe.

12. April 1999: An diesem Montag bitte ich im Deutschland-Zentrum der Sogang-Universität darum, meinen Flug bei der Air France bestätigen zu lassen. Wir verabreden ein Mittagessen um 12 Uhr. Da höre ich, wie jemand ein paar Zimmer weiter eins der beiden Klavierkonzerte von Chopin spielt. Ich klopfe und treffe den Professor für englische Literatur Artem

---

[45] Die Universität München und die Sogang Universität beschlossen am 9. Juli 1997 eine Kooperationsvereinbarung durch die Unterschriften ihrer Rektoren *Prof. Simon Lee s.j.,* Seoul und Prof. *Andreas Heldrich,* München.

Lozynsky (geb. 1941), der auf einem elektronischen Klavier übt. Wir kommen ins Gespräch und beschließen, über E-Mail in Kontakt zu bleiben (was leider dann nicht geschieht).

Kaum bin ich wieder in meinem Zimmer, da ruft Prof. Park Il-Young mich an. Er will mit mir eine junge Schamanin besuchen, die vorhat, in Deutschland zu studieren. Wir verabreden, dass er mich zwischen 14 und 15 Uhr hier abholt. Punkt 12 Uhr klopfen Dr. Han und Herr Mun an meine Tür, um mich zum Essen abzuholen. Unten wartet Prof. Lee im Auto, und die drei fahren mit mir in ein sehr schönes chinesisches Restaurant. Bei ausgezeichneten Speisen plaudern wir zu viert sehr angeregt auf Deutsch. Als wir kurz vor 14 Uhr wieder zurück sind, wartet Prof. Park Il-Young schon hier auf mich.

Er und ich nehmen ein Taxi und fahren in das Büro der jungen Schamanin Yoo Myung Ok (ihr von den Eltern gegebener Name heißt "strahlendes (Myung) Kleinod (Ok)"). Sie erwartet uns, bereitet für uns Chrysanthemen-Tee und wir haben zu dritt ein spannendes Gespräch, u.a. über ihre sehr persönlichen Berufungserlebnisse. Park setzt mich kurz nach 16 Uhr in eine Taxe und fährt mit der U-Bahn heim.

Um 18 Uhr treffe ich am Tor der Sogang Universität Frau Prof. Yoo Kong-Soon, die lange in München gelebt hat. Sie möchte ein Exemplar der Jugend-Gefängnis-Studie, die Veronika und Martina gemacht haben. Ich esse mit ihr in einem Restaurant und verbringe den späteren Abend im Zimmer beim Packen für die Abreise; denn morgen holt mich Prof. Yoon schon um 8 Uhr zum Frühstück ab, ehe ich nach Europa fliege.

13. April 1999: Bei Regenwetter schleppe ich den schweren Koffer die vielen Treppenstufen hinunter bis zum Auto von Prof. Yoon. Wir fahren gegen 8:30 Uhr von der Sogang Universität zum Swiss Grand Hotel, um dort zu zweit ein Luxusfrühstück einzunehmen. Dabei gibt es viel „Politikgespräch" bezogen auf lokale Universitätsintrigen und internationale Austauschkontakte. Prof. Yoon hat aber um 11 Uhr Vorlesung, und deshalb müssen wir auf die Zeit achten. Er setzt mich in den Flughafenbus des Hotels und verabschiedet sich.

Der Bus bringt mich zum Terminal, wo ich in aller Ruhe den Flugsteig der Air France suchen kann. Abflug ist erst 13:30 Uhr, und es stellt sich heraus, dass es sich bei der Maschine um einen Jumbo (Boing 474) der Korean Air handelt, in der die Air France nur einige Plätze besetzt.

Der Flug ist voll, und ich sitze schon, mache es mir so gemütlich es in dem Massenbetrieb der Touristenklasse eben geht, da kommt eine Stewardess und bitte mich auf einen anderen Platz. Ich gehe die Wendeltreppe hoch in den oberen „Stock" des Jumbos, wo auch der Eingang zum Cockpit liegt und reise dort, wenige Monate vor dem Ende dieses Jahrtausends, wieder unter Luxusbedingungen, wie beim Frühstück. Neben mir sitzt ein Kunststudent, der schon jahrelang in Paris lebt, und den ich für einen koreanischen Kunstmaler halte.

Der Flug Seoul – Paris ist fast genau 9000 km weit und wegen der widrigen Windverhältnisse dauert er 12 Stunden! Wir heben 14 Uhr Ortszeit ab und landen 2 Uhr Ortszeit in Paris, als es in Europa 19 Uhr ist und keiner versteht, wieso ich dauernd gähne. Der Anschlussflug der Air France (nun wirklich die Air France) hat 40 Minuten Verspätung (ein mitfliegender deutscher Geschäftsmann meint, der Flug habe immer Verspätung) und als ich gegen 23 Uhr in München eintreffe bin ich froh, einen weiteren Aufenthalt in Süd-Korea so gut überstanden zu haben.

Kapitel IV: Erster Zugang zu China

IV,1: Theorien: Von Riesman zu Fei

a) Riesman

Einen der wenigen Bestseller, den die Soziologie hervorgebracht hat, schrieb der Amerikaner David Riesman (1909 – 2002).[46] Sein erfolgreiches Buch erschien 1950 mit dem Titel *The Lonely Crowd*, später auch als *Die einsame Masse* auf Deutsch erhältlich. Darin unterscheidet Riesman drei Sozialcharaktere nach der Art, wie das Handeln der Person *ethisch gesteuert* wird. Er nennt sie *tradition directed, inner directed*, und *other directed*, übersetzt als *traditionsgeleitet, innengeleitet* und – die dritte Kategorie leider etwas schief übersetzt – *außengeleitet* (wörtlich wäre es „am anderen orientiert").

Typ 1, die strenge Orientierung des Handelns an der Tradition bedarf kaum einer Erläuterung. Dieser Typ war für viele Agrar- und Feudalkulturen charakteristisch und ist dort nirgends ganz untergegangen.

Typ 2 wird bei Riesman zum Träger des Übergangs in die Moderne, ein Mensch, der die Kriterien für Gut und Böse in seinem Inneren trägt. Als Metapher zur Illustration des Gemeinten nennt Riesman den Kreiselkompass, der dem Einzelnen als sein Gewissen den richtigen Weg von innen her weist.

Typ 3 endlich, im Original als *other directed*, in der ungenauen Übersetzung – wie erwähnt - als *außengeleitet* in die Diskussion eingeführt, beschreibt den Zeitgenossen, der wie mit einem Radargerät lebt und gleichsam ständig seine soziale Mitwelt fragt: Wie hätten Sie es denn gern?

Nun stellt sich uns die Frage, ob die Typologie aus Riesmans *Einsamer Masse* für das Verständnis Chinas und der Chine-

---

[46] Hier erwähnt in den Abschnitten I.3 und II.4. Siehe insbesondere: David Riesman, Ist die Gesellschaft der USA von Natur aus gewalttätig? in: H. J. Helle, *Architekten der Soziologie 1900-2000*, S. 20-26. Amazon.com, München 2024.

sen etwas beitragen kann. Spätestens seit Immanuel Kant wissen wir, dass wir nur das wissen können, was unsere Kategorien erfassen. *Unsere* Kategorien einschließlich derer, mit denen Riesman arbeitet, sind aus Denk- und Handlungsweisen des *Okzidents* hervorgegangen und eben nicht am *Orient* orientiert, wenn es sprachlich überhaupt zulässig ist, das so zu sagen.

So reisen Menschen wie ich dann in dieses Riesenreich, das nach der Zahl der Jahrtausende seiner Geschichte, der Quadratkilometer seiner regionalen Ausdehnung, der Dichte und Vielfalt seiner Kultur und auch seiner Einwohnerzahl nach sehr eigenartig ist. Menschen aus dem Okzident gehen trotzdem dorthin und versuchen, mit okzidentalen Kategorien die orientalische Wirklichkeit Chinas zu verstehen, und das kann schon rein theoretisch nicht gelingen. Obschon man darum sagen könnte: *schon der Versuch ist strafbar*, will ich in Ermangelung anderer Möglichkeiten trotz aller Bedenken probieren, mit den Begriffen der *Einsamen Masse* von Riesman zu arbeiten.

Sind die Chinesen *traditionsgeleitet*? Da begegnen uns der Buddhismus spezifisch chinesischen Zuschnitts, der Daoismus, der Konfuzianismus, und all dies spielt als *Philosophie,* als *Religion* oder eben einfach als *Tradition* im China der Gegenwart eine Rolle, doch kann man wohl nicht sagen, dass das Alltagshandeln der Personen von Religion und Philosophie im Sinne Riesmans ethisch geleitet wäre.

Ich kenne z.B. Studierende, die in China über Konfuzianismus oder über Daoismus promovieren, doch sie sind eine kleine Minderheit gegenüber denen, die über Marxismus promovieren. Aber das Engagement für diese Traditionen unter Einschluss neuerdings des Marxismus erklärt nicht, was diese Leute täglich tun, noch was zu tun sie für richtig halten. Also kann man China heute nicht wirksam damit erklären, dass es *traditionsgeleitet* sei.

Die *Innenleitung* gibt da schon mehr her: Als Kind war während der Kulturrevolution eine Studentin aus der Großstadt mit ihrer Mutter ins Arbeitslager auf dem Lande geschickt worden, weil die Mutter meiner Studentin die Lehren Mao Zedongs nicht als Alternative zu ihren konfuzianischen Idealen annehmen wollte. Durch ihre Einwilligung doch noch die Schriften Maos zu studieren, wurden Mutter und Tochter gleichsam in letzter Minute davor bewahrt, während der Wintermonate in dem Lager zu erfrieren. Ist das die Überwindung von *inner directedness* als lebensrettendes Moment?

Der Großvater einer anderen Studentin war als Schuldirektor in einer kleinen Provinzstadt nicht bereit, vor den Augen seiner vielen ehemaligen Schüler seine daoistischen Überzeugungen preiszugeben. Die roten Garden folterten ihn fast zu Tode und verbrannten seine gesamte Bibliothek. Ist das ein Beispiel dafür, dass die Treue zum *Innengeleitetsein* todbringend sein konnte?

In Einzelfällen kann man Verhaltensweisen immerhin als *inner directed* verstehen. Daneben ist aber ein breiter Strom von Handlungen als gerade nicht innengeleitet, sondern als opportunistisch zu diagnostizieren. Doch wir haben hier mit dem Begriff opportunistisch wieder eine okzidentale Kategorie vor uns, deren Anwendung auf China hoch problematisch ist.

Und drittens: Ist der Chinese vielleicht *other directed*? Er legt großen Wert darauf, das Gesicht zu wahren. Ehebruch hat eheintern einen heftigen Wortwechsel, womöglich auch eine gehörige Tracht Prügel zu Folge, aber er führt in China in aller Regel nicht zur Scheidung der Ehe, es sei denn, die Beteiligten sind nicht bereit, das Gesicht zu wahren.

Es gibt Universitätsdozenten, besonders in den Fächern *Marxismus* und *Die Lehre Mao Zedongs*, deren Lehrlei-stungen aus der Sicht ihrer Studenten inakzeptabel sind. Doch die Tradition schützt das *Amt des Lehrers*, und so bemühen sich Lehrende und Lernende an den Hochschulen Chinas, auch in solchen Fällen *das Gesicht zu wahren*. Das Problem taucht freilich in China nur darum auf, weil dort Anwesenheitspflicht und Anwesenheitskontrolle bestehen.[47] Im Westen würden die Studierenden das Problem dadurch lösen, das sie die einschläfernden Lehrveranstaltung schlicht nicht besuchen.

Die Pflicht, das *Gesicht zu wahren*, ist etwas anderes als das, was Riesman mit der ständigen Neu-Orientierung am lieben Nächsten, wie mit einem Radargerät, meint. Die Wahrung des Gesichts ist in China ein Beitrag zur Aufrechterhaltung des *Netzwerks*, in dessen Zentrum man sich selbst sieht. Darüber folgt hier weiter unten mehr.

Dies alles, was hier im Anschluss an Riesman berichtet wurde, ist offenbar nur ein Beispiel für die Unmöglichkeit, mit okzidentalen Kategorien die Wirklichkeiten des Orients durchsichtig zu machen, ganz gleich, ob sie von Riesman oder von einem weniger prominenten Autor stammen.

b) Fei

Der Soziologe *Shen Guanbao* (1949-2016), der längere Zeit in China mein Gastgeber war, hatte bei dem vielleicht bedeutendsten Soziologen des Landes *Fei Xiaotong* (1910–2005) studiert.

Fei wurde ein Jahr nach *David Riesman* (1909-2002) geboren und lehrte in den letzten Jahren seines Lebens an der *Peking Universität* in Beijing. Er hatte in Lon-don promoviert und kannte die Kategorien, mit denen wir im Westen denken. Er hat die Schwierigkeiten des Verstehens über die Kulturgrenzen hinweg beschrieben und Hilfen dafür aufgezeigt, wie wir Westler lernen können, China besser zu verstehen.

---

[47] Chinesen präzisieren das: Ohne erfolgreichen Marxismusabschluss kein B.A.!

Fei Xiaotong (1910-2005), London 1986

Zu den wichtigen konzeptionellen Vorschlägen des Soziologen *Fei* gehört der schon kurz genannte Begriff des *Netzwerks*. Danach lebt jeder Chinese in einem Netzwerk aus sozialen Beziehungen, in deren Zentrum er oder sie selbst zu denken ist, und bei dem die innere Nähe der Zentralfigur zu den Partnerpersonen umso mehr abnimmt, je weiter man sich gedanklich vom Zentrum zur Peripherie des Netzwerks an dessen Rand bewegt.

Ein weiterer, vielleicht ebenso wichtiger Gedanke *Feis* ist die Aussage, dass das Handeln des Chinesen nicht an Prinzipien orientiert sei, sondern an *Loyalitäten gegenüber Personen,* die Einfluss ausüben. Das führt zum Beispiel zu lebenslanger Anhänglichkeit ehemaliger Studenten gegenüber ihrem Professor, einer ambivalenten chinesischen Besonderheit, deren Vor- und Nachteile mir lebhaft präsent sind.

157

Es hat aber insbesondere die Wirkung, dass jemand die Loyalität gegenüber seinem Vorgesetzten selbst dann nicht aufgibt, wenn *der* offenkundig ethisch bedenklich Dinge tut, also aus westlicher Sicht keinen ehrbaren Prinzipien folgt, bzw. solchen Prinzipien nicht mehr folgt.[48] Diese Besonderheit kann zur Bildung von dem führen, was man im Westen eine *Bande* nennen würde, und an die Maffia Italiens erinnert.

Fei war 1938 aus England in seine vom Krieg zerrissene Heimat zurückgekehrt, in der – wie im Japan-Teil dieses Rückblicks erwähnt – weite Landesteile Chinas vom Militär Japans besetzt waren. Im äußersten Südwesten des Landes studierte er von *Kunming* aus in der *Provinz Yunnan* die Landbevölkerung, die freilich damals noch deutlicher als heute die Mehrheit der Chinesen stellte.

Seine Feldforschungen, die er in einer Kombination aus Völkerkunde und Soziologie mit seinen Studenten durchführte, ließen ihn zu der Einsicht kommen, dass die Bauern Chinas durchweg in etwa das sind, was wir *Nebenerwerbslandwirte* nennen. Die große Bevölkerungsdichte, die geringe Größe der bewirtschafteten Ackerfläche, und die Höhe der Pachtzahlungen an die Angehörigen des Landadels machten es erforderlich, etwas zu der normalen bäuerlichen Tätigkeit hinzuverdienen.

Das geschah je nach Region und Absatzchancen durch das Züchten von Seidenraupen mit anschließender Textilienherstellung aus Seide, durch handwerkliche Arbeit als Kunstschreiner oder Weber usw. Nur durch den Verkauf solcher zusätzlich zur agrarischen Tätigkeit erzeugten Güter konnte

---

[48] Ein *Konfuzius*-Zitat macht klar, dass die Loyalität insbesondere zum eigenen Vater ethisch einen höheren Rang hat als die Aufklärung einer kriminellen Tat (des Vaters). Bei *Platon* dagegen wird in dem Gespräch des Euthyphron mit Sokrates deutlich, dass ein Sohn zur Anklage gegen seinen Vater verpflichtet sein kann. Dazu siehe weiter unten den Abschnitt V.1: d).

der Bauernhaushalt jahrhundertelang überleben. Mehr zu Einsichten, die wir Fei verdanken, im nächsten Teil.

Eine Rebellion gegen den Landadel unterblieb in aller Regel aus den folgenden Gründen: Seine Angehörigen waren Gelehrte. Nur sie konnten lesen und schreiben. Sie waren Experten beim Interpretieren der klassischen Texte und galten als Garanten der ethischen Tradition Chinas. Ihre Herrschaft über die Bauern galt daher als moralisch gerechtfertigt. Das galt auch deshalb, weil sie bei allen rechtsrelevanten Vorgängen, die der Schriftform bedurften, unentbehrliche Helfer und Berater ihrer Untergebenen waren.

Spätestens seit der Zeit des Konfuzius war der gebildete Chinese zuständig für *normatives Wissen*, aus dem er moralische Ratschläge an die Inhaber der Macht – also seit 221 v. Chr. dem Kaiser[49] – ableitete. Er hatte sich jedoch jedes eigenen politischen Engagements zu enthalten, selbst wenn er als Literatenbeamter an den Kaiserhof berufen worden war. Zum traditionsreichen Bild des Gelehrten gehörte also, dass er gerade *nicht politisch* aktiv wurde, sondern nur als Ratgeber in Fragen der Ethik am Rande der Politik auftrat.

Diesem Grundsatz entspricht das Ideal des Daoismus, wonach jener Kaiser besonders hoch angesehen war, der sich dadurch auszeichnet, dass er *nichts* tut. Er regiert durch seine *Aktionsabstinenz* und dadurch, dass er die Dinge sich entwickeln lässt (im deutschen Politikjargon: er sitzt die Dinge aus). Der Angehörige des Landadels spielte eine wichtige Rolle dabei, den Kaiser in dieser Haltung zu bestärken, indem er ihm versicherte, auf dem flachen Lande sei alles in Ordnung, es bedürfe also dort keiner hoheitlichen Interventionen.

---

[49] Der Monarch Chinas trug erst seit dem Jahr 221 v.Chr. den Titel *Kaiser*. Vorher waren die konkurrierenden Herrscher in deutscher Übersetzung *Könige*.

Sollte der kaiserliche Hof aus naheliegenden Gründen dann doch zu der Ansicht kommen, die Steuern und Abgaben müssten erhöht werden, so war es der Landadel, der die Interessen der *Kleinbauern seiner Region* gegenüber der Zentralmacht vertrat und als Vermittler probierte, die Interventionen des Kaisers in erträglichen Grenzen zu halten. Man muss sich also *ein Gleichgewicht* vorstellen, das sich eingestellt hatte und die Beziehungen zwischen Kleinbauern und Landadel über Jahrhunderte hinweg bestimmte.

Doch dieser Zustand jahrhundertelanger Stabilität brach zusammen, weil immer mehr Industrieerzeugnisse aus dem Westen nach Shanghai und andere große Städte Chinas importiert wurden. Die Angehörigen des Landadels fanden es nun *chic,* Dinge aus London oder Paris zu kaufen, und als Folge davon hatten die Kleinbauern keine Chance mehr, ihre Nebenerwerbsprodukte *made in China* zu Geld zu machen. Das führte zum Abbruch des traditionellen Geldkreislaufs: Pachtzahlungen des Kleinbauern an den Landadel, Kauf von handwerklichen und ähnlichen Nebenerwerbserzeugnissen durch den Landadel bei den Kleinbauern der eigenen Region.

Stattdessen nahm der Landadel nun nur noch dem armen Landwirt seine Pacht ab und kaufte damit in den Großstädten westliche Industrieerzeugnisse ein. So war es der *Westen,* der, ohne das zu beachten, die wirtschaftlichen Voraussetzungen für das Ende des alten China durch Verarmung der Landbevölkerung herbeiführte. Trotz des Erfolgs, den Chiang Kai-Shek bei den städtischen Wählern zunächst hatte, bereitete dies den Boden für den Siegeszug Mao Zedongs auf dem Lande: Die Bauern sahen in Mao ihren Befreier. Der gebildete Landadel wurde denn auch beseitigt oder durch Parteikader ersetzt.

Das gab zunächst Anlass zu großen Hoffnungen. Doch dann setzte Mao aus dem russischen Kommunismus übernommene Maßnahmen wie die Zusammenlegung der kleinen Familienhöfe zu Großkolchosen auf dem Lande durch, was zwar als unchinesisch später zurückgenommen wurde, aber gleichwohl grundlegende und bleibende Einstellungsänderungen bewirkte.

Außerdem organisierte Mao, mindestens vorübergehend, zentral durch die Partei die Ausbeutung der Kleinbauern, die früher regional durch den Landadel vorgenommen wurde, nun. Er tat das, um von der Sowjetunion gewährte Kredite möglichst bald zurückzahlen zu können, weil ihn seine Abhängigkeit von Moskau zunehmend irritierte. Das führte – auch wegen seiner Unfähigkeit, in ökonomischen Zusammenhängen zu denken – dazu, dass Millionen von Chinesen zwischen 1959 und 1961 verhungerten. Diese Tragödie begann nach einigen Quellen schon 1958 und wurde in China als „die drei bitteren Jahre" bezeichnet. Die Schätzungen der an Nahrungsmangel Verstorbenen reichen von 15 bis 55 Millionen verhungerter Menschen!

So verlor sich die *ursprüngliche Begeisterung für Mao* rasch nach der Gründung des „Neuen China" im Jahre 1949, und nur das 1966 beginnende Jahrzehnt der Kulturrevolution, in dem der große Vorsitzende sein politisches Überleben auf den Bandenterror fanatisierter Jugendlicher stützte, bewahrte ihn vor dem längst fälligen Machtverlust.

Einer der bedeutendsten Schüler *Fei Xiaotongs* war der schon erwähnte Soziologe *Shen Guanbao* aus Shanghai. Seine Promotion erfolgte in Peking an der *Chinese Academy of Social Sciences* bei *Fei.* Herr *Shen* hat dann in den Jahren 1989-1990 in England und in den USA gearbeitet und war auf Einladung des *Center for Advanced Studies* im Jahr 2011 für mehrere Monate Gast der *Universität München.* Zusammen mit Fei u.a. hat Shen 1984 eine *Einführung in die Soziologie* publiziert. Die Forschungsrichtung, die Fei und Shen über den Tod Feis hinaus verbunden hat, ist die Theorie des sozialen Wandels (Social Development) und die Dynamik der Stadt-Land-Beziehung. Die Bedeutung ethnischer Minderheiten für die Entwicklung Chinas hat Fei durch seine ethnographischen Arbeiten früh hervorgehoben. In dieser

Tradition hat Shen weitergearbeitet mit dem Schwerpunkt auf der Erforschung der Ethnie der „Li" auf der Insel Hainan. In Sanya dort wurde Shen Mitbegründer des *Sanya College*.

Prof. Shen Guanbao (1949-2016)

IV. 2: Fei Xiatong: Deutung der Entwicklung Chinas

Als Alternative und notwendige Ergänzung zu den westlichen Entwicklungstheorien (Karl Marx, Max Weber, Georg Simmel) hatte Fei in den USA in den frühen fünfziger Jahren seine Arbeiten über die Bedeutung der Chinese *Gentry* für *Stabilität und Wandel in China* bekannt gemacht. Seine Versuche, das Verständnis des Westens für das 1949 gegründete *neue China* früh zu verbessern scheiterten aber, als in den Jahren 1950-1954 der konservative US-Senator *Joseph Raymond McCarthy* den Senatsausschuss gegen unamerikanische Umtriebe leitete, von dem auch Talcott Parsons zu Unrecht beschuldigt worden war. Die Soziologen der USA, die damals die Gedanken ihres chinesischen Kollegen Fei verbreiten halfen, wurden durch das Wirken McCarthys als angebliche Kollaborateure des chinesischen Kommunismus weitgehend zum Schweigen gebracht.

Heute findet man Hinweise auf das Wirken Feis fast nur in der Welt der englischsprachigen Wissenschaft. Da die Soziologie in der Zeit des Nationalsozialismus in Deutschland aufgehört hatte zu existieren, war eine Rezeption der Arbeiten Feis hier vor dem Ende des zweiten Weltkriegs kaum möglich. Als in den fünfziger Jahren der Wiederaufbau der Soziologie in Deutschland begann, fand aus den USA eine Übertragung der Forschungsleistungen der *Schule von Chicago* und der Theorien von *Talcott Parsons* statt, nicht jedoch der Leistungen von Fei, weil die Befürworter der Forschungen Feis in den USA, wie oben erwähnt, als Folge des McCarthyismus um ihre Wirkungsmöglichkeit gebracht worden waren. Dies ist einer der Gründe, warum es heute eine wichtige Aufgabe sein muss, die Forschungsergebnisse Feis für einen verbesserten sozialwissenschaftlichen Zugang zum Verstehen des Chinas der Gegenwart aufzuarbeiten.

Fei war bis zu seinem Tod im Jahre 2005 *Professor emeritus* an der *Peking University*, wo ich das Glück hatte, ihm 1996 zu begegnen. Sein Geburtsort war Wujiang in der Provinz Jiangsu. Dort erlebte er im Übergang vom Kaiserreich zur ersten Republik üble Formen politischer Korruption und verbreiteter Armut der Landbevölkerung. Er selbst stammte aus einer Familie, die dem schon erwähnten Landadel (gentry) angehörte und gebildet, aber nicht wohlhabend war.

Fei wurde Student an der *Yenching Universität* in Peking (燕京大学), die 1949 durch Umgründung in die heutige *Peking University* aufging. An der Yenching Universität lehrte zeitweilig der amerikanische Soziologie *Robert Ezra Park* von der *University of Chicago,* der in Berlin bei Georg Simmel studiert hatte und nun zu einem der Lehrer Feis wurde. Zur Erlangung eines M.A.-Grades ging Fei an die einer Technischen Hochschule vergleichbaren *Tsinghua University* (清華大學) in Peking, (an der Xi Jingping, der jetzige *Präsident*

Chinas auf Lebenszeit später in den Jahren 1975-79 und 1998-2002 studierte). Bei Feldstudien in den Bergen Südchinas stürzte Fei ab, erlitt einen schweren Unfall, und seine junge Frau, die Hilfe holen wollte, um ihren Ehemann zu retten, kam dabei ums Leben.

Sein Promotionsstudium verbrachte Fei von 1936 bis 1938 in London an der *London School of Economics and Political Science*. Sein Doktorvater war *Bronisław Malinowski*, der als Angehöriger einer *feindlichen Macht* (er trug als Pole einen Österreich-Ungarischen Pass) von Australien während des ersten Weltkriegs interniert wurde und der aus dieser Not die Tugend machte, die Feldstudien bei den *Trobriand-Insulanern* durchzuführen. Unter der wissenschaftlichen Betreuung durch *Malinowski* führte Feis Dissertation zu der Buchpublikation *Peasant Life in China,* London 1939.

Als Lehrbuch im Soziologieunterricht in den USA war die Aufsatzsammlung von Fei, die unter dem Titel *China's Gentry – Essays in Rural-Urban Relations* von der University of Chicago Press zuerst 1953 verlegt wurde, in den fünfziger Jahren weit verbreitet. In seiner Einleitung, die vom Mai 1952 datiert ist, würdigt *Robert Redfield* den Chinesen Fei als den Soziologen, der die Kultur und Gesellschaft Chinas aus der Perspektive westlich-geisteswissenschaftlicher Methode in ihrem Wandel so dargestellt hat, wie es nur derjenige Chinese kann, der mit dieser Tradition verwachsen ist.

Die *Tsinghua Universität* in Peking, an der Fei nun arbeitete, entwickelte einen Partnerschaftskontakt mit der *University of Chicago*, der eine enge Zusammenarbeit mit dem *Völkerkundler Redfield* möglich machte. Zu dritt erarbeiteten Fei, Redfield und dessen Ehefrau *Margaret Park Redfield* das Manuskript zu dem Buch *China's Gentry* auf der Grundlage von Notizen aus Feis Feldforschung und von seinen Zeitungsaufsätzen.

In seiner Einleitung erinnert Redfield daran, wie Intellektuelle der USA dem *US-General Marshall* darin folgten, dass sie nach 1945 von den gebildeten Liberalen der Republik China erwarteten, weder dem Kommunismus noch der Korruption Spielraum zu geben. Doch diese Amerikaner, zu denen Redfield selbst sich rechnete, verstanden die spezifisch chinesische Kulturtradition nicht, nach der die Gebildeten Fachleute *zwar* für (in den Worten Feis) *normative knowledge*, also für ethische Ratschläge einzutreten hatten, aber eben *nicht* für politische Aktion. Fei erläutert in seinen Aufsätzen, dass die politische Aufgabe der Belesenen darin gesehen wurde, die Macht des Kaisers zu neutralisieren, nicht sie zu kontrollieren.[50]

Die Tragik der Beziehung zwischen China und dem Westen liegt zu einem erheblichen Teil in der Unfähigkeit westlicher Intellektueller, China zu verstehen. Fei erkennt das und ist bemüht, dem abzuhelfen. Er zeigt, dass die westliche Vorstellung von einer Rechtsordnung, die *alle* unter Einschluss der Mächtigen bindet, nicht der Tradition Chinas entspricht: *„If the highest authority were bound by law, then administrative authority would be able to cage the tiger. But in Chinese history this has never happened"* [51]. Es gibt demnach keine historische Grundlage in China für die Vorstellung von, geschweige denn die Etablierung von, einem Rechtsstaat!

Fei erläutert auch, dass die Angehörigen der *gentry* niemals die Errichtung einer effektiven Verwaltung angestrebt haben. Das Ergebnis waren Ineffizienz und Parasitismus, die Hand in Hand gingen mit der Ferne kaiserlicher Kontrolle und mit der schon erwähnten auf alten daoistischen Idealen aufruhenden *Idee des Nichtstuns* als Vertrauen darin, dass die Dinge sich schon richtig entwickeln werden, wenn man ihnen ihren Lauf lässt.

Eine Orientierung an dieser Politik der Nicht-Intervention wurde zwar als vom Kaiser zu befolgende Maxime erhofft

---

[50] Robert Redfield, Introduction to: Hsiao-tung Fei, *China's Gentry*, Chicago 1953: 10.
[51] Fei, Chinas Gentry, 1953: 26

und erwartet – ein guter Kaiser war jener, der präsidierte, ohne zu regieren – doch dieses Ideal wurde kaum jemals wirklich erreicht. Das personalistische Prinzip barg stets die Gefahr der Willkür, und das Beste, was der Angehörige des Landadels tun konnte, war es, sich selbst nicht zu exponieren, für ihre Verwandten Vorteile auszuspähen und die eigene Stellung als Schutzschild gegen die Unberechenbarkeit des Kaisers einzusetzen.

Sicherheit für den einzelnen niedrigen Beamten des Kaisers und seinen Clan vor der grenzenlosen Macht des Monarchen konnte jedenfalls nicht auf konstitutionellem oder legalem Wege erreicht werden, sondern nur durch persönlichen Einfluss. Dazu durfte man die Autorität der Obrigkeit nicht herausfordern, sondern musste die Nähe zum Herrscher suchen, um so Vorteile zu erzielen und das Maß der Sicherheit zu erhöhen.[52]

Heute gibt es (hoffentlich) keine Monarchen mehr in China, der wie ein Tiger das Leben des Einzelnen auslöschen könnte. Doch die Tradition im Umgang mit der Macht wirkt fort in einer Weise, die westliche Sozialwissenschaftler verstehen lernen müssen, ehe sie eine Chance haben, sinnvolle Vorschläge für zukünftige Entwicklungen der politischen und sozialen Ordnung Chinas und für eine Zusammenarbeit mit China zu machen.

Wie die vorindustrielle Gesellschaft Europas auch, war die traditionelle Gesellschaft Chinas agrarisch. Doch die Bevölkerungsdichte war so hoch und die landwirtschaftlich von jeweils einer Familie genutzte Fläche war so klein, dass unser Begriff des Nebenerwerbslandwirts ein wenig die Normalität im alten China andeutet. Der Bauer und seine Familie lebten wie erwähnt nicht nur von agrarischen Produkten, sondern zusätzlich z.B. davon, dass die Frauen Seidenraupen züchteten und Seidenprodukte herstellten und verkauften, dass

---

[52] Fei, Chinas Gentry, 1953: 26. - Ausnahme: Der erste Kaiser der Song-Dynastie untersagte für sich und seine *Song-Nachfolger* die Hinrichtung von Kritikern.

die Männer in den Flüssen und Seen fischten, und dass z.B. Tee angebaut und über große Distanzen verkauft wurde.

Die Gentry, also der Landadel, nahm dem Bauern Geld für die Pacht der Ackerfläche ab, doch er bot umgekehrt dem Bauern wie ebenfalls erwähnt auch Einkommenschancen, weil er ihm die nicht-agrarischen Produkte abkaufte, die in seinem Haushalt hergestellt wurden. Als nun die großen Hafenstädte dem internationalen Handel geöffnet wurden, begannen die Mitglieder des Landadels damit, importierte Waren als prestigebringend einzukaufen, die ihren Ursprung in Paris oder London hatten. Das Geld dafür, kassierten sie weiterhin bei den Bauern, doch ein Rückfluss dieser Beträge fand nicht mehr statt. In dieser wirtschaftlichen Entwicklung sieht Fei den Beginn des Zusammenbruchs des traditionellen Chinas.

Die so entstehende Not auf dem Lande in Verbindung mit der brutalen Besetzung weiter Gebiete Chinas durch Japan, bot die Grundlage für die Machtergreifung durch Mao. Veranlassung dazu boten international der wirtschaftliche Einfluss des Westens und national die Ohnmacht Chinas gegenüber dem militärischen Einfluss Japans.

Die erste Generation der Anhänger Maos, deren Kinder mir als Angehörige annähernd meiner Generation während meiner Gastprofessuren in sehr persönlichen Gesprächen begegnet sind, legitimieren die Nähe zum frühen Kommunismus aus der Notwendigkeit, etwas gegen die japanische Okkupation zu unternehmen. Dabei stellt sich generell und auch im publizierten Werk Feis die Frage nach der Stellung der *Literati* (wie Max Weber sie nennt) als der gebildeten alten Oberschicht in dieser Situation und danach.

Der *alte Landadel* bestand aus Gelehrten der *Klassiker Chinas*, der *moderne Intellektuelle* studiert dagegen *westliche Wissenschaften* und übernimmt nicht mehr die soziale Stellung der traditionellen Gentry. Der *moderne Intellektuelle* tut das außerdem nicht wegen der *Inhalte* seiner geistigen

Bildung, sondern weil er nicht mehr *auf dem Lande leben* mag. Gemessen an den Eigenheiten des modernen Arbeitsmarktes sieht er auf dem Land kaum noch Karrierechancen und genießt auch außerhalb der eigenen Familie kein soziales Ansehen vergleichbar dem, das ein Mitglied des Landadels der Tradition nach hatte. Da außerdem die Bauernfamilien ihre begabten jungen Leute zum Studium in die Städte schicken, verliert das Land seinen wertvollsten Nachwuchs.

Doch die Wanderungsbewegung weg vom Land betrifft nicht nur die Gebildeten. Das Schicksal der agrarischen Tradition chinesischer Kultur ist nach Feis Ansicht besiegelt, und auf dem Wege dorthin war die Öffnung der großstädtischen Märkte nur der erste Schritt. Von da an nahm das Elend in der Form manifester Armut weiter zu. In den ersten zwei oder drei Jahren nach der Gründung des Neuen China 1949 schien die Revolution den Bauern eine Befreiung zu bringen, weil die Pachtzahlungen an die Grundbesitzer wegfielen. Doch in einem nächsten Schritt erfolgte die Gründung der Agrarkommunen, die Deutsche Leser aus der Geschichte der DDR kennen.

Eine Rückwendung zu irgendeiner Form der Nebenerwerbslandwirtschaft, die der alten Tradition entsprochen hätte, wurde vom kommunistischen Regime nicht versucht. Statt dessen erfolge eine Konzentration auf die agrarische Produktion von Getreide. Das sollte als Exportgut im Handel mit der Sowjetunion eingesetzt werden, um damit die Importe von Maschinen und anderen Technikerzeugnissen zu bezahlen, die China dort einkaufte.

Parallel dazu erfolgte die Einführung der zentralen Planung und die Abschaffung lokaler und regionaler Lebensmittelmärkte. Dem Bauern wurde jede Entscheidung darüber genommen, was er anbauen und erzeugen sollte. Die Folge war die bitterste Not. Nach Schätzungen von Fachleuten sind in den Jahren 1960 bis 1962 zwischen 15 und 55 Millionen Chinesen wegen Nahrungsmittelknappheit auf dem

Lande verstorben. Mir sind Studenten begegnet, die mir anvertrauten, dass ihre Großeltern damals verhungert seien.

Feis Schüler *Shen* teilt die Zeitgeschichte des *Neuen China nach Mao* in drei Phasen ein, die sich auf die drei Jahrzehnte zwischen etwa 1978 bis 2008 beziehen:

Phase 1 von 1970 bis 1980 nennt Shen *Industrialisierung der Landgebiete.* Hauptmerkmal sind die Wiederbelebung und der Wohlstand kleiner Städte.

Phase 2 kennzeichnet das *Schicksal der Wanderarbeiter* in den 90iger Jahren: Mehr als 200 Millionen Landarbeiter eilen damals in die Großstädte um Geld zu verdienen, eine in der Geschichte Chinas beispiellose Massenwanderung.

Phase 3 betrifft die geographische *Ausweitung der Megastädte*, wie Beijing und Shanghai, besonders seit der Jahrtausendwende: Die Vorstadt- und Randstadtgebiete werden zusammen mit ihren Einwohnern Schritt für Schritt in das städtische Siedlungs- und Lebenssystem einbezogen. Dieser Prozess der Urbanisierung löst nach und nach die überkommene Sozialstruktur und die soziale Ordnung auf.

Die von Shen beschriebene Drei-Phasen-Entwicklung hat eine Reihe von Problemen zur Folge, wie die *wirtschaftliche Schwäche* landwirtschaftlicher Regionen, die Ungleichheit im Hinblick auf *soziale Sicherheit*, die Sonderprobleme der *Wanderarbeiter*, und die Schwierigkeiten der *Bauern ohne Land*, denen man ihren bisher landwirtschaftlich genutzten Boden zum Zweck städtischer Bebauung abgenommen hat.

Obschon die Betroffenen finanziell weiterhin entschädigt werden, löst ihre Enteignung eine Orientierungslosigkeit in der Lebensführung aus. Shen vertritt die Ansicht, dass es diese Probleme sind, von denen die *Zukunft der Urbanisierung Chinas* abhängt. Dabei muss sich der westliche Leser vor Augen führen, dass in China in der Gegenwart immer noch etwa die *Hälfte der Bevölkerung auf dem Lande* lebt.

IV. 3: Rundreise zu Wissenschaftlern in China

Während die vorstehenden Erkenntnisse über China auch aus der *Lektüre* sozialwissenschaftlicher Literatur, z.B. von *David Riesman* und *Fei Xiaotong* gewonnen wurden, folgt nun ein Bericht über Begebenheiten, die sich bei meinem *Aufenthalt dort* zwischen dem 25.März und dem 7. April 1999 ereignet haben. Sie wurden damals auch in dem Bewusstsein, dass wenige Monate später der Übergang in ein neues Jahrtausend bevorstand, in Tagebuchnotizen festgehalten.

Donnerstag, 25.3.99: Der freundliche junge Mann der Air France „checkt" das Gepäckstück durch bis nach Beijing und ich bin rechtzeitig am Flugsteig nach Paris. Aber nach dem Kursieren von Gerüchten wird bestätigt, dass sich der Abflug wegen der vielen Militärmaschinen, die den Luftraum infolge der Kosovo-Krise brauchen, erheblich verzögern werde. Was ich noch nicht wusste: Letzte Nacht haben die NATO-Bombardements auf Serbien begonnen!

Der Start des Fluges AF1723 war für 13:20 Uhr vorgesehen. Gegen 13:30 Uhr werden wir an Bord gelassen, doch sitzen dann in der Maschine herum. Endlich können wir gegen 15 Uhr, als wir eigentlich schon wieder hätten landen sollen, nach Paris abheben. Trotzdem habe ich in Paris Zeit genug, um in Ruhe umzusteigen. Der Jumbo 747 mit der Flugnummer AF128 startet planmäßig um 18:55 Uhr. Er ist überwiegend mit Chinesen besetzt und praktisch ausgebucht.

Freitag, 26.3.99: Ich verzichte auf den Film und das Frühstück, das gegen Ende des Fluges gegen 3 Uhr deutscher Zeit angeboten wird; denn das Abendessen nach dem Abflug war gut und reichlich. Die Zeitdifferenz zur neuen Ortszeit, die in ganz China gilt, beträgt 7 Stunden, und als wir um 4:50 Uhr pünktlich landen, stelle ich daher die Uhr auf 11:50 Uhr. Die Passkontrolle geht glatt, der Koffer kommt recht bald, und schon bin ich in Beijing.

Ich werde abgeholt von *Prof. Hua Qing*,[53] dem Mann, der mich ursprünglich nach China gebracht hat, und von Frau *Xue Yongling*[54], der Übersetzerin zwischen Chinesisch und Englisch. Die Begrüßung ist kurz und herzlich. Die Menschenschlange nach Taxen ist entmutigend lang, und so steigen wir in getrennte Autobusse, *Prof. Hua* in einen, der ihn zu sich nach Hause bringt, und *Yongling* und ich in einen anderen. Wir fahren bis in die Innenstadt und nehmen von dort eine Taxe zum *Hotel Minzu*. Dort werde ich als Staatsgast registriert.

Im Hotelzimmer schalte ich im Fernsehen CNN ein und erfahre Einzelheiten über den Luftkrieg, der in Jugoslawien begonnen hat. Zwischen meinem Hotelzimmer und der Außenwelt in Beijing setzt ein erheblicher Telefonverkehr ein, der zu mehreren Verabredungen noch an diesem Wochenende führt: Heute noch werde ich im Auslandsamt der Peking University erwartet, morgen, Samstag, kommt *Prof. Jing Tien-Kui* ins Hotel zu Besuch und Yonglings Eltern laden zum Essen ein, und für Sonntag bitte ich Prof. Hua Qing zu mir. Es wird also - so schön das alles auch ist - nicht gerade ein Ferienwochenende.

Yongling und ich fahren mit einer Taxe vom Minzu Hotel zum Universitätsgelände. Dort erläutert mir Herr Xia, der Auslandsbeauftragte für Europa, dass eine zehnköpfige Delegation der Peking University (hier kurz BeiDa genannt, nach Bei-jing Da-schüe[55]) am 13. Mai in München eintreffen möchte. Ich dränge Herrn Xia, schnellstens das Einverständnis von Herrn Kohmann, des Leiters der Auslandsabteilung

---

[53] Siehe hier das Foto am Ende von Abschnitt IV.1: b).

[54] *Xue Yongling* promovierte später, vom DAAD gefördert, bei mir an der Universität München mit der Dissertation: Yongling Xue, *The Influence of Religious Beliefs on Social Interaction*, Frankfurt am Main, Peter Lang 2004, 256 Seiten.

[55] Siehe hier Fußnote 22.

der Universität München, per Fax einzuholen. Wir verabreden, dass ich ihn vorab telefonisch verständige.

Samstag, 27.3.99: Prof. Jing von der Akademie will mich zu einer Besichtigungsfahrt vom Hotel in die Stadt abholen, doch ich schlage vor, zuerst die dienstlichen Dinge zu erledigen. So kommt es zu einer ersten Arbeitssitzung, bei der Yongling übersetzt. Auch bitte ich sie, ein Protokoll des Besprochenen nachträglich anzufertigen.

Yonglings Eltern haben ihre Tochter und mich zum Abendessen eingeladen, und nun sagt Jing, dass er das auch vorhatte. Es kommt zu einem langen freundschaftlichen Streit zwischen Jing und Yongling, weil Jing nun auch ihre Eltern einladen will, Yongling aber einem Abendessen zu fünft nur unter der Bedingung zustimmt, dass ihre Eltern bezahlen; Jing dagegen macht seine Teilnahme seinerseits davon abhängig, dass er bezahlt.

Es endet damit, dass Prof. Jing das Fräulein Yongling und mich in dem Dienstwagen der Akademie, der die ganze Zeit vor dem Hotel gewartet hatte, zu dem Restaurant fahren lässt, in dem Yonglings Eltern uns erwarten. Dort kommt es zu einer kurzen Begrüßung Jings durch Yonglings Vater, und dann fährt Jing davon. Das Essen von Peking-Ente zu viert ist entspannt und gemütlich. Ich komme spät per Taxe ins Hotel, doch was heißt schon spät, da ich mit der Zeit sowieso durcheinander bin?

Sonntag: 28.3.99: Yongling und ich fahren - gleichsam als Ersatz für einen sonntäglichen Kirchgang - mit der Taxe zum *Tempel der Weißen Wolke*, dem Zentralheiligtum des Daoismus in China. Dort beten viele - auch junge - Leute und verbrennen Bündel von Räucherstäbchen. Dazwischen sind einige Leute, deren Verhalten erkennen lasst, dass sie nicht gläubig sind. Beim Verlassen der Tempelanlage kaufen Yongling und ich uns Metallbildchen unseres jeweiligen "Gottes", der uns aufgrund unseres Sternbildes zugeordnet ist.

Am Nachmittag ist der Gast in meinem Hotelzimmer heute Prof. Hua Qing, der Mann, der mich im März 1996 zum ersten Mal nach China gebracht hat. Er wollte mir den Himmelstempel zeigen, doch wieder haben wir so viel zu besprechen, dass wir mein Zimmer nicht verlassen. Er gibt mir einen chinesischen Namen für meine zukünftige Visitenkarte:

Ein Besuch des Himmelstempels steht auch auf dem Programm, das die Akademie für mich vorgesehen hat. Wir verzichten deshalb darauf, auch weil das Wetter nicht besonders freundlich ist. Prof. Hua spricht sehr gut Englisch; so hat Yongling als Übersetzerin Pause.

Am Abend verfolge ich in meinem Hotelzimmer mit Sorge den Fortgang des Luftkrieges über Jugoslawien im Fernsehkanal CNN, den man zwar im Hotel für Ausländer empfangen darf, den die Chinesen jedoch an den Fernsehgeräten bei sich zuhause nicht sehen können. Beim Frühstück hatte ich eine englischsprachige regierungsnahe Zeitung gelesen, in der die Führung Chinas sich als eng mit Serbien befreundet zu erkennen gibt und eine schlimme Polemik gegen die NATO und vor allem die USA abspult.

Montag, 29.3.99: Um 8:30 Uhr treffe ich meine offizielle Begleiterin der Akademie für Sozialwissenschaften, Frau Chen

Li,[56] in der Hotelhalle. Sie erkennt mich sofort, weil sie die Home-Page unseres Lehrstuhls im Internet angeschaut hat. In einem Dienstwagen der Akademie mit Chauffeur fahren wir zur *Minzu Universität*, also zur *Universität der Volksgruppen* (so heißt auch dies Hotel: *Minzu*). Auf dem Gelände der Universität unterhält die Akademie ihr Forschungsinstitut für die Fragen der ethnischen Minderheiten in China, und dort werden wir um 9 Uhr erwartet.

Eine Gruppe von Wissenschaftlern sitzt in einem Besprechungsraum, und der Leiter des Instituts begrüßt mich und stellt sein Institut vor. Es ist die größte Einrichtung dieser Art an der Akademie für Sozialwissenschaften mit 199 Mitarbeitern, von denen 80 Professoren zweier verschiedener Ränge sind. Geforscht wird über Geschichte, Kultur, Sprachen und Wirtschaft sowie über Theorien zu Minderheitenproblemen weltweit. Es gibt Fachleute über Tibet, die Mongolei, die Turkvölker, über antikes Chinesisch, Linguistik usw. Das Institut gibt drei Zeitschriften heraus und zahlreiche Monografien sind von seinen Mitarbeitern erschienen.

Aufgrund eines (vielleicht gewollten) Missverständnisses wird mein vor Wochen schriftlich geäußerter Wunsch etwas über den religiösen Umgang mit Sterben und Tod zu erfahren, umgedeutet als die Bitte, Berichte über die Organisation von Einäscherung und Grablegung in China zu hören. Damit sollte wohl das hochproblematische Thema *Religion* vermieden werden.

Prof. Xia Zhiqian ist (laut seiner Visitenkarte) Generalsekretär der Chinesischen "Society of Ethnology" und erweist sich als Fachmann für Bestattungsbräuche. Er scheint aber meinen ursprünglichen Wunsch recht gut verstanden zu haben und meint, dass drei Vorstellungen solchen Bräuchen

---

[56] Frau Chen hatte eine Verwaltungsposition an der Akademie inne. Sie war im August 2001 kurz Gast der Soziologen an der Universität München, während ihr Ehemann und ihre gemeinsame Tochter in Beijing auf ihre Heimkehr warteten (Foto hier auf Seite 156).

zugrundeliegen: a) die Seele ist unsterblich, nur der Leib wird vergehen, b) es gibt einen Dualismus von Diesseits und Jenseits, c) Hinterbliebene haben die Pflicht zur Sorge um die verstorbenen Vorfahren.

Nicht nur in Indien, sondern auch bei Minderheiten in China gibt es den Reinkarnationsglauben als System der Belohnung und Bestrafung: wer sich gut geführt hat wird dadurch belohnt, dass er z.B. als hoher Beamter wiedergeboren wird. Zu Ehren der Vorfahren baut man Grabmäler, für die hohe Geldsummen aufgewendet werden. Auf solchen und allen anderen Gräbern verbrennt man unechtes "Geld" und Papiermodelle von allem, was ein bequemes Leben ermöglicht, z.B. ein Auto.

Xia nennt 8 Bestattungsformen: 1) Erdbestattung, durchweg in einem Holzsarg, typischerweise aus einem Baumstamm. 2) Vögel fressen das Leichenfleisch: wird das Skelett kahlgefressen, war der Verstorbene ein guter Mensch, bleibt viel Fleisch an den Gebeinen hängen, ohne dass die Vögel es abfressen, war der Mensch ein Sünder. Knochen werden zerstampft. 3) Feuerbestattung, und zwar a) nur die Opfer von Unfällen werden verbrannt, die übrigen jedoch einer Erdbestattung zugeführt, b) alle werden verbrannt (heute in China generell angestrebt).

4) Baumbestattung (ohne Vogelfraß), a) auf einem Brett in der Baumkrone, b) in einem Häuschen in der Baumkrone. 5) Särge aus Holz werden im Gebirge a) an Felsen gehängt, b) in eine Höhle gestellt 6) Leiche wird auf einem abgelegenen Feld ausgesetzt, Tierfraß ist erwünscht. 7) Wasserbestattung in einem Fluss, wird häufig von armen Leuten praktiziert. 8) Im Buddhismus werden hochangesehene Religionsdiener in einer Pagode bestattet, allerdings nach ihrer Verbrennung als Urnenbestattung ihrer Asche.

Diese technischen Bestattungsformen sind von dem jeweiligen Bestattungsritus zu unterscheiden. Der vorherrschende Bestattungsritus der Han (der dominierenden Volksgruppe, also die "Normalchinesen") ist an aus dem Daoismus stammende Formen angelehnt. Dazu führt Xia folgendes aus:

1) Der soeben eingetretene Tod muss angezeigt werden. Das geschieht laut hörbar durch Horn, Trompete, Schuss, oder Feuerwerk. Der Tod wird nicht notwendig mit Trauer begrüßt, sondern u.U. durchaus mit Freude darüber, dass der Verstorbene es geschafft hat, sein Leben zu vollenden. Die Nachricht muss im ganzen Dorf weitergegeben werden, die Arbeit wird für die Dauer von 2 bis 12 Tagen eingestellt.

2) Besucher treffen bei der engeren Familie des Verstorbenen ein, um zu helfen: Die Leiche muss gewaschen werden, der Sohn wäscht den verstorbenen Vater, die Tochter wäscht die verstorbene Mutter, mit der Leiche wird gesprochen, als lebte sie noch.

3) Der Leiche werden neue, frische Kleidungsstücke angelegt, und zwar eine ungerade Zahl von Kleidungsstücken.

4) Die Leiche wird zur Besichtigung ausgelegt, auf ihrem Bett, im Wohnzimmer oder nahe am Eingang des Wohnhauses.

Sodann trifft der Spezialist für Jenseitsfragen ein und übernimmt den Dialog mit der Seele des Verstorbenen. Er hat ferner folgende Aufgaben: Der richtige Tag, die richtige Zeit (Daoismus) für die Bestattung muss von ihm ermittelt werden, er stellt einen Totenschein als Pass für die Grenzübergänge zum Jenseits aus, damit die Seele dort durchgelassen wird.

Er lässt den Dämonen Speisen darreichen, damit die bösen Geister die Seele nicht behindern und er muss endlich helfen, den rechten Ort für die Grablegung zu finden. Dies alles ist von größter Wichtigkeit und unterstreicht die Bedeutung des "Pfarrers", den ich, ohne das in den Vortrag des Herrn Xia als Diskussionsbeitrag einzufügen, für einen Schamanen halte.

Eine angeregte und ergiebige Aussprache schließt sich an. Daran beteiligt sich der Vize-Präsident der *China Urban Anthropology Association, Prof. Ren Yifei* als kenntnisreicher Vertreter der vergleichenden Sprachwissenschaft. Weniger eindrucksvoll ist leider die junge Doktorin der Tibetologie *Li Lingyan*, die trotz ihrer Jugend erstaunlich eng wirkt, Angst zu haben scheint, ich wolle Tibet von der Herrschaft Chinas befreien (was mir ganz fern liegt) und sich beim Mittagessen als penetrante Freundin der Serben präsentiert.

Nach dem Essen führt der Dienstwagen meine Begleiterin und Dolmetscherin Frau *Chen* und mich zum Hotel zurück, wo Frau *Chen* sich von mir verabschiedet, nicht ohne auch noch ein paar teilnehmende Worte für die bedauernswerten Serben einzulegen. Ich hatte nicht damit gerechnet, dass aus mir ein "Mr. NATO" werden könnte, wo ich doch "weißer Jahrgang" bin, also wegen meines Geburtsjahres nie Soldat werden musste.

Dienstag, 30.3.99: Wieder ist Arbeitsbeginn um 8:30 Uhr, Termin 9 Uhr, heute im Institut für Soziologie der Akademie für Sozialwissenschaften, wo mich *Prof. Jing Tien-Kui* erwartet, der im Oktober in München unser Gast war. Frau *Chen* übersetzt wieder. *Prof. Li Hanlin*, der in Bielefeld promoviert und mich ebenfalls in München besucht hat, ist auch anwesend. Wichtigster Gesprächspartner wird jedoch *Prof. Su Guozun,* als "Director of Section for Theoretical Research" Theoriekenner der Soziologie (Max Weber) und Religionssoziologe.

Su hat viele interessante Detailkenntnisse des Schamanismus, von dem wir beide meinen, dass er vorwiegend im Norden (Sibirien, Mandschurei) seinen Ursprung hat. Wir teilen viele Ansichten und Interessen in beiden Bereichen, geraten jedoch während des Mittagessens in eine Jugoslawien-Kontroverse als mir klar wird, dass hier Propaganda aus Belgrad nachgebetet wird, was mich schlicht ärgert.

Li Hanlin rät weise dazu, das Thema zu wechseln, und Frau *Chen* verrät mir später, dass Herr *Su* einen Schlaganfall hinter sich hat, und nichts liegt mir natürlich ferner, als zu einer Wiederholung eines solch lebensgefährlichen Ereignisses durch eine Jugoslawiendebatte beizutragen.

Am Nachmittag ist ein Zweiergespräch mit dem Direktor des Instituts für Weltreligionen angesetzt, *Prof. Zhou Xinping,* der in München bei *Prof. Eugen Biser* promoviert hat, und bei dem ich daher keine Übersetzerin brauche. Frau Chen ist aber dabei und hört entspannt zu.

Mittwoch, 31.3.99: Besuch an der Peking University, unserer, der Universität München, Partneruniversität. Frau *Chen* und ich werden von dem Leiter der Abteilung für Soziologie, *Prof. Wang Sibin* empfangen, der den jungen Nachwuchssoziologen *Li Mong* mitbringt. *Li Mong* war bei meinem Chinabesuch im März 1996 mein täglicher Begleiter, als ich zum ersten Mal nach China reiste. Er möchte gern nach München kommen, um dort soziologische Theorie zu studieren. Das Gespräch mit Wang ist eher zeremoniell.

Anschließend spreche ich kurz im Auslandsamt wieder bei dem jungen Herrn *Xia*, dem Sachbearbeiter für Europa vor und bitte ihn, schnellstens seine Wünsche für den Besuch der zehnköpfigen Delegation an Herrn *Kohmann* in München zu faxen. Anschließend führt uns der Dienstwagen der Akademie zum Büro des DAAD, wo ich Frau *Konstanze Ilg-Mietz* und Herrn *Prof. Xu Zhenmin* kennenlerne. Abends bin ich von Frau Xue zu einem Konzert von Vokalmusik in die Konzerthalle eingeladen.

Donnerstag, 1.4.99 (Gründonnerstag): Bei Nieselwetter mit Schirm besichtigen Frau *Chen* und ich den Himmelstempel am Vormittag. Hier haben die Kaiser dem Himmel geopfert: Ein Kalb wurde verbrannt, um den Himmel zur Gewährung einer guten Ernte zu bewegen. Zu meinem Erstaunen bestreitet Frau *Chen*, dass der Kaiser sich durch den Vollzug dieses Rituals als Religionsdiener erwiesen hat.

Ein langes ausführliches Gespräch ergibt, dass - nach ihrer, und sicher nicht nur ihrer Auffassung - Religion nur ist, was eine schriftlich ausgearbeitete Theologie hat, also Judentum, Christentum, Buddhismus, Daoismus und Islam. Was der Kaiser hier tat, war eine staatliche Hochform der Ahnenverehrung, aber nicht "Religion", meint sie.

Am Nachmittag bringt der Dienstwagen Frau *Chen* und mich zum Flughafen, wo wir das Flugzeug nach *Guiyang* in der Provinz *Guizhou* besteigen. Dort angekommen machen wir einen Spaziergang, der uns ganz zufällig(?) zu einer versteckt hinter der Häuserfront liegenden eindrucksvoll großen katholischen Kirche führt. Wir besichtigen die Kirche, werden von dem persönlichen Gehilfen (Generalvikar?) des Bischofs, dem Priester *Paul Long Chenzhong* geführt und begegnen kurz sogar dem greisen Bischof. Die freundliche Einladung zur Abendmahlsfeier mit Fußwaschung in wenigen Stunden nehmen wir nicht an.

Karfreitag, 2.4.99: Am Vormittag nehmen Frau Chen und ich an Referaten und einer Diskussionsrunde mit Wissenschaftlern in der Provinzialakademie der Provinz Guizhou in Guiyang teil. Vertreter verschiedener ethnischer Minderheiten, die zugleich Fachleute in der Forschung über ihre eigene Herkunftsgruppe sind, referieren über Bestattungsbräuche. Ein Daoismus-Fachmann ist darunter, Prof. Jü(?), der mir sein Buch mit Widmung überreichen lässt. Ich werde mit Veröffentlichungen auch anderer Teilnehmer beschenkt. Angeführt wird die Gruppe - wie immer - von einem Mann, der der Kommunistischen Partei Chinas besonders nahesteht, in diesem Fall dem Parteisekretär und Vizepräsident der *Guizhou Association of Social Sciences*, *Prof. Xiao Xian Zhi.*

Zhi sitzt mit dem Rücken zur Fensterfront genau in der Mitte der Gruppe seiner Wissenschaftler und trägt als einziger eine flache (Mao)-Mütze. Ich reagiere spontan, indem ich meine - zusammen mit dem Mantel abgelegte - schwarze Baskenmütze auch aufsetze. Ich sitze ihm gegenüber, und in meiner lebhaften Fantasie kann ich mir die ganze Szene in ein großes Häuptlingszelt versetzt denken, in dem nur der Häuptling des Stammes der Guizhou und der Gast aus Bayern Kopfbedeckungen tragen dürfen. Das Eröffnungszeremoniell ist Standard: Kleine feierliche Reden der beiden Mützenträger, dann erstes Referat eines Chinesen.

Mich stört das Ausspucken (dem die typisch abstoßende Geräuschentwicklung im Mund- und Rachenraum vorhergeht) und von dem ich zunächst befürchte, dass sein Ziel der normale Fußboden sei; ich bin jedoch dann etwas erleichtert, als ich sandgefüllte Näpfe sehe, die auch die Zigarettenreste aufnehmen. Es wird so intensiv geraucht, dass die Luft nach kurzer Zeit rauchgeschwängert ist. Eine junge Kollegin, die der Minderheit der Miao angehört, war gerade in Boston und wurde dort auf das Frauenbild des US-Feminismus eingeschworen, angesichts dieser rotzenden und kettenrauchenden Männerwelt vielleicht eine attraktive Alternative.

Aber – Schluss mit den Scherzen! - es war eine fachlich gute Begegnung: Außer dem linientreuen *Xiao Xian Zhi* waren zugegen der Vizepräsident der Akademie für Gesellschaftswissenschaften der Provinz Guizhou, *Prof. Feng Zuyi*, der Direktor des Instituts für Soziologie der Akademie, *Prof. Shi Zhao Le*, ferner *Wu Wenyi* von der Minderheit der *Bouyei* und Fachmann für Doppelbestattung, *Chen Gouan*, Vizepräsident des Instituts für Nationalitäten, *Lin Jian Zeng* und *Wu Shenling*.

Karsamstag, 3.4.99, Guiyang und Provinz Guizhou: Während des Anziehens erfahre ich im Fernsehen über CNN, dass vor 40 Minuten, als es hier 7 Uhr morgens und in Deutschland Mitternacht war, zwei *Cruise-Missiles* die beiden Gebäude des Innenministeriums in Belgrad getroffen haben. Beim Frühstück deute ich das *Chen Li* nur an, ich erzähle aber nicht, was genau passiert ist, um den Tag nicht gleich mit Politik zu beginnen.

Wir werden um 9 Uhr von einem Wagen der Akademie am Hotel abgeholt zur Fahrt ins Siedlungsgebiet der Miao (so etwa spricht man es aus). Außer dem Fahrer ist die langjährige Chef-Sekretärin des hiesigen Akademiepräsidenten im Wagen, und wir machen uns zu viert in dem so normal ausgelasteten *VW Santana* auf den Weg aus dieser Großstadt hinaus.

Der Strecke führt langsam aber sicher immer höher in die Berge hinauf. Nach einer guten halben Stunde bricht die Asphaltstraße ab, und es wird Landstraße und bald Feldweg. In einer kleinen Kreisstadt außerhalb Guiyang steigen zwei weitere Männer zu und nehmen zu meiner Verblüffung mit großer Selbstverständlichkeit hinten bei den beiden Damen Platz, so dass sich dort nun drei Personen nebeneinander drängen und eine vierte, die Chefsekretärin, irgendwie auf dem Schoß der drei anderen sitzt.

Zu sechst also setzen wir die Fahrt ins Gebirge fort. Die Zugestiegenen sind leitende Beamte - oder wahrscheinlich *die* leitenden Beamten - der Kreisverwaltung, der jüngere von ihnen trägt Uniform, die Uniformjacke aber ganz locker aufgeknüpft um den Oberkörper baumelnd wie eine Jeans-Jacke. Der Belastung des Fahrzeugs entspricht die Straßenqualität ganz und gar nicht: Die Straßenverhältnisse werden so, dass man angesichts der gegebenen Transportbedingungen seine Bandscheiben - wenn es denn möglich wäre - besser zu Hause gelassen hätte.

Trotz alledem ist die Stimmung im Auto hervorragend und die Landschaft wunderschön. Fruchtbare Bergäcker, alle terrassenförmig angelegt, damit Reisanbau möglich ist und mit steinernen offenen Wasserleitungen auch im Gebirge bewässert werden kann.

Gepflügt wird mit Rindern, die eben anders aussehen als unsere: Sie sind hier klein, dunkelgrau und mit irgendwie anliegenden Hörnern. Der Pflug ist gewöhnlich ein Holzpflug mit nur einem Metallbeschlag an der Spitze, die in die Erde geführt wird. Die Felder sind zum Teil nur wenige Quadratmeter klein, so dass der Pflug immer wieder auf die Schulter genommen und zum nächsten Feld getragen werden muss; darum ist es gut, dass er aus Holz ist. Wir fahren in etwa 1.700 Meter Höhe, es geht aber noch weiter bergauf. Die Menschen am Wege sind auffallend klein, haben als Miao

3.4.99. Hoch im Gebirge: Die normalwüchsige Chen Li (als Miao verkleidet) und eine deutlich kleinere echte Miao-Frau.

ein etwas anderes Gesicht als die meisten Chinesen, und die Frauen tragen einen Turban auf dem Kopf, farbig bei jungen, schwarz bei älteren Frauen.

Endlich halten wir in dem Zentraldorf und steigen alle sechs aus. Chen Li, und ich werden von dem Bürgermeister oder Dorfältesten (der aber wohl höchstens vierzig ist), Herrn *Wang*, begrüßt und in einen kleinen Raum geführt, in dem in der Mitte in einem Kanonenofen ein Feuer brennt. Der Raum hat aber außer der Tür, durch die wir gekommen sind, keine Öffnung. Ein weiterer Miao nimmt in der Runde um den Ofen Platz, so dass wir zu Beginn zu viert sind.

Ich frage den Chef-Miao durch Chen Li, was seine Aufgaben sind. Er ist der Funktion nach ein Häuptling: Dann komme ich auf das Thema Religion und ich möchte erfahren, welche

3.4.99. In 1700 m Höhe bei der Volksgruppe der Miao. Von rechts: Chen Li, unbekannte Frau, Dorfältester, Schamane.

Religion hier vorherrscht. Da spricht der Mann den Satz des Tages: „Von Religion halten wir nichts: Wir glauben an unsere Vorfahren." Ich lasse übersetzen, das *sei* doch Religion. Er antwortet: Nein, das sehen wir anders: Religionen sind Buddhismus, Islam und Christentum, und von denen halten wir nichts.

Ich frage, wer denn für Trauerfeiern verantwortlich sei. Dafür hätten sie einen Experten, weil er, Herr Wang, selbst die Gesänge nicht singen könne. Ich frage, ob ich den Experten auch treffen dürfe. Er weist auf den älteren, sehr stillen und bescheidenen Mann an seiner Seite, der eine Mütze trägt: der könne die Texte singen. Ich frage, ob die Texte aufgeschrieben seien. Nein, die würden mündlich weitergesagt.

Sogleich kommt der Uniformierte und signalisiert, es sei nun Zeit wieder ins Auto zu steigen: Der Fahrer, der Chef-Miao Herr Wang, Chen-Li und ich fahren zu einer Berghöhle, in der Holzsärge stehen. Nachdem wir heute schon allein für die Herfahrt zwei Stunden im Auto gesessen hatten, bin ich froh, dass wir die Höhle in etwa 15 Minuten erreichen. Der Fahrer bleibt beim Auto an der Straße, und wir drei anderen gehen steil bergauf durch Gras, Kraut und Sträucher zur Felswand.

Die hat eine Öffnung von etwa nur 6 Meter Breite, und dahinter liegt eine vielleicht 8 Meter hohe Höhle, die sich ca. 10 Meter tief in das Berginnere erstreckt. Der Boden ist einigermaßen eben, so dass man ihn randvoll mit Holzsärgen hat vollstellen können. Die Särge sind aus einem Baumstamm gehauen, haben aber an Kopf- und Fußende eingelassene kleine Wände und einen schweren Holzdeckel.

Die Särge wirken alle alt, die meisten in der Größe eines Erwachsenen, aber auch einige ganz klein. Ich frage, ob das Kindersärge sind. Nein, lautet die Antwort, sondern in denen hat man nur das Skelett eines Erwachsenen bestattet. Diese seien alle die Vorfahren einer einzigen großen Familie, und bis vor einigen Jahren habe man hier Weihrauch abgebrannt und zu den Ahnen gebetet. Aber nun sei diese Tradition abgebrochen.

Nach kurzem Aufenthalt und einigen Fotoaufnahmen fahren wir ins Dorf zurück. Der Chef-Miao Wang bittet uns wieder in sein Haus. Vorher ist eine wichtige Entscheidung zu treffen. Ich werde gefragt, ob ich bereit bin, dort eine Einladung zum Mittagessen anzunehmen oder ob ich hygienische Bedenken habe. Die muss man dort einfach haben, aber wir sind doch zum Essen geblieben: Wer Feldforschung machen will, kann sich nicht auch noch um Hygiene kümmern, schon gar nicht, wenn er den ganzen Kreislauf des menschlichen Körpers mit der Natur bedenkt.

Der nun lodernd heiße Kanonenofen, den wir schon kennen, steht im Zentrum einer eng sitzenden Runde von Chef-Miao Wang, dem älteren Miao, der die Totengebete singen kann, dem Uniformierten von der Kreisverwaltung, der Chefsekretärin von der Akademie in Guiyang, einer als Gastgeberin und Köchin auftretende Miao-Frau, meiner Begleiterin und Übersetzerin *Chen Li,* und mir.

Auf dem Kanonenofen brodelt eine mich etwas ängstigende Suppe, und während der Tisch gedeckt wird, erzählt der Chef-Miao *Wang* von seinem Volk: "Vor vier oder fünftausend Jahren" (Übersetzungsfehler?) „wurden wir Miau von den Han" (dem zahlenmäßig weit dominierenden Volk in China) "besiegt und vertrieben, und wir hofften, unsere Toten bei der Rückkehr in das Land, aus dem die Han uns vertrieben haben, mitnehmen zu können." Das erklärt die Bestattungsform! Die Särge wurden so abgelegt, dass man sie erreichen konnte, wenn die Zeit zur Rückkehr gekommen war.

Der Tisch wird gedeckt, in dessen Mitte die Suppe auf dem Kanonenofen steht. Meine Reisschale ist deutlich unsauber. Ich stelle mir gewaltige Bauchweh vor und bitte, die Schale noch einmal auszuspülen. Chen Li nimmt die Schale und gibt mir ihre, und während ich dagegen noch protestieren will, erhalten wir beide die Schalen mehr als halb voll Reiswein gegossen mit der Bemerkung, das reinige alles. Das Essen geschieht mit großen Bedenken aus Höflichkeit, doch die Stimmung ist freundschaftlich und locker.

Der Chef-Miao Herr Wang taut richtig auf: Er liebe die Deutschen, ihnen verdanken die Chinesen Karl Marx; und Adolf Hitler sei ein Held, ja, ja, das meine er, obschon er kein Faschist sei. Es kommt zu keiner Aussprache über die Äußerungen des Herrn *Wang.* Wir steigen stattdessen wieder in unseren VW. Die Rückfahrt ist natürlich ebenso voller Schlaglöcher wie die Hinfahrt, aber wir sind nur noch zu fünft in dem VW. Unterwegs wird in einem kleinen Ort getankt: Eine Frau schüttet – offenbar Benzin – aus Pepsi-Cola-ein-Liter-Flaschen in den Einfüllstutzen. Ich denke: nur keine Verwechslungen bei dem Inhalt der Flaschen!

In seiner Kreisstadt, die am Wege liegt, steigt einer der beiden Uniformierten aus; der ältere von beiden ist uns oben im Dorf abhandengekommen. Dann geht es zu viert zurück nach Guiyang, und wir sind froh, als wir eine Asphaltdecke erreichen. Ein unvergesslicher Karsamstag geht mit Postkartenschreiben im Hotelzimmer zu Ende.

Ostersonntag, 4.4.99: Vom Hotel lasse ich mich um 6 Uhr wecken. Dann packen, ausziehen, kein Frühstück. Der Wagen der Akademie holt Chen Li und mich um 6:40 Uhr am Hotel ab und bringt uns zum Flughafen. Wir fliegen mit einer schwach besetzten Maschine um 7:40 Uhr ab Guiyang und sind um 9:15 Uhr schon in Xiamen. Dort vertrauen wir uns leichtfertigerweise einem Kleinbus an - so klein ist er auch wieder nicht, vielleicht sollte man sagen einem "Mittelbus" -, der vor Aggression nur so klappert, erst nicht abfährt, dadurch eilige Fahrgäste zornig macht, dann hupend durch die Gegend rast, irgendwo hält und Leute überredet, noch zuzusteigen, und uns endlich doch nach *Quanzhou* bringt.

Eine Weile nach dem Aussteigen merke, ich, dass man mir den Rollmechanismus am Koffer zerbrochen hat, doch das passt zu dem Gesamteindruck von diesem Gefährt und seinem Personal. Wir nehmen von der Busstation ein Taxi zu dem sehr schönen *Quanzhou Hotel*, in dem wir erst gegen 12 Uhr eintreffen. Zwei junge Männer vertreten unsere Gastgeber und laden uns zum Mittagessen im Hotel ein.

Einer von Ihnen, gerade erst mit dem Studium fertig, spricht gut Englisch. Er ist Politologe von der Diplomatenschule in Beijing, und man hat ihn hier in der Stadt zum Beauftragten für Auslandskontakte gemacht. Der andere ist Volkswirt und kümmert sich um die wirtschaftliche Entwicklung der Provinz. Er hätte gern, dass ich hier ein paar Millionen investiere.

Den Nachmittag verbringen wir mit einem Ausflug zu dem Ehrenfriedhof für Mohammedaner, Nachfahren arabischer Kaufleute, die hier vor Jahrhunderten eingewandert waren. Man hat die Steingrabmäler unter Denkmalsschutz gestellt, wohl, weil sie die Geschichte Chinas und seine Offenheit unter früheren Kaisern belegt. In unmittelbarer Nachbarschaft zu dieser muslimischen Sehenswürdigkeit hören wir wiederholt lautes Feuerwerk, und auf meine Bitte gehen wir dem nach.

Am Berghang, der so steil ist, dass ich gerade noch hochklettern kann, ohne auf allen Vieren gehen zu müssen, liegen mehrere Gräber, überwuchert von Pflanzen und Sträuchern, und um die Gräber versammeln sich Familien von 10 bis 20 Mitgliedern, um zunächst gemeinschaftlich - unter wesentlicher Mitwirkung der Frauen - die Grabfläche von Unkraut zu befreien, zu reinigen und zu ordnen. Meine drei jungen chinesischen Begleiter kommen mit mir in die Rolle des interessierten Zuschauers, sie sprechen auf meine Bitte die Leute an und fragen, ob es stören würde, wenn wir dabeibleiben und uns das Gedächtnisritual für den dort begrabenen Toten ansehen. Wir erhalten sehr freundlich Erlaubnis.

Das Grab am steilen Hang gelegen wird von Unkraut gereinigt und mühevoll geordnet: Frauen nehmen große Stapel von "Spielgeld"-Scheinen in ihre Hände und falten es, um es dann aufs Grab zu legen: im Stapel würde es wohl nicht brennen. Erst nachdem das Grab geschmückt und mit Geldscheinen ausgestattet ist, treten alle Verwandten etwas zurück im Kreis um das Grab herum - wegen der Hanglage einige über, andere unter dem Grab - und der Sohn des Verstorbenen übernimmt deutlich die Führung des Rituals.

Er entzündet die Geldscheine und beginnt - bald unterstützt von einem anderen Mann - Feuerwerk zu zünden. Auf meine

Bitte fragt der junge Politologe, wozu der Lärm dienen soll. Man wolle den Verstorbenen aufmerksam machen. Es wird auch gefragt, ob die Anwesenden denn sicher seien, dass der Tote sie zur Kenntnis nimmt. Ja, sie sind sich dessen ganz sicher.

Nach Abbrennen des Feuerwerks - lange Ketten von Knallern, wobei immer einer den nächsten zündet - geht jeder - bis zum kleinsten Kind - einzeln an das Grab und macht die Gebetsgeste: niederknien, die Hände aneinander gelegt Hände und Kopf viermal zur Erde neigen. Die Kleinsten können das noch nicht, lernen es aber nun.

Als wir schon wieder gehen wollen, treffen wir den Wächter der islamischen Grabanlage, und der hält einen Stegreif-vortrag über die Geschichte der Anlage, die aber meine Nordchinesen, *Chen Li* und der Politologe mit der Vornamen Joseph, nicht verstehen: Hier spricht man eben Kantonesisch und nicht Mandarin.

Nach dem Abendessen machen wir noch einen Spazierganz durch die Ladenstraße und ich bewundere die hohe Qualität der Textilgeschäfte. Auch lerne ich, dass es in dieser Stadt Textilindustrie gibt. Ein ungewöhnlicher Ostertag geht zu Ende.

Ostermontag, 5.4.99: Ein Wagen holt uns am Hotel um 8:30 Uhr ab. Es wird eine Fahrt zu viert (gleiche Besetzung wie gestern) zu Grabanlagen und zu zwei Pagoden und zentralem Tempel des Buddhismus. Der Dienstwagen der Stadtverwaltung von Quanzhou mit Fahrer hält zuerst an einem modernen Friedhof, der sauber und technisch wirkt, in dem nur die Asche von eingeäscherten Verstorbenen beigesetzt werden darf, der aber nicht interessant aussieht. Wir drehen einige Runden in dem Wagen auf dem Parkplatz, steigen aber nicht aus, sondern fahren weiter.

Eine Nebenstraße führt nach längerer Fahrt bergauf zu einer ebenfalls neuen großen Grabanlage, von der mir meine Begleiter sagen, auch hier dürfen nur die Überreste aus dem

Krematorium bestattet werden. Doch wieder zeigt sich, wie schon gestern, dass nicht nur ich, sondern auch meine jungen Betreuer auf dieser Rundreise etwas über China lernen.

Gestern schon hatten sie mir versichert, es sei von der Regierung angeordnet, dass nur die Asche von verbrannten Toten beerdigt werden dürfe. Als ich dann die Größe und Anlage der Gräber gestern sah, die aus meiner Sicht das nicht bestätigten, meinten meine jungen Chinesen, hier handele es sich um die Verehrung von Vorfahren, die schon vor längerer Zeit beigesetzt worden seien.

Eine Befragung des Sohnes des Verstorbenen, der dem Ritual am Grab vorstand und der das Feuerwerk abbrannte, ergab dann, dass sein Vater vor zwei Jahren an dieser Stelle mit seinem ganzen Körper und ohne Verbrennung bestattet worden sei. Nun wiederholt sich heute ein ähnlicher Vorgang. Nach dem bewährten Lehrsatz, dass nicht sein kann, was nicht sein darf, versichert mir der englischsprechende Politologe und zukünftiger Diplomat *Joseph Shi*, dieser moderne Friedhof, der offensichtlich noch im Aufbau ist und bei dem noch sehr viele Bestattungsplätze frei sind, nehme nur die Asche verbrannter Leichen auf.

Wir sehen uns um: Der Friedhof wurde in einen recht steilen Berghang angelegt, und nun fällt mir auf, dass das angefangen von der Höhle der Miao bis zu diesem Friedhof außerhalb von Quanzhou für alle Bestattungsplätze gilt, die ich gesehen habe. Neigen die Bewohner des bergigen Südchinas dazu, ihre lieben Toten am Abhang eines heiligen Berges zu bestatten?

Lautes Knattern in unmittelbarer Nähe schreckt uns auf: Ein Mann brennt Feuerwerk ab, und zwar in einem nur etwa vier Quadratmeter großen Behälter am Fuße des Berges. Nur dort ist das Abbrennen von Feuerwerk erlaubt. Ein Uniformierter - ich neige dazu, selbst den Friedhofswärter für einen Soldaten zu halten, lerne aber allmählich, dass hier fast jeder im öffentlichen Dienst Beschäftigte eine schneidige Uniform trägt - passt auf, dass eben *nicht* auf den ordentlich und "rational" gehaltenen Gräbern Feuerwerk abgebrannt wird, sondern nur noch in dem allgemeinen Kasten. Der Mann tut das denn auch - wie mir scheint - recht lustlos.

Auf vielen Gräbern liegen "Spielgeld"-Scheine, doch ich sehe keine Hinweise darauf, dass solches Geld verbrannt wurde. Ganz oben am Hang, wo der Blick ins Tal am schönsten ist, sehe ich große Grabanlagen, die wiederum eine Urnenbestattung ganz unwahrscheinlich machen. Mein beständiges Zweifeln an den "dass nicht sein kann was nicht sein darf"-Auskünften meiner jungen Dienst-Chinesen führen endlich dazu, dass der uniformierte Friedhofswachhabende hergebeten wird.

Angesichts des Riesengrabes erfahren wir nun von ihm, dass reiche Auslandschinesen gegen hohe Bezahlung solche Grabstätten erwerben und dann auch unter Umgehung des Krematoriums ihren ganzen Körper bestatten lassen dürfen. Übrigens ist der ganze Friedhof eine private Kapitalgesellschaft in der Hand von Auslandschinesen, und - wie Joseph mir erzählt - läuft in Quanzhou gerade eine Werbekampagne, in der auf die für die Vorfahren günstige geomantische Lage dieses Friedhofs hingewiesen wird und darauf, dass es persönliches Glück bedeutet, wenn man seine lieben Toten nicht irgendwo, sondern an der richtigen Stelle bestattet. Eine ganze Reihe von Grabsteinen der kleinen Aschengräber sind mit Kreuzen bezeichnet, und auf meine Frage erfahre ich, dass dort Christen bestattet wurden.

Wir fahren zu einem wichtigen Heiligtum des Buddhismus: dem *Kaiyuan Tempel* von Quanzhou. Zunächst sehe ich die Pagode aus Stein, ein Wahrzeichen der Stadt, doch dann gehen wir zu dem Tempel selbst und auch in den Tempel hinein, in dem gerade ein Ritual zu Ehren einer buddhistischen Göttin beginnt. Zwölf Mönche, alle recht jung, in gelben Gewändern und mit den üblichen kahlgeschorenen Köpfen, stehen in einer Reihe vor dem Altar, einer etwas schräg aufgestellt mit dem "Schlagzeug", auf dem er einen Rhythmus erzeugt, mit dem man ihn sofort in eine "Band" aufnehmen könnte. Hinter den Mönchen zwei oder drei Reihen Gläubige, vielleicht eine Großfamilie, zum Teil mit schwarzen Gewändern, die mit den Mönchen beten.

Die Sprache des Gebets halten meine Begleiter für Indisch. Mich verblüfft die Ähnlichkeit des Rituals mit dem, was ich vom koreanischen Schamanismus kenne. Die Stärke des Buddhismus in ganz Asien beruht wohl darauf, dass er die alten Volksreligionen intakt gelassen und weitgehend unverändert übernommen hat. Nach einigen Fotos verlassen wir die große Tempelanlage und fahren zum Hotel zurück. Das Mittagessen im Hotel ist wie immer ausgezeichnet.

Für den Nachmittag wird mir eine Begegnung mit einem Experten in Bestattungsfragen angekündigt. Ich bin eben, wie erwähnt, von Beijing aus hier im Süden als Bestattungsforscher avisiert worden. Zu meiner Verwunderung steigen wir gegen 15 Uhr an einem modernen großen Museumsneubau aus, dem Museum für die Geschichte des Überseeverkehrs.

Der Direktor hat noch keine Zeit, so sehen wir uns das Museum erst an: Modelle historischer Segelschiffe, Funde aus der Archäologie dieser Gegend, Quellen über Handelsverbindungen, auch Marco Polo taucht hier auf, und dann besonders: Grab- und sonstige Inschriften arabischer Siedler, die eine traditionell enge Verbindung zu Ländern des Islam signalisieren - wohl auch signalisieren sollen.

Nach dem Rundgang durch das Museum setzen wir uns mit dem Direktor *Wang Lianmao* zusammen. Ein reizender und hochgebildeter Mann, mit dem ich - von Frau Chen gedolmetscht - fast eine Stunde lang über Religion und Bestattung sehr interessant rede. Die Tradition Chinas beruht auf dem festen Glauben an das Weiterleben der Vorfahren nach dem Tode und daran, dass diese Vorfahren am Leben ihrer Nachkommen regen Anteil neben, ihnen helfen und sie beschützen!

Der stellvertretende Direktor, ein Nachfahre islamischer Einwanderer, und zwei Studentinnen, eine Soziologin, Frau *Wang Wei*, die gerade in Japan studiert (und zwar an der Universität dort, an die der Simmel-Kenner Atoji mich eingeladen hatte), und eine Völkerkundlerin nehmen an dem Gespräch als Zuhörerinnen teil. Mit der Rückfahrt zur zweiten Übernachtung im Hotel geht ein besonders interessanter Tag zu Ende. Die Stimmung beim Abendessen zu viert ist fröhlich bis ausgelassen. Ich überlasse die drei Chinesen dem Nachtleben und ziehe mich an den Computer zurück, um diese Zeilen zu schreiben.

Dienstag, 6.4.99: Frühstück 7:30 Uhr, Wagen zur Fernfahrt nach Fuzhou um 8 Uhr vom Hotel ab. Der Dienstwagen der Akademie der Provinz Fujian bringt uns in gut drei Stunden in die Provinzhauptstadt Fuzhou und dort in den Altbau des *Dong Hu Hotel* (Hotel zum See im Osten, dass "dong" die Himmelsrichtung ist, in der die Sonne aufgeht, hatten wir schon gelernt, und Hu heißt See). Mit fällt sofort auf, dass man hier nicht CNN empfangen kann, und überhaupt ist alles anders und enger. Wohl ein Hoteltrakt für parteinahe Gäste, die nur die Propaganda zum Thema *Belgrad* sehen dürfen?

Der Nachmittag dient der Begegnung mit Wissenschaftlern der Akademie der Provinz Fujian unter Vorsitz des Vizepräsidenten. Beim Verlassen des Geländes treffen wir noch den Präsidenten, der mir sehr freundlich seine Visitenkarte mit E-Mail-Adresse gibt. Es bleibt Zeit für einen Spaziergang in der Stadt *Fuzhou*, die aber nicht so schön ist wie *Quanzhou*. *Quanzhou* ist eine sehr attraktive kultivierte Stadt, in die ich gern einmal zurückkehren würde (und dazu kam es auch).

Mittwoch, 7.4.99: Der Vormittag bringt uns zu viert: Frau *Chen Li, Joseph Shi*, den Entwicklungsökonomen *Do* und mich zu einem riesigen Tempelbezirk des Buddhismus in Fuzhou. Gewaltige Statuen von fantasievollen Gestalten, darunter auch Frauen, aktives Gebetsleben und Weihrauchopfer von Gläubigen, ein weitausgreifender Neubau, daran Steinmetz- und Holzschnitzarbeiten von buddhistischen Mönchen, die Künstler sind; kurz, lebendige Religiosität!

Ein Wahrsager, gekleidet wie ein Geschäftsmann in dunklem Anzug, spricht uns an. Ich entziehe mich ihm, weil ich nicht an Wahrsagerei glaube, doch der Ökonom *Do* spricht lange mit ihm. Als *Do* wieder zu uns stößt, sagt er, der Wahrsager sei der Meinung, *der deutsche Professor* würde sehr alt werden, vielleicht hundert Jahre, weil er so große Ohren hat. Naja, mal sehen, bislang spricht ja nichts dagegen.

Nach dem Mittagessen zu viert verabschieden uns die beiden Nachwuchs-Chinesen, und der Dienstwagen der Provinzakademie bringt Chen Li und mich zum Flughafen. Um 15 Uhr geht unsere Maschine nach Beijing. Dort wartet schon der Dienstwagen der Nationalen Akademie und quält sich mit uns durch den Feierabendverkehr zurück in das vertraute *Minzu Hotel.*

Ich hätte gern das schöne Zimmer wieder, das ich schon kannte, doch erhalte ein anderes. Offenbar ist es frisch gestrichen; die Fenster sind verriegelt und die Belüftung kann nur Hitze hereinblasen und tut das auch unaufgefordert. Ich rufe das Hotel um Hilfe an, und mir wird ein Fenster geöffnet. Gleichwohl wird es eine schlimme Nacht mit wenig Schlaf.

Donnerstag, 8.4.99: Am nächsten Morgen verlange ich ein anderes Zimmer, um nicht - in der Worte wahrster Bedeutung - auf der Strecke zu bleiben. Ich erhalte ein sehr schönes und ruhiges Quartier, in dem man nicht im Laufe der Nacht gebacken wird. Der Umzug hatte meine sonst übliche Pünktlichkeit beeinträchtigt, und so fahren *Chen Li*, der Akademie-Fahrer und ich verspätet zur *Tsinghua Universität* ab. Auf dem Weg dorthin enthüllt mir *Chen Li* zu meiner äußersten Verblüffung, ich würde dort einen Vortrag über Max Weber halten.

Ich versuche nicht, ihr klarzumachen, dass ich mich auf meine Vorträge üblicherweise ein wenig vorbereite. Der Professor *Fang Zaiqing*, ein Einstein-Experte und Simmel-Kenner, der u.a. in Graz studiert hat und jetzt in der *Chinese Academy of Science* arbeitet, erwartet unseren Wagen schon am Tor seiner damaligen Universität. Er geleitet uns in sein Institut und ich halte tatsächlich auf Englisch einen Vortrag über "*Max Weber and Modernity*". Wenn man nach China reist, muss man eben spontan sein können. Zu den wenigen Zuhörern gehört der emeritierte Mützenträger und Professor für Intellectual History *He Zhao-wu*, der mich im Anschluss an meinen Vortrag nach der Bedeutung der *Frankfurter Schule* heute in Deutschland fragt.

Nach dem Überraschungsauftritt an der *Tsinghua Universität* bringt mich der Akademie-Wagen zur nahgelegenen BeiDa, unserer Peking University, wo ich im Auslandsamt von Herrn Xia erwartet werde. Er übergibt mir das Fax, das er an Herrn *Kohmann* nach München geschickt hat. Dann kommt der Auslandsamtschef, Herr *Hoa Ping*, und die Herren *Hoa* und *Xia* steigen mit mir in einen Dienstwagen, der uns zu einer Einladung des Vizepräsidenten *Professor Chi Huisheng* zum Mittagessen fährt.

Chi und *Xia* gehören zu der zehnköpfigen Delegation, die am 13. Mai in München eintreffen soll. Ich erkenne in *Chi* den Vizepräsidenten wieder, der mich 1996 bei meinem ersten Chinabesuch empfangen hatte. Dass ich dieses Wiedererkennen lebhaft zum Ausdruck bringe, macht gute Stimmung. Ich gebe *Chi* meine Visitenkarte und er fragt mich, wer mir den chinesischen Namen gegeben hat. Ich antworte, dass das Prof. *Hua Qing* war.[57] Peinlichkeit breitet sich aus, weil niemand am Tisch - außer mir natürlich - Prof. *Hua* kennt.

Ich erwähne, um den Herren zu helfen, er sei der Lehrer von *Prof. Ma Rong*, den sie alle kennen und schätzen. Daraufhin schickt der Vizepräsident Herrn *Hao Ping* in ein anderes nahes Gebäude, einem Luxushotel für führende Regierungsbeamte, in dem gerade Universitätsreformdebatten stattfin-

---

[57] Siehe das Ende von Abschnitt II.5.

den, um *Ma* zu uns zum Mittessen zu holen. *Ma* kommt, begrüßt mich herzlich, nimmt an unserem runden Tisch Platz, und wird auf Chinesisch von *Chi* über *Hua Qing* befragt. Dann reden wir über München. *Hao* bitte mich, seinen höchsten Chef, *Chi*, genauso gut zu behandeln, wie er selbst von Martina und Veronika behandelt worden sei. Ich antworte, das müssten dann schon wieder meine Mitarbeiterinnen Martina und Veronika machen. Alle lachen.

Unvermittelt befragt mich Chi zu dem NATO-Einsatz in Jugoslawien. Ich halte einen etwa 10 Minuten Stegreif-Vortrag (heute schon der zweite unvorbereitete Vortrag) dazu und rechtfertige den NATO-Einsatz als bedauerlich, aber leider notwendig. Der Abschied lautet: Auf bald in München! Als der Dienstwagen mich im Hotel absetzt, ist es 14:30 Uhr. Ich lege mich erschöpft ins Bett. Die denkwürdige Reise nach Guiyang, zu den Miao, nach Quanzhou und Fuzhou war möglich, weil sie von der Akademie in Beijing und der Deutschen Forschungsgemeinschaft in Bonn finanziert wurde.

Freitag, 9.4.99: Nach meinem China-Aufenthalt fliege ich von Peking nach Seoul zu einem Besuch in Korea. Darüber wurde hier weiter oben berichtet.

Kapitel V: Kulturvergleich und Kulturkonflikt

V. 1: Familie, Schule und Religion in China

a) Probleme des Kulturvergleichs

Wenn beim Vergleich unserer – wie wir gern meinen – vertrauten Kultur des Abendlandes mit China Unterschiede sichtbar werden, haben wir mehrere Möglichkeiten, darauf zu reagieren:

1. Wir können die Unterschiede wegdiskutieren, weil sie nicht relevant sind, denn überall geht es im Grunde um das Gleiche, um heiraten, Kinder in die Welt setzen, Geld verdienen und Tote bestatten.

2. Wir können Unterschiede deuten als verschiedene Phasen in der Entwicklung der jeweiligen Kultur, wobei dann China oft als etwas verspätet gedacht wird und als in einer Phase befindlich, die wir im Abendland schon hinter uns gelassen haben.

3. Wir können unvoreingenommen auf China schauen und die Einsicht gewinnen, dass die Dinge in den Bereichen Familie und Religion nicht unbedingt so sein müssen, wie wir sie aus unserem hiesigen Leben kennen. Diese dritte Sichtweise fällt in diesen Tagen etwas leichter als vor einem Jahrhundert, weil es inzwischen gravierende Probleme in unserer eigenen abendländischen Kulturtradition gibt, die in der Vergangenheit kaum diskutiert wurden.

Dem Leser steht selbstverständlich frei, die hier im Folgenden genannten Unterschiede

nach Punkt 1 als irrelevant,

nach Punkt 2 als Resultat einer Phasenverschiebung oder

nach Punkt 3 als handfeste Kulturverschiedenheit zu betrachten, die darauf hindeuten, dass Orient und Okzident unterschiedliche Wege der Entwicklung beschritten haben und weiterhin beschreiten. Wir gehen hier im Folgenden eher nach Punkt 3 vor.

Wenn wir uns dem Kulturvergleich als historische Fragestellung zuwenden, taucht das Problem des Altersunterschieds auf: Wie alt ist die Kultur Chinas? *Schriftliche Aufzeichnungen* reichen mehr als 3500 Jahre zurück. Lässt man aber außer historisch auswertbarer auch *mythologische* Überlieferung zu, so kommt man für die Kultur Chinas auf ein Alter von fünf bis sechstausend Jahren.

Die uralten Dynastien, die Konfuzius als die nachahmenswerte Frühzeit gesehen hat, sind die Zhou-Dynastie etwa ab 1000 v. Chr. (1046–256 v. Chr.), deren Verfall Konfuzius (551-479) noch erlebt hat, davor die Shang-Dynastie ab etwa 1500 v.Chr. (ca. 1570–1066 v. Chr.) und die Xia-Dynastie ab etwa 2000 v. Chr. (ca. 2200–1600 v. Chr.), die wesentlich auf Mythen beruht.[58]

Wenn wir trotz der Probleme der heutigen Europäischen Union von einer gemeinsamen Kulturtradition Europas reden wollen, gelangen wir mit Hilfe der alten Griechen zurück zu Alexander dem Großen (356 – 323 v. Chr.), zu Sokrates (ca. 470 - 399 v. Chr.), zu Herodot (490/480 v. Chr. - 430/420 v. Chr.) und sogar zu Homer, der etwa zwischen 750 und 650 v. Chr. gelebt hat, und der über den Krieg um Troja dichtete, der vermutlich um 1200 v. Chr. stattgefunden hat.

Rechnet man großzügig, dann kommen wir Abendländer mit unserer Kulturtradition – wenn wir uns als Nachfahren der Griechen verstehen – auf rund 3000 Jahre, 1000 Jahre *vor* Christus und 2000 Jahre *nach* Christi Geburt. Dass es die USA seit 1776 gibt, ist in diesem Kontext nur eine Randnotiz.

---

[58] Wolfgang Bauer, *Geschichte der chinesischen Philosophie, Konfuzianismus, Daoismus, Buddhismus* (Herausgeber: Hans van Ess) München: Beck 2006.

Doch wir können uns dem Alter Chinas etwas weiter annähern, wenn wir mit Hilfe der Bibel sogar Moses bemühen, uns an der Kultur des Alten Ägypten teilhaben zu lassen, und außerdem Abraham[59], der vor 3500 bis 4000 Jahren gelebt hat, als Repräsentanten der Kultur des Zweistromlandes einbeziehen. Moses bringt uns dann auf die Höhe des trojanischen Krieges[60] und in die zweite Hälfte der Shang-Dynastie. Abraham lässt uns sogar zu Zeitgenossen von Ereignissen in der Mitte der Xia-Dynastie um 1850 v. Chr. werden. Also erst mit Hilfe der Bibel können wir Europäer uns annähernd auf Augenhöhe mit der Geschichte Chinas begeben.

b) Religion

Wenn wir als Religion das definieren, was wir selbst glauben, dann sind jene, die nicht die gleichen Inhalte für wahr halten, Ungläubige, Heiden oder Abergläubische. Wir brauchen zur Vermeidung einer so simplen Konsequenz eine Definition von Religion auf einem höheren Niveau der Abstraktion, etwa so: *Wer eine unsterbliche Person zu kennen meint, die zweifelsfrei als reales Gegenüber existiert, die ihn oder sie sieht und zur Kenntnis nimmt und die auf den Verlauf und das Ziel des Lebens des einzelnen Einfluss nimmt oder doch nehmen könnte, der ist religiös.*

Die als real akzeptierte unsterbliche Person kann ein Gott, ein Geistwesen, ein Heiliger, ein verstorbener und verewigter Vorfahre, das können die in China vergöttlichten Kulturheroen *Laozi* und *Konfuzius*, oder ähnliche Personen sein. Wichtig ist bei jedem dieser Beispiele, dass eine große Vertrautheit *mit* und personale Nähe *zu* dem verehrten Unsterblichen besteht, damit daraus kein fremdes, unbekanntes Wesen wird (wie das im Westen für immer mehr Heilige der

---

[59] Zur Datierungsproblematik Abrahams vgl. Horst Helle: *Soziologie der Religionen, Entwicklung der Ideen vom Heiligen*, München 2024, www.amazon.de

[60] Historische Quellen und Vermutungen: Zerstörung Trojas 1190, Heimkehr des Odysseus 1178, semitische Nomaden zur Zwangsarbeit in Ägypten 1500-1000 (alles v.Chr.).

Katholischen Kirche zutrifft). Die Chancen und Qualitäten der Vertrautheit mit einer unsterblichen Person hängen *nicht nur*, *aber auch* davon ab, ob die betreffende Weltanschauung dualistisch das Diesseits vom Jenseits trennt, wobei dann die Sterblichen hier *im Diesseits*, die Unsterblichen dagegen *im Jenseits* ihr zu Hause haben, so dass sie einander diesseits des Todes nicht begegnen können.

Denkbar ist andererseits, dass beim Fehlen einer solchen Trennung in der ungeschiedenen einheitlichen Wirklichkeit ein Miteinander als eine gleichsam nachbarliche Nähe zwischen Lebenden und Verstorbenen erfahren wird, wie man das in China beobachten kann. Das will ich mit folgender Geschichte illustrieren:

Die Frau, welche die Quelle meiner Information ist, bleibt aus naheliegenden Gründen anonym. Sie ist inzwischen Doktorandin an einer angesehen Universität Chinas. Sie wohnt in einer Großstadt des Riesenlandes zusammen mit ihrem Bruder, ihren Eltern, sowie dem Vater ihres Vaters und der Mutter ihrer Mutter, die beide verwitwet sind. Bei dieser Zusammensetzung des Haushalts ist ungewöhnlich nur, dass die ältere Generation nicht aus den *Eltern* des Vaters, oder überhaupt aus einem Ehepaar besteht.

An einem Totengedenktag besucht die Informantin mit ihren Eltern die Gräber der verstorbenen Großeltern: Das sind in diesem Fall die Mutter des Vaters und der Vater der Mutter. Um nicht diesen Bericht mit den Hinweisen „väterlicherseits" und „mütterlicherseits" zu belasten, nenne ich (wie manche Kleinkinder) die Eltern des Vaters *Großvater* und *Großmutter* und die Eltern der Mutter nenne ich *Großoma* und *Großopa*. In dieser Terminologie werden also die Gräber von *Großmutter* und *Großopa* auf dem Friedhof aufgesucht, während in der Wohnung die *Großoma* den kranken *Großvater* betreut.

Es ist üblich, am Ende eines Friedhofsbesuchs am Grab ein kurzes Abschiedsritual gegenüber dem Verstorbenen zu vollziehen, in dem dessen Seele aufgefordert wird, den lebenden Verwandten nach deren Besuch am Grab nicht zu folgen, sondern in seinem neuen Zuhause als Toter auf dem Friedhof zu bleiben. Kurz nachdem die drei Friedhofsbesucher wieder ihre Wohnung erreichen, fällt ihnen ein, dass sie beim Verlassen der Gräber das Abschiedsritual vergessen haben. Gleichzeitig wird der kranke Großvater auffällig dadurch, dass er sich ungewöhnlich verhält: Plötzlich sagt und tut er Dinge, die *nicht für ihn*, sondern für den verstorbenen *Großopa typisch* waren.

Daraus schließt die Familie mit Schrecken, dass offenbar die Seele des *Großopas* ihnen vom Friedhof her gefolgt ist und nun im Leib des kranken und schwachen Großvaters Wohnung genommen hat. Sofort gehen die Eltern der Zeugin in einen Park und beschaffen von einem bestimmten Baum, den ich nicht näher bezeichnen kann, Zweige, die sie in die Wohnung bringen. Mithilfe dieser Zweige gelingt es, die eingedrungene Seele zur Rückkehr in das Reich der Toten zu veranlassen, damit der Großvater wieder nur noch er selbst sein kann.

Der Vorfall wird im Internet mit Hilfe der Kommunikations-Software WeChat[61] lebhaft debattiert. Dabei taucht die Frage auf, warum die Großopa-Seele sich nicht des Leibes der eigenen noch lebenden Ehefrau bedient habe. Antworten mit einem Angebot an Hypothesen dazu lauten: Die Großoma hat eine starke Persönlichkeit. Man vermutet, dass sie sich dem Eindringen einer anderen Seele widersetzen würde. Man vermutet auf WeChat auch, dass es der Verstorbene nicht als attraktiv empfunden haben könnte, im Körper seiner früheren Ehefrau Platz zu nehmen.

Dies alles ist nicht ein Rückblick auf das alte China, sondern hat sich erst neuerdings so zugetragen. Erlebnisse dieser Art werden unter jungen Intellektuellen Chinas über den globalen Smartphone-Kontakt berichtet, und niemand zweifelt

---

⁶¹ *WeChat* wurde von der Firma *Tencent* in China entwickelt.

daran, dass die Geschehnisse in der Tat so erlebt wurden. Allerdings erzählt man als Chinese so etwas normalerweise nicht einem Westler, weil man genau weiß, dass man dort wegen seines Aberglaubens belächelt werden würde.

Immerhin zeigt uns diese Geschichte, dass es in China als durchaus wahrscheinlich angesehen wurde und immer noch wird, dass auch schon vor Jahren verstorbene Verwandte mitten unter uns präsent sind. Im Christlichen Abendland war es der Tradition nach anders: Dort wurde die Seele des Toten rasch nach seinem Verscheiden dem Himmel, der Hölle oder dem Fegefeuer zugewiesen. Die Seelen galten infolgedessen als im Diesseits nicht mehr anwesend. Jeder Versuch, sich mit ihnen in Verbindung zu setzen, galt als heidnisches Fehlverhalten. Doch der weltanschauliche Dualismus, auf dem diese Trennung beruhte, schwächt sich im Okzident seit vielen Jahrzehnten ab.

Man kann ein Schwinden der Überzeugung von einem *Diesseits-Jenseits-Dualismus* auch als Transzendenzverlust bezeichnen. Ein anhaltender Trend in diese Richtung wurde in Deutschland anhand von Predigttexten nachgewiesen; denn die Amtsträger der Volkskirchen sind seit Jahrzehnten dabei, mindestens implizit die Selbstverständlichkeit des Dualismus im Umgang mit dem Glauben zu modifizieren.[62]

Unterstellen wir einmal vorläufig, dass die Glaubenswelt der Chinesen die Anwesenheit der Unsterblichen, *der guten wie der bösen*, in dieser Welt einschließt; unterstellen wir weiterhin, dass schrittweise im Abendland, der Jenseitsglaube verloren geht, dann kann man das in diesem Punkt als eine Annäherung der Religionen der beiden Kulturen zu einander verstehen.

---

[62] Michael N. Ebertz, Erosionen im Jenseits – Erosionen im Diesseits. Predigten über „Himmel", „Hölle", „Fegefeuer" in soziologischer Sicht. In: Horstmann, Johannes (Hg.): *Ende des Katholizismus oder Gestaltwandel der Kirche?* Schwerte 1993, 83-132.

Neben der Frage nach dem Stellenwert des weltanschauli-
chen Dualismus spielt der *Umgang mit der Zeit* eine große
Rolle im Kulturvergleich. Wir leben im Kontext christlichen,
und übrigens auch jüdischen Glaubens *im Advent*, also in
der Erwartung einer *Ankunft oder Wiederkunft* des Messias
oder der Person des Sohnes in der Trinität.

Das erinnert an die eschatologische Dimension der Kultur
des Abendlandes: Das, worauf es eigentlich ankommt, steht
noch bevor, liegt irgendwo in der *Zukunft*, vielleicht im nächsten Jahrtausend. Im Vergleich dazu ist bei einer solchen *okzidentalen* zukunftsorientierten Sichtweise die hinter uns lie-
gende Geschichte nicht so wichtig. Das sieht man im *Orient*
spätestens seit Konfuzius ganz anders.[63]

Die Frage nach idealen kulturellen und sozialen Verhältnissen wurde von Konfuzius und seinen „Jüngern" als erforderliche *Rückwendung* zu einer ganz konkreten Phase in der
Geschichte Chinas beantwortet. Im Orient wie im Okzident
besteht kaum ein Zweifel daran, dass gegenüber der Gegenwart *Wandel notwendig* ist, doch während der Westen das
Heil *von der Zukunft* erhofft, sucht China es seit Konfuzius *in
einer verklärten Vergangenheit*, zu der die Menschen sich
zurückwenden müssen, um sich von den zahlreichen Übeln
gegenwärtigen Verhaltens zu befreien.

Man kann diesen Ost-West-Vergleich auch so skizzieren: Im
Osten fordert Konfuzius die *Rückkehr zu einer glanzvollen
Periode* chinesischer Geschichte, während im Westen *uto-
pisches Denken zum Hoffnungsträger* wird. Das okzidentale
Utopia des Thomas Morus von 1516 war auf einer Insel zu
denken, die nicht existierte, eben als das Land *Nirgendwo*.
Um die fiktive Qualität des Entwurfs wusste jeder; gleichwohl
dienten utopische Fiktionen als Kritik am jeweiligen *status*

---

[63] In China ist *Konfuzius* ein „Heiliger" und wird ebenso wie *Laozi* bis
heute als solcher verehrt. (Einen Laozi-Tempel konnte ich in Quanzhou
besichtigen).

quo, der z.B. durch ein *Gottesreich* (dein Reich komme!) oder durch eine *klassenlose Gesellschaft* überwunden werden sollte. In China kann der Gedanke an eine *klassenlose Gesellschaft* keine vergleichbare Bedeutung haben.

Konfuzius konfrontierte die katastrophalen Zustände, die sich zu seinen Lebzeiten eingestellt hatten, mit einer soziokulturellen Wirklichkeit, die es *schon einmal gegeben* hatte, und an deren neuerlicher Machbarkeit es keine begründeten Zweifel geben konnte. Nach nur drei Jahren in der Politikberatung gab er sein Amt als Minister angewidert auf, weil sein Fürst 80 junge Mädchen als Geschenk von einem Nachbarfürsten angenommen hatte. Dieses Niederlegen seines Amtes unter Protest gegen hoheitliche Unmoral ließ den Weisen 13 Jahre lang „arbeitslos" werden.

In dieser langen und schweren Zeit geschah es, dass er mit seinen Schülern – häufig am Rande des Hungers – von *einer* Gegend in die *andere* wanderte, um einen würdigen Herrscher zu finden, dem er ehrenvoll dienen könnte. Die Abhilfe gegenüber den Verfehlungen seiner Zeitgenossen, die er als Ethiker forderte und versprach, konnte sich in seinen Aufrufen dann auf Zustände beziehen, die nicht auf der *Insel Nirgendwo,* sondern in China selbst in nicht allzu ferner Vergangenheit *tatsächlich geherrscht* hatten.

Dieser Bezugspunkt seiner Ethik machte die nicht-utopische Lehre des Konfuzius in fundamentaler Weise anders als es die Ethik westlicher Philosophen war. Das Fundament seiner Ethik gab ihm auch ein besonders hohes Maß an einer *Religion vergleichbaren* Autorität, wenn Konfuzius Wandel forderte, weil seinen Forderungen nicht der Einwand entgegengehalten werden konnte „wer weiß, ob so etwas praktikabel ist!"

Seine Forderungen waren gedeckt durch den Hinweis: *Eure Vorfahren haben so gelebt, nun bekehrt Euch gefälligst, und kehrt zu dem zurück, was sie in euren Familien geleistet haben!* Dies ist die Koppelung von Religion und Ethik im *konfuzianischen Denken*, das durch den Bezug auf die Vorfahren seine religiöse Qualität erhält.

In der Geschichte der Kultur Chinas hat es immer wieder Bewegungen gegeben, die dem Konfuzianismus tatsächlich oder vermeintlich entgegenstanden. In der Song-Dynastie (960-1279) gab es Kaiser, die aus verschiedenen Motiven den Buddhismus gewähren ließen und den Daoismus förderten, z.B. weil *der* ihnen eine Umgehung des Sterbenmüssens beim Übergang in die Ewigkeit versprach, wie das die Bibel von der Entrückung des Elija[64] berichtet. Doch unter dem Einfluss eines sich formierenden Neo-Konfuzianismus neigten die gelehrten Ratgeber und kaiserlichen Beamten dazu, dem Herrscher zu einer eindeutigeren Orientierung an der Lehre des Konfuzius zu raten.

c) Ethik

Den Beobachter Chinas aus dem Westen überrascht es, dass die Ein-Kind-Politik der Führung, die von 1980 bis 2015 in Kraft war, und die Anfang 2016 in eine Zwei-Kinder-Politik umgewandelt wurde, keinen oder wenig Einfluss auf das familienbezogene Verhalten der Chinesen hatte. Die Neigung, Beziehungsmuster aus der Familie auf außerfamiliale Kontakte zu übertragen und etwa den guten Freund als *großen Bruder* anzureden, hat wohl als Reaktion auf die Ein-Kind-Politik eher zugenommen. Jedenfalls erweisen sich in China die Nahbeziehungen in tatsächlichen oder definierten, also gleichsam in Adoptiv- oder Patenschafts-Verwandtschaften als sehr stabil.

Das hängt damit zusammen, dass die Sozialethik Chinas überwiegend *personenorientiert* ist: Man stellt eben sein Handeln auf Mitmenschen ein, die Verwandte oder als enge Freunde *quasi* Verwandte sind. Was aus westlicher Sicht in China weitgehend fehlt, ist eine Praxis der Solidarität oder

---

[64] Bibel: Das zweite Buch der Könige, Kap. 2, Vers 11. Vgl. das Negrospiritual *"Swing down, sweet chariot, coming for to carry me home..."*

Loyalität auf der Grundlage *gemeinsamer Mitgliedschaft in einer Organisation*, durch die persönliche Bekanntschaft ein Stück weit ersetzt werden kann. Warum ist das der Fall?

In der Entwicklung der Kultur des Abendlandes war es ein Wendepunkt, als Platon die Wahrheit seiner ewigen Ideen im Jenseits als völlig unabhängig davon beschrieb, ob diese oder jene Person sie in konkretes Handeln umsetzt, und sogar davon, ob diese Ideen zur Kenntnis genommen wurden oder nicht. So entstand die Vorstellung von einer objektiven, nicht an bestimmte Subjekte gebundenen Wirklichkeit, die als gegeben zu unterstellen z.B. in den Naturwissenschaften der Gegenwart ganz selbstverständlich geworden ist.

Es gibt seitdem im Westen eine *Wahrheit,* die nicht durch Interessen des auf seinen Vorteil bedachten Einzelnen gefärbt, nicht von Egoismus oder Altruismus in die eine oder andere Richtung verbogen, sondern neutral und unanfechtbar zur Grundlage objektiver Urteile auch moralischer Art gedacht werden kann. Es war für mich eine der überraschendsten Feststellungen des chinesischen Soziologen *Fei,* dass es eine vergleichbare Hinwendung zu objektiven Prinzipien nach dem Vorbild Platons in der Kulturgeschichte Chinas niemals gegeben habe.[65]

Als Folge davon haben dort großorganisatorische Strukturen nicht das Potential, wie im Okzident Solidarität zwischen Personen entstehen zu lassen, die einander kaum kennen. Wo Chinesen dennoch einen Konsens damit begründen, dass Personen derselben Organisation angehören, beruht das nicht auf objektiver Wahrheit, sondern auf dem Glauben an die Sendung eines Führers und auf Loyalität ihm gegenüber. Solche Formen der Konsensbildung kennt der Westen freilich auch.

---

[65] Fei, Hsiao-tung (alternative Schreibweise für Xiaotong): *China's Gentry. Essays in Rural-Urban Relations,* Chicago & London: University of Chicago Press 1953: S. 26.

Die Neigung, personalistische Relationen im inneren von Organisationen zu schaffen, führt nicht nur in China, aber eben *auch dort*, zuweilen zu dem, was dann als „Korruption" gebrandmarkt wird, sei es von westlichen Beobachtern, die Chinas Rückständigkeit aufzeigen möchten, sei es von politischen Gegnern innerhalb Chinas, die eine willkommene Ausrede wittern, einen lästigen Zeitgenossen und *Wettbewerber um die Macht in der Partei* auszuschalten.

Da kulturelle Entwicklungen gewöhnlich nur um einen mehr oder weniger hohen Preis erreicht werden können, muss wohl das Abendland seine Hinwendung zur Objektivität mit dem Verlust anderer Merkmale seiner Kultur bezahlt haben. Das Opfer an Personalität, das im Western gebracht wurde, hat z.B. zu dem Phänomen des *unbedingten Gehorsams* nicht nur im Militär geführt.[66] Ein weiterer Preis dafür könnte die Neigung zu überzogener Bürokratisierung sein, wobei sich das Prinzip „ohne Ansehen der Person" in seiner ganzen Ambivalenz als Pendel zwischen Unbestechlichkeit und Unbarmherzigkeit realisieren konnte.

Voraussetzung für eine öffentliche Ordnung auf der Grundlage okzidentaler Prinzipien ist die *Polarität öffentlich – privat.* Wir setzten sie in westlicher Tradition als normal voraus, und erklären Phänomene wie Korruption genau damit, dass eine klare Trennung zwischen beiden Bereichen nicht konsequent praktiziert wird. Die Wurzel der Entstehung dieser Dualität der Lebensbereiche ist vielleicht die abendländische Gegenüberstellung zwischen *Dienst am Gemeinwesen* einerseits und *Fürsorge für die eigene Familie* andererseits, eine Gegenüberstellung, die in Europa in den verschiedenen Nationen und sozialen Schichten unterschiedlich weit entwickelt ist. In der Kultur Chinas hat aber *Verwandtschaft* eine andere und tiefer greifende Bedeutung als im Okzident.

---

[66] Vergleiche dazu die Zustimmung des Prinzen zur eigenen Hinrichtung in Heinrich von Kleists (1777-1811) „Prinz von Homburg"!

d) Familie

Der Zeitgenosse aus dem Abendland, der China verstehen will, muss zur Kenntnis nehmen, dass *Familie* dort nicht das Gleiche bedeutet wie in Ländern mit christlicher Tradition. China hat mit erstaunlicher Konsequenz das *patrilineale Familienmodell* vor Jahrtausenden etabliert und niemals aufgegeben. Das bedeutet, dass eine junge Frau bei ihrer Eheschließung die Familie, in der sie aufgewachsen ist, verlässt und zum Mitglied der Familie ihres Ehemannes wird. Die Trauung hat deshalb viel ausdrücklicher den Charakter eines Initiationsritus als im Westen.

Da es die von praktisch allen Chinesen geteilte *Religion* ist, die verstorbenen Vorfahren als Heilige oder Gottheiten zu verehren, bedeutet das Heiraten für die Frau zugleich, dass sie sich *einer Konversion* unterwirft, von der Verehrung der *Vorfahren ihrer Herkunftsfamilie* zur Verehrung der *Vorfahren der Familie ihres Mannes*.

Dem entspricht es, wenn man zu dem Thema der Auswahl einer geeigneten Ehefrau in den *Gesprächen des Konfuzius* - in der englischsprachigen Literatur als „The Analects" bekannt - den Ratschlag oder das Gebot des Meisters liest: „Heirate eine, die ihre *eigene Verwandtschaft* nie verleugnet hat; dann kannst Du sie mit gutem Gewissen *Deinen Vorfahren* präsentieren!" Dieses ethisch-religiöse Gebot des Konfuzius hat bis heute großes Gewicht.

Von Ausnahmen abgesehen heiratet im heutigen China niemand, ohne vorher die Zustimmung der Eltern beider Heiratswilliger einzuholen. Es ist auch unmittelbar einsichtig, wie notwendig das ist, wenn man bedenkt, dass die junge Frau zu ihrem Mann *und dessen Eltern* umzieht und in dem gemeinsamen Haushalt ständig mit den Schwiegereltern – und besonders der Schwiegermutter – konsensual zusammenleben muss. Das ändert sich unter großstädtischen Verhältnissen nur sehr allmählich.

Sobald ein Kind geboren wird, stehen vier Erwachsene zu dessen Betreuung bereit, die Eltern des Kindes und die Eltern des Vaters des Kindes. Dies ist die selbst in den großen Städten Chinas noch gültige Normalität, von der es freilich Abweichungen gibt: Es soll daher nicht ausgeschlossen werden, dass sich unter den Bedingungen des Großstadtlebens schrittweise Abweichungen davon ergeben, etwa so, dass Eltern- und Großelterngeneration in zwar nachbarschaftlicher Nähe gelegenen aber immerhin *getrennten Wohnungen* ihr Zuhause finden.

Unter den Bedingungen einer lebenslangen Berufstätigkeit beider Ehepartner erscheinen nämlich ständig präsente Großeltern zunächst als naturgegebene Babysitter höchst willkommen. Später jedoch, als pflegebedürftige Alternde werden sie zu einer kaum erträglichen Belastung. Mir sind im Universitätsbetrieb wiederholt begabte und erfolgreiche junge Chinesinnen und Chinesen plötzlich abhandengekommen, weil sie – wie sich später herausstellte – bei der Betreuung erkrankter Großeltern mitwirken mussten.

Wegen der offensichtlichen Unterbesetzung der Krankenhäuser mit Pflegepersonal (Verwandte müssen bei Schwerkranken in der Klinik übernachten) und bei dem fast völligen Fehlen von Altenwohn- und -pflege-Einrichtungen steht China bei diesem Thema vor gigantischen ungelösten Zukunftsaufgaben.

Die komplizierten *Interna* chinesischer Familienbeziehungen paarweise (Vater-Sohn, Mutter-Tochter, Bruder-Schwester etc.) zu behandeln, fehlen hier Raum und Kompetenz. Doch die Sonderbeziehung zwischen Vater und Sohn soll wegen ihrer kulturhistorischen Verankerung bei Konfuzius kurz erwähnt werden: In den Analekten des Konfuzius findet man ein Gespräch aus dem Jahr 489 v. Chr. zwischen dem Meister und dem *Herzog von She*, das oft als Begründung dafür zitiert wird, warum es in China selbst in der Gegenwart schwierig ist, eine *objektive Rechtsordnung* – gültig ohne Ansehen der Person – durchzusetzen. Es zeigt aber außerdem die Besonderheiten konfuzianischer Familienethik am Beispiel der Vater-Sohn-Beziehung.

Der Herzog sagt zu Konfuzius: „Hier bei uns gibt es Leute, die man in ihrem Verhalten aufrechte Personen nennen könnte. Sollte der Vater von einem von ihnen ein Schaf gestohlen haben, so wird er das bezeugen." Darauf antwortet Konfuzius: „Bei uns, in unserem Teil des Landes, sind die aufrechten Leute anders. Der Vater würde das Fehlverhalten seines Sohnes verbergen, und der Sohn versteckt das Fehlverhalten seines Vaters. Das finden wir aufrecht." –

Diese, dem Konfuzius selbst in den Mund gelegten Worte erklären manches im heutigen China, und werden vielleicht besser verständlich, wenn man vor Augen hat, dass die Vater-Sohn-Beziehung in der kulturtragenden Schicht Chinas ursprünglich auf einem Lehenseid beruhte und dass die Familienethik im ganzen Volk eine Entwicklung genommen hat, die bei uns im Westen vielleicht nur mit Verhältnissen in adligen Familien vergleichbar ist (Granet 2013: 311)[67], in denen überhaupt bekannt ist, wer vor mehr als drei Generationen die Vorfahren waren.

Der seiner Kulturtradition treue Chinese fühlt sich seinen Vorfahren verbunden, auch wenn er Mitglied der Kommunistischen Partei Chinas ist. An einem dafür vorgesehenen Feiertag bringen er oder sie dem lieben Toten Opfer – oder Geschenke – dar. Der *Vorfahren-Tag* ist nach dem Mondkalender der 15. Juli. Viele Gläubige haben dann das Bedürfnis, Geld an ihre verstorbenen Verwandten väterlicherseits zu schicken, z.B. indem sie auf *im Diesseits wertlose* Geldscheine die Namen des Adressaten schreiben, sie dann rituell verbrennen und eben dadurch ins Jenseits befördern.

Dem entspricht es noch einigermaßen, wenn ein Mitbürger von uns am Übergang vom Oktober zum November eine

---

[67] Marcel Granet, *Chinese Civilization* (translated by Kathleen Inness and Mabel Brallsford), London & New York, 2013 (Französisches Original 1929).

Kerze oder eine Blume auf das Grab seines Verwandten stellt. Doch die übliche Hinwendung zu den Verstorbenen ist in China intensiver als bei uns: Sie, die toten Familienmitglieder sind dort unter den Lebenden präsent, wie wir am Beispiel der irrtümlich vom Friedhof mit heimgebrachten Seele gesehen haben.

Doch die kulturelle Ordnung, welche die Schranke zwischen Lebenden und Toten überwinden hilft, verbindet vorwiegend *nahe Verwandte*. In westlichen Kulturen mit christlicher Tradition spielt der Gedanke eine große Rolle, dass *alle Menschen* einander wie Geschwister behandeln sollten. Der zur Hymne der Europäischen Union gewordene Schlusssatz aus Beethovens Neunter Symphonie, der hier im Korea-Teil erwähnt wurde, erhält in seinem Text die Worte „alle Menschen werden Brüder". Man kann dieses hehre Ziel als ethischen Universalismus bezeichnen.

Im 5. und 4. Jahrhundert vor Christus gab es bei dem *Philosophen Mozi* auch in China den Versuch, den Gedanken einer religiös gestützten geschwisterlichen Zuwendung unter *allen Menschen* zu vertreten. Das, warum es dabei ging, hat der Erzbischof von München, Reinhard Kardinal Marx in einer Rede in der *Katholischen Akademie in Bayern* am 8. Februar 2019 als Prinzip des *ethischen Universalismus* so formuliert: "Die Grundlage für das Miteinander der Menschen ist, dass wir uns als Menschen auf Augenhöhe begegnen, *weil wir Menschen sind*. Und nur deshalb. Nicht weil wir katholisch sind, weil wir evangelisch sind, Muslime sind, gläubig sind, ungläubig sind, was immer sind, sondern *weil wir Menschen sind*. Wenn das aufgegeben wird, wäre vieles verloren."[68]

Bertholt Brecht (1898–1956) kommentierte ausdrücklich das Werk des Mozi (andere Schreibweisen Mo-tsu oder Mo-tse 墨子 ca. 490–ca. 381 v.Chr.), der eine universale Brüderlich-

---

[68] Reinhard Kardinal Marx, *Wie die Kirche der Welt beim Denken hilft*. Vortrag, abgedruckt in: *zur debatte*, 4/2019: 6-7, S. 7.

keit für richtig hielt und damit das von Erzbischof Marx skizzierte christliche Brüderlichkeitsgebot in China um Jahrhunderte vorwegnahm. Das Gebot des Mozi brach aber zusammen, nicht unter den Einflüssen einer Flüchtlingskrise, sondern unter den Angriffen der Jünger des Konfuzius: Mencius (Schreibweise auch Meng Zi oder Meng Tzu 孟子 ca. 372 oder 379–ca. 289).

Mencius konnte sich darauf berufen, einen Enkel des Konfuzius als Lehrer gehabt zu haben. Er wies die Lehre des Mozi als universalistisch zurück, weil eine Brüderlichkeit unter *allen* Menschen nur *auf Kosten der besonderen menschlichen Nähe in der eigenen Familie* zu verwirklichen wäre. Dieses konfuzianische Denken, das sich gegen Mozi durchsetzte, *verwarf* den ethischen Universalismus, und damit den Schlusssatz aus Beethovens Neunter Symphonie, nach dem alle Menschen Geschwister sind, als *familienfeindlich.*

Dazu wurde später noch einmal „nachgelegt" mit dem Argument, dass *auch Tiere* nicht zwischen Verwandten und anderen Angehörigen der eigenen Art unterscheiden. Infolge solcher groben Attacken verschwand der Universalismus des Mozi bis um die Mitte des 19. Jahrhundert aus den Ethikprogrammen Chinas[69]. Stattdessen galt die höchste Aufmerksamkeit in China der *Beziehung zwischen Verwandten* und dem Familienkontext, in dem sie einander begegneten. Freilich wurden und werden – wie auch im Okzident – Beziehungen zwischen befreundeten Personen nach dem Muster von Verwandtschaftsbeziehungen gelebt, auch wenn die Beteiligten nicht verwandt sind.

Die Konzentration der Ethik auf das Familienmodell geht in China auf Kosten der Entwicklung und Beachtung einer öffentlichen Ethik, in der – ohne Ansehen der Person – nach objektiven Prinzipien gehandelt wird. Dazu noch einige

---

[69] Wolfgang Bauer, *Geschichte der chinesischen Philosophie, Konfuzianismus, Daoismus, Buddhismus* (herausgegeben von Hans van Ess), München: Beck 2006, S. 64.

Gedanken: Zur intrafamilialen Erziehung gehörte in Deutschland, jedenfalls zur Zeit meiner Kindheit, die z.B. von meiner Mutter oft vorgetragene Ermahnung: „Wenn das jeder machen wollte, wo kämen wir da hin?"

Da aber in China nicht Mozi, sondern Mencius sich durchgesetzt hatte, interessierte dort weniger als im Westen das, was „jeder machen wollte." Stattdessen sieht die Mehrheit der Zeitgenossen das etwa so:

Wenn wir Chinesen sind, dann gehen uns die Leute da draußen nichts an, sie richten sich *nach ihren* Familienangehörigen wie wir *nach den unseren*. Wir handeln liebevoll und hilfsbereit gegenüber Verwandten und engen Freunden und wir geben uns besondere Mühe, unsere verstorbenen Vorfahren nicht zu enttäuschen. Abgesehen davon dürfen wir fremde Menschen ruhig auf höfliche Weise ignorieren und so niemandem zur Last fallen. Das müssen wir lernen, wenn wir gute Chinesen sein wollen. Es fällt es uns dann leicht, danach zu handeln, weil unser Verwandtschaftsverband *unsere Religionsgemeinschaft* ist. Unsere verstorbenen Vorfahren in männlicher Linie sind *unsere Heiligen*. Was im Abendland Religion heißt, beurteilen wir danach, ob und wie es mit unserer *Religion der Familie* kompatibel ist. Was dem entgegensteht, werden wir mit Entschiedenheit zurückweisen und bekämpfen, weil wir Chinesen *unsere „Religion"* verteidigen, wie jeder Angehörige einer anderen Glaubensgemeinschaft *die seine*.

e) Politik

Als 1919 nach dem Ende des letzten Kaisers von China weiten Teilen der Bevölkerung die Schwäche des Landes im internationalen Vergleich bewusst wurde, forderte die schon erwähnte „Bewegung des 4. Mai" der Studenten die Abkehr von der Tradition und statt dessen eine entschiedene Hinwendung zu *Demokratie* und *Naturwissenschaft*. Die „Bewegung des 4. Mai" hat ihr Plädoyer für eine Demokratie nur vorübergehend, doch ihr Anmahnen von mehr Naturwissenschaft als Quelle von internationaler Macht und Ansehen[70] mit längerer Wirkung in politische Taten umsetzen können.

Zunächst kam es jedoch statt zu demokratischen Verhältnissen zu einer chaotischen Zeit der Gewaltherrschaft voneinander ablösenden „Kriegsherren" (war Lords) in der Zeit von 1916 bis 1928. Chiang Kai-Shek beendete diesen Zustand und stellte eine funktionierende Demokratie her, war jedoch kein überzeugender Förderer der Naturwissenschaften. Statt dessen dürfte er eher wieder dem Konfuzianismus mehr Bedeutung zugestanden haben. Seine erfolgreiche Regierungszeit als gewählter Präsident der Republik China, die mehr als dreißig Jahre dauerte, ermutigte ihn, sich der bis dahin geduldeten Kommunisten in seiner Nähe zu entledigen.

Die USA neigten zunächst dazu, sich angesichts der Konfrontation der Bürgerkriegsparteien auf die Seite Chiang Kaisheks zu stellen. Doch in dem Krieg mit Japan fand Amerika, dass der sich zu wenig militärisch gegen Japan wandte. Darum knüpfte der Geheimdienst CIA dann Kontakte zu Mao Zedong an, die dazu führten, dass ihm Waffen aus den USA geliefert wurden.

Die Erwartung der Amerikaner war, dass Mao die Waffen gegen Japan einsetzen würde, er aber benutzte sie überwiegend dazu, seinen Bürgerkriegsgegner Chiang Kai-Shek zu besiegen. Aus Gesprächen mit meinen Studenten und Kollegen[71] in China habe ich jedoch gelernt, dass viele der Prinzipien des Konfuzianismus in dem Bereich untergebracht sind, den man im Westen als das *Privatleben* bezeichnet. Dadurch wurde und wird einer direkten Konfrontation mit der Lehre der Kommunistischen Partei aus dem Wege gegangen.

---

[70] Eine Orientierung, die das Denken des Präsidenten *Xi Jinping* beeinflusst.

[71] Es erklärt sich aus der innenpolitischen Situation Chinas, dass hier die Quellen mündlicher Information nicht immer genannt werden können.

Tagebuch als Gastprofessor mit Familie 2010/11

Samstag, 21. August 2010 / Sonntag, 22. August 2010:

Reise München – Schanghai, Woche 1

Abfahrt im Spezialtaxi (fünfköpfige Familie mit sechs Ge-
päckstücken und einem Laptop-Computer) ab Münchener
Osten um 19 Uhr. Da das Check-in schon 23 Stunden vor
Abflug über das Internet erledigt wurde, geht das Aufgeben
des Gepäcks bei der Lufthansa schnell. Nach der Pass- und
Sicherheitskontrolle bleibt Zeit für entspanntes Trinken. Der
Einsteigvorgang ist anstrengend: Familien mit kleinen Kindern finden bei der Rangfolge keine Beachtung mehr wie in
früheren Jahren.

Im Flugzeug auf der Strecke München – Schanghai, August 2010

Die Maschine ist ausgebucht. Pünktlich zur Abflugzeit rollt die große A 320-600 zur Startbahn. Es geht nach Schanghai über rund 9000 km und dauert von ca. 22 Uhr bis ca. 8:30 Uhr (Europäische Zeit), also zehneinhalb Stunden. In Schanghai freuen wir uns über den planmäßigen und problemlosen Verlauf der bisherigen Reise. Nach einem kurzen Imbiss, vor allem, um bei den hohen Temperaturen etwas zu trinken, holt uns ein Hotelfahrzeug am Flughafen Pudong ab und bringt uns am frühen Nachmittag Ortszeit ins Hotel.

Montag, 23. August: Schanghai – Hainan

Der non-stop Flug Schanghai – Sanya verlässt Pudong um 18:05 Uhr Ortszeit, also mittags nach der Zeit, die wir aus München immer noch gewohnt sind. Die Maschine ist offenbar ganz überwiegend von Touristen besetzt, die einen Urlaub auf der Insel Hainan gebucht haben. Die 2000 km sollen in etwa zweieinhalb Stunden durchflogen werden. Bald nach dem pünktlichen Start wird es dunkel und der Vollmond scheint von Westen her durch die Fenster. Der Landeanflug wird dramatisch, da dichte Wolken und heftige Winde den Flughafen von Sanya umgeben.

Bald nach unserer turbulenten Landung setzt ein Tropensturm ein, und unsere Fahrer meinen, sie hätten schon gar nicht mehr damit gerechnet, dass wir noch landen könnten. Ganz kurz nach uns landet noch eine Maschine, mit der ein Dozentanpaar von der hiesigen Universität ankommt, das unserer Fahrer auch abholt. Unser umfangreiches Gepäck läßt es in dem Kleinbus eng werden, in dem bei acht offiziellen Sitzplätzen tatsächlich neun Erwachsene und unsere drei Kinder beisammensitzen. Starker Regen erzeugt in kürzester Zeit geflutete Strassen, doch endlich kommen wir im Dunkel der Nacht auf dem Campus an und sind froh, nach 11000 Flugkilomtern unser Ziel erreicht zu haben.

Dienstag, 24. August: Erster Tag am Sanya College

Wegen des Zeitunterschieds von sechs Stunden kommen wir noch recht spät aus den Betten. Wir fahren zu einer ersten Erkundungsrundfahrt in die Stadt Sanya (San heisst „drei" – Ya heisst „Fluss", es handelt sich um eine Siedlung am Zusammenfluss zweier Flüsse), die etwa 400.000 Einwohner hat. Der lange Fußweg zur Bushaltestelle führt durch einen sehr großen, wunderschönen Campus mit viel Vegatation, darunter Palmen, der hoch auf der Insel von Hügeln umgeben in einer Art Mittelgebirgslandschaft ange-legt wurde, und zur Zeit nahezu eine einzige Baustelle ist. Die Busfahrt von der Endstation College zur Stadt kostet einen Fahrpreis von 3 RBM, also etwas mehr als 30 Eurocent für Erwachsene (Kinder fahren kostenlos) und dauert ca. 45 Minuten. Die Route führt sachte bergab und zunächst durch unbebautes Gelände mit der hier selbst-verständlichen tropischen Vegatation. Dann beginnen die Hochhäuser der offenbar rasch wachsenden Stadt.

Weil unser Internetzugang noch nicht funktioniert, suchen wir nach einem Internet-Cafe in der Innenstadt, um unseren erfolgreichen Reiseabschluss nach Deutschland berichten zu können. Hilfreiche junge Leute helfen uns, eine Ein-richtung zu finden, die im ersten Stock eines Hotelgebäudes liegt, und in der man für die Nutzung eines Computers zahlt, in dem aber nichts verzehrt wird. Die meisten Nutzer scheinen sich mit Computerspielen zu beschäftigen. Um einen Computer zugewiesen zu bekommen, muss man sich ausweissen. Utty zeigt ihren deutschen Reisepass und erhält von der jungen Frau, die dort arbeitet, die Auskunft, wer nicht im Besitz eines chinesischen Personalausweises sei, könne dort nicht das Internet nutzen.

Wir sind also im Begriff, abgewiesen zu werden, doch ich nehme aus dem Hintergrund an dem Geschehen teil und deute an, dieser Vorgang werde in einer deutschen Zeitung

viel Aufmerksamkeit erzielen. Utty übersetzt das. Nun wird
der Geschäftsführer herbeigerufen. Er erläutert, die Regelung, durch die Ausländer von der Nutzung ausgeschlossen
seien, wäre von der örtlichen Polizei so angeordnet. Daraufhin bitte ich, mit einem Sprecher der Polizei in Verbindung
gebracht zu werden. Das geschieht nicht, statt dessen läßt
der Geschäftsführer mich seinen eigenen Computer nutzen,
auf dem er gerade einen Film angeschaut hatte. Ich muss
ihn noch einmal um Hilfe bitte, weil ich bei dem Versuch, zu
schreiben, nur chinesische Schriftzeichen erzeugen kann.
Dann kann ich endlich kurz nach Deutschland melden, dass
wir gut angekommen sind.

Mittwoch, 25. August, zweiter Tag am Sanya College

Wir fahren wieder in die Stadt, wie gestern, diesmal aber
schon am späten Vormittag. Wichtigstes Ziel der Fahrt ist es,
ein Bankkonto zu errichten und dort einen von unserer
Münchener Bank ausgestellten Scheck zum Einzug zu
deponieren. Wir suchen zuerst die Shenzen Development
Bank auf. Die Formalitäten zur Kontoeröffnung laufen professionell und korrekt ab, doch beim Anblick des Schecks
erklären sie sehr freundlichen jungen Männer am Schalter,
ihr Kreditinstitut sei von der Regierung zu Auslandsge-
schäften nicht zugelassen. Sie raten daher zu einem Besuch
bei der Bank of China. Daraufhin verzichten wir auf die
Kontoeröffnung und fahren, wieder mit dem Bus, zu einer
kleinen Filiale der Bank of China. Dort mutet sofort alles wie
ein Behördengang an: Man muss zuerst eine Nummer
ziehen und dann warten, bis über einem der drei Schalter die
eigene Nummer aufleuchtet. Die Filialleiterin und die drei
jungen Frauen am Schalter lassen erkennen, dass hier das
Personal vollständig weiblichen Geschlechts ist.

Formulare müssen ausgefüllt werden, das muss wiederholt
werden, weil in den Antwortkästchen nicht das vorgeschriebene Häkchen, sondern ein kleines x eingetragen worden

war, immer wieder sind Rückfragen am Telefon erforderlich, weil die Eingabe eines im westlichen Alphabet geschriebenen Namens nicht vertraut ist, und so dauert es mehr als eine Stunde, bis endlich die Eröffnung eines Girokontos gelingt. Der Scheck allerdings wird auch hier wieder abgewiesen: Damit müssen wir zur Zentrale der Bank hier in Sanya gehen, und das verschieben wir dann auf einen anderen Tag, weil es längst höchste Zeit wird, ein Restaurant zum Mittagessen zu finden. Nach dem Essen suchen wir ein großes Kaufhaus auf. Es bietet auf zehn Etagen alles an, was man sich nur denken kann. Oben unter dem Dach gibt es ein Fit-ness-Zenter mit Kampfsportausbildung im Angebot, und dort ist auch ein Büro des Unternehmerverbandes untergebracht. Der positive Ein-druck den das Restaurant und das Kaufhaus bei uns hinterlassen, gleicht die eher bedauerlichen Bank-Erfahrungen wieder aus.

Donnerstag, 26. August, dritter Tag am Sanya College

Die Überwindung des Jet-lag ist noch nicht geschafft, und so wird es ein eher träger Vormittag. Kurz vor 15 Uhr finden Utty und ich das Hauptgebäude dieses Colleges. Ein netter Mann am Empfang führt uns zum Fahrstuhl und im ersten Stock in ein Büro. Eine kompetente junge Frau, die gut Englisch spricht, wirft einen Blick auf das Einladungsschreibens des zuständigen Dekans, von dem ich eine Kopie überreiche. Ich erläutere ihr, dringlich sei die Lösung des Internetproblems, andere Verwaltungsakte, wie die Ausstellung eines Gestprofessorenauswei-ses könnten warten. Sie verläßt uns für eine Weile, und kommt bald zurück, in einigem zeitlichem Abstand gefolgt von dem Vize-Dekan der School of International Education, Herrn Dr. Hu, der an der University of Toronto einen Doktorgrad erworben und auch einige Zeit auf dem Harvard Campus verbracht hat.

Hu und ich plaudern über Canada und die U.S.A. und dann verbindet uns die jungen Damen im gleichen Brüro am

Telefon mit der Computerabteilung. Wir verabreden, sofort dort hinzukommen, denn den kleinen Notebook-Computer trage ich bei mir. Utty und ich irren aber zwischen drei verschiedenen Stellen des Colleges hin und her, weil die Wegbeschreibungen ungenau waren. Endlich finden wir die richtige Abteilung zwischen lauter Baustellen. Ich sehe unterwegs Hörsääle im Bau, in denen das Gestühl noch nicht montiert ist, und mache mir Gedanken, wann hier wohl der Lehrbetrieb (mit meiner Beteiligung) aufgenommen werden kann.

Herr Wang, ein junger Computerfachmann, setzt sich an unseren neuen Notebook-Computer und ändert solange allerlei Einstellungen, bis das Internet empfangen werden kann. Ehe wir gehen, notiert sich Utty seine Handy-Nummer, weil wir ja noch den anderen Laptop haben. Der Versuch, den in unserer Wohnung hier selbst ans Netz zu bringen scheitert, und so wird Herr Wang tatsächlich zur Hilfe gerufen. Gegen 20:30 Uhr kommt er mit seiner Freundin, die gern Englisch sprechen üben will, dann aber zu schüchern ist, das tatsächlich zu tun. So wird hier wieder nur Chinesisch geredet und dabei an der Herstellung der Internetverbindung gear-beitet. Der MEDION Laptop erweist sich aber als höchst widerspenstig, und als Herr Wang endlich geht, meint er, das Problem liege dann wohl an unserem Browser. Immerhin, mit dem kleinen Notebook können wir ins Internet als unser Besuch uns verläßt.

Freitag, 27. August 2010, vierter Tag

In einem Kraftakt zur Überwindung des Jet-lag stehen wir gegen 9 Uhr auf. Wir machen die übliche Wanderung zur Bushaltestelle und fahren dann zu einem Neuwagenhändler. Ein junger Gehilfe zeigt uns ein sechssitziges Kleinstbusfahrzug. Als von meinen Schwiegereltern – den eigentlichen Autokäufern – Interesse bekundet wird, ruft er über Handy den ebenfalls jungen Verkäufer, der wie ein Thai oder

Vietnamese aussieht. Er gehört der Volksgruppe an, die historisch hier länger zu Hause ist als die Normalchinesen. Es wird – an meinem Sprachverständnis vorbei – über den Preis lebhaft verhandelt und endlich eine Probefahrt beschlossen. Die führt zunächst zu einem gemeinsamen Mittagessen unter selbstverständlicher Beteiligung des Autoverkäufers. Danach wird die Zentrale der Staatsbank Bank of China angesteuert, weil wir ja immer noch nicht den Scheck aus München zum Einzug auf das neu eröffnete Konto eingereicht haben. Der Verkäufer erweist sich als höchst nützlicher Chauffeur, muss nun aber unglaublich lange in dem Probefahrzeug warten, weil sich im Inneren der Bank ein neuerliches Inkompetenz-Drama entfaltet. Nach über einer Stunde hat Utty den Scheck endlich eingereicht mit der Zusage, in drei bis vier Wochen sei das Geld aus München da!

Inzwischen hat der Chef des Autoverkäufers in mehreren – sich offenbar der Intensität nach steigernden – Handy-Gesprächen nachgefragt, was denn nun Inhalt der Aktivitäten seines Verkäufers sei. Plötzlich teilt der dann mit, der von ihm zugesagte Erlaß der 15% Mehrwertsteuer werde von seinem Chef nicht mitgetragen, worauf wir erklären, dann sei der Kauf in sich zusammengefallen. Der Autoverkäufer entschuldigt sich für die Unzuverlässigkeit seines Chefs und bietet an, einen Autokauf bei der Konkurrenz seines Chef zu vermitteln. Meine Leute solidarisieren sich mit ihm und tauschen Telefonnummern aus. Dann wird die Chauf-feur-Tätigkeit fortgesetzt, und die „Probefahrt", die nun kaum noch als solche bezeichnet werden kann, endet an unserem Quartier, wo wir den Verkäufer wie einen alten Bekannten verabschieden, ohne allerdings ein Auto gekauft zu haben.

Samstag, 28. August 2010, fünfter Tag

Ein eher urlaubsmäßiger Vormittag: Alle, besonders die Kinder, sind begeistert darüber, dass nun beide Computer am Internet hängen und auch wieder von dort aus Tom und Jerry und andere wichtige Kulturprodukte der U.S.A. in chinesischer Sprache empfangen werden können. Die Probleme mit dem MEDION-Laptop meinte ich dadurch gelöst zu haben, dass ich den wireless adapter über den hardware manager der Systemsteuerung deaktivierte. Vorher war der Computer – wie aus München gewohnt – immer bemüht, eine nicht vorhandene Drahtlosvebindung zu suchen. Utty stellt fest, dass You-Tube nicht zugänglich ist, wahrscheinlich offiziell blockiert. Wir finden ein chinesisches Äquivalent, und ich vermute, dass die Blockade eher wirtschaftliche als politische Gründe hat.

Am Nachmittag unternehmen wir eine Busfahrt durch die Stadt Sanya zum Strand. Die Parallelen zu Waikiki sind deutlich, die Uferstrasse ist zur Landseite von Hochhäusern, zum Strand hin von Palmen umsäumt. Die Kinder haben viel Spass im Wasser, obschon wir nicht schwimmen, sondern nur mit Füßen und Beinen ins Meer gehen. Während der weitläufigen Busfahrten durch die Stadt beobachte ich die Verkehrsregelung an den Kreuzungen. Die „Ampeln" sind dort nicht wie bei uns drei Lampen in den Farben rot, gelb und grün. Gelb gibt es gar nicht. In den Farben rot und grün sieht man zweistellige Zahlen, die wie ein „count down" immer niedriger werden und jedem an der Kreuzung anzeigen, wieviele Sekunden ihm noch bleiben für das, was ihm gerade beschieden ist. Das ist ein System, das dem unseren deutlich überlegen ist!

Woche 02

Sonntag, 29. August 2010, sechster Tag in Sanya

Der Sonntag unterscheidet sich nicht erkennbar von anderen Wochentagen. Vielleicht ist er hier der Haupteinkaufstag der Woche. Utty, Lisa, Emmy und ich fahren ins Stadtzentrum um einen Bildschirm und einen Drucker für die Arbeit am Computer zu kaufen. Unsere Mittagsmahlzeit nehmen wir bei Kentucky Fried Chicken ein, jetzt nur noch bekannt als KFC. Den Ruf des fast food restaurants, den KFC in den U.S.A. mit gutem Grund hat, konnte die Hühnchenkette hier völlig ablegen (sie hat ihn hier nie gehabt), da die Lokale als gutbürgerlich und mit internationalem Flair behaftet gesehen werden. Während wir dort essen, werden zwei gut aussehende junge Frauen von der Polizei verhört, und es war uns nicht möglich, herauszufinden, was ihnen vorgeworfen wird.

Montag, 30. August 2010, siebter Tag in Sanya

Außer mir (am Computer) fahren alle in die Stadt, wenn auch in zwei Gruppen aufgeteilt und mit zweierlei Absichten: Utty fährt mit Emmy (die sich von ihrer Mutter kaum trennen lässt) und Lisa in die zukünftige Schule Lisas, und meine Schwiegereltern fahren mit Rita und Uttys Nichte zum Einkaufen. Das gibt mir Gelegenheit, neben den Neuigkeiten, die täglich wechseln, etwas zu berichten über die Konstanten, die uns hier einstweilen zuverlässig begleiten: Wir sind seit unserem Eintreffen in Sanya eine traditionelle Großfamilie, bestehend aus vier Erwachsenen (Uttys Eltern, Utty und ich) und vier Kindern (Lisa, Rita, Emmy und Tantan, die Tochter von Uttys Bruder). Wir wohnen in zwei von der Universität gestellten Einzimmerwohnungen, die hier im ersten und im zweiten Stock liegen. Das College wird gigantisch aus- und umgebaut, und man hat uns beim Eintreffen versichert, wenn wir in Zukunft wiederkämen, würde man uns eine neue größere

Wohnung geben, zur Zeit jedoch lebe selbst der Präsident des College in einer solchen Einzimmerwohnung.

Es gibt erstaunlicherweise nur diesen einen Einheitswohnungstyp hier: Alle wohnen in einer solchen Einzimmerwohnung, die Studenten – natürlich säuberlich nach Geschlecht getrennt – zu sechst (!), die Lehrpersonen ohne Doktorgrad zu zweit und die Lehrpersonen mit Doktorgrad allein, bzw. mit Familie. Dem telefonischen Verhandlungsgeschick von Utty ist es zu verdanken, dass wir also nicht nur eine, sondern sogar zwei Einzimmerwohnungen zugewiesen bekamen. Wir Ehepaare, Utty und ich und ihre Eltern, schlafen immer in derselben Wohnung, Tantan schläft immer bei ihren Großeltern, doch unsere Kinder migrieren zwischen den Wohnung hin und her, tagsüber sowieso, doch auch nachts schlafen sie mal hier, mal dort. Die Stimmung ist ausgelassen bis fröhlich, nur die Unzuverlässigkeit der Internetverbindung (immer noch oder wieder) macht ständig Ärger. Das hört erst auf, als wir in dem Kaufhaus mit der Kampfsportausbildung im obersten Stockwerk eine neues Internetkabel kaufen, das dann endlich ohne Wackelkontakt die Verbindung zur Außenwelt gewährleistet.

Erschöpft kehrt Utty mit Lisa und Emmy von dem so wichtigen Besuch der Grundschule zurück, bei der Sie schon per Telefon von München aus – wie sie meinte – einen Platz für unsere Lisa gesichert hatte. Die Busfahrt dorthin ist sehr weit, nahezu eine Stunde. Die Schule liegt direkt vor dem Eingang zum militärischen Sperrgebiet der Kriegsmarine, und sie gilt als die beste Schule für Erstklässler in dieser Gegend. Die schönsten Strände liegen auch in diesem Teil der Insel. Es gibt eine Bootsrundfahrt, aber weil die in die Nähe der militärischen Anlagen führt, dürfen Ausländer an solchen Rundfahrten nicht teilnehmen, und die teilnehmenden Inländer dürfen während der Rundfahrt nicht fotografieren. Schon vor dem Gebäude sehen Utty und die Mädchen Kinder herauskommen mit säuberlich gefalteten Schuluniformen und neuen Büchern. Doch innen herrscht einen höchst angespannte Atmosphäre.

Verzweifelte Eltern beschwören die Rektorin, ihr Kind doch aufzunehmen. Die erklärt, das Kind habe die Ausnahmeprüfung nicht bestanden, es habe eben nicht gut genug gelernt oder sei von den Eltern nicht ausreichend vorbereitet worden. Die entnervte Rektorin weist dann auch Utty ab: Lisa hätte eine Aufnahmeprüfung ablegen müssen, dazu sei es nun zu spät, und die übers Telefon gegebene Zusage sei damit hinfällig. Etwas später argumentieren zwei Väter-Offiziere in Uniform mit der Rektorin und bringen Schulgeld-zahlungen ins Gespräch. Sie erläutert, sie habe Anweisungen erhalten, nach denen Kinder der höchsten Offiziers-dienstgrade schulgeldfrei aufgenommen werden und nur die Väter mit niedrigeren Offiziersrängen für ihr Kind zahlen müssten. Das Klima in der Schule ist so, dass Utty und die beiden Kinder froh sind, das Gebäude wieder zu verlassen und sich in den Bus zurück zum College setzen können.

Soviel zum siebten Tag, dem zweiten Tag der zweiten Woche in Sanya. Die genaue Zuordnung von Ereignissen zu Tagen spielt nun keine Rolle mehr, doch in den nächsten Tagen dieser zweiten Woche „betelefoniert" und besucht Utty weitere Grundschulen, um für Lisa doch noch einen Platz zu finden. Das Ergebnis ist erschütternd: Händerin-gend suchen Mütter einen Grundschulplatz für ihr Kind. Die Schulen haben einen unterschiedlich guten Ruf und man muss befürchten, dass Schulleitungen auch durch fragliche Zuwendungen dazu bewegt werden, ein Kind aufzunehmen. Endlich geht Utty mit Lisa zu einer privaten Grundschule in der Nähe dieses College.

Statue des Konfuzius auf dem Gelände von Lisas Grundschule in Sanya

Sie hatte schon von München aus telefonisch erfahren, dass die Schule überfüllt sei, versucht es nun aber trotzdem noch einmal. Lisa macht einen so positiven Eindruck, und Utty verhandelt mit dem Schulleiter so geschickt, dass Lisa genommen wird, und zwar überraschenderweise nicht für die erste, sondern für die zweite Jahrgangsstufe! Dort sei sie richtig aufgehoben, wenn sie chinesisch schreiben lernen wolle. Allerdings ist diese Privatschule nicht kostenfrei, und so müssen wir eben – in Deutschland undenkbar – schon für den Grundschul-besuch Schulgeld zahlen. Mal abwarten, wie die Lisa sich auf der Schule nun zurechtfindet.

Die Absicht, ein Auto zu kaufen wird nach weiteren Sondierungen ganz aufgegeben. Das geschieht einmal wegen des Risikos, es als Gebrauchtwagen nach sechs Monaten unter Zeitdruck wieder verkaufen zu müssen, sodann aber auch wegen der Entdeckung der außerordentlich niedrigen Preise für Taxifahrten. Es wird im Familienkreis erwogen, für meinen erheblich gehbehinderten (sonst aber sehr gesunden) Schwiegervater einen Skooter nach Art der früher in

Italien populären Vespas zu kaufen. Sie sind hier allgegenwärtig, Fahrräder dagegen sieht man kaum. Das mag mit dem Klima zusammenhängen, in dem das Fahrradfahren zu schweißtreibend wäre.

Die Skooter sind hier auf dem Campus das bevorzugte Fortbewegungsmittel der Studenten, und sind alle auf Batteriebetrieb eingerichtet, was sie völlig geräuschlos macht. Während diese motorisierten Zweiräder schon immer recht gefährlich waren, sind sie nun geradezu eine existentielle Bedrohung, weil sie nach Art von Pantern hinterrücks unbemerkt auf den ahnungslosen Fußgänger zurasen. Ob so ein Anschleichgerät nun wirklich für Uttys Vater gekauft wird, werden wir mal abwarten.

Mittwoch, 1. September 2010, 9. Tag in Sanya

Ich staune jeden Tag neu über all das, was es hier zu lernen gibt. Wenn ich im Bett liege, schaue ich an dem Durchgang zu Nasszelle und Kochecke oben eine Inschrift an. Sie besteht aus drei Reihen von Schriftzeichen. Das bedeutet zunächst mal einfach: Rauchen verboten!

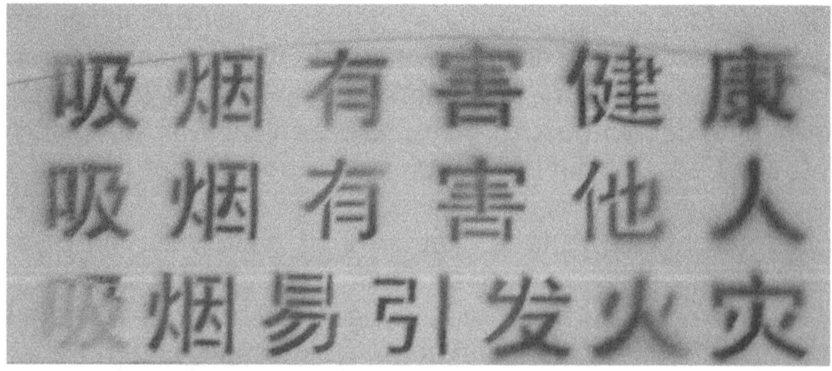

Der Hinweis „Rauchen verboten" in der Wohnung in Sanya

Doch angesichts der Fülle von Zeichen: zwei Zeilen mit je sechs und eine dritte Zeile mit sieben Zeichen, ist nicht gut vorstellbar, dass „Rauchen verboten" schon alles ist. Schaut man zuerst nur die obere Zeile an, so bedeuten dort die beiden ersten Zeichen „rauchen", das dritte und vierte „ist schädlich" und die beiden letzten Zeichen „Gesundheit". Die mittlere Zeile heißt analog: Rauchen ist schädlich für die Mitmenschen, und die dritte Zeile: Rauchen kann Brände verursachen. Damit könnte man sich nun ruhig zufrieden geben. Doch jedes Zeichen bedeutet auch etwas für sich allein, und manche Zeichen bestehen aus zwei Teilen, die je auch etwas bedeuten können. So heißt das Zeichen, mit dem jede der drei Zeilen beginnt: Einsaugen, das zweite Zeichen bedeutet Rauch, und beide zusammen eben Rauch einsaugen. Und beide Zeichen haben je zwei Teile. Der linke Teil des ersten Zeichens ist ein Mund, ein hochgestelltes Rechteck, der zweite Teil bedeutet je nach Kontext entweder rechtzeitig oder errei-chen. Der Mund muss eben etwas erreicht haben, um saugen zu können.

Das zweite Zeichen in jeder der drei Zeilen hat ebenfalls zwei Teile: Es zeigt links ein Feuer und daneben einen Raum, in den das Zeichen für stark, dick oder heiß einge-tragen ist. Es handelt sich also um einen Raum, an dessen einer Seite es brennt und in dem innen „dicke Luft" herrscht. Damit kommen wir zu dem dritten Zeichen der beiden obe-ren Zeilen. Es heißt haben. Dabei könnte man es belassen, wenn nicht bei etwas Phantasie am linken Rand des Zeichens bis oben links eine Hand sichtbar wäre, und rechts darunter der Mond. Die Hand am Mond, das bedeutet *haben*. Das vierte Zeichen der beiden oberen Zeilen heißt *schaden*. Dazu fällt uns nichts ein, außer vielleicht ein überfülltes Haus, in dem zu viele Münder gesättigt werden müssen. Dann kommen in der oberen Zeile noch die Zeichen für Fitness und für Sicherheit, die in ihrer Verbindung *Gesundheit* bedeuten.

Die zweite Zeile stimmt ja in den ersten vier Zeichen mit der ersten Zeile überein. Dann kommt das Zeichen für den lieben Nächsten: Es hat zwei Teile, das ganz schlanke linke bedeutet Mensch, das kompliziertere rechte bedeutet auch, hier wird also daran erinnert, dass der Schaden auch andere betrifft, und das letzte Zeichen der zweiten Teile heißt dann groß und deutlich Mensch. Die dritte und letzte Zeile hat ein Zeichen mehr als die beiden oberen. Zeichen eins und zwei kennen wir ja schon, Zeichen drei bedeutet es ist leicht möglich, oder es kann leicht. Man sieht mit etwas Phantasie wie etwas kaum den Boden berührt und leichtfüßig dahinschwebt. Zeichen drei heißt dazu führen oder verursachen. Zeichen fünf gibt wieder für die Phantasie mehr her: es zeigt, dass etwas passiert. Dann das vorletzte heißt Feuer und bedarf keiner Deutung. Das letzte Zeichen zeigt Feuer unterm Dach, es versteht sich ebenfalls von selbst, es will auf eine Brandkatastrophe hinweisen. Und alles zusammen heißt eben Rauchen verboten!

Donnerstag, 2. September 2010, 10. Tag in Sanya

Durch telefonische Kontaktaufnahme der Abteilung für Soziologie mit dem Handy von Utty werde ich zu meiner ersten Fakultätssitzung hier eingeladen. Sie soll um 15 Uhr beginnen, und durch Erfahrung mit Irrwegen durch Baustellen gewitzigt gehen Utty und ich sehr früh los. Bei den Soziologen lerne ich den kleinen Herrn Li Li kennen, mit dem ich schon von München aus Nachrichten per e-mail ausgetauscht hatte. Die Begrüßung ist freundlich bis herzlich. Nur mit dem Englisch hapert es immer, und so ist die Vermittlungs- und Übersetzungspräsenz von Utty ganz unentbehrlich. Li Li führ uns in das Büro des emeritierten Soziologen Xia, dem ich vor Jahren an der Peking University begegnet war und der mir dort bei einem Vortrag über Simmel zugehört hatte. Wir begrüßen uns wie alte Weltenbummler, die sich ganz überraschend wiedersehen und wiedererkennen. Im Geschäftszimmer liegen die Bücher, die ich bei Amazon-U.S.A. bestellt hatte. Die Packungen waren offenkundig geöffnet worden, doch die Bücher sind in Ordnung.

Im Sitzungszimmer, das sehr heiß ist und erst nun allmählich herunter gekühlt wird, lernen wir einen Fachmann für Stadt- und Regionalplanung aus China kennen, der zwanzig Jahre in den U.S.A. gelebt hat und dort eingebürgert wurde. Mit ihm verstehe ich mich sofort sehr gut, und nicht nur, weil wir beide gut Englisch können. Er erzählt Utty auf Chinesisch, er sei in den U.S.A. geschieden und seine zwei Kinder lebten dort. Nach und nach treffen die Lehrkräfte der Soziologie ein, viele gut aussehende junge Damen, alle aus meiner Sicht sehr junge Leute. Etwas abseits von den anderen, sekundiert von einem jungen Mann, sitzt eine Frau im mittleren Alter, der ich von dem „Amerikaner" ebenfalls vorgestellt werde und die mich freundlich begrüßt. Er flüstert mir auf Englisch zu, sie sei die Parteisekretärin.

Die Fakultät nimmt in einem großen Oval um einen Tisch herum Platz, und hinter mir, nur auf unserer Seite des Ovals, entsteht eine zweite Reihe von „back benchers", und obwohl ich es nicht sicher weiß, deute ich das so, dass in der Runde die Lehrkräfte mit Doktorgraden sitzen, und in der zweiten Reihe die anderen, die nur einen M.A.-Abschluss haben (und erkennbar noch jünger sind. Utty bestätigt mir später, dass es tatsächlich so war). Utty mit ihrem M.A. in Soziologie gehörte eigentlich also dorthin, doch sie unterrichtet hier ja nicht und sitzt natürlich – was auch ganz notwendig ist – als Übersetzerin an meiner Seite.

Wenige Minuten nach 15 Uhr eröffnet die Parteisekretärin die Sitzung. Sie lobt (wie Utty mit später übersetzt) die Leistungen der Abteilung und fordert zu weiteren Anstrengungen auf. Dann bittet sie zunächst Prof. Xia und dann mich uns kurz vorzustellen, was er auf Chinesisch, ich auf Englisch mache. Danach wird uns signalisiert, dass wir an der weiteren Sitzung nicht teilzunehmen brauchten, und so sind Utty und ich schon sehr schnell wieder entlassen. Doch ehe wir gehen, werden in der Sitzung die Lehraufträge ausgehändigt: Jeder erhält einen orangefarbenen Karton im Format DIN A-5, auf dem handschriftlich eingetragen ist, welche Lehrveranstaltungen man unterrichten soll und nach welchem Verfahren der Leistungsnach-weis (also z.B. Klausur) von den Studenten zu erbringen ist. Ich kann das – wie üblich – nicht lesen, weil es Chinesisch geschrieben ist. Ich frage nach Tag und Uhrzeit der Veranstaltungen: Die würden später festgelegt und mitgeteilt, doch Unterrichtsbeginn sei der 13.9. dieses Jahres.

Obwohl wir bei der Hitze (und ich in hier ungewohnter langer Hose) rasch in die gekühlte Wohnung zurückkehren möchten, gehen wir noch ins Hauptgebäude zur Personalabteilung. Der Aufzug reagiert auf uns nicht. Dann kommt eine Frau, zeigt uns, dass man eine kleine Karte an einem Scanner vorbeiziehen muss, damit der Aufzug kommt. Nur Verwaltungs- und Lehrpersonal können also hier den Aufzug nutzen, Studenten gehen über die Treppen nach oben. Das beflügelt uns, für mich eine solche Karte zu beschaffen. Wir finden in dem zuständigen Büro zufällig wieder eben diese Frau, die uns den Scanner gerade erklärt hatte, als Chefin. Nach einigem Warten treten wir vor, Utty erklärt, was wir wollen, und ich überreiche meinen orangen Lehrauftrag. Die Chefin bittet um Vorlage der Urkunden als Nachweis über meine akademischen Grade, oder doch mindestens um das Doktordiplom.

Bei Utty und mir entsteht Ratlosigkeit. Ich komme auf die Idee, im Internet meinen Lebenslauf aufzurufen, die Chefin stimmt dem zu, lässt mich an ihrem Computer, ich gebe das „link" ein, doch nichts passiert. Dann macht sie den erlösenden Vorschlag, mir eine vorläufige Dozentenkarte auszustellen, die später dann durch eine richtige zu ersetzen sei. Sie möchte auch meinen orangen Lehrauftrag eine

Weile behalten, und ich solle ihn dann in einigen Tagen abholen. Ich mache durch Utty den Vorschlag, sie könne sich ja vielleicht eine Kopie davon anfertigen. Darauf geht sie ein: Sie schickt einen jungen Mann in ein anderes Zimmer zum Kopierer, und endlich gehen wir mit Lehrauftrag im Original und vorläufiger Dozentenkarte wieder fort; und nun können wir den Aufzug benutzen.

Freitag, 3. September 2010, 11. Tag in Sanya

Utty beschafft sich – erstaunlicherweise mit der ganz normalen EC-Karte – aus einem Geldautomaten auf dem Campus viel Bargeld und macht sich auf den Weg, um an der Schule – für Lisa – und am Kindergarten – für Rita – Einzahlungen vorzunehmen. Die Höhe des Betrages an der Schule hängt davon ab, ob Lisa dort am Mittagessen teilnimmt und die Schule als Ganztagsschule besucht. Utty erbittet eine Probezeit, und die Schulleitung stundet die Zahlungen für einen Monat, bis feststeht, wie Lisa sich dort einfügt. Die Einzahlung für den Kindergarten, der dem College gehört, findet in dem (auch wegen des Fahrstuhl-Scanners) schon vertrauten Hauptgebäude statt. Es ist früher Freitagnachmittag, doch Utty trifft nur auf eine Putzfrau, die ihr erklärt, die Verwaltungsleute seien alle in einer anderen Dienststelle zur Neueinschreibung neuer Studenten. Also kommt Utty mit dem ganzen Bargeld unverrichteter Dinge wieder Heim.

Wir fahren dann – ohne das Bargeld – zum Strand, wo alle wieder viel Spaß haben. Man sieht junge Frauen mit Sonnenschirmen (die der Sache nach Regenschirme sind), gegen die Hitze und auch, weil es hier einem Schönheitsideal entspricht, möglichst helle Haut zu haben. Einen anderen Verwendungszweck für diese Schirme gibt es nicht: Wenn es hier regnet, braucht man keinen Regenschirm, sondern ein Ruderboot.

Samstag, 4. September 2010, 12. Tag in Sanya

Am letzten Tag unserer dritten Reisewoche besteht bei der Großfamilie allgemein das Bedürfnis, von der Hitze und den aufregenden Aktivitäten auszuruhen. Es kann ja kein Zweifel darüber bestehen, dass unser Aufenthaltsort Sanya auf der Insel Hainan nicht nur sehr heiß, sondern auch von großer Bedeutung ist. Buddha hat als Gott im Himmel dem Affenbruder Sun Wu Kog in seiner Ungläubigkeit angeboten, in Buddhas Hand Platz zu nehmen und dann zu versuchen, von dort her aus der Welt hinauszuspringen. Sun springt – und landet auf dem kleinen fünften Finger Buddhas auf der Insel Hainan, aber immer noch in Buddhas Hand. Ähnlich wie sich die Menschen der europäischen Antike die Gegend bei Gibraltar als das Ende der Welt vorgestellt haben, meinten die Chinesen des Alterums, hier in Hainan sei die Welt zu Ende. Man kann also sehr wohl etwas unfreundlich von uns sagen, wir seien zum „Ende" der Welt gereist.

Die Insel Hainan ist – da Taiwan ja nicht Peking untersteht – die größte Insel der Volksrepublik. Sie ist mit ihren 33.920 Quadratkilometern fast halb so groß wie Bayern (70.552 km²). Gut die Hälfte des Inselgebiets bewohnt eine ethnische „Minderheit", die Li, die hier immer mehr von den zuwandernden Festlandchinesen in den Hintergrund gedrängt werden. Das hat in der Vergangenheit schon – aus scheinbar nichtigem Anlaß, z.B. eine Autokarrambolage zwischen einem Li und einem Festlandchinesen – zu heftigen Schlägereien geführt.

Das ursprünglich agrarische Gebiet, das Bauern und Fischer bewohnten und immer noch bewohnen, wird planmäßig zu einem Tourismuszentrum ausgebaut, wobei ganz gezielt der Wettlauf mit Hawaii eröffnet wurde. Wie Honolulu mit seinem berühmten Pearl Harbor, hat auch Hainan eine erhebliche militärische Bedeutung. Damit nicht der Eindruck entsteht, ich hätte selbst die Atom-Uboote und Atom-Raketen gezählt, zitiere ich hier nur, was Wikipedia zu dem Thema zu sagen hat:

Hainan is home to the People's Liberation Army Navy strategic nuclear submarine naval harbor 18°13'16"N 109°41'10"E18.221°N 109.686°E[6]. The naval harbor is estimated to be 60 ft high, built into hillsides around a military base. The caverns are capable of hiding up to 20 nuclear submarines from spy satellites. The harbor houses nuclear ballistic missile submarines and is large enough to accommodate aircraft carriers. The US Department of Defense has estimated that China will have five Type 094 nuclear submarines operational by 2010 with each capable of carrying 12 JL-2 intercontinental ballistic missile. Two 950 meter piers and three smaller ones would be enough to accommodate two carrier strike groups or amphibious assault ships. (Wikipedia/Hainan).

Das liest sich nun sicher nicht so lustig, und man kann vielleicht froh sein, dass Lisas Schule doch etwas weiter entfernt von dem Marinestützpunkt liegt, als wir zunächst geplant hatten. Morgen, Sonntag, beginnen wir hier unsere dritte Woche und Montag ist Lisas erster Schultag auf Hainan.

Woche 03: 5. - 11. September 2010

Sonntag, 5. September 2010

Der wohl leider nicht nur chinesischen Tendenz folgend, nach der Sonn- und Feiertage die Haupteinkaufstage geworden sind, nehmen wir den üblichen Bus zur Innenstadt von Sanya. Montag wird Rita fünf Jahre alt, und wir wollen ein Geburtagsgeschenk für sie einkaufen. Die Wahl fällt auf einen Roller, der hinten zwei beweglich aufgehängte kleine Hinterräder hat, die etwa 40 cm voneinander entfernt sind und mit entsprechendem Hüftschwung den Roller in Fahrt bringen können, ohne das ein Fuß den Boden berühren muss. Das Gerät ist preisgünstig und zum Selbstmontieren gut tragbar verpackt. Am Geburtstag stellt sich dann heraus, dass der Überraschungseffekt des Geschenks nicht nur in ihm selbst liegt, sondern auch in den Kreativleistung des Monteurs, die erbracht werden muss, ehe der Roller gebrauchsfertig ist. Mehrmals stand der Beschluss im Raum, das Gerät unter Protest zurückzubringen, doch dann hätte der Geburtstag ohne das Zentralgeschenk vorübergehen müssen, und ohnehin war der Montag aus anderen Gründen terminlich überlastet. Nach der Rückkehr aus der Innenstadt an diesem Sonntag beobachten wir, wie große Zahlen von Studenten mit Reisegepäck im College eintreffen, zum Teil von ihren Eltern begleitet.

Montag, 6. September 2010

Heute ist Lisas erster Schultag, Ritas Geburtstag, und Ritas erster Kindegartentag. Das Happy-Birthday-Ritual fällt etwas verkürzt aus. Mit dem Anschleich-Elektro-Motorroller, den der Großvater inzwischen erworben hat, fährt er mit Lisa und Großmutter mütterlicherseits (in China als Apo angeredet, ohne Bezug zur außerparlamentarischen Opposition, die es in China schon darum nicht geben kann, weil es kein Parlament gibt) zur Busstation am Campus-Tor. Das neue Gefährt ist meistens mit drei oder sogar vier Personen (Fahrer und drei Kinder) besetzt, und ein deutscher Polizist müsste an schweren Sehstörungen leiden, falls er angesichts eines solchen Transports nicht zum Eingriff entschlossen wäre. Die Apo also bringt Lisa zum ersten Schultag in die Klasse 1 der zweiten Jahrgangsstufe; in München wäre das die Klasse 2a. Ab halb acht halten sich die Kinder, die im Internat der Schule wohnen, schon im Klassenzimmer auf, um dort laut lesen zu üben. Der von einer Lehrkraft geleitete Unter-richt beginnt dann um 8 Uhr, montags bis freitags. Lisa muss also vor 8 Uhr eintreffen.

Ebenfalls um 8 Uhr beginnt in unserer Nähe auf dem Campus der Kindergarten, den Rita als Normalmitglied und Tantan (die Kusine) und die kleine Emmy als Gäste besuchen. Das Hinbringen macht Utty. Der Kindergarten wirkt improvisiert und wenig professionell, und da die Türen nie konsequent verschlossen gehalten werden, wird er nicht nur von Kindern, sondern auch von Mücken frequentiert (Utty vermutet, mehr von letzteren). Während so unsere Großfamilie arbeitsteilig sinnvoll im Einsatz ist, ärgere ich mich mit der Rollermontage herum und staune über laute Schreie von größeren Personengruppen. Ein paar Schritte über den Campus machen sichtbar, dass an verschiedenen Plätzen die Studienanfänger beiderlei Geschlechts in militärischen Tarnuniformen exerzieren müssen und dabei wohl auf Chine-sisch etwa „links, links, links, zwei, drei, vier" laut rufen. In Gruppen zu 30 bis 40 Studenten eingeteilt, zumeist Frauen und Männer je für sich, üben sie marschieren, antreten, rechts um, Abteilung kehrt, und ähnliche Fertigkeiten. Da dies Geschehen so bis zum Ende der Woche weitergeht, besteht kein Grund, es mit dem Geburtstag der Rita zu verknüpfen, nur eins schon vorweg: Irgendwelche Übungen an der Waffe konnte ich nicht beobachten.

Lisas Unterricht dauert vormittags von 8 – 11:50 Uhr und dann ist bis 14:40 Uhr Mittagspause. Danach geht der Unterricht bis 17 Uhr wieder weiter. Sie könnte in der Schule essen und gemeinschaftliche Mittagsruhe halten, doch sie möchte das nicht, und so wird sie von unserem Familienpendeldienst mittags hergeholt und wieder in die Schule gebracht. Wir haben also (mit dem Abholen um 17 Uhr) vier Lisaeinsätze (daran ist immer der Großvater mit dem Schleichgerät beteiligt, und meistens die Apo, manchmal – zu strategischen Gesprächen mit der Lehrerin – auch Utty als Mutter) und zwei Kindergarteneinsätze, die weniger aufwendig sind, und die fast immer die Utty macht. Inzwischen bleibe ich auf dem Campus und verfolge fasziniert die militärischen Übungen der Studienanfänger. Als gegen 18

Uhr alle Mitglieder unseres Matriclans wieder zurück sind, funktioniert endlich auch Ritas neuer Roller (ich habe nun das gute Gefühl, meinem Kind ein Geschenk gebastelt zu haben), und wir gehen zum Geburtstagfeiern noch nach draußen zum Rollerfahren und Ballspielen, obschon Lisa unbedingt noch für die Schule arbeiten muss, was dann anschließend auch geschieht.

Dienstag, 7. September 2010

Dies ist unser 15. Tag in Sanya, und er ist insofern denkwürdig, als die Studienanfänger heute zweistündiges Strammstehen in tropischer Mittagshitze üben. Dabei wird ein sehr hochgewachsener junger Mann ohnmächtig und schlägt so unglücklich auf das Pflaster des Korbballplatzes auf, dass sein Kinn genäht werden muss. Utty hört zwei uniformierte Kameradinnen von ihm auf dem Weg zum Mittagessen flüstern: Wie schade um ihm, er ist so ein schöner Mann! Die Tarnuniformen sind übrigens in Grautönen gehalten. Das vom Heer bei Tarnanzügen vertraute Braun und Grün fehlt ganz, was darauf schließen lässt, dass die Kampfbekleidung von der Kriegsmarine gestellt wurde. Eine ungewöhnlich beleibte Person, die ich für einen Mann hielt, von der sich später aber herausstellt, dass sie eine Kommilitonin (da kommt das Wort endlich wieder in seine ursprünglich Bedeutung zurück) ist, macht – so gut sie kann – alles in Zivil mit. Es war wohl keine passende Uniform gefunden worden. Doch am Mittwoch sehe ich ihn /sie plötzlich doch uniformiert: Vermutlich hat jemand über Nacht die erforderliche Kleidung genäht.

Fast beiläufig werde ich gebeten, doch morgen einen Vortrag von etwa einer halben Stunde für die Studienanfänger zu halten: Was ist Soziologie, wie kann man Soziologie am besten studieren? – Nichts leichter als das, also fange ich rasch an, mir dazu etwas auf Englisch am Computer auszudenken.

Mittwoch, 8. September 2010

Die Schul- und Kindergartenroutine läuft nun schon den dritten Tag. Lisa berichtet erstaunt und doch überraschend „cool", dass alle Schüler sich Erheben, wenn die Lehrkraft den Klassenraum betritt, und dass die Kinder sich dann so verneigen, dass der Oberkörper im Winkel von 90 Grad nach vorn gebeugt ist, so dass das Gesicht fast die Tischplatte berührt. In dieser Haltung sprechen die Kinder dann im Chor: Lao-shi-hao (übersetzt, je nach Geschichtsbewusstsein als „Guten Morgen Frau Lehrerin!" oder „Es ist gut (hao) alte und ehrwürdige (lao) Weisheit (shi), in deiner Gegenwart zu sein!).

Als ich abends um 20 Uhr meinen ersten Auftritt im Hörsaal auf diesem Campus habe, machen das die Studenten mit mir nicht. Nach dem Militärtraining hatten sie gerade Zeit zum Duschen und Umziehen, und da muss man schon froh sein, wenn sie aufrecht sitzen. Für sie ist die englische Sprache noch eine zusätzliche Zumutung, und überhaupt kommt mir der Verdacht, dass ich mich einfüge in all die anderen Grausamkeiten, die man den jungen Leuten heute schon angetan hat.

Andererseits bleiben auch ihre Leistungen an Gehorsam und Disziplin nicht ohne Eindruck auf mich, und als sie mich dann auch noch mit mehr als nur höflicher Begeisterung begrüßen, denke ich, sie meinen vielleicht, ich könnte aufgrund meiner vielfältigen Beziehungen nach Deutschland, ihnen allen 140 ein Visum zum Studium in Europa beschaffen. Zu der Zahl 140; das sind die Neulinge in Soziologie. Das College hat 20.000 Studenten, je Jahrgang sind es 5000, und die militärischen Aktionen, die in dieser Woche hier jeden Tag ablaufen, betreffen die 5000 Neulinge, von denen eben 140 Soziologie studieren wollen.

Donnerstag, 9. September 2010

Der akademische Lehrbetrieb soll hier am Montag anfangen. Im Geschäftszimmer der Soziologen ist heute der Lehrplan fertig. Montag um 8 Uhr ist für mich die erste Lehrveranstaltung. Zur Vorbereitung auf die Lehre, erhalte ich vier DIN-A 4 Blöcke je (wahrscheinlich) 50 Seiten für handschriftliche Notizen und eine Hand voll von Kugelschreibern und Ersatzminen zum Nachfüllen, wenn einer leergeschrieben ist. Weit wichtiger ist die Zusage, ein eigenes Büro zu bekommen, voraussichtlich ab Montag. Jedenfalls habe ich nun auch einen Stundenplan, wie die Lisa für ihre Schule einen hat.

Lisa hat an normalen Tagen sieben Unterrichtsstunden, vier am Vormittag und drei an Nachmittag. Sechs verschiedene Lehrkräfte unterrichten bei ihr, eine Lehrerin in Chinesisch, eine andere gibt Englisch und die dritte Rechnen, die vierte Werken, die fünfte Musik, Sport unterrichtet ein Lehrer, und das Fach Ethik wird von der Chinesischlehrerin gegeben.

Auf dem Schulhof der Grundschule Nr. 8, Sanya, Hainan, China

Chinesisch ist in Lisas Stundenplan mit neun Stunden pro Woche vorgesehen, dazu kommen zwei Ethikstunden, also unterrichtet die Klassenlehrerin dort 11 Stunden lang. Für Rechnen gibt es sieben Wochenstunden. Englisch wird außer an Dienstagen jeden Tag unterrichtet, also vier Stunden pro Woche. Dann gibt es noch zwei Stunden Werken und eine Stunde Sport. Außerdem ist am Freitag nachmittags „Versammlung" vorgesehen, aber davon ist die Lisa entschuldigt. Dabei könnte es sich um politische Erziehung handeln, aber das wissen wir nicht genau.

Lisa hat dramatische Beispiele für körperliche Züchtigung erlebt. Es wird mit einem Lineal auf die Hand geschlagen, und in besonders schweren Fällen gibt es auch zwei Schläge mit einem Stock auf das entblößte Gesäß! Bei den Schlägen auf die Hand habe der betroffene Junge laut geweint, aber der andere Junge mit dem nackten Hintern habe nur leise geschluchzt, berichtet Lisa. Ich frage, wie es denn zu solchen Bestrafungen komme. Die Lehrerin habe in beiden Fällen gewarnt und angekündigt, wenn du das nicht lässt bzw. beim nächsten Mal, wenn du das machst, dann gibt es Schläge, doch diese Warnungen seien wohl nicht ernst genug genommen worden. Utty meint, das habe sie als Kind nie erlebt, es sei nicht typisch für Grundschulen in China.

Inzwischen geht das ganztägige Exerzieren der Erstsemester schon in den vierten Tag! Während unsere daheim gebliebenen Freunde und Verwandten in München froh sind, wenn die Temperaturen im September nicht zu weit unter 20 Grad sinken, sind wir hier froh, wenn sie nicht zu weit über 30 Grad steigen. Hinzu kommt aber noch die hohe Luftfeuchtigkeit, die alles viel schwieriger macht. Unter solchen Klimabedingungen treten die jungen Studenten, alle etwa 19 Jahre alt, morgens um 8 Uhr an und bleiben nach kurzer Mittagspause bis 18 Uhr oder länger in den Uniformen. Sie sitzen zeitweilig in Gruppen am Boden, aber überwiegend stehen sie angetreten oder marschieren. Ein Trupp von 40 jungen Frauen, alle mit wippendem langen einheitlich schwarzen Pferdeschwanz, hat schon etwas Faszinierendes, und wenn sie dann auch noch den Stechschritt üben, liegt die Assoziation mit dem Ballett nicht mehr fern.

Überhaupt fehlt die Einordnung dieser Aktionen dem Ausländer schwer. Utty sagt, das militärische „Schleifen" von Neulingen sei völlige Normalität in China, schon bei Beginn des sechsten oder siebten (hat sich im Laufe der Jahre geändert) Schuljahres für die etwa 13jähri-gen Anfänger der Oberschule. Die Nachbarn hier, die man darauf anspricht, finden es gut, dass diese oft verwöhnten Einzelkinder mal Disziplin und Unterordnung lernen müssen. Die schlechte Behandlung von Neulingen ist ja ein weitverbreitetes Kulturphänomen und wird als Initiationsritus oft beschrieben. Wir kennen das in Deutschland nicht nur als Rekrutenmisshandlung, sondern auch als Fuchsendienst in studentischen Verbindungen, und ich habe es unter der Bezeichnung „ontgroening" (Entgrünung) als Student beim Rotterdamsch Studentencorps in den Niederlanden erlebt (www.hetrsc.nl).

Freitag, 10. September 2010

Das Exerzieren für Erstsemester geht weiter. Außerdem ist heute ein Treffen der Ausländer, die an diesem College unterrichten, für 15 Uhr angesetzt. Einladende und gastgebende Personen sind Dr. Hu und Frau Che, die wir beide schon am 26. August kennengelernt hatten. In einem besonders gut ausgestatteten Hörsaal versammeln sich nach und nach 15 Personen, der ebenfalls schon bekannte Chinese mit einem amerikanischen Pass, eine Chinesin, die in Hamburg Anglistik studiert hat und sehr gut deutsch spricht, ein Engländer, der sich Monty anreden lässt, aber Vorster heißt und Wurzeln in Südafrika hat, eine Russin, die Germanistik studiert hat und mir ihr gutes Deutsch vormachen will, ein Mann aus der Ukraine, der ein wenig Chinesisch kann, aber kein Englisch, zwei Japaner, und

Jeremy, ein junger Amerikaner aus Michigan und noch einige andere interessante Leute. Wir lassen einen zweisprachig gehaltenen Vortrag der Frau Che über uns ergehen, der mit „power point" Folien untermalt und gleichwohl sehr langweilig ist. Es geht um Regeln und viel Bürokratie.

Alle sind erleichtert, als wir dann geschlossen in ein benachbartes Gebäude gehen, wo in einem angenehmen Aufenthaltsraum ein Buffet aufgebaut ist mit Getränken, Keksen und vielen Früchten. Hier kann man mit jedem, den man interessant findet, zwanglos plaudern. Endlich werden wir genötigt, in einer Runde Platz zu nehmen, um dem Begrüßungsvortrag von Dr. Hu zu lauschen. Danach mache ich ein wenig vorlaut den Vorschlag, jeder möge doch von seinen wissenschaftlichen Schwerpunkten berichten und über seine aktuellen Forschungsprojekte plaudern. Nach einigem Zögern meint Frau Che, ich solle damit mal anfangen. Das lehne ich ab, denn dann würde es so aussehen, als hätte ich meinen Vorschlag gemacht, um mich selbst in Szene zu setzen. Da teilt für mich ganz überraschend Frau Che mit, ich sei der einzige aktive Wissenschaftler, alle anderen (mit Ausnahme des mehrfach erwähnten Chinesen mit dem US-Pass) seien Sprachlehrer. Etwas verwirrt frage ich, ob es hilfreich wäre, wenn ich hier Deutsch unterrichten würde. Nein, das ist hier nicht vorgesehen, die versammelten Auslandslehrer unterrichten mit sinnvoll verteilten Rollen die Sprachen Englisch, Japanisch und Russisch (und, wenn man denn so will, die Sprache der Soziologen).

Samstag, 11. September 2010

Befreit von den Einengungen durch Schule und Kindergarten fahren wir mal wieder alle in die Innenstadt. Wir hatten fest damit gerechnet, dass der Exerzierspuk der Erstsemester auf dem Campus am Freitag abends sein Ende finden würde. Das ist jedoch nicht der Fall; es geht auch heute am Samstag noch weiter. Es stellt sich allerdings dann heraus, dass dies wirklich der Abschlusstag dafür ist.

Weil das Restaurant, in dem wir mit dem Autoverkäufer gegessen hatten, allen gut gefiel, verabreden wir uns dort mit meinen Schwiegereltern, die andere Vorhaben in der Innenstadt verfolgen. Utty und ich sind mit den Kindern etwas früher da, und als Uttys Eltern eintreffen, entdeckt ihre Mutter, dass einige Teile des gedeckten Geschirrs ein wenig abgeschlagene Kanten haben. Mit Entrüstung und Entschiedenheit fordert sie, diese Teile durch unbeschädigte zu ersetzen, was die devoten Kellnerinnen sofort ohne Gegenrede machen. Nach dem wie erwartet guten Essen finden wir die Linienbusse stark überfüllt und entscheiden, dass Utty und ich mit den Kindern eine Taxe nehmen.

Ich halte, wie es sich gehört, die hintere Autotür, damit meine Leute dort einsteigen können, und als ich mich dann neben den Fahrer setzen will, rufen er auf Chinesisch und Utty auf Deutsch aufgeregt, mir sei soeben das Handy aus der Hosentasche gestohlen worden. Weil ich davon nichts gemerkt hatte, musste ich das nachprüfen und fand es leider bestätigt, es war wirklich weg. Ohnmächtig fuhren wir wie geplant mit der Taxe los, und der Fahrer erläuterte, es sei ein Trick, sich im Gedränge um Taxis mit einer Pseudo-Familie zu umgeben und aus diesem Schutzschild heraus dann die diebische Aktion auszuführen. Mein Handy war alt, wir ließen sofort telefonisch die SIM-Karte sperren, es war also nicht wirklich schlimm, aber schon aufregend und ärgerlich.

Als wir endlich in den Wohnungen ankommen, fehlt auch das Handy meines Schwiegervaters. Utty wählt die dazugehörige Nummer, und es meldet sich die Besatzung des Linienbusses, mit dem meine Schwiegereltern gekommen waren. Die Schaffnerin hatte das Telefon sichergestellt; es war ihm wohl unbemerkt aus der Tasche gefallen, und er kann es später an der Endstation der Buslinie wieder in Empfang nehmen. Zwei Handys am gleichen Tag zu verlieren, das wäre auch für unseren Clan etwas zu viel gewesen. Für mich bleibt die Dieberei folgenschwer, weil ich nun die gespeicherten Telefonnummern meiner deutschen Kontakte alle nicht mehr habe. Das lässt am Ende dieser dritten Woche erste leichte Heimwehgefühle aufkommen.

Woche 04: 12. - 18. September 2010

Sonntag, 12. September 2010

Lisa ruht von der Schule aus und arbeitet etwas nach, was inzwischen in München bei ihren deutschen Klassenkameraden gelernt wird. Ich frage Lisa, was sie denn hier in Sanya in ihrem Ethikunterricht durchnehmen. Lisa erzählt, die Lehrerin sei sehr ärgerlich gewesen, habe zweimal mit dem Stock laut auf das Pult geschlagen und dann darüber geklagt, dass es Jungen gebe, die auf der Treppe beim Heruntergehen die vor ihnen Gehenden schubsen. So ein Benehmen könne zu einem Massensturz führen, bei dem sogar Menschen totgetrampelt werden können. – Ich werde in einigen Tagen bei Lisa noch einmal fragen, welche Themen im Ethikunterricht sonst noch behandelt werden.

Wir bleiben auf dem Campus, auf dem wir inzwischen ein ganz gemütliches Restaurant, einen Friseur und allgemein einen Einkaufsbereich entdeckt haben, der es überflüssig macht, zur Erledigung jeder Kleinigkeit in die Innenstadt zu fahren. Ich schau mir meine Lehrveranstal-tungen am Computer an, und abends machen Utty und ich einen „Probelauf" zu dem Gebäude und Hörsaal, in dem morgen früh um 8 Uhr (also nicht 8:15 Uhr) meine erste Vorlesung beginnen soll.

Das Universitätsgelände zeigt sich in seiner ganzen Schönheit. Niemand trägt mehr eine Uniform, es ist erstaunlich leise, weil der gesamte Verkehr mit elektrisch getriebenen Fahrzeugen abgewickelt wird. Ausnahmen sind nur einige wenige Personenautos, die hier zugelassen sind. Die Studentinnen tragen nun nette bunte Sommerkleidung, und das alles spielt sich unter Palmen und ähnlichen schönen tropischen Pflanzen ab, allerdings immer noch bei sehr hohen Temperaturen. Gegen Abend erhalten wir telefonisch die Mitteilung, dass ich nun ein Büro habe, allerdings sei der Computer dort noch nicht ans Internet angeschlossen. Ich besichtige es sofort; es ist erfreulich groß und gefällt mir wirklich gut.

Montag, 13. September 2010

Der Wecker klingelt mich noch etwas früher heraus, als bisher schon immer für Lisas Schule nötig war. Überraschend steht der Großvater mit dem Elektroroller bereit, mich zum Hörsaalgebäude zu fahren. Dadurch habe ich etwas mehr Zeit, den Beamer zu starten und den Note-book-Computer anzuschließen. Den Hörsaal hatte ich ja gestern schon gesehen, nun ist er bis auf den letzten Platz besetzt, sogar ein oder zwei Stühle hat man zusätzlich hereingetra-gen, damit die schon bekannten 140 Studienanfänger der Soziologie alle Platz finden. Die Kühlung funktioniert nicht, aber an der Decke sind zahlreiche Ventilatoren, die alle in Bewegung sind. Unser erster Kontaktmann nach hier, der Soziologe Li Li ist auch erschienen.

Ich bringe nach Peter L. Berger was Soziologie ist und was sie nicht ist anhand eines Textes, den die Studenten über Laptop und Beamer mitlesen konnten. Wie in der Schule wird nach 45 Minuten zur Pause geläutet, und wenn das passiert, muss man schnell schauen, dass man den Satz noch irgendwie zu Ende bringt, sonst passiert es wie in der Feuerzangenbowle: „Herr Professor, es hat geläutet!". Im zweiten Durchgang (die Vorlesung ist vierstündig, also an zwei Tagen je 90 Minuten) entwickele ich in freier Rede die

Grundlagen der philosophischen Anthropologie, von dem (hoffentlich) großen Gehirn des Menschen und der konstitutionellen Frühgeburt. Ich lasse nach einem Zettel, den Utty vorbreitet hatte, von Li Li an die Tafel schreiben ADAM und TARZAN mit den chinesischen Zeichen darunter und stelle das Menschenbild von Rousseau als Drehbuch zu einem Tarzanfilm vor.

Indem ich mit dem Mikrophon in der Hand so durch die Reihen gehe, kommt mir vor, dass einige nicht mehr folgen können. Ich mache mich über mich selbst lustig wegen der Hand mit dem Mikro und bringe den albernen Vergleich mit Elvis Presley, den keiner versteht; dann versuche ich es mit Michael Jackson, und da lachen sie. Elvis ist zu lange her; er war auch in China nicht unter seinem Namen bekannt, sondern unter dem Namen Katzenkönig (auf Chinesisch natürlich). Am Beginn des zweiten Teils gibt Li Li eine Zusammenfassung des ersten Teils auf Chinesisch, was ich sehr begrüße. Als ich ihn nun spontan bitte, das nach Rousseau wieder zu tun, bin ich unsicher, ob das eine gute Idee war. Ich gehe dann zu Saint-Simon über, von dem doch einige Studenten als frühem utopischen Sozialisten schon gehört hatten.

Li Li verkündet, es müsse von vier Studenten gemeinsam eine Zusammenfassung der jeweiligen Sitzung geschrieben und abgegeben werden, und da erhebt sich Protestgemurmel. Überhaupt läuft diese Vorlesung nicht rund, und als um 9:40 Uhr die erlösende Glocke ertönt, sind fraglos alle froh, dass es vorbei ist. Ich nehme mich da nicht aus, denn die Temperatur in dem Hörsaal war allein schon Grund genug, nicht länger als unbedingt erforderlich dort zu bleiben. Für heute ist es zwar vorüber, aber es bleibt ein Fragezeichen über der Zukunft dieser Einführungsvorlesung.

Während einer der ersten Vorlesungen in Sanya, September 2010

Dienstag, 14. September 2010

Um 10:10 Uhr beginnt meine zweite von drei Lehrveranstaltungen: *Economic Sociology* in einem ganz anderen Gebäude, das ich mit Uttys Hilfe (nicht wegen Altersdemenz, sondern wegen chinesisch-sprachiger Beschilderung des ganzen Campus!) suche und finde. Die Hörer sind Soziologen, die gerade ihr drittes Studienjahr beginnen (in Amerika also „juniors"), und deutlich besser Englisch können als die Erstsemester von gestern. Ich lege den Schwerpunkt auf Entwicklung und Wandel und trage das *Law of Evolutionary Potential* von Elman R. Service vor, das die Studenten vorher schon als kurzen Text erhalten und vorbereitet hatten. Wir arbeiten mit einigen guten Wortmeldungen zeitweilig im Gesprächsstil, und in der Pause kommt es zu netten kleinen Begegnungen. Als dann um 11:50 Uhr die

246

Schulglocke ertönt scheint es mir sogar, dass alle sich auf die nächste Sitzung freuen.

Aber dann kommt um 16:50 Uhr die zweite Zusammenkunft der *Einführung in die Soziologie*, die gestern wirklich kein Vergnügen war. Es hat offenbar im College eine Krisensitzung gegeben. Ein Hochschullehrer, der als Fach das Studium der ehrwürdigen Texte des Konfuzius und der Philosophie Chinas vertritt, und der eine Art Studentenbetreuer ist (vergleichbar dem *dean of students* in den U.S.A.) nimmt als Gast teil (der Schulrat?). Li Li ist heute nicht gekommen, aber Utty steigt voll mit ein als Assistentin und Übersetzerin. Die Kühlung des Hörsaals ist noch immer nicht repariert, und weil dies ein Nachmittag ist, dürfte es um einige Grad heißer sein als gestern am frühen Morgen. Während der Pause schlägt der Konfuzius-Professor einen Umzug in einen anderen Raum vor, aber ich habe mich gerade in Rage geredet und lehne das ab.

Heute bringe ich in freier Rede die Typologie der Soziologieschulen je nach dem Umgang mit der Spannung zwischen Wesen und Erscheinung. Danach wird Saint-Simon abgeschlossen und dann gibt es Comte. Ich rede frei, trage mit Power Point das Dreistadiengesetz vor, und Utty übersetzt abschnittweise. Dazu reichen Utty und ich (Michael Jackson) das Mikro hin und her, ich laufe herum, sie steht stationär, außer wenn sie an der Tafel die chinesischen Zeichen für Stadien und Unterstadien anschreibt. Der Konfuzius-Mann ist auch mit von der Partie: Utty weiß nicht mehr genau, welches bei Comte das Zeichen für Metaphysik ist, und da kommt er sehr bescheiden und höflich an die Tafel und hilft aus. Also, vorn ist am Laptop, an der Leinwand, an der Tafel und im Hin-und-herreichen des Mikros wirklich etwas los, und dazu kommt immer wieder eine Übersetzung auf Chinesisch. In der Pause herrscht angeregte Stimmung.

Ich frage Utty was sie meint. Eigentlich kommt nun Marx dran, aber es läuft gerade so gut mit den Franzosen, sollten wir nicht gleich zu Durkheim übergehen? Utty schläft vor: *Frage die Studenten, ob sie Marx wollen.* So kommt es zu der bemerkenswerten Szene, in der ein Deutscher ohne besonders linke Vergangenheit vor 140 junge Chinesen ins Mikrophon ruft: *Do you want Marx?* Aus dem Hörsaal schallt ein vielstimmiger Chor zurück: *Yes, we want Marx!* Also rede ich nach vorliegendem englischen Text, den alle über den Beamer mitlesen können, von den Stories aus Trier, Bonn und Berlin über den jungen Marx. Als um 18:30 Uhr die Glocke das Ende verkündet, ist diese Vorlesung im positiven Sinne gelaufen. Trotz der zahlreichen Ventilatoren an der Decke, müssen alle aus dem Hörsaal rasch in die Dusche, der Konfuzius-Professor ist erleichtert, Utty hat viele Fragen auf Chinesisch zu beantworten, und ich gehe schön langsam die Treppe hinunter.

Mittwoch, 15. September 2010

Man hatte mir schon Montag ein Büro gegeben, und seit heute hat es auch noch Internetanschluss. Der Raum ist so groß wie unsere Wohnung (Einheitsarchitektur). Es werde noch jemand das Zimmer mit mir teilen, hieß es, aber bisher habe ich es allein. Zwar stehen zwei Schreibtische darin, aber nur ein Computer. Besonders wichtig ist die sehr gut funktionierende Klimaanlage; das Zimmer ist höchst angenehm gekühlt, wahrscheinlich herunter auf 25 Grad von den 35, die draußen herrschen. Von nun an verbringe ich viel Zeit dort. Meine dritte Lehrveranstaltung, ein Seminar über Georg Simmel, ist für Mittwochs in der Zeit von 19:30 bis 21:00 vorgesehen, doch heute beginnt es aus organisatorischen Gründen noch nicht. Es bleibt also noch etwas Zeit, bis sich eine für jede Woche einheitliche Routine einstellen kann.

In einem benachbarten Büro arbeiten Herr Wang (König auf Chinesisch) und Frau Ma (Pferd auf Chinesisch). Frau Ma spricht sehr gut Englisch, Herr Wang etwas eingeschränkt, und so kommen wir ins Gespräch. Beide sind seit etwa einem halben Jahr von der Leitung diese College mit der Entwicklung einer Abteilung für Kulturvergleich betraut worden, und beide interessieren sich primär für Religionen. Herr Wang möchte ein Seminar für Lehrkräfte vorbereiten und bittet mich um Mitwirkung bei der Erarbeitung eines Konzepts und auch um meine Teilnahme an dem Seminar selbst. Frau Ma hat den westlichen Namen Lucy angenommen und bittet mich, sie so anzureden. Herr Wang hat auch einen westlichen Namen verliehen bekommen: Robert. Aber er findet es richtig, wenn ich ihn einfach als Wang anrede. Wenn ich deren Büro betrete, hört sich das so an: *Good morning Wang, good morning Lucy, good morning Horst.*

Donnerstag, 16. September 2010

Regnerische Tage gibt es auch. Utty beschafft eine Regionalzeitung. Darin werden *neue Bestimmungen* zur nationalen Bevölkerungspolitik für die Landbevölkerung bekannt gegeben. Angehörige von anerkannten ethnischen Minderheiten haben in aller Regel das Recht auf zwei Kinder, während die Normalchinesen, die sogenannten *Han*, nur ein Kind haben dürfen, es sei denn, das einzige Kind stellt sich als behindert heraus. Für diesen traurigen Fall ist dann ein zweites Kind erlaubt. Die Durchsetzung dieser Politik, die es seit rund dreißig Jahren gibt, ist von jeher bei der Landbevölkerung schwierig gewesen. Nun steht heute in der Zeitung, dass eine auf dem Lande lebende Han-Mutter, die eine Tochter hat, und eine Minderheitenmutter, die zwei Töchter hat, eine Prämie von 25.000 Yuan (ca. 2.900 Euro) bekommt, falls sie sich sterilisieren lässt. Zusätzlich zahlt die Regierung für jeden der beiden Ehepartner den Betrag von 2.000 Yuan in die Rentenkasse ein, um die Höhe der Rente im Alter zu verbessern. Lassen sich die Mütter nach der

Geburt eines Sohnes sterilisieren, so vermindert sich die Prämie auf 20.000 Yuan. Jeder Mutter gleich in welcher Situation sie sich befindet, wird der Verzicht auf ein zweites Kinde, das ihr eigentlich nach den geltenden Bestimmungen zustehen würde, mit 10.000 Yuan vergütet, wenn sie sich zur Sterilisation entschließt.

Freitag, 17. - 18. September 2010

Der Freitag bring keine besonderen Vorkommnisse, ohnehin sind ja die fünf Wochentage mit Lisas Schulaktivitäten recht rigide festgelegt. Doch der Samstag zeichnet sich dadurch aus, dass Lisa entgegen dem üblichen Wochenverlauf in die Schule muss: Es wird Unterricht vorgeholt oder „eingebracht", der in der kommenden Woche wegen der Feierlichkeiten zum Herbst-Mondfest ausfallen wird. Da das auch am Sonntag noch geschehen wird, fängt die neue Woche schon mit dem Wecker ganz früh an, und Lisa findet das überhaupt nicht lustig. Auch am Sonntag sind wir dann nach der Schule eingeladen zu dem Amerikaner Jeremy und seiner chinesischen Ehefrau. Ich hatte Jeremy bei dem Treffen der Sprachlehrer kennengelernt. Seine Frau arbeitet hier auf der Insel, und es ist verabredet, dass wir uns bei Schulschluss an Lisas Schule treffen und Jeremys Frau uns dort mit ihrem Auto abholt.

Samstag, 18. September 2010 (letzter Tag der 4. Woche)

Kurz vor 17 Uhr treffen sich dann Utty, Rita, Emmy und ich per Bus bei Lisas Schule und reihen uns unter die wartenden Eltern und Großeltern ein. Die Schule hat ein eindrucksvolles eigenes und völlig abgeschirmtes Gelände von Gitter und Eingangstor umgeben. Jeder Schüler trägt einen Ausweis mit Foto am Hals, und außerdem tragen alle – außer bislang Lisa – eine Schuluniform. Bei der Entlassung aus der Schule kontrollieren Wächter am Ausganstor, ob das betreffende Kind tatsächlich abgeholt wird. Wer seine Mutter oder andere Abholperson nicht schon von innen aus sieht, wird gar nicht hinausgelassen. Diese Prüfung geschieht bei Lisa mit besonderer Sorgfalt; denn man meint in der Schule, weil sie gut aussieht, sei sie besonders gefährdet.

Lisa spaziert freudestrahlend aus der Schule, und da wir als Kleinfamilie nun vollzählig sind, bleibt uns nur noch, auf Tracy zu warten. Sie kommt nach einigen Minuten mit ihrem eigenen Auto, einem Buick, durch dessen Ankauf sie wohl mitgewirkt hat, *General Motors* aus der Krise zu helfen. Wir haben alle sechs, Tracy am Steuer, ich neben ihr vorn, und hinten Utty mit den drei Mädchen, bequem Platz in der Karosse, und es liegt ein Hauch von westlichem Wohlstand über der Szene. Tracy, die ich nun erst kennenlerne, und die Utty bisher nur per Telefon kannte, entschuldigt sich für ihre geringfügige Verspätung; zu viel Stress im Büro, und sie sei auch noch nicht dazu gekommen, die Verlängerung des Visums für Ihren Sohn auf den Weg zu bringen. Also bitte sie uns um Zustimmung, wenn sie das eben auf dem Weg mit erledigt. So fahren wir denn zunächst nicht in die Wohnung von Tracy und Jeremy, sondern zur Ausländerbehörde.

Tracy ist dann eine ganze Weile weg. Zum Glück lässt sie den Motor laufen, so dass wir in ihrem Buick weiterhin gekühlt werden. Sie hat mit Ihrem Mann Jeremy zehn Jahre lang in den U.S.A. gelebt, und beider Sohn, der dort geboren wurde, hat den Pass der U.S.A., und darum braucht er hier in China ein gültiges Visum, das nun auszulaufen droht. Vom Behördenfrust gezeichnet kehrt Tracy endlich zu uns zurück. Wir fahren durch Straßen von Sanya, die wir noch nie gesehen haben. Fern von den Touristenvierteln mutet alles hier noch sehr nach Entwicklungsland an, die Verkaufsstände am Straßenrand, die an Rikschas erinnernden Motorradtaxen und auch der Zustand der Häuser. Endlich nähern wir uns wieder der Küste und den dort nach dem Muster von Honolulu errichteten Hochhäusern.

Tracy steuert eine der Tiefgaragen unter einem Hochhaus an. Eine uniformierte Wächterin drückt den Knopf zum Hochfahren der Schranke und salutiert militärisch, als Tracy Gas gibt. Nach dem Parken fahren wir mit dem Fahrstuhl in den 18. Stock (ich glaube es gibt dort 26 Etagen) zu der Wohnung. Jeremy begrüßt uns herzlich, der Sohn *Hunter* passt im Alter etwa zu Rita, die Kinder reden Chinesisch und ein wenig Englisch, und bald stehen Jeremy und ich auf dem großen Balkon und genießen den Blick auf den Strand und über das Meer. Jeremy erklärt, dass für dieses große Gelände, das nun bebaut werde, die Kriegsmarine die Eigentümerin sei. Sie verkaufe es abschnittweise an die Bauunternehmer, die dann die Betonriesen hochziehen und die Eigentumswohnungen auf den Immobilienmarkt bringen. Die Wohneinheiten ganz oben unterm Dach, also das, was in den U.S.A. Penthouse heißt, sind für pensionierte hohe Regierungsbeamte aus Peking reserviert.

Es wird Zeit zum Abendessen, und dafür ist bei einem Freund aus Italien (Stefano Berziga, aus Parma) in dessen Restaurant ein großer Tisch reserviert worden. Das Restaurant liegt auch an der Strandpromenade, und dort treffen wir auf ein weiteres Ehepaar, Grace, ihr Mann, und drei Kinder, zwei Mädchen und ein Junge. So sind wir nun eine recht internationale große Mahlgemeinschaft, die fünf Neuen sind Iren. Der Chef der Familie ist Pilot und fliegt nur noch Inlandflüge in China. Grace war früher Flugbegleiterin, doch nun begleitet sie ihren Mann auch ohne zu fliegen. Wir kommen im Gespräch darauf, dass der Papst Großbritannien besucht, und dass er sich wohl zunächst in Schottland aufhält, weil dort so viele Iren leben.

Ich erzähle von meinen alten Begegnungen mit Ratzinger und dass er ein begeisterter Wissenschaftler war und immer noch ist. Da kann Jeremy noch eins draufsetzen: Er war jahrelang Mitglied im Stab des Weißen Hauses in Washington D.C. als der Kameramann von Präsident Bush. Er meint,

Terroristen brauchten nur den zuständigen Kameramann in ihre Gewalt zu bringen, dann könnten sie jeden Prominenten umlegen. Darüber werde er nun einen Terror-Krimi schreiben. Als mein Kollege in Sanya ist er nur Englischlehrer, aber, na ja. Vielleicht hat ja dieses College unter seinen Ausländern einige noch nicht ausgeschöpfte Potentiale.

Woche 05: 19. - 25. September 2010

Sonntag, 19. September 2010

Erst nach aufmerksamem Studium des Kalenders kann man hier sicher sein, dass tatsächlich Sonntag ist. Der Wecker geht schmerzhaft früh, und die Apo ist wieder wie gestern gefordert, Lisa in die Schule zu bringen. Lisa bleibt nur am Vormittag dort; heute wird ein Freitag simuliert, und da ist nachmittags „Versammlung". Wir nehmen zusammen mit Uttys Vater den College-Bus zu einem besonders schönen Abschnitt des Strandes. Auf dem kurzen Fußweg vom Bus zum Strand fällt uns ein großes Schild mit der Inschrift CCCP auf. Hier gibt es also ein „besseres" Restaurant mit dem schönen Namen „Sowjetunion". Wir essen dort aber nicht, weil die Inhaber keine Kreditkarten akzeptieren. Schade, ich hätte gern der Kreditkartenfirma gegenüber demonstriert, dass ich noch 2010 in der längst aufgelösten UdSSR gegessen habe. Am Eingang zur *Sowjetunion* kann man sich weiße T-Shirts mit den karikierten Portraits von Prominenten bedrucken lassen. Touristen aus Russland haben hier eine erhebliche Bedeutung, heute vielleicht weniger als in der Vergangenheit. Die Flucht aus dem schrecklichen Winter Moskaus nach hier wird wohl schon seit langem dem dafür in Betracht kommenden Personenkreisen attraktiv erschienen sein.

Das Restaurant USSR am Strand Da-Dong-Hai (großes Ost-Meer), Sanya, Hainan

Der Strand ist gut besucht, das Baden macht viel Spaß, es gibt sogar Wellen. Als es dunkel wird, sehen wir am Himmel den Mond, der schon fast voll ist: Vorausschau auf des Mondfest, das am kommenden Mittwoch in ganz China gefeiert wird. Wir suchen ein großes Restaurant im ersten Stock eines Hotels auf, um zu Abend zu essen. Es ist dort brechend voll und unglaublich laut, weil Touristen aus allen Teilen Chinas schon damit begonnen haben, in den Vollmond hineinzufeiern.

Montag, 20. September 2010

Lisa muss nicht in die Schule, auf dem Campus gibt es keine Lehrveranstaltungen, es herrscht tiefer Friede in einer traumhaften Umgebung. Ich freue mich darauf, in meinem schönen Büro ungestört zu arbeiten, doch da habe ich nun den angekündigten Zimmernachbarn bekommen. Er ist ein reizender Kollege, der an einer Hochschule in Schanghai agrarwissenschaftlich tätig war. Er spricht gut Englisch und hatte Kontakt nach Deutschland zur *Universität Stuttgart-Hohenheim.* Es besteht also kein vernünftiger Grund, nicht das Büro in aller Zufriedenheit mit ihm zu teilen.

Dienstag, 21. September 2010

Schul- und College-Ferien gehen weiter. Eine Korrektur einer meiner Tagebucheintragungen wird nötig: Ich hatte gehört, dass Studenten zu sechst ein Zimmer teilen und erfahre nun, dass dies der Vergangenheit angehört. Jetzt sind nur noch jeweils vier zu einer WG vereint. Die Reduktion von sechs auf vier spiegelt wohl auch den Fortschritt wider, den China von Jahr zu Jahr macht.

Mittwoch, 22. September 2010

Mit Staunen sehe ich in meinem Kalender, dass darin nicht nur Gundula und Mauritius steht, sondern auch „Chinesisches Herbstfest". Tatsächlich nennen die Chinesen es Mitte-Herbst-Fest, also ein Fest, das wohl irgendwann einmal die Mitte des Herbstes markiert hat. Es herrscht Vollmond, leider aber auch bedeckter Himmel, so dass die Idealvorstellung vom Feiern nicht in Erfüllung gehen kann. Man setzt sich nämlich gern im Kreise der ganzen Verwandtschaft ins Freie unter den vollen Mond, und vergleicht ihn mit der Großfamilie, die – wie er – eine schöne runde Sache sein soll. Nun ist es draußen stürmisch und regnerisch, und da kann dann schon auch eine Familie mitfeiern, die den Vergleich mit dem Mond eher meiden möchte. –

Dies ist unser 30. Tag in Sanya. Ich bin mit Wang und Lucy verabredet, um das geplante interkulturelle Seminar weiter voranzubringen. Mein Seminar über Georg Simmel, dass jeden Mittwoch abends sein soll, kann heute offenkundig nicht beginnen, eben wegen des Mitte-Herbst-Festes.

Donnerstag, 23. September 2010

Während Lisas Schule einen Teil der durch die Vollmondferien ausgefallenen Unterrichtstage „vorgeholt" hat, wird im Hochschulbetrieb nachgeholt, was Montag und Dienstag nicht stattgefunden hat. Das bedeutet, dass ich am kommenden Samstag das Montagsprogramm und am Sonntag das Dienstagsprogramm abwickeln muss. Darauf folgen dann die normalen Unterrichtstage, also liegt es nahe, etwas mehr Zeit auf Vorbereitungsarbeiten zu verwenden. Mein Zimmergenosse im Büro war zwei oder dreimal dort, taucht aber nun erst einmal nicht mehr auf, so dass ich wieder allein darin sitze.

Freitag, 24. September 2010

Wir nutzen den letzten Tag der Schulferien, um noch einmal an den Strand zu fahren. Abends bei der Heimkehr fällt mir auf, dass in einer Grünfläche, die nicht abgesperrt oder irgendwie gekennzeichnet ist, ein großes Loch im Boden klafft. Dort fehlt ein Kanaldeckel, und der Gedanke, man könnte dort unversehens in der Dunkelheit hineintreten, ist schrecklich.

Samstag, 25. September 2010

Wie an normalen Montagen habe ich um 8 Uhr Vorlesung. Es wird ein Wochenende der härteren Art. Der früher Termin hat aber den Vorteil, dass es dann noch nicht ganz so heiß ist. Wir machen *Durkheim*, und die Aufmerksamkeit ist relativ hoch. Anschließend telefoniere ich mit Jeremy, und wir verabreden uns für morgen, Sonntag, zum Mittagessen. Am Nachmittag findet der Gastvortrag von Prof. Wen Jun statt. Er ist Professor, geschäftsführender Institutsdirektor und

Parteisekretär als Soziologe an der East China Normal University in Schanghai. Er spricht anhand von eindrucksvollen Folien über die zukünftige Entwicklung Schanghais, einer Megastadt, die jetzt schon ca. 20 Millionen Einwohner hat und die in Zukunft mit ihren Nachbarstädten zu einer riesigen Metropolregion zusammenwachsen wird.

Semestereröffnungsfeier für die 5.000 Erstsemester am Sanya College

Auf dem größten Sportgelände des Campus ist eine Tribüne aufgebaut, und ich beobachte am Nachmittag, dass hunderte von Studenten mit Stühlen in Richtung zu dem Gelände strömen. Die Semestereröffnungsfeier für die Erstsemester ist angekündigt, und jeder soll seinen eigenen Stuhl mitbringen.

So werden aus den Wohnheimen im Laufe des Nachmittags 5000 Stühle auf das Sportgelände getragen, und das sind für einige recht lange Märsche bei der üblichen Hitze. Unsere Kinder befinden sich alle drei in guter Obhut der Großeltern, und so können Utty und ich das Campus-Café aufsuchen, was vom Fenster aus einen guten Blick auf das Sportgelände und die Semestereröffnungszeremonie zulässt. Begrüßt werden der Bürgermeister, der Parteisekretär, die Chefs des Colleges, und dann werden die obligaten Reden gehalten. Als es zu Ende ist, geht jeder wieder mit dem Stuhl, auf dem er oder sie gesessen hat, zurück in sein Wohnheim.

Woche 06: 26. September bis 2. Oktober

Sonntag, 26. September

Von Sonntag kann gar keine Rede sein. Ich unterrichte wie jeden Dienstag, vormittags *Economic Sociology* und nachmittags die Vorlesung für die 140 Anfänger. Nach der Vormittagsveranstaltung wollten Jeremy und ich uns treffen. Aber ehe ich die Wohnung verlasse, ruft das Büro des Sub-College an und teilt mit, dass der Gründer und Chef des Sanya College, *Prof. Shen Guan Bao* von der Shanghai University, mich in sein Büro bittet. Utty sagt am Telefon, das ginge leider nicht, ich hätte Lehrveranstaltung. Das löst auf der anderen Seite Verblüffung aus, es wird mit Shen Rücksprache gehalten und ein Kompromiss gefunden, ich soll die letzten 20 Minuten meiner *Economic Sociology* streichen, die Studenten früher entlassen und dann zu Shen gehen. Ich telefoniere mit Jeremy und kündige an, es könnte später werden als wir verabredet haben.

Die Studenten reagieren fast nicht auf die Nachricht, dass wir früher schließen; sie bleiben alle ruhig sitzen und lassen mich fortgehen. Eine Mitarbeiterin des College bringt mich ins Hauptgebäude in das Büro von Prof. Shen, und da wird mir klar, dass ich hier den wahren Leiter dieser ganzen Unternehmung kennenlerne. Das Büro ist groß und eindrucksvoll ausgestattet, er hat zwei junge Leute bei sich, die ihm Assistent und Sekretärin zu sein scheinen, er bittet mich auf sein Sofa, sitzt im rechten Winkel zu mir auf einem

Sessel und spricht ausgezeichnetes Englisch. Er ist auch Soziologe, hat in London promoviert, kennt Anthony Giddens und die Arbeiten von Ulrich Beck, also ein internationaler Mann. Der große Kulturanthropologe Chinas *Fei Xiao Tong*, der in London bei *Malinowski* promoviert hatte und – wenn er noch lebte – heute über 100 Jahr alt wäre, war der Lehrer und Doktorvater Shens. Der Gründer des Sanya College ist also so etwas wie ein wissenschaftlicher Enkel Malinowskis. Bei meinem ersten Peking-Besuch hatte ich *Fei* kennengelernt, und das macht mich fast zum „Verwandten" von Shen.

Ich spreche ihn darauf an, dass er die Idee gehabt hat, mit der Autofirma Jeely als Geldgeber dieses College auf die Beine zu stellen. Formell ist einer seiner Schüler hier der Präsident, doch im Gespräch wird sofort klar, dass Shen der eigentliche Führungsfigur ist. Er ist auch der akademische Lehrer von Li Li, mit dem Utty ja meine Einladung nach hier ausgehandelt hat. Shen und ich verstehen uns auf Anhieb gut, er entschuldigt sich, dass er mich so knapp zum Gespräch eingeladen habe, er sei zu der Semestereröffnungszeremonie gekommen und müsse noch heute wieder nach Schanghai zurückfliegen. Er bedankt sich dafür, dass ich hier „voluntary work" leiste und erkennt das als eine Art Entwicklungshilfe sehr freundlich an. Als er mich nach Problemen fragt, die mir begegnet seien, berichte ich, dass die Englischkenntnisse der Studenten sehr unterschiedlich seien. Er versteht das, und eben darum, s.o.: Entwicklungshilfe. Da das Gespräch intensiv aber kurz ist, komme ich noch rechtzeitig zu meiner Verabredung mit Jeremy.

Jeremy und ich spazie-ren zum Eingang des Campus und besteigen dort eines dieser Campusgefährte, die man von großen Ausstellungen her kennt. Sie sehen wie verlängerte Golfwagen aus und bieten bis zu (eigentlich) 15 Personen Platz. So kommen wir zu dem Café, von dem aus Utty und ich die Eröffnungs-zeremonie beobachtet haben. Es gibt

Gesprächsstoff genug. Ich will von Jeremy wissen, wie er ins Weiße Haus von Präsident Bush gekommen ist, wie er als Schriftsteller seine Romane schreibt und wie er Verlage findet, die mit ihm zusammenarbeiten. Dabei essen wir *French Fries* und *Pizza*.

Montag, 27. September 2010

Wie an normalen Montag ist die Vorlesung um 8 Uhr. Die Studenten haben sehr nett einen Stuhl, ein zweites Mikrophon und eine Flasche Wasser für Utty, die Übersetzerin, vorbereitet und sind ganz enttäuscht, als ich erkläre, dass sie nicht mehr kommt, sondern dass ich von nun an mit Power Points und in freier Rede ohne sie weitermache.

Dienstag, 28. September 2010

Meine Lehrveranstaltungen beginnen heute um 10:10 und um 16:50 Uhr. Utty kommt kurz nach der Pause mit Lisa in den Hörsaal, um ein paar Fotos zu machen. Abends sehe ich im Fernsehen den Bericht von einem Besuch des Präsidenten Russlands mit einer Wirtschaftsdelegation bei der Führung Chinas. Eine seit zehn Jahren im Bau befindliche *Erdöl-Pipe-Line* ist fertiggestellt und Russland verkauft nun ständig große Mengen Öls nach hier. Anschließend findet eine Expertendiskussion statt. Da die Klimakatastrophe „zum Glück" im Norden Russlands große Flächen freigibt, die bisher vom Eis bedeckt und daher weitgehend unzugänglich warn, werden in naher Zukunft weitere Erdölfelder erschlossen werden können. Aber der Energiebedarf Chinas ist so gewaltig, dass Russland sich außerdem vertraglich verpflichtet, eine größere Zahl von Atomkraftwerken in China zu bauen. Parallel dazu zerbrechen wir uns in Deutschland den Kopf über die Frage der Laufzeitverlängerung.

Mittwoch, 29. September 2010

Auf den Tag genau eine Woche nach dem großen Mondfest herrscht wieder Ferienstimmung auf dem Campus. Übermorgen, Freitag der 1. Oktober, ist in der Volkesrepulik China der Nationalfeiertag. Da wird aber nicht nur der Freitag selbst zum Feiertag, sondern in der folgenden Woche wird bis einschließlich Donnerstag weitergefeiert (und viele fahren oder fliegen natürlich weg von hier). Dabei gibt es den Unterschied, dass im College am kommenden Montag bis Mittwoch alle Veranstaltungen unwiederbringlich ausfallen, während die für Donnerstag und Freitag geplante Lehre am Samstag und Sonntag nachgeholt wird. Das betrifft also auch mein Mittwoch-Seminar, das aus verschiedenen Gründen (z.B. Mondfest) bisher noch nie stattgefunden hat und heute zum ersten Mal zusammenkommt.

Es geht um Georg Simmel, das ganze Semester hindurch, und Beginn ist heute um 19:30 Uhr in dem Sitzungssaal, in dem die Fakultätssitzung am 2. September stattgefunden hat. Als ich kurz nach sieben losgehe, ist es hier schon völlig dunkel. Ich muss mich disziplinieren, wegen der fehlenden Kanaldeckel keine Abkürzungen zu gehen, sondern schön ordentlich auf den gepflasterten Wegen zu bleiben. Nach einigen Anfangsschwierigkeiten gelingt es, mein kleines Notebook an den Beamer anzuschließen, so dass ich meine Simmel-Folien zeigen kann. Um den großen ovalen Tisch, an dem am 2. September unter Vorsitz der Frau Parteisekretärin die Lehrkräfte des *Sub-College of Social Development* gesessen hatten, nehmen nun etwa 20 Studierende Platz.

Ehe es losgeht kommt eine Studentin und fragt, ob die College-Fernsehstation während des Seminars Aufnahmen machen dürfe. Li Li und ich schieben die Entscheidung darüber eine Weile lang zwischen uns hin und her, bis ich dann zustimme. Doch kurz danach heißt es, daraus würde heute nichts, die Kamera sei defekt. Ich versuche also, für den großen Simmel zu werben, so gut wie das unter den gegebenen Umständen möglich ist, und als ich in der Pause den Sitzungsraum verlasse, steht da der Kameramann mit der Studentin von eben, und sie bittet nun doch wenigstens um ein Interview, da die Kamera inzwischen wieder funktioniert. Also gebe ich ein Intrview über das Wesens eines Seminars, und wodurch es sich von einer Vorlesung unterscheidet. Dann ist die Pause vorüber, und nun kommt das kleine Fersehteam mit nach drinnen in den Seminarraum, und macht von dem zweiten Teil der Seminarsitzung ein Video.

Man soll hier nur nicht meinen, man wisse im voraus genau, was einem in den nächsten zwei bis drei Stunden passiert. Da vom gewohnten Wochenrythmus abweichend die Sequenz der Lehreinsätze nun zu einer Pause führt, komme ich nach fünf Unterrichtstagen (Samstag, Sonntag, Montag, Dienstag, Mittwoch) etwas erleichtert nach Hause, und da sind – ganz planmäßig – mein Schwager und seine Frau, die Eltern von Tantan, aus Schanghai angekommen, um den Nationalfeiertag mit uns zu verleben und ihre für mehrere Wochen ausgelagerte Tochter abzuholen.

Donnerstag, 30. September 2010

Heute ist es morgens endlich einmal so „kühl", dass man sich draußen in Shorts und kurzem Hemd wohl fühlen kann, ohne gleich atemlos in den nächsten klimatisierten Raum zu eilen. Also freue ich mich, bei ausgeschalteter Kühlung und offenen Türen den Durchzug zu genießen. Uttys Bruder und seine Frau kommen zu einem längeren Gespräch auf Englisch, wir reden viel über die Kinder, und die beiden berufstätigen Eltern sind froh, ihre Tochter Tantan wieder bei sich zu haben. Am Abend laden sie die ganze Familie zum Essen ein.

Seminar über Georg Simmel, Sanya College, 29. September 2010

Wir fahren in einem völlig überfüllten Bus vom Campus ab. An diesem Vorabend des Nationalfeiertages wollen viele Studenten in der Stadt ausgehen. Die Straßen sind schon mit tausenden roter Fähnchen patriotisch dekoriert.

Das Riesenrestaurant ist auf Meeresfrüchte und Fischspeisen spezialisiert. In einer ca. 1000m² großen Halle ist Platz für ca. 1500 Personen, die alle an runden Tischen mit je 10 Stühlen sitzen. Das einzige annähernd Vergleichbare, das mir dazu einfällt ist ein Biergarten. Viele kleine selbständige Händler und Köche betreiben in Konkurrenz miteinander Seite an Seite diesen kolossalen Laden. Man geht zunächst zum Einkaufen: In vielen Bassins sieht man die noch lebenden Fische, Krebse, Muscheln usw., wählt aus, was man essen möchte und bezahlt es. Zugleich gibt man die Standnummer des Koches an, der es zubereiten soll. Dort wird es dann gewürzt und gebraten, und man zahlt nun dem

Koch einen Betrag für seine Dienstleistung. Ein dritter „Gewerbezweig" sind die Frauen, die ich für Kellnerinnen gehalten hatte, die am Tisch Gemüse, Wassermelone, Fladenbrot etc. anbieten.

Wir sind früh dort und können uns den Tisch aussuchen, doch im Laufe des Abends wird es voll. Ein Sänger mit Gitarre, der mit Mikrophon und Auto-Schlagzeug die ganze Halle ausschallen kann, kommt auch an die Tische mit einer Liste seines Repertoires. Von alledem, Fische, Köche, Gemüse, Sänger kann man aussuchen, was einem gefällt und was man bezah-len möchte. Da das Essen außerdem noch hervorragend schmeckt, ist es trotz der quälenden Busfahrt ein sehr gelungener Abend.

Freitag, 1. Oktober 2010

Dies ist der Nationalfeiertag Chinas. Im Fernsehen laufen patriotische Rituale mit Militär, Stechschritt, Blasmusik, Gedenkkränzen und Delegationen in den Trachten der Minderheiten. Durkheims Definition von Religion schließt das hier fraglos ein, und eben darum gefällt sie mir nicht. Und doch, auffällig ist der hohe Anteil des Rituals, der dem Totengedenken gewidmet ist, und das scheint mir das Wesen jeder Religion zu sein, dem Weiterleben nach dem Sterben den Status von Realität zu verleihen.

Wir beschließen, wieder zum Strand am *Restaurant Sowjetunion* zu fahren. Den starken Regen zur Zeit unseres Aufbruchs versuche ich als Gewitterschauer einzuornen. Doch diese Definition kollabiert unter dem Druck der Wirklichkeit: Es wird ein starker Dauerregen daraus, und wir brechen unser Strandprojekt ab. Statt dessen gehen wir wieder ins Campus-Café und haben dort alle zehn viel Spaß.

Samstag, 2. Oktober 2010

Durch die ganze Nacht und auch heute den ganzen Tag
regnet es stark. Ich weiß nicht, auf wen Petrus die Zustän-
digkeit für das Wetter in China deligiert hat (oder ob er sich
gar selbst darum kümmert?) jedenfalls ist es dem Nationalfeiertag und dem sich daran anschließenden Wochenende
gegenüber nicht sehr entgegenkommend. Meine Chinesen
gehen (alle neun) trotzdem zum Schopping in die Stadt
Sanya, und ich bleibe am Computer. Eine frühere Studentin
von mir mit dem Familiennamen Ye, die an der Münchener
Uni vor Jahren bei mir Soziologie gelernt hat, verschaffte mir
eine Einladung an dem neuen Campus ihrer Universität in
Xiamen, gebenüber der Insel Taiwan, wo sie nun doziert. Ich
werde am 14. Oktober zu zwei Gastvorträgen hinfliegen und
muss die Texte dafür nun vorbereiten.

Woche 07: 3. - 9. Oktober

Sonntag, 3. Oktober 2010

China hat keinen Nationalfeiertag, sondern eine Nationalfei-
-erwoche! Die dauert an und der unaufhörliche Regen auch.
Dies ist nicht nur der dritte Tag in Chinas Nationalfeierwoche, sondern auch der Tag der Deutschen Einheit. Wir
bestellen einen Tisch bei Stefano und möchten gern mit
einem Taxi dorthin fahren, doch am Telefon erfährt Utty,
dass die Zufahrtstrasse zum Campus für Pkw unzugänglich
geworden ist, weil dort an einer Stelle das Wasser zu tief
steht. Die Stadtbusse kümmern sich darum nicht, und so
sind wir darauf angewiesen, mit dem Bus zum Strand zu
fahren. Ich ärgere mich nun über meinen flotten Spruch,
dass man hier bei Regen nicht einen Regenschirm, sondern
ein Ruderboot brauche. Solche Witze sind nicht mehr lustig,
wenn sie von der Wirklichkeit eingeholt werden.

Die Drängelei im Bus ist schrecklich. Die Führung in Peking hält solche Feierwochen für gut, weil sie den Inlandkonsum ankurbeln. Und tatsächlich meint offenbar jeder letzte Student, das Universitätsgelände mindestens für einige Stunden hinter sich lassen zu müssen, um von seinem Geld etwas in der Stadt auszugeben. An der Strandpromenade müssen wir noch eine viel zu lange Strecke von der Busstation zu Stefanos Restaurant durch den Regen gehen. Aber bei diesen Temperaturen spielt es keine besondere Rolle, wenn man durchnässt in einem Lokal ankommt. Stefano begrüßt uns mit gastwirtlicher Herzlichkeit und weist uns ein zu dem vorbereiteten Tisch für uns zehn. Zufällig kommt später an einen anderen Tisch auch die irische Familie, die wir kennengelernt haben, als wir mit Jeremy und seiner Frau Tracy hier waren. Heute sind die Jeremy and Tracy nicht dabei, weil sie sich touristisch in Peking aufhalten.

Montag, 4. Oktober 2010

Das sintflutartige Regenwetter dauert immer noch an. Wir erfahren durch das Fernsehen, dass dies auch hier nicht normal ist, sondern dass wir Zeugen des schlimmsten Hochwasser auf dieser Insel seit Jahrzehnten werden. Darum verzichten wir bis auf Uttys Bruder und seine Frau auf weitere Ausflüge, bleiben in der Wohnung und freuen uns, dass es mindestens dort – noch? – trocken bleibt. Ich kann diesen Umstand auch gut nutzen, um meine bevorstehenden Vorträge für Xiamen weiter auszuarbeiten und per Internet mit meiner früheren Studentin dort, Frau Ye, abzustimmen.

Dienstag, 5. Oktober 2010

Dieser Tag ist insofern denkwürdig, als es aufhört zu regnen! Außenpolitisch laufen zwei Ereignisreihen parallel zu einander. In den Medien hier veranstaltet China eine Kampagne

gegen Japan um eine kleine – von militärischen Abhör-
stationen abgesehen – wohl eher bedeutungslose Insel
nördlich von Taiwan. Ähnliche Muskelspiele hatten die
Volksrepublikaner in Peking schon im Zusammenhang mit
dem versenkten Marineschiff Südkoreas und mit einem
Flottenbesuch der Amerikaner in Vietnam veranstaltet. Die
U.S.A. sind dafür recht dankbar, dann das treibt die etwas
verängstigten Nachbarasiaten Chinas doch wieder in eine
größere diplomatische und militärische Nähe zu Amerika,
was China ja gerade nicht möchte. Und gleichzeitig reist der
Regierungschef Chinas zu den Vereinten Nationen nach
New York und spaßiger weise auch nach Cuba zu Fidel
Castro und dessen Bruder. Das wird zum Anlass genommen, um im Fernsehen feierlich daran zu erinnern, wie
alt und zuverlässig die Freundschaft zwischen den beiden
kommunistischen Staaten China und Cuba ist. Mich erinnert
das an die nostalgische Anhänglichkeit eines Teils der
Peking-Führung an das Regime in Belgrad, solange es noch
kommunistisch war.

Mittwoch, 6. Oktober 2010

Cuba hinter sich lassend trifft der Regierungschef Chinas,
Wen Jia Bao, die Führung der Europäischen Union in
Brüssel. Das englischsprachige Staatsfernsehen aus Peking
interviewt dazu einen Professor für Internationale Politik, der
sehr interessant kommentiert, dass es die Europäer waren,
die im 18. und 19. Jahrhundert den Nationalstaat erfunden
haben, und dass es wiederum die Europäer sind, die nun
eine Struktur für ein übernationales Staatswesen errichten.
Er spricht darüber zustimmend und mit einem Hauch von
Bewunderung, und man wird nachdenklich, was er wohl über
die Zukunft Chinas denken mag.

Donnerstag, 7. Oktober 2010

In meinem Büro treffe ich seit langem wieder einmal auf meinen Zimmernachbarn. Bald kommt noch ein Kollege und bespricht etwas länger mit ihm. Als wir wieder zu zweit sind, sagt er mir auf Englisch, dass er die Lehrtätigkeit hier aufgeben müsse und dabei sei, einen Nachfolger einzuarbeiten. Ich frage, warum er denn nicht weitermachen wolle. Er habe Herzprobleme und hätte nun herausgefunden, dass ihn das Unterrichten doch zu sehr anstrenge. Ich frage ihn nach seinem Alter. Er sei 64 Jahre alt. Dann werde er seine Herzkrankheit sicher völlig auskurieren können, versuche ich ihn zu trösten. Doch seine Generation von Chinesen hat in der Zeit der Kulturrevolution 1966-1976 Schreckliches erlebt, und gerade ein Typ wie er, der ganz bescheiden und introvertiert allen Ärger in sich hineinfrisst anstatt ihn hinauszuschreien, ist wohl besonders gefährdet.

Ein Abschiedsessen für Uttys Bruder und seine Frau ist in der Stadt vorgesehen, und Taxen können den Campus wieder erreichen, weil das Wasser erfreulich schnell abgeflossen ist. Trotzdem entschuldige ich mich von der Teilnahme, lasse meine neun Chinesen ohne mich ausgehen und widme mich weiterhin meinen Vorträgen für Xiamen.

Freitag, 8. Oktober 2010

Uttys Bruder, seine Frau und deren kleine Tochter müssen zum Flughafen. Mit Gepäck verlassen sie und wir alle das Haus, um sie bis zu Eingang des College-Geländes zu begleiten. Eines der typischen Campus-Fahrzeuge (verlängerter Golfwagen) hält demonstrativ unbesetzt an und der Fahrer versichert Utty, er werde warten, auch obschon unsere Schwägerin noch rasch etwas einkaufen will. Ich verstehe den Dialog natürlich nicht, wundere mich aber über die Hilfsbereitschaft des Fahrers. Später bitte ich Utty, mir das zu erklären (nicht aus Eifersucht, sondern aus Neugier).

Sie war vor einigen Tagen bei einer Campusfahrt mit ihm ins Gespräch gekommen und hatte ihn verwundert gefragt, ob denn nicht Studenten diesen Fahrdienst als Job übernehmen, und ob er Student sei. Nein, nein, dafür sei er ja zu alt. Er sei ein ausgebildeter Sportlehrer und habe in dieser Tätigkeit auch gearbeitet, habe sich dann aber mit seinen Eltern überworfen und sei von zu Hause fortgelaufen. Nun sei es schwer, eine neue Anstellung als Sportlehrer zu finden, und in der Übergangszeit fahre er diese Campuswagen. Utty habe dann versprochen, im Internet nach freien Stellen für Sportlehrer für ihn zu suchen, und daraufhin bietet er ihr und ihren Verwandten einen Sonderservice an. Utty hat das nicht nur versprochen, sondern auch getan, und ihm eine Liste mit freien Stellen überreicht.

Samstag, 9. Oktober 2010

Die Nationalfeierwoche ist vorüber, und nun muss Lisa im Nachholverfahren heute am Samstag und auch morgen am Sonntag morgens um 8 Uhr in der Schule sein. Sie hat sich recht gut mit allem zurechtgefunden, und Utty erklärt gegenüber der Schule die Probezeit für beendet und verabredet, dass Lisa bis Ende Januar dort Schülerin bleibt und wir das gestundete Schulgeld zahlen. - Ich freue mich auf ein ruhiges Wochenende ohne nationale Feiertage, da geht das Telefon. Das College ruft an und erinnert daran, dass heute, am Samstag, zur für Mittwochs vertrauten späten Stunde, mein Simmel-Seminar nachgeholt werden müsse, dass am Mittwoch ausgefallen sei. Dagegen ist ja nicht wirklich etwas einzuwenden, und ich mache es sogar gern, nur hätte ich es doch lieber etwas früher klar so gesehen. Aber, wie nun schon bekannt, China ist immer für eine Überraschung gut.

Woche 08: 10. - 16. Oktober

Sonntag, 10. Oktober 2010

Das ganze College arbeitet im Werktagsmodus. Lisa ist in
der Schule, und ich kann meine Lehrveranstaltungen für die
kommende Woche vorbereiten, denn wegen der Reise nach
Xiamen, werden es ereignisreiche sieben Tage werden.

Montag, 11. Oktober 2010

Die 8-Uhr-Vorlesung, heute über die Protestantische Ethik
Max Webers, läuft recht ordentlich. Zum Mittagessen treffe
ich mich mit Jeremy. Ich frage ihn, wie er mit dem Friedens-
nobelpreis für den Regimekritiker *Liu Xiao Bo* (xiao heißt
klein, bo heißt Welle) umgeht, ob er auch den Eindruck habe,
dass hier fast niemand davon weiß. Er berichtet, er habe mit
U.S.-amerikanischer Direktheit im Unterricht davon erzählt
und um Meinungen dazu gebeten.

Seine Studenten hätten einhellig die Ansicht vertreten, das
Ganze sei eine chinafeindliche Aktion Norwegens. Im
Staatsfernsehen wurde zusätzlich noch erläutert, dass der
Friedenspreis für Personen gedacht sei, die im Inland
Frieden stiften, was in diesem Fall nicht zuträfe, und die die
Beziehungen zwischen den Nationen verbesserten, was hier
auch nicht zu erwarten sei, wegen der Spannungen zwischen China und Norwegen, die durch die Preisverleihung
entstanden seien. Die staatsjournalistische Behandlung
dieser Frage gipfelte in der Feststellung, der Preisträger sei
ein Krimineller, der gegen die Gesetze seines Landes ver-
stoßen habe.

Während Jeremy und ich alle diese traurigen und ärger-
lichen Dinge noch besprechen, klingelt Jeremys Telefon. Ein
Studentenpärchen bitte um die Erlaubnis, ihn beim Mittagessen aufzusuchen. Sie kommen dann auch bald in die

Mensa, der junge Mann setzt sich an meine, die junge Dame an Jeremys Seite, und sie bringen einen Gesangstext zu einem Pop-Song auf Englisch mit, den sie bei einem Talentwettbewerb vorsingen wollen.

Da sie unbedingt gewinnen möchten, soll Jeremy als ihr Englischlehrer ihre Aussprache verbessert helfen. Das könne er nur machen, wenn sie ihm das nun mal vorsingen. Also sitzen wir in der lauten Mensa, und die beiden singen im Karaoke-Stil den Pop-Song abschnittsweise vor, und Jeremy korrigiert die Aussprache der beiden.

Dienstag, 12. Oktober 2010

Dienstags von 10 bis 12 Uhr unterrichte ich *Economic Sociology* mit einer Pause. In der Pause komme ich ungewöhnlich rasch wieder in den kleinen Hörsaal und sehe, dass ein Student von meinem Notebook-Computer die Maus entfernt hat und in den freien Steckplatz seinen USB-Stick eingesteckt hat, um sich von meiner Weisheit etwas herunterzukopieren. Ich fordere ihn ruhig aber bestimmt auf, diese Aktivität sofort zu beenden, weil ich meine, dass er mich vorher hätte fragen müssen. Auch habe ich Angst, dass mein Computer auf solche Weise mit Viren infiziert werden könnte.

Lisa kommt von der Schule heim und erzählt unter Tränen, sie sei von der Chinesischlehrerin geschlagen worden. Das ist an sich schon eine hinreichend schwerwiegende Sache, doch außerdem erzeugt sie eine komplizierte Situation, weil wir Lisa versprochen haben, wenn sie auch nur einmal geschlagen werde, bräuchte sie nicht mehr in diese Schule zu gehen. Nun hatte Utty vor wenigen Tagen gerade mit der Schulleitung geredet und die Probezeit im Einvernehmen mit der Schule für beendet erklärt. Auch hatten wir zugestimmt, das Schulgeld für die ganze vorgesehene Zeit in den nächsten Tagen zu zahlen.

Wir reden also ruhig und ausführlich mit Lisa über den Vorgang. Dabei kommt heraus, dass nicht nur sie, sondern mehrere Schüler gleichsam gemeinschaftlich bestraft wurden wegen unzureichender Erledigung der Hausaufgaben. Auch sei es eher ein fast schmerzfreier Klaps auf die Hand gewesen, der zwar als unwürdig und entehrend von Lisa empfunden wurde, aber nicht eigentlich als Körperverletzung qualifiziert werden kann. Kurz, es gelang Utty und mir, das Ereignis so umzudefinieren, dass der Ernstfall der versprochenen Beendigung des Schulbesuchs unter Protest noch nicht einzutreten braucht.

Mittwoch, 13. Oktober 2010

Die Rettung der 33 chilenischen Bergarbeiter nach 69 Tagen aus 625m Tiefe beherrscht alle Medien und verdrängt die anderen Nachrichten. - Abends halte ich wieder das Seminar zu Georg Simmel.

Donnerstag, 14. Oktober 2010

Der Flug von Sanya nach Xiamen dauert etwa zwei Stunden, und als ich verspätet dort gegen 22 Uhr eintreffe, werde ich vom Flughafen abgeholt und - im Dienstwagen mit Fahrer - ins Universitätshotel auf dem Campus der Huaqiao Universität gebracht. Prof. Yang, Dekan und Hochschullehrer für Philosophien (im Plural mit Schwerpunkt auf Karl Marx) begrüßt mich sehr freundlich. Die Universität hat als Sonderaufgabe die Betreuung von Auslandschinesen (Huaqiao), also von Kindern von zumeist reich gewordenen Auswanderern. Die große Mehrheit der dort studierende jungen Leute sind aber Normalchinesen. Die Universität hat ihren traditionellen Campus in der Stadt Quanzhou, doch ein zweiter neuer Campus wurde hier in Xiamen an der Küste gegenüber von Taiwan errichtet. In Quanzhou war ich in der Vergangenheit schon zweimal zu Gast, also ist dieser Be-

such mein dritter an dieser Universität, und mein erster auf
diesem neuen Campus.

Freitag, 15. Oktober 2010

Mein erster Auftritt ist um 9 Uhr in einem Hörsaal mit etwa
100 Plätzen. Als Thema habe ich vorgeschlagen: *Sociology
– The Evolution of the Discipline toward Goffman and
Shibutani.* Ich trage einen Text vor, der parallel in der Form
von Power Point Folien gezeigt und Satz für Satz ins
Chinesische übersetzt wird. Die Veranstaltung dauert mit
einer Pause bis gegen 12 Uhr, wobei fast die ganze letzte
Stunde für Fragen und Diskussion vorgesehen ist. Schon bei
der Ankunft und wieder hier bei dem ersten Vortrag wird mir
ein großer Blumenstrauß überreicht.

Nach der Mittagspause beginnt ebenfalls an diesem Freitag
die zweite Vorlesung, diesmal mit dem Titel: *New Social
Philosophy – on the Fundations of Old Philosophy.* Hier geht
es um Simmel und um seine Kommentare zu den alten
Griechen und zu Kant. Diesmal dauert es von 15 bis 18 Uhr,
wieder mit Übersetzung, Power Points und Fragestunde am
Schluss. Das Niveau liegt weit über dem, was ich in Sanya
erlebe, allerdings sind hier in Xiamen die Teilnehmer nicht
nur Studenten, sondern auch Doktoranden und junge
Kolleginnen und Kollegen. Ein erfreuliches Abendessen im
Kreise der Kollegen schließt den schönen, aber auch
anstrengenden Tag ab.

Samstag, 16.Oktober 2010

Für 9 Uhr ist eine Fragestunde im Büro von Prof. Yang
angesetzt. Teilnehmer sind junge Kolleginnen und Kollegen
der Philosophie und Soziologie. Die Fragen sind interessant
und zum Teil kenntnisreich. Endlich, mit dem gemeinsamen
Mittagessen, endet der „dienstliche" Teil meines Besuchs in

Xiamen. Mit verteilten Rollen betreuen die Mitarbeiter von Prof. Yang mich touristisch.

Die Mutter eines sechsjährigen Mädchens zeigt mir Sehenswürdigkeiten, als ihr Handy läutet, und sie nach dem Telefonbespräch, von dem ich natürlich gar nichts verstehen kann, plötzlich extrem schlecht gelaunt wird. Ich erkundige mich, ob etwas Schlimmes passiert sei. Nach einigem Zögern, in dem Scham und Zorn miteinander zu ringen scheinen, gewinnt schließlich doch der Zorn die Oberhand und sie vertraut mir an, dass sie gerade einen Anruf vom Gesundheitsamt ihrer Wohngemeinde hatte, in dem ihr vorgehalten wird, sie sei gestern nicht zur Untersuchung gekommen. Frauen, die schon ein Kind haben, müssen vierteljährlich gynäkologisch überprüft werden, um eine zweite Schwangerschaft auszuschließen.

Gastvortrag auf dem neuen Campus der Huaqiao Universität in Xiamen

Fragestunde im Büro von Prof. Yang an der Huaqiao Universität in Xiamen, 16. Oktober 2010

Ich frage, was denn passiert, wenn sie sich auch auf diese Mahnung hin weigert, sich untersuchen zu lassen. Dann wird in die Personalakte ein Vermerk eingetragen, der bei einer etwaigen Bewerbung oder Beförderung nachweisen würde, dass die betreffende Frau unzuverlässig und also nicht beförderungswürdig sei. - Und was geschieht, falls eine Schwangerschaft festgestellt wird? - Dann wir eine Abtreibung veranlasst. - Und was wäre die Folg, wenn Sie sich entschließen sollten, ein zweites Kind zur Welt zu bringen? - Dann würden sowohl mein Mann als auch ich unsere Jobs verlieren und auf der Straße stehen! – Auf wietere Nachfragen lerne ich, dass diese Verfahrensweise bei Personen vorgesehen ist, die im „Öffentlichen Dienst" beschäftigt sind, also nicht in der „freien" Wirtschaft.

Woche 09: 17. - 23. Oktober

Sonntag, 17. Oktober 2010

Die neunte Woche beginnt für mich in dem Universitätshotel auf dem Campus in Xiamen am Tag meiner Rückreise nach Sanya. Die Ereignisse und Erfahrungen von gestern gehen mir im Kopf herum, als ich zum Frühstück abgeholt werde. Zwei junge Kollegen kommen (so war es verabredet worden), einer hatte am Freitagnachmittag in der Diskussion die Frage nach der Bedeutung von Religion für die Stabilität einer Gesellschaft gestellt und war mir dadurch ganz deutlich in Erinnerung, der andere identifizierte sich als der Kameramann (nicht sein Beruf), der von meinen Auftritten an dieser Universität im Auftrag von Prof. Yang ein stundenlanges Video gemacht haben musste. Was immer ich an Sinn oder Unsinn geredet haben mag hinterlässt vermutlich einige Spuren hier.

Der Kameramann entschuldigt sich bald nach dem Frühstück, und der andere bleibt zu meiner Betreuung. Er spricht sehr gutes Englisch. Sein Geld verdient er sich als Fremdenführer, hat also ständig Kontakt mit Touristen. Zugleich ist er Doktorand und wurde mit dem Ziel angenommen, über die Philosophie des Konfuzius zu promovieren. Konfuzius ist gerade mal wieder „in", aber ihn macht das nicht froh; denn er meint, jedes Regime in China habe es verstanden, die Lehren des großen alten Denkers und Regierungsberaters in seinem Sinne zu interpretieren. Immerhin, die Abteilung für Philosophien (im Plural), deren Gast ich hier bin, lasse nicht mehr nur Dissertationsthemen über Marxismus zu (zur Zeit etwa 10), sondern auch einige über traditionelle chinesische Philosophie (zur Zeit 4) wie seine eigene. Übrigens soll meine frühere Schülerin hier über den großen Kommunistenführer Italiens Gramsci promovieren, wobei das Thema, wie sie mir versicherte, nicht eigentlich ihre eigene Idee war.

Mein Fremdenführer und Konfuziuskenner bringt mich zu einem alten Ahnentempel, nachdem er mich gefragt hatte, ob mich das interessieren würde. Ich wundere mich, dass wir den Weg dorthin zu Fuß antreten und befürchte einen längeren Anmarsch, doch wir sind schon bald am Ziel, weil der Tempel im Bereich des neuen Universitätsgeländes liegt, ebenso wie einige alte Häuser aus dörflicher Vergangenheit. Die Universitätsgebäude kriechen gleichsam wie eine Schlammlawine langsam um diese alten Baulichkeiten herum und schließen sie ein. Das erzeugt den Eindruck von Tragik aus der Konfrontation zwischen Tradition und Fortschritt. Der Tempel liegt in der Größe zwischen einem sehr großen Wohnzimmer und einer kleinen Kirche. Drinnen ist ein älterer Herr beschäftigt, mit dem ich zwar nicht reden kann, zu dem sich aber so etwas wie ein Gefühl der Solidarität zwischen Gleichaltrigen einstellt.

Mein Begleiter spricht den „Tempelwächter" behutsam und sehr höflich an und fragt, ob es erlaubt wäre, einzutreten und ein wenig herumzuschauen. Der reagiert ebenso höflich und sehr freundlich und lädt uns ein, alles zu besichtigen. Im Zentrum steht ein Altar, auf dem man den lieben verstorbenen Ahnen opfert. An den Wänden hängen Bilder und Dokumente, die von großzügigen Geldspenden zur Erhaltung des Tempels berichten. All dies gilt dem Andenken und der Verehrung von Angehörigen einer weitläufigen und offenbar – mindestens in der Vergangenheit – prominenten Familie, deren lebenden Mitglieder aber wohl ganz überwiegend auf der hier in Sichtweite gegenüberliegenden Insel Taiwan leben und Ende der vierziger Jahre aus guten Gründen dorthin vor Mao geflohen sind. Es sind auch zwei oder drei Generäle darunter, die allerdings nicht an der Seite Maos gekämpft haben dürften. Das macht die Erhaltung dieses Tempels vermutlich zusätzlich noch einmal unwahrscheinlicher. Mein Begleiter fragt den Alten nach seiner Tätigkeit: Er war so etwas wie der Bürgermeister dieses kleinen Ortes, aber das Dorf existiert ja schon nicht mehr, und so betreut er nur noch den Tempel, solange der noch steht.

Der Verlauf diese Vormittags dämpft etwas meine Begeisterung für den Elan, mit dem das moderne China Universitätseinrichtungen „aus dem Boden stampft". Zum Mittagessen sehe ich noch einmal meinen ganz und gar vorbildlichen Gastgeber, Prof. Yang. Die Universität organisiert den Transport zum Flughafen. Ich bin wieder in Begleitung des Konfuziusdoktoranden und des „Kameramannes". Sie überwachen noch den Vorgang des Check-in, und dann habe ich Mühe, sie zu verabschieden, weil sie am liebsten noch bis in die Maschine mitgekommen wären. Aus dem klar blauen Himmel über Xiamen und Taiwan trägt uns unser Flugzeug nach Süden in den finsteren Abendhimmel von Hainan, wo wieder einmal schwere Regenfälle vorausgesagt wurden. Das Sanya College stellt einen Dienstwagen, der mich vom Flughafen zum Campus bringt.

Montag, 18. Oktober 2010

Am Steuer eines der Campus-Fahrzeuge treffen wir wieder den arbeitslosen Sportlehrer, dem Utty aus dem Internet freie Stellen herausgesucht hatte. Er hat noch immer nichts gefunden und erzählt, das er früher auch als Trader in einer Investmentfirma gearbeitet habe. Nun ist das genau die Tätigkeit von Uttys Bruder, und sie fragt ihn am Telefon, ob er eine Möglichkeit sieht, den Sportlehrer zu beschäftigen. Zwar wäre man gerade dabei, neue Mitarbeiter einzustellen, doch würde mit Vorrang derjenige ausgewählt, der einen größeren Geldbetrag mitbringt, um den in der Firma zu investieren, bei der er sich beworben hat. Dabei sei es gleichgültig, ob das Geld dem Bewerber gehöre, oder von ihm für andere verwaltet werde.

Dienstag, 19. Oktober 2010

Am Nachmittag unterrichte ich wieder die 140 Leute in der
Einführung in die Soziologie und finde den Verein so ver-
schlafen und unaufmerksam, dass ich mich zu einem
mittleren Wutanfall hinreißen lasse: Ihre Eltern hätten viel
Geld zahlen müssen, damit sie hier studieren könnten, und
sie wüssten die Chance nicht zu schätzen, die ihnen hier an
diesem College geboten werde etc. Die Wirkung ist erstaunlich! Es scheint, als hätten sie auf einen emotionalen Aus-
bruch gewartet und wären nun erleichtert, dass er endlich
kam. Der ganze sonst so lahme Verein reißt sich plötzlich
zusammen und erweckt den Eindruck angespannter Konzentration.

Mittwoch, 20. Oktober 2010

Von den Philippinen her bewegt sich ein tropisches Sturm-
system auf den Süden Chinas zu. Lisa muss wie jeden
Morgen in die Schule gebracht werden und hat davon
gehört. Sie fragt: Kommt der Taifun bald? Sie fürchtet den
schrecklichen Sturm nicht, sondern hofft auf ihn, weil dann
die Schule ausfällt.

Donnerstag, 21. Oktober 2010

Die Großeltern wohnen hier im zweiten Stock, wir im ersten.
Also findet ein ständiger Personenaustausch über die
Treppe statt, an dem auch Rita (5) und Emmy (fast 3)
teilnehmen. Plötzlich sind die beiden nicht mehr auffindbar
und Panik breitet sich aus. Dann stellt sich heraus, dass alle
Aufregung grundlos war, weil die beiden beschlossen hatten, ein benachbart wohnendes Baby zu besuchen, das alle
hier besonders putzig finden.

Freitag, 22. Oktober 2010

Das Seminar für Dozenten, an dessen Vorbereitung Wang, Lucy und ich schon ein wenig gearbeitet hatten, fand heute vor einer Woche tatsächlich zum ersten Mal statt, als ich in Xiamen war. Heute bin ich zur zweiten Sitzung eingeladen. Überraschend hat sich der Präsident dieses College entschlossen, daran teilzunehmen. Wir sitzen in einer großen Runde um einen riesigen Tisch in komfortabler Ausstattung mit je einzelnem Mikrophon, Präsident Lu Dan, ein Soziologe und ehemaliger Schüler von College-Gründer Chen, zehn weitere Männer und vier Frauen, die typischerweise – wenn man von mir einmal absieht – nebeneinander sitzen, also nicht unter die Herren gemischt. Ich freilich habe mich zwischen zwei Damen gesetzt, weil ich auf Übersetzungsdienste angewiesen bin.

Kriterium der Teilnahme ist in dieser Runde der Doktortitel. Den habe ich hier zwar nie nachgewiesen, aber er wird mir geglaubt. Es passiert etwas, was charakteristisch und nicht nur chinesisch ist: Jemand meint, man könne nicht die anderen verdienten Dozenten ausschließen, die hier so fleißig unterrichten, nur eben noch nicht promoviert seien. Der Präsident übergeht das mit einem gütigen Lächeln. Den Vorsitz führt formell Herr Wang, bei dem Lucy arbeitet, doch der gibt die Leitung des Seminars ab an einen Namensvetter, Wang Sheng, der hier – wie er sagte – „cinema" unterrichtet, also zukünftige Filmregisseure ausbildet. Es wird verabredet, dass jeder sich kurz vorstellt und sein wichtigstes wissenschaftliches Interessengebiet beschreibt. Lucy schreibt in Stichworten auf, was gesagt wird, und reicht mir laufend Zettel mit ihren Notizen. So kann ich recht gut an dem Verlauf der Sitzung teilnehmen.

Ein weiterer Herr Wang mit dem „given name" Yiwu ist nach dem Präsidenten hier der ranghöchste Hochschullehrer. Wang Yiwu ist Dekan der Abteilung für „Management" oder

Betriebswirtschaftslehre. Er interessiert sich wissenschaftlich dafür, wie man mit Tod und Sterben am besten und kostengünstigsten umgehen kann. Doch der Tod beschäftigt ihn nicht nur als Thema der Wirtschaftswissenschaften. Er stellt auch die drei Sinnfragen: Wohin gehe ich? Woher komme ich? Warum bin ich hier?

Als zweites Interessengebiet nennt Wang Yiwu die Wohnungspolitik der Regierung, insbesondere das Problem der Vermeidung von extremer Armut und extremem Reichtum. Sodann die Frage, was Wissenschaftler zur Entwicklung der Insel Hainan beitragen können. Auch, mehr auf das ganze Land bezogen, wie dieses politische System reformiert werden müsste, damit es die wirtschaftliche Entwicklung besser vorantreiben könnte. Im engen Zusammenhang steht für Wang damit der Versuch, das Scheitern früherer Reformversuche zu erklären.

Präsident Lu Dan reiht sich in diese Vorstellungsrunde als Soziologe ein. Die Erforschung wirtschaftlicher Vorgänge und Wandlungen setze die Beachtung des Kulturhintergrundes voraus: Sitten, Traditionen und in der chinesischen Philosophie verankerte Wertvorstellungen müssten beachtet werden. Sodann interessiert den Präsidenten die Frage, wie Leistungen der Wissenschaft den politischen Führern besser zugutekommen können. Es käme insgesamt darauf an, dass die Impulse wissenschaftlicher Reflektion der sozialen Enzwicklung des Landes förderlich sind. Als Nächste in der Runde stellt die Wirtschaftswissenschaftlerin Frau Tang die Frage nach den Quellen und Grundlagen des Sozialismus. Sie meint, „wir" (also die Chinesen) hätten den Sozialismus eingeführt ohne ihn wirklich zu kennen.

Auch der Verwaltungschef des College ergreift das Wort. Er nimmt hier teil, weil er einen Doktortitel hat. Er fordert, man solle Universitäten die Macht geben, Verstöße gegen die Verkehrsregeln selbst zu ahnden, damit man nicht die Polizei auf den Campus rufen müsse, wenn sich ein Verkehrsunfall ereignet habe. Auch um die Restaurants und Geschäfte auf dem Gelände des College wirksam zu kontrollieren, fehle die Rechtsgrundlage.

Der Kulturanthropologe möchte als Nächster in der Runde mehr Informationen über die Ursachen dafür zusammentragen, dass die Landbevölkerung Revolutionen verursacht habe. Am meisten wundert mich, wie häufig an diesem Nachmittag von der Notwendigkeit die Rede ist, das politische System zu reformieren, und wie viele der Anwesenden sich für das Thema Religion ausdrücklich auch im Kontext ihrer wissenschaftlichen Arbeit interessieren.

Samstag, 23. Oktober 2010

Um den Lebensstandard in unserer Großfamilie zu heben, wird der Erwerb eines Bügelbretts beschlossen. Als zum Tragen eines solchen Gegenstandes auch in Bussen des öffentlichen Verkehrs besonders geeignet, werde ich ausgewählt. Weil dieser Einkauf von uns als außergewöhnlich eingestuft wird, fahren nur Utty und ich ohne die Kinder in die Stadt. Wir nehmen das Mittagessen in einem Restaurant mit internationalem Flair ein, bei MacDonald.

Woche 10: 24. - 30. Oktober

Sonntag, 24. Oktober 2010

Als wir am 14. Oktober spätnachmittags in einer Taxe zum Flughafen fuhren, fiel uns in einem Stadtteil von Sanya auf, dass der Baustil an maurische Fassaden in Andalusien erinnert. Im Gespräch mit dem Fahrer lernten wir, dass hier der muslimische Teil der Bevölkerung wohnt. Ob es auch Christen gäbe, und ob die eine eigene Kirche hätten, will Utty von ihm wissen. Ja, es gäbe eine Kirche. Der Fahrer beschrieb uns die Lage des Gotteshauses, und dann flog ich nach Xiamen. Nun haben wir es heute mit einem Sonntag zu tun, an dem nicht irgendwelcher Unterricht vor- oder nachgeholt wird, und so liegt es nahe, dass wir uns an die Informationen erinnern, die der Taxifahrer uns gegeben hatte. Utty bringt in mehreren Telefongesprächen in Erfahrung, wo genau die Kirche zu finden sei, und auch, dass es offenbar die einzige hier im Süden der Insel ist. Nur im Taxi wäre sie zu erreichen, und die Entfernung ist gewaltig. Es wäre etwa so, als ob jemand in München wohnt und sich von dort aus zum Kirchgang in Augsburg entschließt. Trotzdem scheinen die Kinder gehen zu wollen, doch als sich telefonisch nicht klären lässt, welchem Zweig der Christenheit der Gottesdienst zugeordnet werden kann, geben wir das Projekt auf und fahren lieber an den Strand.

Montag, 25. Oktober 2010

Im Staatsfernsehen war mir schon gestern am Abend der Bericht aus Nordkorea aufgefallen, in dem ein – vermutlich pensionierter – Vier-Sterne-General als Leiter einer Delegation aus China des 60. Jahrestags des Koreakriegs gedachte. Heute wird der gleiche Bericht noch einmal gesendet und ausführlicher gestaltet als gestern. Der alte Kommandeur aus der Mao-Zeit betont, dass tapfere Freiwillige aus China in Nordkorea die U.S. Amerikanische Aggression zurückgeschlagen und dafür ihre Leben geopfert hätten. Dann wird ein junger Offizier interviewt (und den sah man gestern noch nicht), der sich wünscht, dass die heutige junge Generation chinesischer Soldaten dem Vorbild jener folgen, die in Korea im Kampf gegen die U.S.A. ihr Leben ließen. Dabei wird besondere betont, wie eng seit Mao die Freundschaft zu Nordkorea sei. Gegen Ende der Nachrichtensendung sieht man dann in einer Reportage aus Seoul, dass das südkoreanische Rote Kreuz Lebensmittelsendungen für hungernde Koreaner in den Norden schickt. Das macht schon den Eindruck, als ob zwei Fraktionen in der Redaktion miteinander Katz und Maus spielen.

Dienstag, 26. Oktober 2010

Heute berichtet das Staatsfernsehen von hochrangigen Regierungskontakten zwischen Indien und Japan und davon, dass Japan trotz seiner historisch bedingten Vorbehalte gegen Atomenergie, den Ausbau von Atomkraftwerken in Indien mitfinanzieren werde

Mittwoch, 27. Oktober 2010

Auftritt von Lisas Klasse beim Wettsingen, Sanya, Hainan

Lisa singt in ihrer Schulklasse als Chorsängerin mit, und in einem Wettsingen gewinnt ihre Klasse. Das festigt ihre Verankerung in der neuen schulischen Umgebung, und macht eben auch Spaß. Zur guten Stimmung trägt außerdem das Herbstwetter hier bei: Wir genießen nun tagsüber die „kühlen" 25 Grad.

Donnerstag 28. Oktober 2010

Dies scheint die Zeit der Wettbewerbe zu sein. Die Abteilung des College für englischen Sprachunterricht veranstaltet eine Vorausscheidung für den nationalen Wettkampf der Englischstudenten. Ich werde von der Vize-Dekanin für Sprachstudien, Frau Tang, gebeten, heute ab 15 Uhr als Juror im Preisgericht zu sitzen. Dort sind wir zu fünft, drei Chinesen und zwei Westler: der Brite mit südafrikanischer Familiengeschichte „Monty" Vorster, und ich. Von den in die engere Wahl gekommenen Bewerbern treten fünfzehn junge Frauen und Männer an. Jeder muss in freier Rede einen Kurzvortrag zu dem Thema „xxx is My Top Concern" von maximal 3 Minuten Dauer halten und dann in jeweils einer Minute eine oder zwei Fragen beantworten. Wir vergeben nach einem bestimmten Schema Punkte.

Die drei ersten Kandidaten erklären den Umweltschutz für ihr wichtigstes Anliegen. Sie sprechen von Plastiktüten und vom Stromsparen. Auf meine Frage, ob es für die Umwelt einen Unterschied mache, ob der Strom aus Kohle, aus Atomenergie oder durch Wasserkraft gewonnen werde, weiß eine Kandidatin keine Antwort. Weitere Themen sind die Mode, oder das Studium, doch zwei Redner sprechen über – oder richtiger gegen – Japan. Da fällt mir ein, dass in Xiamen ein sonst völlig ausgeglichener Kollege beim Essen in Gegenwart eines als Gast hinzu gebetenen Parteimannes plötzlich über die Anti-China-Stimmung in Japan zu klagen begann. Nun steigert sich einer der jungen Studenten geradezu in eine Hetzrede gegen Japan hinein.

Abgesehen davon, dass er (nicht deswegen) wenig Punkte bekommt, erkundige ich mich nach dem Ende der Veranstaltung, ob er persönlich zur Zeit der Greul japanischer Besatzung in China nahe Verwandte verloren habe, oder wie sonst sich sein Hass auf Japan verständlich machen ließe. Ein junger chinesischer Englischlehrer versteht meine Sorge und meint, viele dieser Studenten glauben alles, was die Regierung (oder die Partei) sagt. Dann wird die Auswertung der Punktzahlen der Juroren bekanntgegeben: Die Nummer eins mit der höchsten Punktzahl ist ein junger Mann, der über Probleme des Umweltschutzes gesprochen hat.

Freitag, 29. Oktober 2010

Um 16 Uhr trifft sich wieder die Doktorenrunde. Es ist das dritte Treffen in diesem Semester und für mich das zweite Mal, dass ich dabei bin. Der Präsident ist nicht gekommen, doch von ihm wird eine Liste mit Regeln für das Verhalten in diesem Gesprächskreis verteilt. Auch der Dekan der Betriebswirte und die Vize-Dekanin der Sprachstudien, Frau Tang, fehlen. Lucy ist wieder als Übersetzerin an meiner Seite.

Das erste Referat dieser Gesprächsserie hält Feng He Nan, ein Kuturwissenschaftler, der Literaturkritik und Literaturtheorie betreibt und sich für Religionen, und wie sich später in der Diskussion herausstellt, für den Dialog zwischen chinesischen Religionen und Christentum interessiert. Er spricht über den Himmel, Gott als himmlischen Kaiser und das Tao (oder Dao) als die drei Zentralbegriffe religiösen Denkens in China. Daraus entwickelt er so etwas wie eine Trinität. Feng sucht nach transkulturellen Universalien, also nach religiösen Vorstellungen, die man in verschiedenen Denksystemen antrifft.

Die Aussprache ist lebhaft, streckenweise sehr kritisch; auch bekennen Teilnehmer freimütig, mit den in Fengs Kurzvortrag genannten Begriffen nichts anfangen zu können; dazu gehöre auch, so sagen sie, die Dreiheit von Vater, Sohn und Heiligem Geist. Obwohl ich eigentlich nur zuhören wollte, sage ich mit Hilfe von Lucy als Übersetzerin dann doch etwas. Anschließend gehen wir gemeinsam in der Personalmensa zum Abendessen, wieder auf Kosten des Rektors.

Zuerst sitze ich am Tisch mit dem Chef der Abteilung für Internationale Angelegenheiten, der in Toronto promoviert hat und mir nun berichtet, seine Mutter sei eine Protestantin, die ihn zwingt, jeden Tag in der Bibel zu lesen. Dann gehe ich noch an einen anderen Tisch, wo Lucy mit dem Chef der Presseabteilung sitzt, der sich schon in die Diskussion als bekennender Buddhist eingebracht hatte. Er erzählt nun, er sei die Reinkarnation eines vor langer Zeit verstorbenen buddhistischen Mönchs, und das wisse er auch darum, weil verschiedene Mönche in buddhistischen Klöstern ihn als eine solche Reinkarnation erkennen und anerkennen.

Das Mensapersonal wartet, dass wir endlich gehen, weil sie Feierabend machen möchten. Ich deute an, dass mir das bewusst ist. Da meint der reinkarnierte Mönch, dann müssten sie eben heute Überstunden machen. Ich sage dann nur noch rasch, aus christlicher Perspektive sei ein verstorbener Mönch ihm nahe und gebe ihm Führung, auch ohne in ihm reinkarniert zu sein. Lucy übersetzt das, und dann gehen wir endlich alle, und das Mensapersonal hat Feierabend.

Samstag, 30. Oktober 2010

Das Wetter ist nun höchst angenehm, sonnig, nicht mehr zu heiß, und die klimatischen und Umweltbedingungen hier sind einfach paradiesisch. Das Sub-College of Social Development veranstaltet für sein Lehr- und Verwaltungspersonal einen ganztätigen Ausflug ins bergige Innere der Insel Hainan. Ziel ist eine Eingeborenengruppe, die über lange Zeit hinweg von den anderen Völkern, die sich entlang der Küste niederließen, unbehelligt blieben und so kulturelle Merkmale erhalten konnten, die woanders längst untergegangen sind.

Ausflug des Personals des Subcollege for Social Development zu den Miao, Oktober 2010

Das Tal, in dem dieser Zweig der Miao anscheinend bis 1998 noch ungestört als matrilineale Kultur gelebt hat, wurde zu einer Touristenattraktion ausgebaut, die trotz des üblichen Rummels der Kommerzialisierung noch Hinweise auf die ursprüngliche Lebensweise enthält. Es wird am Ende unserer 10. China-Woche ein höchst amüsanter und lehrreicher Tag.

Touristische Tanz- und Geschicklichkeitsvorführung der Miao auf Hainan

Woche 11: 31. Oktober - 6. November

Sonntag, 31. Oktober 2010

Die protestantische Christenheit feiert den Reformationstag, und wir fahren wieder zum Strand an dem Restaurant „Sowjetunion". Im Schatten eines gemieteten Schilfdaches überlege ich, ob und wenn ja, wie dieses Tagebuch weitergehen kann. Es hat nämlich sich selbst eingeholt. Eine der hier mit vollem Namen genannten Personen hat die Gewohnheit, sich in gewissen zeitlichen Abständen bei Google zu suchen. So fand dieser Zeitgenosse heraus, dass er in meinem Tagbuch vorkommt und hat sofort alle bisher erschienenen Folgen von Google aus ins Englische übersetzt heruntergeladen und kann das natürlich in Zukunft jederzeit wiederholen.

Die Folgen sind leicht absehbar. Jeder, der mit mir redet, kalkuliert bei dem, was er sagt, womöglich ein, dass seine Äußerungen im Internet nachgelesen werden können, und das macht die Zukunft dieses Tagebuches fraglich. Es kann indirekt sogar mein Leben hier auf dieser Insel beeinflussen. Trotzdem will ich versuchen, weiterzumachen, allerdings vielleicht ohne Nennung von vollen richtigen Namen, wie es bei den Journalisten ja auch üblich ist: „Aus gewöhnlich gut unterrichteter Quelle hört man...."

Montag, 1. November 2010

Am Fest Allerheiligen habe ich hier um 8 Uhr wie üblich meine Montagsvorlesung. Auf dem Heimweg danach begegne ich auf dem Campus zufällig einem Studenten, der am vergangenen Donnerstag eine Rede gegen Japan gehalten hatte. Er erkennt mich, kommt auf mich zu und enschuldigt sich in recht gutem Englisch dafür, dass er so negativ über Japan gesprochen habe. Völlig überrascht davon sage ich ihm, dass sein schon in Ordnung, er möge sich doch darüber keine Gedanken mehr machen, nur seien wir Deutschen oft in Sorge, es könne irgendwie zu einem neuen Krieg kommen, und seine Rede habe ein wenig so geklungen, als sei ein Krieg Chinas gegen Japana nicht auszuschließen. Nein, so habe er das ja nicht gemeint, und auch er sei selbstverständlich gegen jeden Krieg. Er bitte mich noch, mal wieder mit mir reden zu dürfen.

Dienstag, 2. November 2010

In der Einführungsvorlesung geht es um Mead und seinen *significant other* und *generalized other*. Es ist schon seit vielen Jahren nicht mehr vorgekommen, dass ich diese Vorlesung vierstündig gehalten habe wie hier, und natürlich bietet das mehr Möglichkeiten ausführlicher vorzugehen, als wenn sie nur zweistündig vorgesehen ist.

Utty sitzt am Computer, auch um im Internet „shopping" zu machen. Der *e-commerce* läuft hier aber deutlich anders ab, als ich das in Deutschland beobachtet habe. Es gibt auch hier ein eigenes Bezahlnetz, etwa ein chinesisches PayPal, in das man über eine Kreditkarte Geld einspeisen kann. Doch die Kommunikation zwischen Käufer und Verkäufer ist hier in China weit intensiver und flexibler, weil sie außer über die Internetseiten zusächlich übers Telefon (meistens Handys) geführt wird. Der Verkäufer meldet sich oft direkt im online chat oder auch per SMS mit Informationen oder Rückfragen zu schwebenden Aufträgen. Bestellte Waren werden an die Wohnungstür geliefert und bei Nichtgefallen oder Nichtpassen (z.B. Schuhe) ganz ohne Problem zurückgenommen. Das Porto ist sensationell billig. Der flexible Einsatz des Handys macht auch den Kontakt zur Post leichter: Trifft der Zusteller den Empfänger nicht an, so wird er nicht ein Formular ausüllen und in den Briefkasten einwerfen, sondern das Postamt ruft an und bittet, man solle doch eine Sendung abholen kommen.

Mittwoch, 3. November 2010

Wir kommen mit einer Taxe aus der Stadt zurück. Hinten steigen alle aus, ich bleibe vorn auf dem Beifahrersitz noch sitzen, um zu zahlen. Als ich dem Fahrer die Geldscheine überreiche, wird er auf meinen Unterarm aufmerksam, der unterhalb der kurzen Ärmel zu sehen ist. Mit einer schüchternen Behutsamkeit fasst er mit Zeigefinger und Daumen einige Haare an, die dort wachsen. Da wir nicht miteinander reden können, bringt er durch Gesten zu Ausdruck, dass er eine Behaarung des Unterarms gut findet. Hoffentlich meint er das ehrlich, dann bei herablassenden Äußerungen von enthnozentrischen Chinesen über Menschen aus dem Westen, bringen sie uns Westler gerade wegen der ausgeprägteren Behaarung in die Nähe zu Affen.

Donnerstag, 4. November 2010

Nicht, dass ich ernsthaft überlegte, für länger oder gar immer hier zu bleiben, doch die gegenwärtigen Wechselkurse machen den Gedanken höchst attraktiv, Geld in Deutschland zu verdienen und dann hier auszugeben. Dabei muss man bedenken, dass die Preise auf dieser Insel – und zumal auf diesem College Campus – anders sind als in Peking oder Schanghai. Immerhin, ich zahle hier beim Friseur für meinen Haarschnitt 10 RMB, also etwa 1,10 EUR! Ausnahmsweise gehe mal ich zum Brotkaufen und zahle rund ein Drittel des in München üblichen Preises. Die Taxifahrten, zu denen wir uns nun immer häufiger entschließen, kosten bei Entfernungen, die in München 20 bis 30 Euro kosten würden, hier den gleichen Betrag in RMB, also etwa ein Zehntel.

Freitag, 5. November 2010

Der Doktorclub tagt wieder ab 16 Uhr. Diesmal spricht der Volkswirt über die internationale Wechselkursproblematik. Wang Sheng (der Dozent für Filmregie) moderiert die Sitzung in Abwesenheit des Präsidenten. Wang hat Mühe, die Diskussion in ruhigen Bahnen zu halten, weil sich viel Unzufriedenheit mit dem Referat breitmacht. Kritisiert werden nationalökonomische Fachausdrücke, die nur Volkswirte verstehen können, kritisiert wird die Darlegung von Vorgehensweisen anstatt einer Konzentration auf Ergebnisse.

Niemand diskutiert die wirklich gigantischen globalen Probleme, die mit dem heutigen Thema angesprochen werden. Nach frustrierenden Stunden bittet Wang Sheng mich, etwas zu sagen. Ich entschuldige mich für mein fehlendes Chinesisch, und dass ich wieder auf die Dolmetscherhilfe von Lucy angewiesen bin, sage dann aber, dass die Wechselkurse zwar zu riesigen Exportüberschüssen Chinas führen, doch den kleinen Mann als „Arbeiter und Bauern" zwingen, mit extrem niedrigen Einkommen auskommen zu müssen. Am

Ende der Veranstaltung bittet der Vorsitzende mich, am kommenden Freitag, das Referat zu halten.

Samstag, 6. November 2010

Im Auftrage ihrer Freundin, die hier „Public English" unterrichtet, also einen Englischkurs, der für alle Studierenden verpflichtend ist, bittet Lucy mich, am Nachmittag zu einer von Studenten selbst organsierten Clubveranstaltung zu kommen, um dort etwas auf Englisch zu plaudern. Auf dem Fußweg dorthin frage ich den Organisator, einen Studenten namens Li, ob dieser Club mit der Partei in Verbindung stehe. Nein, das sei durchaus nicht der Fall, er sei vor Jahren hier von Studierenden gegründet worden und entwickele nun eine eigene Tradition. Die Studenten sitzen ganz unbequem, wie zu einer Lehrveranstaltung in einem kleinen Hörsaal, und es sind zu meiner Überraschung über sechzig Leute.

Als Thema war verabredet worden, über Familie zu reden. Weil es ja darum geht, die Teilnehmer zum Reden zu bringen, frage ich, was sie unter Familie verstehen. Eine Studentin antwortet: „Father and Mother I love you". Ich verstehe das nicht, und es braucht einige Zeit, bis man mir klar macht, dass hier die einzelnen Buchstaben des Wortes Familie, als F, A, M, I, L, Y (englisch) zu Anfangsbuchstaben von je eigenen Wörtern gemacht werden. Ich forsche weiter nach, wie sich die jungen Leute die Zukunft der Familie in China vorstellen. Jemand schildert allen Ernstes das Modell von Sparta: Die Kinder werden vom Staat erzogen.

Durch solchen und ähnlichen Unsinn provoziert sage ich: Wenn ich nach Deutschland heimkehre, werde ich Freunden und Kollegen erzählen, China baue zwar Ölpipelines von Russland aus und Weltraumraketen, doch seine Familie falle auseinander, und also sei in Zukunft von China nicht viel zu erwarten. Auf einmal melden sich immer mehr Studenten und reden erregt davon, wie stabil und zuverlässig die Zukunft der Familie in China sei, und dass ich völlig im Irrtum sei, wenn ich meinte: The Chinese family is falling apart.

Woche 12: 7. - 13. November

Sonntag, 7. November 2010

Frei nach Max Weber interessiere ich mich für die „Chinesische Ethik und den Geist des Kapitalismus". Das Sonntagsritual ist die Einkaufstour. Utty und ich fahren in das riesige Kaufhaus, und sie nennt es eine „Mall". Ich erkläre, was nach meiner Meinung ein Kaufhaus und was eine Mall sei, doch dann komme ich angesichts der Realität ins Schwimmen: Diese Begriffe passen hier nicht. Hier ist jeweils ein „Platz" oder (nach dem Modell einer Messe) ein „Stand" an einen Kleinunternehmer vermietet, der dann dort seine Waren zu Kauf anbietet. Im Erdgeschoss werden sogar Personenautos angeboten. Bei unserem Rundgang auf der Suche nach Schuhen, hören wir Klaviermusik, was mich sofort anzieht. Wir kommen zu dem Verkaufsbereich für Klaviere; sowohl Keyboards als auch richtige Pianos (jedoch keine Flügel) gibt es hier. Da sitzt eine junge Frau an einem Klavier und spielt konzentriert und eifrig (nur nicht gut anzuhören) Etüden. Neben ihr sitzt ein Mann, der ihr Tun aufmerksam und kritisch verfolgt. Es handelt sich um einen Klavierunterricht im Kaufhaus – oder doch in einer Mall?

Montag, 8. November 2010

Motorfahrzeug (Baujahr?!) eines Fischers am Strand, Sanya Beach, Sanya, Hainan

Es gab in München eine Zeit, zu der fast alle Männer der Müllabfuhr Türken waren. Daran muss ich hier denken, weil die niedrigsten Arbeiten auf dem Gelände dieses College von Personen – vorwiegend Frauen – ausgeführt werden, die aus den hier eingeborenen ethnischen Gruppen stammen. Sie entfernen den – zumeist stinkenden – Müll mit abenteuerlich vorsintflutlichen Techniken und sind überall die Putzfrauen. Sie sind äußerlich an ihrer Kopfbekleidung zu erkennen, bei der ich nicht weiß, was man als agrarkulturellen Sonnenschutz und was als muslemische Frauenidentität einordnen sollte. Ihre Männer, von denen manche als Fischer ihr Geld verdienen, fallen durch armselig altmodische Fahrzeuge am Strand auf.

Vor Jahren ist hier eine Gruppe von Studenten zu einer Bergwanderung auf den im Zentrum des Campus liegenden Berg aufgebrochen, und beim Abstieg sind sie alle vierzig von vermummten Eingeborenen mit Messern bedroht und ausgeraubt worden – so erzählen befreundete Nachbarn hier der Utty (Wie man aus gewöhnlich gut unterrichteten Kreisen hört…) Benachbart zum Geländes des College liegen zwei Dörfer der Eingeborenen, in dem einen wohnen Diebe, in dem anderen Räuber (die mit den Messern), so sagt man. Handelt es sich hier vielleicht um eine Kolonie Chinas?

Dienstag, 9. November 2010

Wieder durch Zufall (?) treffe ich den reuigen Japanbeschimpfer auf meinem Fußweg über den Campus. Er bittet mich um einen Gesprächstermin, und ich lade ihn ein, am Donnerstag um 16 Uhr in mein Büro zu kommen (das ich ja wegen des Herzleidens meines Zimmernachbarn allein nutze).

Mittwoch, 10. November 2010

Da es sich zwischen Lucy und mir ergeben hat, dass wir einander dienstlich gut begründbare Gefälligkeiten erweisen, kommt sie heute zu dem abendlichen Mittwochseminar über Simmel als Übersetzerin. Ihre Anwesenheit nehme ich zum Anlass, eine Rückschau auf Teile des schon behandelten Stoffes zu halten. Sie übersetzt jeden Satz, den ich sage, und jede Folie, die über den Beamer kommt. Sofort ist die Teilnahme der Studenten weit besser und einige Diskussionsbeiträge sind recht interessant. Lucy will sich aber noch nicht festlegen, ob sie das nun jeden Mittwoch machen wird.

Donnerstag, 11. November 2010

Weil in Lisas Schule Prüfungen sind, an denen sie nicht teilzunehmen braucht, und weil ich vor 16 Uhr nicht auf dem Campus sein muss, fahren wir an einen sehr schönen Strand, den wir noch nicht kannten. Da geht Uttys Handy, und die Bank of China (ich habe irrtümlich BanD of China getippt – Freud?) ruft an, um mitzuteilen, das Geld als Gegenwert für den von uns am 27. August eingereichten Scheck sei nun eingetroffen. Utty reagiert kühl auf diese Nachricht am Telefon, doch die Dame von der Bank ist erregt und bittet sie dringend noch heute vorbeizukommen, sonst würde das Geld auf ein Zwischenkonto gebucht und sei vielleicht für eine Weile wieder schwer zugänglich! Warum der Betrag nicht einfach ihrem Girokonto gutgeschrieben werde, frage ich Utty. Nein, sie müsse mit ihrem Pass vorbeikommen.

Am Nachmittag also fährt Utty zur Zentrale der Bank of China in Sanya. Das Geld ist tatsächlich verfügbar, nur immer noch in Euro. Auf Uttys Bitte wird es umgerechnet. Sie muss eine Stunde warten, ehe sie die Abrechnung erhält, und nach der Wartezeit ist sie so entnervt, das sie sich für den gewährten Wechselkurs kaum noch interessiert. Aber, Ende gut, alles gut, das Geld ist nun auf ihrem Girokonto bei der Bank of China.

Um 16 Uhr pünktlich treffe ich an meinem Büro ein. Dort steht ungeduldig mein Japankritiker und bittet mich, ihm zu folgen. Verwundert und nicht ganz ohne Mistrauen frage ich ihn, wo-hin er mich denn bringen werde. Es sei ein Treffen von Studenten, die im Hauptfach Englisch studieren. Er gehöre auch dazu, und er sei gebeten worden, mich zu holen (wie in einem schlechten Drehbuch). Das wird dann ein lustiger Nachmittag, denn die Kollegen Monty, Jeremy, Frau Vize-Dekanin Tang und andere Chinesen, die Englisch unterrichten sind auch dort.

Freitag, 12. November 2010

Heute ab 16 Uhr trifft sich der Doktorclub, und ich soll über Familienkulturen referieren. Lucy ist vorbereitet, alles zu übersetzen. Der Präsident taucht wieder als Teilnehmer auf, und sogar einer der Vizepräsidenten, der noch nie dabei war, kommt heute. Im Vorfeld hatte am Mittwoch ein Dreiertreffen, Wang Sheng, Lucy und ich, im Büro von Wang stattgefunden, in dem er mich bat, möglichst jeden Fachjargon zu meiden. Also sage ich – in verkürzter deutscher Fassung – etwas dies:

Mit schamanischen Fähigkeiten ausgestattet vernahm ich die Offenbarung eines Unsterblichen, der im Namen der Männer aller Zeiten spricht: Wir Menschen stammen von Affen ab, die in ihrer Lokalgruppe um den Zugang zu den Weibchen kämpfen. Weil wir aber nicht Affen, sondern Menschen sein wollten, verabredeten wir, die Frauen der eigenen Gruppe wie Schwestern zu behandeln, so dass wir um sie als Partnerinnen nicht mehr zu konkurrieren brauchten.

Dadurch wurden wir eine solidarische Männerbande (Band of China), und weil wir einer befreundeten Bande unsere Schwestern als Partnerinnen gaben und sie uns die ihren, hatten wir eine verlässliche Bündnisbeziehung. Beides machte uns überlegen im Vergleich zu anderen Banden. Auf einer zweiten Stufe bewunderten wir dann unsere Schwestern als Mütter und allmählich war es wichtiger für uns, von welcher Mutter wir abstammten als welcher Bande für angehörten. Auf Stufe drei kehrten wir das um, und unsere Verwandten wurden nun jene, die den gleichen Vater hatten wie wir. Ein Mann konnte mehrere Frauen haben, also sorgten wir auf einer fünften Stufe dafür, dass nur ein Mann und eine Frau einander heiraten konnten. Heute ist nicht klar, ob wir es mit einer weiteren, einer sechsten Stufe zu tun haben, oder ob die Leute wahlweise Familienmodelle aus der einen oder anderen früheren Stufe zur Grundlage ihres Handelns machen.

Samstag, 13. November 2010

Eine Gesangstudentin hatte uns vor längerer Zeit in Cafe Waiting hier auf dem Campus angesprochen und mit Utty chinesich geplaudert, weil sie unsere Emmy so nett findet. Nun schickt sie mir eine SMS, aus der ich entnehme, dass sie Rat und Hilfe sucht. Ich biete an, dass wir uns wieder in dem Cafe treffen, wo wir uns kennengelernt hatten. Als wir uns dort gegen 17 Uhr einfinden, wird die Aussichtslosigkeit unseres Kontakts schnell klar, weil wie so gut wie kein Englisch kann. Mit vielen freundlichen Gesten verständigen wir uns, zu den Übungsräumen für Musikstudenten zu gehen.

Dort sind mehrere kleine Zimmer mit je einem Klavier und ein größerer Raum, auch mit einem Klavier und Stuhlreihen, wo wohl Konzerte gegeben werden. Bald findet sich eine kleine Gruppe von Künstlern dort ein, ein Student spielt die ersten Takte von Beethovens Sonate Pathétique und ich spiele den Anfang von Chopins Fantsie F-moll. Dann drängen wir die Sängerin, etwas vorzusingen. Ich beschließe, Noten zu beschaffen und vielleicht mal wieder Klavier zu üben.

Woche 13: 14. - 29. November

Sonntag, 14. November 2010

Eine weitere sonntägliche Konsumententour soll Utty und mich in die Innenstadt führen. Weil wir uns das studentische Gedränge im Bus ersparen wollen, beschließen wir eine Taxe zu nehmen, doch auch Taxen sind gerade rar. Als endlich eine eintrifft, ist ein junges Paar schneller, aber nur um den Bruchteil einer Sekunde vor Utty. Es kommt zu Verhandlungen: Zuerst redet Utty mit dem Pärchen, um deren Zustimmung dazu einzuholen, dass wir die Taxe gemeinsam nutzen. Das braucht wenig Zeit. Dann will ich gerade mit dem Einsteigen auf dem Beifahrersitz beginnen, als ich einsehen muss, dass sich nun eine zweite Verhandlungsrunde anschließt. Partei sind diesmal die Taxifahrerin – ausnahmsweise sitzt nicht ein Mann am Steuer des Taxis – und die beiden Fahrgastpaare. Die Chauffeuse verlangt einen Zuschlag, will also nicht einfach den auf dem Taxameter zu erwartenden Fahrpreis, sondern einen frei ausgehandelten Betrag, der unter dem liegt, was jedes Paar zahlen würde, falls es ein Taxi für sich allein hätte, aber eben über dem, was die Frau am Steuer normalerweise nur kassieren könnte. Das ist ein chinesischer Vorgang, dem ich nicht nur aus sprachlichen Gründen kaum folgen kann, doch es kommt zu einer Einigung, mit der alle zufrieden sind, und dann fahren wir los. Wir essen wieder bei der China-Version von McDonald.

Montag, 15. November 2010

Die Vorlesung für die 140 am Montag um 8 Uhr ist und bleibt ein Problem. Nicht nur wegen der menschenverachtenden Uhrzeit nach dem Wochenende, sondern auch wegen des gigan-tischen Kompetenzunterschieds im Umgang mit dem Englischen in der Studentenschaft. Es bildet sich immer mehr eine Zweiklassengesellschaft der Hörer heraus: Diejenigen, die etwas können und noch mehr lernen wollen sitzen vorn in den ersten Reihen, und hinten drängen sich diejenigen, die die 90 Minuten nutzen wollen, um zu plaudern oder andere wichtige Dinge zu erledigen, die mit Soziologie nichts zu tun haben. Einige von den Hinterbänklern schlafen auch echt ein und sind dann geschockt und genervt, wenn ich mit dem Handmikrophon im Hörsaal herumspaziere und unerwartet an ihrer Seite auftauche.

Dienstag, 16. November 2010

Am späten Vormittag in dem Kurs *Economic Sociology* bespreche ich das lange Zitat von Benjamin Franklin, das Max

Weber in seine Protestantische Ethik einbaut. Weber betont, dass im Binnenbereich des rational kapitalistischen Orientierungssystems nichts enthalten ist, das man religiös nennen könnte, dass jedoch dann gleichsam als Überra-schung die Generalformulierung nachgeschoben wird, man täte das alles, weil Gott es so von einem erwartet. Ich trage vor, mit diesem Trick könne man die unterschiedlichsten Vorgehensweisen rechtfertigen. Ein Gast, der noch nie da war, und vielleicht mal nachschauen wollte, was wir in dem Kurs so machen, bleibt am Ende gedankenvoll sitzen, so als müsse er noch mal in Ruhe darüber nachdenken. Ich frage ihn, ob er auch hier unterrichte, doch er winkt ab, will wohl keinen Dialog, also gehe ich.

Am Nachmittag in der Zwei-Klassen-Vorlesung der 140 behandele ich Shibutani und zeige ein nettes Farbfoto von ihm über den Power-Point-Beamer. Hier taucht nun zum ersten Mal ein asiatisches Gesicht als wichtiger Soziologe auf, und die Erinnerung an den Angriff auf Pearl Harbor und die anschließende unfassbare Menschenrechtsverletzung der Amerikaner gegenüber japanisch aussehenden Mitbürgern, deren Opfer auch Shibutani wurde, erregt bei den Studenten ein überdurchschnittliches Niveau der Aufmerksamkeit.

Mittwoch, 17. November 2010

In das Simmel-Seminar am Abend kommt nicht nur Lucy wieder als Übersetzerin, sondern sie bringt auch ihren Chef, Dr. Wang, mit. Er ist Philosoph und Buddhist und ist fasziniert davon, dass Simmel den Buddhismus nicht für eine Religion hält. Ich weiß, dass Wang ein Parteimann ist. In anderem Zusammenhang hörte ich in einem Gespräch in Xiamen, wie Wert darauf gelegt wurde, dass der Konfuzianismus keine Religion sei. Vielleicht gibt es einen Trend, nach dem die alten Orientierungen Chinas gut geheißen werden, unter der Voraussetzung, dass sich dabei nicht um

Religionen handelt? „Religionen" sind dann nur dass, was die Juden, Christen und Muslime glauben.

Donnerstag, 18. November 2010

Ab 15 Uhr tagt wieder die English Corner, zu der ich von dem Ex-Japankritiker entführt worden war. Jeremy, Monty, Frau Dr. Tang, viele alte Bekannt sind dort fröhlich versammelt, und – vor allem – man spricht dort Englisch. Ich lerne dort eine junge Englischlehrerin kennen, die sich – weil es eben Westlern immer schwer fällt, sich chinesische Namen zu merken – Daisy nennt (analog zu Lucy, die ja auch nicht wirklich so heißt).

Da kommt ganz schüchtern die Sängerin herein, die ja bekanntlich kein English kann, und will sich nur nach der Lage eines Büros erkundigen. Es folgt ein kurzer netter Dialog zwischen ihr und Daisy, dem ich nicht folgen kann, weil er auf Chinesisch geführt wird, doch an dessen Ende muss ich dann eingestehen, dass ich nicht Klavier geübt habe.

Freitag, 19. November 2010

Heute beginnt an diesem College eine internationale Tagung der Alexander-von-Humboldt Stiftung. Mehrere deutsche Wissenschaftler und eine große Zahl von Chinesen, die an ver-schiedenen Hochschulen diese Riesenlandes arbeiten, versammeln sich hier, um ihre Forschungsergebnisse zum Thema Migration und Globalisierung auszutauschen. Mir kommt ganz überraschend eine Vermittlerrolle zu, weil ich die deutschen Kollegen als jemand, der hier länger arbeitet, wie ein Einheimischer willkommen heißen und ein wenig herumführen kann.

Samstag, 20. November 2010

Die Tagung geht weiter und füllt heute den ganzen Tag aus. Im Laufe der Debatten über Wanderungsbewegungen und Kulturwandel kommt dann ganz offiziell der Vorfall zur Sprache, von dem wir gerüchteweise schon gehört hatten: Eingeborene dieser Insel haben eine Gruppe von Studenten überfallen und ausgeraubt. Manchmal sind also Gerüchte ganz zuverlässig.

Woche 14: 21. - 29. November

Sonntag, 21. November 2010

Letzter Tag der internationalen Tagung, Am Vormittag finden Gruppenveranstaltungen statt, und danach werden die Gäste verabschiedet. Die drei Tage muss man als sehr erfolgreiche Public Relations Maßnahme zu Gunsten des Ansehens von Deutschland in China werten.

Montag, 22. November 2010

In dem „Arts Building", in dem die Plenarveranstaltungen der internationalen Tagung am vergangenen Wochenende stattfanden, wird eine Ausstellung von beachtlichen Architekturleistungen aus der ganzen Welt - mit einem Schwerpunt auf China – gezeigt. Mir fallen Architekturbüros aus Frankreich auf, die große Projekte in China ausgeführt haben. Abends gehen Utty und ich zu zweit ins Café Waiting, um mal in Ruhe über manches zu reden und (besonders was mich betrifft) Freude an der DVD mit Klaviermusik von Chopin zu haben, die immer sofort erklingt, wenn ich das Café betrete.

Dienstag, 23. November 2010

Am Nachmittag beende ich in der Einführung den Abschnitt über Shibutani und beginne mit Goffman. Ich versuche die offenkundigen Parallelen zwischen Simmel und Goffman zu zei-gen, habe aber Zweifel, ob mir das gelingt. Abends kommen die beiden Damen Dr. Tang und Daisy Zhang zu einem kurzen Besuch in unsere Wohnung.

Mittwoch, 24. November 2010

Der „Winter" zeigt sich auf dieser Tropeninsel darin, dass es nun angenehm wird, im Freien ein Hemd mit langen Ärmeln zu tragen. Doch im Sonnenschein der Mittagszeit, muss man die dann aufkrempeln, weil es eben doch wieder zu heiß wird. Jeremy gibt mir ein Manuskript, an dem er zur Zeit arbeitet. Obschon ich betone, dass von schöngeistiger Literatur nichts verstehen und mich wohl kaum als Literatur-kritiker eigne, meint er, ich solle das mal lesen und ihm dann meine Eindrücke mitteilen.

Donnerstag, 25. November 2010

Der Soziologe Meng, der an der Peking University über Jürgen Habermas promovieren möchte, bittet mich, den Entwurf seiner Dissertation zu lesen. Wir verabreden per e-mail, dass er versuchen wird, einen Peking-Besuch für mich zu arrangieren, damit wir dann über seine Doktorarbeit reden können. Ich lese das Manuskript von Jeremy zu Ende. Um 15 Uhr findet wieder das wöchentliche English Corner Treffen statt mit Dr. Tang, Monty, Jeremy und Daisy. Anschließend gehen Daisy und ich zusammen ins Café Waiting.

Freitag, 26. November 2010

Die Verwaltungs-Chefin der Abteilung für *Social Development* übergibt Utty Tonbandaufnahmen von den Verhand-lungen in den Diskussionsgruppen der internationalen Tagung vom 19. Bis 21. November, weil einige in deutscher Sprache vorgetragene Beiträge von niemandem verstanden werden können. Wir arbeiten zusammen daran und erstellen eine Zusammenfassung auf Chinesisch.

Samstag, 27. November 2010

In einer e-mail an Armin Nassehi, München, erkundige ich mich für Meng, Peking, nach dem Gesundheitszustand von Habermas und danach, ob eine Chance besteht, einen Kontakt herzustellen. Im Verlauf der sich daraus ergebenden Korrespondenz zwischen Nassehi, Meng und mir stellt sich heraus, dass Habermas völlig einsatzfähig ist und einen Besuch in China plant.

Die Englischlektorin Sylvia Zhang, die ich durch die Vermittlung von Lucy kennengelernt habe, lädt mich ein, am Sonntag mit ihr eine christliche Hauskirche zu gehen und dort am Gottesdienst teilzunehmen. Wir verabreden das für morgen früh, den 1. Advent. Bei dieser Gelegenheit fragt sie, ob ich auch Christ sei.

Ich erwähne meine Katholische Konfession, da meint Sylvia, ob jemand Katholik oder Christ sei, mache wohl keinen großen Unterschied. Ich gebe mir Mühe, zu erklären, das Katholiken auch Christen sind. Dann erinner sie sich: Ach ja, das sind diejenigen, die soviel Böses getan haben. Ich frage wieso denn: Ja, die wollen doch die Welt beherrschen. Nun bin ich gespannt auf die Christen, denen ich morgen begegnen werde.

Woche 15: 28. November – Samstag, 4. Dezember

1. Adventssonntag, 28. November 2010

Gegen 8:30 Uhr treffe ich die Englischlektorin Sylvia Zhang, und wir gehen zur Bushaltestelle am Campus-Tor. Dort warten weitere Studierende dieses College, die das gleiche Ziel haben wie wir. Nach kurzer Busfahrt steigt ein großer

Teil der Fahrgäste mit uns aus, und wir gehen zu einem Wohnhaus, in dessen Erdgeschoss Läden untergebracht sind. Dazwischen ist der Eingang zum Treppenhaus recht eng, und so entsteht eine auffällige Szene, in deren Verlauf mehr als ein Dutzend Leute sich in das Treppenhaus hineindrängen und in den fünften Stock hinaufspazieren. Außer von „unserem" Sanya College kommen noch Studenten von dem nahegelegenen Qiong-Zhou College, das von der Inselprozinz Hainan betrieben wird.

Alle betreten eine Drei- (oder Zweieinhalb?) zimmerwohnung wie privat zu einer Party eingeladene Gäste. Die Wohnung hat ein großes Zimmer, in dem Reihen von Plastikhockern aufgestellt sind. Wenn man es direkt vom Treppenhaus aus betritt, führen nach rechts zwei Türen zu zwei kleineren benachbarten Zimmern, die zusammen so groß sind wie das „große" Zimmer. In den kleinen Zimmern gibt es Schlafstellen. Nach hinten links schließen sich Kochecke und Naßzelle an. Im vorderen zur Straße gelegenen Teil ist das „große Zimmer" etwas breiter, und dort hängen Fotos von gemeinsamen Aktivitäten der Vergangenheit an der Wand; auch steht dort ein Keyboard, auf dem der eifrige Gesang der Gemeinde klavier- oder orgelmäßig initiiert und begleitet wird. Die Stimmen der Studenten sind kräftig, die Fenster sind wegen der Temperaturen hier offen, man kann den musikalischen Teil des Gottesdienstes ohne Frage draußen weithin mithören.

Sylvia stellt mich dem David vor, einem jungen Mann, der etwa dreißig Jahre alt und hier Gastgeber ist. Wenn man von mir mal völlig absieht, sind Sylvia und David hier die Senioren; denn die gesamte schon bei unserem Eintreffen begeistert singende Gemeinde besteht aus etwa 30 Studierenden, sechs männlichen Kommilitonen, doch die große Mehrheit sind junge Damen. Sylvia fügt sich da unauffällig ein, David und ich sitzen ganz hinten in der Nähe von Naßzelle und Kochecke und hören dem Gesang und dem

Keyboard zu, während wir uns flüsternd unterhalten (denn David kann ganz gut Englisch). Ich bedanke mich für die freundliche Aufnahme, und er bittet mich, etwas zu erzählen. Mein Vorschlag geht dahin, dass ich gern Fragen beantworten will.

Die Atmosphäre ist herzlich und aufgeschlossen, was in einem erfreulichen Gegensatz zu den sachlichen Inhalten der Unterhaltung steht. Eine Studentin berichtet, in ihrem Heimatdort gibt es eine Gruppe, die nicht Jesus, sondern Maria anbeten. Sie fragt, ob die auch Christen sind. Der Informationsstand ist so, dass einem die Haar zu Berge stehen könnten. Motiviert teils aus Frust teils aus Sendungsbewußtsein halte ich einen Kurzvortrag über die Entstehung der Dreiteilung der Christenheit in Römer, Orthodoxe und Protestanten, die sich irgendwie alle drei als „katholisch" (im Sinne des Wortursprungs) erleben. Und zu der Frage über die Marienverehrung sage ich, dass diese Chinesen wahrscheinlich zu einer orthodoxen oder katholischen Gemeinde gehören, und dass sie allerdings, sollten sie wirklich Maria nicht zusätzlich, sondern *an Stelle von* Jesus verehren, keine Christen wären.

Ich erwähne noch, dass der Papst und ich als Universitätslehrer im deutschen Bayern lange Jahre Kollegen waren, dass ich ihn als einen außergewöhnlich freundlichen und gelehrten Mann kenne und dass er sich entschieden dafür einsetzt, in Jesus nicht einfach einen guten Mann, sondern Gott selbst zu sehen. Das erregt am Ende meines Auftritts Verwunderung und lebhafte Gespräche. Ich schließe damit, dass nach meiner Überzeugung die Zeit vorbei sei, in der Christen verschiedener Richtung unfreundlich über einander reden, und dass man nun endlich den Christen daran erkennt, dass er liebevoll mit anderen umgeht, nicht nur, aber zumal, wenn sie auch Christen sind.

Ich gewinne den Eindruck, dass die jungen Leute damit sofort beginnen wollen. Als erstes laden sie mich zum Mittagessen ein, das während des „Gottesdienstes" in der Kochecke vorbereitet wurde mit viel Reis, und auch mit Gemüse und Fisch. Es wird von vielen wegen der Enge des Raumes stehend eingenommen. Dann hilft mir Sylvia wieder den richtigen Bus zu finden, und wir fahren zurück ins Sanya College.

Montag, 29. November 2010

In der Frühvorlesung komme ich mit dem Vortrag über Shibutani rasch ans Ende und beginne mit Goffman. Als ich um 9:40 Uhr schließe, kündige ich noch an, dass ich bei der nächsten Zusammenkunft von meinem Doktorvater Schelsky reden werde.

Heute erfahre ich, dass in der Provinz Hebei nahe Peking eine römisch-katholische Bischofsweihe stattgefunden hat, und zwar ohne die Billigung das Vatikans. Informationen im Internet darüber erhalte ich vor allem aus den U.S.A. Der umstrittene Vorgang ereignete sich schon am 20. November, doch der Vatikan brauchte bis zum 24. November, ehe dort alle Fakten vorlagen und eine Stellungnahme an die Presse herausgegeben wurde, und die chinesischen Medien scheinen darüber nicht zu berichten.

Das Staatsfernsehen sendet aber die Information, dass es in Korea ein „exchange of fire" gegeben hat, was grotesk ist, da ganz offensichtlich Nordkerea auf südkoreanisches Gebiet feuerte, ohne das es – mindestes bisher – eine Reaktion von dort gegeben hat. Der Sprecher liest dann die Worte „exchange of fire" auch so betont von seiner Vorlage ab, dass es einem auffallen muss. Hier stellt sich die Frage, ob China daran nicht mitverantwortlich ist, wegen der Vorgänge, über die ich in dem Tagebuch vom 25. Oktober berichtet habe, und die als Ermutigung gegenüber Nord-

korea versanden werden konnten. Zusätzlich berichten die
Fernsehnachrichten noch über Spannungen an der Grenze
Chinas mit Indien und zeigen Bilder von Militäreinheiten, die
diesseite und jenseits der Grenze in Stellung gehen.

Dienstag, 30. November 2010 – 3. Dezember 2010

An diesen Tagen gibt es keine berichtenswerten Ereignisse,
abgesehen von einer Einladung von Tracy und Jeremy für
das ganze kommende Wochenende in das Hotel Holiday Inn
Resort in der Nähe des Flughafens am Sanya Bay, dessen
stellvertretende Direktorin Tracy ist. Die Einladung bezieht
sich auf uns alle sieben, schließt also Uttys Eltern ein und
sieht eine Über-nachtung in dem Hotel vor.

Samstag, 4. Dezember 2010

Zunächst mit dem Bus (die erste Teilstrecke) und dann mit
einem Taxi erreichen wir das Hotel der gehobenen
Preisklasse am Strand: Holiday-Inn Resort Sanya Bay. Wir
mussten unsere deutschen Pässe mitbringen, um offiziell als
Hotelgäste registriert zu werden. Für Uttys Eltern genügen
die chinesischen Personalausweise. Jeremys Frau hat uns
im fünften Stock zwei einander gegenüberliegende Suiten
reserviert, jede bestehend aus zwei großen Zimmer mit
geräumigem Bad, zusätzlichem WC und großem Balkon.

Von dort aus hat man einen herrlichen Blick über das Meer
in die Ferne, und auf die Parkanlage mit Schwimmbecken im
Anschluss an das Erdgeschoss des Hotels. Jeremy, seine
Frau Tracy und deren Sohn Hunter wohnen für die kommende Nacht auch hier, und so steht uns ein gemeinsames
Wochenende mit hohem Lebensstandard bevor. Die Kinder
und wir alle sind begeistert von diesem Kurzurlaub.

Woche 16: 5. - 11. Dezember

2. Adventssonntag, 5. Dezember 2010

Während sich die Daheimgebliebenen in Deutschland und Europe mit Kälte, Schnee und Glätte herumärgern müssen, liegen wir am Strand und baden sogar im Meer. Wir tun das mit guten Gewissen, denn wir haben hier ja alle recht intensiv gearbeitet, besonders die Lisa in ihrer chinesischen Grundschule. Ich habe auch Gelegenheit zu langen Gesprächen mit Jeremy. Eigentlich wollten wir nach dem Frühstück die Heimreise antreten, doch Tracy drängt uns noch zu bleiben, sie lässt uns einen Lunch aufs Zimmer schicken und beschafft am späten Nachmittag einen hoteleigenen Wagen, der uns alle zunächst in der Nachbarschaft zu Abend-essen und endlich sogar bis ins Sanya College fährt. Als kleines Geschenk haben wir Tracy und Jeremy einen Adventskranz überreicht, den Utty mit viel Mühe in der Innenstadt entdeckt hatte. Es war ein ganz außergewöhnlicher aber höchst erfreulicher zweiter Advent.

Montag, 6. Dezember, Nikolaus

Auf der Rückfahrt vom Holidy Inn Resort war Emmy auf Uttys Schoß eingeschlafen und dann in die Wohnung getragen worden, ohne dass sie wach wurde. Heute früh wacht sie auf und macht uns schwere Vorwürfe darüber, dass wir nicht in dem neuen Hotel-Zuhause geblieben sind, dass Emmy weit besser gefiel, als die bescheidene Unterkunft hier auf dem Campus.

Die Präsentation von Stoff in der Einführungsvorlesung schließt mit Dahrendorfs Aufforderung, von jeder Form des Marxismus in der Wissenschaft Abschied zu nehmen. Das ist hier ein Stück weit schwer verdauliche Kost. Viele altgediente „Lehrer" im Hochschulbetrieb verdienen ihr Geld seit Jahrzehnten damit, den für alle Studierenden verpflichtenden Kurs über Marxismus zu unterrichten. Das gilt auch für die uns gut bekannte Perteisekretärin, die wir als Leiterin der ersten Fakultätssitzung kennengelernt haben. Sollte die Forderung Dahrendorfs in China Gehör finden – und das zu erwarten wäre angesichts der Macht der Partei ganz abwegig – dann würden alle diese Leute von heute auf morgen arbeitslos.

Dienstag, 7. Dezember 2010

In der Nachmittagsversion der Einführungsvorlesung hilft Utty als Übersetzerin Fragen von Studenten zu beantworten. Thema dieser Zusammenkunft ist die Information über die Verfahrensweisen bei der Schlußprüfung am Semesterende. Auch der Tutor und Betreuer dieser Erstsemestergruppe, Herr Chen, den wir als Konfuzius-Experten schon kennen, ist anwesend.

Etwas verspätet bringt der Nikolaus noch kleine Säckchen mit Süßigkeiten, die er für die Kinder auf dem Balkon abstellt. Der Weg nach China ist für ihn eben recht beschwerlich.

Mittwoch, 8. Dezember 2010

Zum Mittagessen treffe ich mich mit Jeremy, und er borgt mir das Buch von Joseph Campbell Pathways to Bliss, dessen Lektüre mich sehr beschäftigen wird. Jeremy bewundert Campbells Werke, und auch ich muß dessen breite Kenntnis von Mythen aus den unterschiedlichsten Kulturen anerkennen, kann mich aber nicht den Deutungen anschließen, die Campbell mit großer Sicherheit vorträgt.

Donnerstag, 9. Dezember 2010

Tracy hat Daisy und mich in ihr Super-Hotel eingeladen, und wir fahren gegen 16 Uhr mit Bus und Taxi dorthin. Daisy ist, wie Sylvia, hier Lektorin für Englisch. Es kommt zu einer sehr

netten und erfolgreichen Begegnung zwischen den beiden
Frauen, die aus Rücksicht auf mich ihre gesamte Unterhaltung auf Englisch führen. Daisy hat die schlechtbezahlte und
mit 18 Wochenstunden Unterricht belastete Tätigkeit als
Englischlehrerin hier am College ziemlich satt, und Tracy
macht ihr Hoffnung, sie in der Hotelbranche unterzubringen,
zumal ihr Englisch so gut ist.

Freitag, 10. Dezember 2010

Utty nimmt mit Lisa ein Taxi in die Innenstadt, in der auf dem
Beifahrersitz schon ein weiblicher Fahrgast sitzt. Sie wird so
unfreiwillig Zeugin eines Gesprächs zwischen dem Fahrer,
der aus dem Festland zugewandert ist, und der Frau an
seiner Seite, die von den Eingeborenen dieser Insel ab-
stammt.

Der Fahrer klagt über die Männer der alten Inselkultur: Sie
sind arbeitsscheu, sitzen herum und trinken Tee, lassen ihre
Frauen die schwere Arbeit tun und schlagen sie sogar noch,
falls es ihnen in den Sinn kommt. Sicher werde doch seine
Beifahrerin nicht einen solchen Mann ihrer eigenen Volksgruppe heiraten! Die Frau widerspricht nicht, ja, so seien die
Männer hier, aber sie sind leicht zu verstehen, man weiß
genau, was sie wollen, und sie sind auch lustiger, also werde
sie gewiß einen der eigenen Männer heiraten und eben nicht
einen Festland-chinesen.

Samstag, 11. Dezember 2010

Für morgen, den 3. Advent, verabrede ich mit Sylvia einen
zweiten Besuch in der evangeli-schen Hauskirche, bei der
ich vor zwei Wochen zu Gast war. Wir treffen uns morgen
am Campus-Tor um 8:30 Uhr.

Woche 17: 12. Dezember – 18. Dezember

3. Adventssonntag, 12. Dezember 2010

Wie verabredet, treffen Sylvia und ich uns am Campus-Tor, wo schon eine Gruppe von Studenten auf den Bus wartet. Es ist zunächst alles wieder, wie vor zwei Wochen, bei meinem ersten Besuch in dieser evangelischen Hauskirche. Nach den einleitenden Gesängen übernimmt diesmal David aber ganz deutlich die Führung der Versammlung, wieder etwa dreißig junge Leute. Drei Neulinge werden gebeten, sich vorzustellen, und man begrüßt sie dann mit freundlichem Händeklatschen. Anschließend beginnt David damit, das ganze 8. Kapitel des Lukasevangeliums zu erläutern und verbringt damit weit mehr als eine Stunde. Die Aufmerksamkeit der Gemeinde nimmt gegen Ende der viel zu langen Predigt ab, und die Studenten beginnen sich flüsternd mehr und mehr zu unterhalten.

David versucht durch lustige Bemerkungen, die verlorengegangene Teilnahme zurückzugewinnen. Als er dann endet, kommt Sylvia mit der Chinesich-Englischen Bibel zu mir und bittet mich, ihr eine Textstelle flüsternd zu erklären. Dann schlägt sie vor, heute nicht wieder in der Hauskirche am gemeinsamen Mittagessen teilzunehmen, sondern lieber woanders essen zu gehen. Ich bin damit sofort einverstanden, und wir verabschieden uns von David. Nach einem kurzen Fußmarsch entlang der noch nicht ganz vollendeten Straße kommen wir an ein enfaches kleines Restaurant, in dem wir essen und dabei weiter über Religion reden.

Montag, 13. Dezember 2010

Weiterer Stoff ist als Unterricht in dem 8 Uhr-Montags-Theater nicht mehr gefragt. Es geht nun darum, zu wiederholen und die Studenten auf die Abschlußklausur vorzubereiten. Besondere Aufmerksamkeit gilt den Marx-Aussagen des

zum Britischen Lord gewordenen deutschen Soziologen
Dahrendorf. Dies war es, was meine Studenten auf der
Power Point Folie geboten bekamen:

*Ralf Dahrendorf (1929 – 2009): Developed industrial
societies have taken a path of evolution that does not agree
with the prognosis of Karl Marx.*
A) The two classes did not get more and more polarized.
*B) Social conflicts did not result primarily from the distribution
of the means of production.*
*C) The revolution propelled by the proletariat did not happen,
at least not in those countries for which Marx had predicted
that.*

*It follows that something must be wrong with Marx's theory.
As a result there are three ways to deal with the tradition of
Marx's work:*

a) Forget the theory of Marx as old-fashioned.
*b) Describe it as a historic phenomenon that has certain
elements which are still relevant today and can be used
together with other approaches. This is the way of the
Frankfurt School.*
*c) Develop a better theory in the continuity of Karl Marx,
thereby replacing it. That was done by Theodor Geiger, Karl
Renner, and Ralf Dahrendorf*

Das ist ja eigentlich erfreulich klar, nur wohl doch besonders
schwer verständlich, wenn es so gar nicht zu dem passt, was
man bei anderer Gelegenheit zu dem Thema gesagt bekommt.

Um 11:20 Uhr habe ich einen Termin bei dem College-
Gründer Shen Guan Bao, der Vize-Präsident hier ist und
außerdem der Doktorvater des Präsidenten Lu Dan war. Ich
habe es also mit einer Führungsspitze von Mit-Soziologen
zu tun. Ich hatte Shen am 26. September kennengelernt und

dann während der Alexander-von-Humboldt Tagung am 19. November länger gesprochen. Nun erläutert er mir, dass er den Ausbau dieses College zu einer Graduierten Hochschule plant und hofft, dass ich bei der Entwicklung eines Magisterprogramms für Soziologen mithelfen werde. Dazu würde es freilich notwendig sein, dass ich in absehbarer Zeit noch einmal hierher komme. Außerdem erwähnt Shen, dass er im Januar eine Berlinreise zusammen mit Präsident Lu plant, und dass er die Humboldt Universität dort besuchen wird.

Dienstag, 14. Dezember 2010

Heute wird unsere Lisa 8 Jahre alt. Utty hat sie aus diesem Anlaß vom Schulbesuch entschuldigt, so dass wir sie richtig feiern können. Sie freut sich besondes über die Glückwünsche, die übers Internet hier ankommen. Um 17 Uhr wollen wir mit der ganzen Familie in die Stadt fahren, doch weil kein Taxi kommt, ändern wir unseren Plan und bleiben auf dem Campus. So findet am Spätnachmittag und Abend eine Lisafeier im Café Waiting statt.

Mittwoch, 15. Dezember 2010

Anhaltende Winde aus dem Norden bringen ganz ungewohnte Kälte auf diese Insel. Die Temperaturen fallen von etwa 25 auf 15 Grad, und es fühlt sich an wie eine Vertreibung aus dem Paradies. Abends kommt wieder – wie schon zum ersten Mal am 8. Dezember – die Englischlektorin Li als Übesetzerin ins Simmel-Seminar. Sie macht das sehr sicher und überzeugend. Neu war das Auftauchen eines Gastes, den außer mir alle zu kennen schienen. Ich begrüße ihn als Neuling und bitte ihn, sich vorzustellen. Nach einigem Zögern identifizierte er sich als Rechtswissenschaftler, kam mir aber in erster Linie wie ein Parteimann vor. Von einigen Studenten wurden Fragen gestellt, die mit unserem Seminar kaum etwas zu tun hatten, die aber wohl ihm Eindruck machen sollten.

Donnerstag, 16. Dezember 2010

Es bleibt kalt (für hiesige Verhältnisse). Um 15 Uhr treffen sich die Mitglieder der English Corner zum letzten Mal in diesem Semester. Das Treffen heißt offiziell Oral English Platform. Monty hat dafür eine Einleitung vorbereitet, die sehr eindrucksvoll von inspirierenden Personen ausgeht und die Frage stellt, wie wir uns davon beeinflussen lassen. Die Rede ist von dem gerade erst (am 13.12.2010) verstorbenen U.S.-Diplomaten Richard Holbrooke (1941-2010), von der heilig gesprochenen Nonne Mutter Theresa (1910-1997), von dem Mikrosoft Mann Bill Gates und neben anderen auch von dem Ex-Premier Chinas Zhu Rongji, der 1928 geboren wurde und von 1998 bis 2003 Regierungschef war.

Er wird auch in diesem Kreis wegen seines Mutes bewundert, unpopuläre Maßnahmen durchzusetzen. Er hat sich besonders wegen seines Kampfes gegen Korruption im Parteiapparat zahllose Feinde gemacht (weil jeder gern das korrupte Verhalten nur des anderen bekämpfen wollte). Nach dem erfreulichen Meeting esse ich abends mit Monty und Jeanette Tang in der Personalmensa.

Freitag, 17. Dezember 2010

Der Doktorclub tagt nicht mehr. Ich habe versäumt, von seiner letzten Zusammenkunft heute vor einer Woche zu berichten. Diese Treffen waren am Nachmittag der Freitage zu einer Gewohnheit geworden. Vor der ersten Zusammenkunft war angekündigt worden, der Präsident des College, Dr. Lu, werde regelmäßig teilnehmen. Dann kam er unregelmäßig, und heute vor einer Woche kam er erheblich verspätet, dafür aber in Begleitung eines weiteren Herren. Ich fragte Lucy per schriftlicher Kommunikation, wer das denn sei. Die Antwort: Parteisekretär Gong.

Mir kommt es mittlerweile so vor, als ob überall überraschend der eine oder andere Parteimann als Zuhörer auftaucht, was ja nicht schlecht sein muß. Gong ist anscheinend offenbar neben dem Präsidenten der ranghöchste Parteimann auf dem Campus. Als ihm – wie uns allen bei diesen Doktorentreffen – Tee serviert wird, bedankt er sich durch Andeutung eines militärischen Grußes. Das legt es mir nahe zu vermuten, dass ihm das Speisen im Offizierskasino gut vertraut ist. Dies ist schon vor einer Woche passiert. Ich muß es wohl verdrängt haben.

Emmy ist die Füllung eines Zahns herausgefallen. Bei der Mittagsruhe sagt Utty: Wenn Du jetzt nicht ruhig liegenbleibst, gehe ich mit Dir zum Zahnarzt. Mich amüsiert diese Drohung, doch mehr noch überrascht mich Emmys Reaktion, die lieber zum Arzt geht als im Bett bleiben zu müssen. Tatsächlich benimmt sie sich dann bei der Zahnbehandlung vorbildlich.

Samstag, 18. Dezember 2010

Weil das Wetter wieder sommerlich geworden ist, fahren Utty und ich zum Mittagessen an den Strand in der Nähe des militärischen Sperrgebiets. Wir spazieren zuerst zu der Grundschule, in der nur Kinder von Offizieren als Schüler aufgenommen werden, und in der Utty unsere Lisa von München aus telefonisch angemeldet hatte. Gleich neben der Schule steht das Schild: Sperrgebiet, für Ausländer verboten. Wir sind froh, dass Lisa hier dann doch nicht genommen wurde, wie im Tagebuch vom 30. August berichtet. Nach dem Mittagessen in einem Restaurant, das wir noch nicht kannten, legen wir uns am Strand zu den Touristen in den Schatten. Auf dem Weg dorthin fällt uns ein ungewöhnliches Verbotschild auf. (Abbildung unten).

Direkt neben uns liegt eine chinesische Familie, deren Mitglieder beruflich in Wiesbaden wohnen und gut deutsch sprechen. Sie verdienen offenbar gut als Unternehmensberater für chinesische Firmen, die in Deutschland tätig werden möchten.

Neu angelegter Rasen: Betreten verboten, Chinesisch, Englisch, Russisch, Japanisch und Koreanisch im touristisch erschlossenen Teil von Sanya, Hainan

Woche 18: 19. - 25. Dezember, Weihnachten

Sonntag, 19. Dezember 2010

Gelegenheit zur Teilnahme an einem Gottesdienstes findet sich trotz des Sonntags heute nicht. Utty besucht die Frau von Li Li im Krankenhaus. Li Li ist der Soziologe, mit dem Utty per Internet und Telefon von München aus unseren Aufenthalt hier ausgehandelt hat. Seine junge Frau hat bei einem Verkehrsunfall eine Gehirnerschütterung erlitten. Nun kommt es in der Klinik zu einem langen Gespräch zwischen den beiden Müttern. Ich verbringe Zeit am Computer. Dann

kommen die drei Mädchen, vielleicht ein wenig großeltern-
müde, zu mir, und ich spiele mit ihnen lustig in der Wohnung.
Anschließend gehe ich noch mit ihnen zu Cafe Waiting, doch
dort geht mir ihr temperamentvolles Hin- und Herrennen auf
die Nerven.

Montag, 20. Dezember 2010

Normaler Unterricht findet nicht mehr statt, die Studierenden
sitzen still und – hoffentlich – konzentriert in ihren Hörsälen
und bereiten sich auf die Prüfungen zum Semesterende vor.
Das Lehrpersonal muss anwesend sein und Aufsicht führen.
Weil das so vorgesehen ist, mache ich mich also, wie bisher
schon hier an jedem Montag, früh auf den Weg. Auf dem gewohnten Weg zu meiner 8 Uhr-Vorlesung treffe ich auf der
Treppe Parteisekretär Gong, der am vorletzten Freitag im
Doktorclub aufgetaucht war. Er sieht mich und salutiert sofort
mili-tärisch. Da meine Ausbildung im Jungvolk der Hitlerjugend nur kurz war und zu weit zurückliegt, kommt es in
meinem rechten Arm nur zu einem ganz rudimentären
Zucken, aber nicht zu einem militärischen Gegengruß. Gong
lächelt mich so freundlich an, dass ich mich all meiner
Vorurteile schäme. Anstelle des Salutierens verneige ich
mich ein wenig und sage „good morning", was er sofort
erwidert.

Ich treffe knapp, aber genau noch rechtzeitig im Hörsaal ein,
nehme meinen Notebook-Com-puter in Betrieb und setze
mich ganz seitlich in die erste Reihe. Die Studentin Xu Ting,
die hier gar nichts zu suchen hat, weil sie Landschaftsarchitektur studiert und nicht Soziologie, die aber von ihrem
Freund mitgenommen wurde, um von mir Englisch zu lernen,
setzt sich an meine Seite und plaudert flüsternd mit mir,
während die übrigen 140 – vermutlich – ihre Notizen repe-
tieren.

Lisa war morgens von ihrer Großmutter zur Schule gebracht worden. Sie wird von Utty zur Mittagspause abgeholt und dann auch wieder zum Nachmittagsunterricht von ihr zur Schule zurück begleitet.

Dienstag, 21. Dezember 2010

In der Vormittagsveranstaltung von *Economic Sociology* wiederhole ich mit den etwa 20 Leuten den Text von Simmel über Konkurrenz. Damit ist dann auch hier das Unterrichten vorbei; denn nächste Woche findet die Klausur statt. In der Einführungsvorlesung bin ich am Spätnachmittag wie gestern wieder nur zum stillen Dabeisitzen verpflichtet. Anschließend entnehme ich dem englischsprachigen Staatsfernsehen, dass die Koreakrise beigelegt scheint, mindestens insoweit, als nicht mehr unmittelbar mit direkten Kriegshandlungen zu rechnen ist.

Mittwoch, 22. Dezember 2010

Obschon in diesem Klima keine Weihnachtsstimmung aufkommen will, entschließen Utty und ich uns, zum Geschenke kaufen in die Stadt zu fahren. In einem kleinen Spezialgeschäft für Ausländerbedürfnisse beobachten wir einen Handwerker bei der Herstellung von Weihnachtsbäumen auf der Grundlage von allerlei Zubehör aus Metall und Plastik. Weil die Nachahmung der Natur durch die Technik ihm ganz gut gelingt, kaufen wir den kleinsten Christbaum unseres Lebens, der nun hier mit seinen ca. 50 cm Höhe neben mir auf dem Fernsehgerät steht. Er hat immerhin den Vorteil, dass er kein Wasser braucht und nicht nadelt.

Kurz vor Eintritt der Dunkelheit fällt auf dem ganzen Campus – oder mindestens dem vor hier aus überschaubaren Teil davon – der Strom aus. Mir geht am Computer etwas verloren, das ich nicht gespeichert hatte. Als ich mich gerade damit abfinden will, dass das Simmel-Seminar wegen Finsternis ausfallen wird, kommt der Strom wieder. Frau Li ist als Übersetzerin gekommen, und wir diskutieren Simmels Religionssoziologie. Zum Abschied werden noch Fotos gemacht und das Seminar schließt in guter Atmosphäre. Auf dem Heimweg reden Frau Li und ich darüber, was man sich unter Trinität bei dem Gott der Christen vorstellen kann.

Donnerstag, 23. Dezember 2010

In meiner Kindheit fing das Feiern zu Weihnachten immer schon am 23. an, weil dies der Geburtstag meiner Großmutter mütterlicherseits war. Hier fahren Utty und ich noch einmal zum Geschenke kaufen in die Stadt, und weil Taxen notorisch schwer zu bekommen sind, hält Utty einen Mann mit einer Fahrrad-Rikscha an. Sie will ihn zunächst wieder loswerden, weil sie irrtümlich angenommen hatte, er säße auf einem Motorrad, doch der lässt sich nun nicht mehr abwimmeln. Im Eigenbauverfahren montieren Eigentümer von Motorrädern und sogar Fahrrädern eine Eisenstangenkonstruktion als Beiwagen an ihr Zweirad und verdingen sich dann als Taxi. Wir fahren so abgasarm und geräuschlos durch den furchterregenden Stadtverkehr, doch wirklich in Sorge bin ich erst, als der Mann mit uns auf einer belebten Kreuzung links abbiegt.

Die Auslandsabteilung des College bittet telefonisch, ich möchte vorbeikommen, um ein Geschenk abzuholen. Im Fernsehen mahnt des Außenministerium Chinas noch einmal alle am Koreakonflikt beteiligten Parteien zur Zurückhaltung. Damit sind auch die U.S.A. gemeint.

Freitag, 24. Dezember 2010

Heiligabend ist normaler Arbeitstag. Die Klausuraufgaben für Montag habe ich fertig formuliert und bringe sie zum Vervielfältigen ins Büro der Social Development Leute. Dort treffe ich den Parteimann Xia, mit dem mich das vorgerückte

Alter verbindet, und der mir froh erzählt, dass er das Visum für die Schweiz erhalten habe, um zum World Economic Forum nach Davos zu reisen. Inzwischen ist Utty noch einmal allein zu Weihnachtseinkäufen in der Stadt.

Nachmittags fahren wir zum zweiten Mal alle sieben ins Holiday Inn Resort Hotel auf Einladung von Tracy. In der Suite, die Utty und ich mit den drei Mädchen bewohnen, ist ein gro-ßer (ebenfalls künstlicher) Tannenbaum aufgestellt und alles ist im U.S.-amerikanischen Stil weihnachtlich dekoriert. Später am Abend feiern wird dort alle zusammen, Uttys Eltern, Jere-my mit Tracy und Hunter, und Utty und ich mit den drei Mädels. Doch vorher sind wir draus-sen am Strand. Das Hotel hat eine Buffet-Party zu Gast, an der etwa hundert Personen teilnehmen. Die meisten sitzen mit dem Rücken zum Meer, weil in Richtung Hotel eine Bühne auf-gebaut ist, auf der ein Unterhaltungsprogramm abläuft.

Am weitesten von der Bühne weg – und eben darum am nächsten zum Ufer gelegen – ist ein sehr schöner Tisch für uns gedeckt und reserviert. Wir nehmen so – was die Versorgung mit Essen begrifft – an dem Großbuffet teil, sind aber doch sozial nicht einbezogen. Im Laufe des Abends singt auf der Bühne eine Sopranistin im chinesischen Stil eine Ode auf Mao. Ich erkundige mich nach dem Stellenwert dieser Darbietung und bekommen die Antwort: Daraus ist wegen der schönen Melodie ein Volkslied geworden, obwohl der Text heute sinnlos wirkt.

Es fällt nicht ganz leicht, herauszubekommen, wer hier eine große Betriebsweihnachtsfeier veranlasst hat, und endlich deute ich es als eine Zusammenkunft der in der Stadt-verwaltung von Sanya tätigen Mitglieder der Partei. Weil Jeremy gegen diese Zusammenhänge noch weit allergi-scher reagiert als ich, hat seine Frau Tracy wohl versucht, das etwas herunterzuspielen. Die Feier in unserem Hotel-zimmer wird lustig und nett besonders für die vier Kinder. Anschließend fahren Jeremy und Tracy mit Hunter in ihre Wohnung, und Emmy ist mit uns zufrieden, weil sie wieder in ihrem „Hotelzuhause" übernachten darf.

Samstag, 25. Dezember 2010, Weihnachten

Nach dem Aufstehen gehe ich im Pool schwimmen. Es wird ein fauler, ruhiger Weihnachtstag mit vielen Fotos. Gegen Mittag treffen Jeremy, Tracy und Hunter im Hotel ein. Es kommt dann – eher spontan – zu einem großzügigen netten gemeinsamen Essen mit Jeremy, Tracy und Hunter und uns sieben, an dem auf dem Fernsehbildschirm auch die amerikanischen Zeichentrickfiguren Tom und Jerry teilnehmen.

Für den Nachmittg hat Tracy im Bereich des hoteleigenen Schwimmbads eine Kinderparty organisiert mit, außer uns, noch zwei Familien, bei denen die Ehefrauen und Mütter Chine-sinnen sind und deren Partnern aus Schweden bzw. aus England stammen. Eine der jungen Hotelangestellten, die zur Betreuung der Kinder eingeteilt sind, kommt mit Emmy nicht zurecht, weil sie ständig versucht, auf Englisch mit ihr zu reden. Ich sage ihr, dass Emmy zwar kein Englisch, wohl aber Chinesisch kann, und daraufhin gelingt eine lustige Zusammenarbeit zwischen ihr und Emmy. Am Spätnachmittag werden wir dann von einem Hotel-Chauffeur in Tracys Auto auf den Campus unseres College zurückgebracht, wo wir uns auf die letzten Tage des Jahres 2010 vorbereiten.

Woche 19: 26. Dezember – 1. Januar 2011

Sonntag, 26. Dezember 2010, Zweiter Weihnachtstag

Wenn dieses Tagebuch über kommende Ereignisse im Februar in Schanghai und bis zur Rückkehr nach Deutschland am 1. März 2011 weitergeführt werden soll, dann jedenfalls nicht in der bisherigen Form. Für eine Veränderung gibt es zwei Gründe: Einmal sind viele Berich-te nicht an einen bestimmten Tag gebunden, sondern beziehen sich auf Zustände, die hier langfristig gegeben sind. Zum anderen müssen sensible Informationen so niedergeschrieben werden, dass eine Identifikation der Quelle sicher ausge-schlossen werden kann. Das folgende Beispiel ist allerdings eher amüsant als sensibel.

Zu den Campusgeschichten, für die es keine zuverlässige Bestätigung gibt, gehört diese: In dem ursprünglichen Ge-bäude der Musikabteilung des College fällt den Mitgliedern des Wachpersonals nachts auf, das jemand Klavier spielt. Einer der Männer wird zum Nachschauen geschickt, findet aber niemanden. Bald kehren die Klänge eines Klaviers wieder. Die Wächter beschließen nach gründlicher Durchsu-chung des ganzen Bauwerks, dass es sich um eine Gei-stererscheinung handelt und verlassen fluchtartig das Ge-bäude.

Auf den Befehl ihres verärgerten Vorgesetzen, den Dienst sofort wieder aufzunehmen, reagieren sie mit Kündigung. Die Musikabteilung ist inzwischen in einen Neubau umge-zogen, und das Gebäude mit den nächtlichen Klavierklän-gen bleibt einstweilen ungenutzt (wofür es vermutlich eine rein planungstechnische Erklärung gibt).

Montag, 27. Dezember 2010

In der Einführungsveranstaltung findet die Abschlussklausur statt. Wir sind zu dritt anwesend: Utty, der Tutor und ich, um das ethische Niveau der Klausur dadurch möglichst hoch zu halten, dass wir das Abschreiben vom Nachbarn zu redu-zieren suchen. Eine Tätigkeit dieser Art habe ich im Laufe meines Lebens oft ausgeübt, aber noch niemals am 27. Dezember. Von dem Verhalten der hiesigen Studenten bin ich angenehm überrascht. Was die Neigung zur illegitimen

Beschaffung von Informationen angeht, bin ich aus Deutschland Schlimmeres gewohnt.

Um den unerwünschten Effekt zu mindern, dass mein Prüfungsverfahren nicht eigentlich Fähigkeiten in Soziologie sondern die Kompetenz im Englischen honoriert, besteht die Klausuraufgabe aus zwei Teilen, im ersten Teil müssen auf Englisch gestellte Aufgaben durch Eintragen von Y für Yes und N für No beantwortet werden, und in einem zweiten Teil muss ein frei formulierter Text auf Chinesisch geschrieben werden. Den kann freilich nur Utty nachsehen und bewerten, und da 140 Studenten die Klausur mitschreiben wird das eine zeitraubende Arbeit sein.

Dienstag, 28. Dezember 2010

Heute Vormittag schreiben auch die Studenten im dritten Studienjahr, denen ich *Economic Sociology* vorgetragen habe, ihre Klausur. Hier gibt es die Zweiteilung in englischen und chinesischen Teil der Klausur nicht, also müssen sie ihre soziologischen Fähigkeiten ganz auf Englisch unter Beweis stellen.

Lisa wird in ihrer Schule gefragt, ob sie eine „Han" sei. Sie weiss nicht, was das ist. Es ist die überwältigende Mehrheit aller Chinesen, von der sich die Minderheiten unterscheiden, zu denen auch die Koreaner (die auf chinesischem Gebiet leben) und die Tibeter zählen. Wir sind bei der Beantwortung solcher in Richtung rassischer Zugehörigkeit gehender Fragen ratlos, obschon jeder, der jemals in den U.S.A. gelebt hat, dort die Fragebogen kennt, in denen abgefragt wird, ob man Caucasian, Afro-Amerikan, Hispanic etc. ist.

Mittwoch, 29. Dezember 2010

Das Simmel Seminar findet nicht mehr statt. Wir bereiten uns auf das Doppelfest am letzten Tag des Jahres vor: Der

31.12. ist tagsüber Emmys Geburtstag und abends Sylvester. Für beides sind Einkäufe zu machen.

Donnerstag 30. Dezember 2010

Ich führe (nicht wirklich am 30. Dezember) ein Dreiergespräch mit einer Studentin und einem Studenten, beide im dritten Studienjahr. Auf meine Frage nach den Zukunftsplänen der beiden erzählt der junge Mann, er habe Journalist werden wollen und sei darum vor Beginn dieses Studienjahres als Praktikant bei einer Fernsehstation beschäftigt gewesen. Doch nach der Erfahrung dort sei er nun unsicher, ob er das noch wolle. Ich erkundige mich, was denn Unerwartetes vorgefallen sein, um seine Zweifel zu begründen.

Er habe beobachtet, dass die Journalisten in erster Linie zum Gehorsam gegenüber der politischen Führung verpflichtet seien, und das habe er als Belastung ihrer Tätigkeit empfunden. Ich erzähle den beiden, dass Karl Marx als junger Mann sein Geld in Deutschland als Journalist verdient habe, dass er aber dann wegen der kritischen Artikel, die er schrieb, mit Verfolgung bedroht wurde und zur Auswanderung gezwungen war. Darauf reagiert die Studentin mit Begeisterung und sagt ihrem Mitstudenten: Du kannst der wahre Nachfolger von Karl Marx werden!

Freitag, 31. Dezember 2011, Sylvester

Unsere Emmy wird drei Jahre alt, und das wird natürlich schon vormittags gefeiert. Abends gehe ich zu einem Freitags-abends-Bibel-Kreis hier auf dem Campus und rede mit Kolleginnen darüber, wie wörtlich man denn die Bibel nehmen muss. Dann, schon kurz vor 23 Uhr, gehen wir als Familie alle auf einen großen Sportplatz auf dem Campus und feuern einige Knallkörper und Raketen in die Luft. Einige Studenten klatschen Beifall. Später erfahre ich, dass das

Abbrennen von Feuerwerkskörpern auf dem Campus verboten ist. Wir haben wohl eine gewissen Narrenfreiheit hier.

Überhaupt wird nach der Volkstradition Chinas erst der Jahreswechsel nach dem Mondkalender im Februar groß – und natürlich mit viel Feuerwerk – gefeiert (Die chinesischen Moslems machen da allerdings nicht mit). Das geschieht freilich nicht hier auf dem Campus, sondern jeder reist zu seiner Familie, wie bei uns zu Weihnachten. Dieser Brauch wird in den kommenden Wochen eine gigantische Reisewelle in China auslösen. Doch die Staatsführung passt sich dem Weltkalender an und richtet, wie die Regierungen der anderen Länder, am 31.12. eine Botschaft an das Volk. Im Fernsehen sehe ich die Neujahrsansprache des Staatspräsidenten Chinas und bin beruhigt und beeindruckt von dem hohen Stellenwert, den er als Chef der Partei und des Staates dem Frieden gibt.

Samstag, 1. Januar 2011, Neujahr

In einem Vier-Augen-Gespräch sagt mir eine Studentin im ersten Studienjahr, sie mache sich große Sorgen um die Zukunft Chinas. Zum einen habe sie Angst vor Krieg, weil es militäri-sche Provokationen gegeben habe, die von China ausgingen. Zum zweiten fürchte sie, dass China mehr und mehr ein rein kapitalistisches Land werde, und dass sich niemand um das Schicksal der armen Leute kümmern werde.

Utty hat viele Kontakte mit Großmüttern, die für ihre berufstätigen Töchter oder Schwiegertöchter kleine Enkelkinder betreuen. Im Gespräch wird erwähnt, dass ich hier schon gastweise an Gottesdiensten teilgenommen habe, und eine Oma sagt Utty stolz, dass sie katholisch sei. Ich signalisiere sofort Interesse, weil ich gern einen katholischen Gottesdienst hier erleben möchte. Der „Priester", so sagt die Katholikin, könne aber immer nur am ersten Sonntag eines jeden

Monats kommen. Also wird für morgen ein gemeinsamer „Kirchgang" verabredet.

Woche 20: 2. - 8. Januar 2011

Sonntag, 2. Januar 2011

In der Begleitung von drei Chinesinnen unterschiedlichen Alters, von denen die älteste sich als Katholikin bezeichnet und eine andere für mich dolmetscht, besteige ich gegen 7:30 Uhr den üblichen Stadtbus. Wir fahren in die Gegend, in der Lisas Schule liegt und gehen durch einen sehr stark bevölkerten Gemüsemarkt zu einem Wohnhaus, in dem das links vom Trep-penhaus gelegene Erdgeschoss ganz als Andachtsraum ausgebaut ist. Im Unterschied zu mei-nen beiden vorhergehenden Erfahrungen mit christlichen Gottesdiensten sind hier die Besu-cher nicht Studenten oder junge Leute. Wieder, wie (auch aus Deutschland) gewohnt, sind es ganz überwiegend Frauen, doch das Durch-schnittsalter liegt hoch, etwa bei 60 Jahren.

In dem Andachtsraum finden etwa 100 Personen auf Stuhlreihen Platz. Die verspätet, aber rechtzeitig zur Predigt eintreffenden Andächtigen müssen mit den hier üblichen Plastiksitzen vorlieb nehmen, und erhöhen dabei die Größe der Gemeinde auf 120 Gläubige. Mir kommt der Altarbereich fremd vor, doch ich deute dessen Beschaffenheit zunächst als Zugeständnis an die hiesigen Verhältnisse. Zur tech-nischen Ausstattung des – vergleichbar mit Kirchen – recht kleinen Raums gehören eine gewaltige Lautsprechanlage und ein Computer mit Lein-wand zur Ermöglichung einer Power Point Präsentation. Zwei junge Frauen eröffnen die Veranstaltung und leiten den Gemeindegesang. Dabei geht es charismatisch zu, mit Aufstehen und Hin- und Her-schwenken der erhobenen Arme. Die zum Teil schon recht betagten älteren Damen sind voll und ganz beteiligt. Dann kommt – nach mehr als 30 Minuten – der Auftritt des „Priesters", von dem sich bald herausstellt, dass er keiner ist.

Mit Hilfe der Leinwand und des Computers hält er seine Predigt, in der es unter anderem um den von Paulus beschriebenen Gehorsam der Ehefrau gegenüber ihrem Gatten geht. Die Damen in der Gemeinde lächeln ihren wenigen anwesenden Ehemänner freundlich zu, und der eine oder andere nickt zustimmend. Dann geht es um den Zehnten. Mit Hilfe einer Passage aus dem Alten Testament erläutert der Prediger, dass ein Zehntel von allem, das wir haben, von Haus aus schon Gott gehört, und das ein Zurückbehalten dessen, was Gott gehört, mit einem Fluch bedroht sei. Das erzeugt besorgte Gesichter in der Gemeinde. Liebevoll reagiert der Pfarrer, indem er meint, wem es schwer falle, so viel zu geben, der könne seinen Kirchenbeitrag von 10% bis auf 1% reduzieren. Dann fragt er, wer dadurch obdachlos werden würde. Niemand meldet sich. Na also. Ich werde noch Zeuge der Austeilung des Abendmahls und frage nach dem Ende der Veranstaltung, warum meine Gastgeberin der Meinung sei, das es sich hierbei um einen katholischen Gottesdienst gehandelt habe. Ja, eben, weil es das Abendmahl gab!

Montag, 3. Januar 2011 – Donnerstag 6. Januar 2011

Die Tage sind ausgefüllt mit unwichtigen Dingen und mit dem Korrigieren der Abschluss-klausuren. Am Mittwoch sind zur früher gewohnten Zeit noch einmal alle Teilnehmer des Simmel Seminars aufgefordert, sich zu einer kurzen mündlichen Einzelprüfung einzufinden, wobei Utty übersetzt. Das dauert von 19:30 Uhr bis fast um 22 Uhr, ehe für jeden eine Note feststeht.

Freitag, 7. Januar 2011

Die Studenten haben zum Ende des Semsters ein Abschiedsfest organisiert, Februar 2011

Ich bin – da dies ein Freitag ist – wieder mit dem Bibelkreis verabredet. Aber ganz unerwar-tet meldet sich am Telefon eine Studentensprecherin und bittet mich, ich möchte mich ab 19:30 Uhr für eine *Farewell Party* bereithalten. Ich erwähnte mein Versprechen, den Bibelkreis zu besuchen und bitte um Verständnis, dass ich nicht lange bleiben kann. Ein Student und eine Studentin holen mich dann an der Wohnung ab und bringen mich zum Tagungsort. Dort sitzen an den Wänden entlang einige meiner Studenten, und an der Frontseite sollen die Frau Parteisekretärin für das Sub-College und ich Platz nehmen. Einige weitere Dozenten treffen auch noch ein. Ich werde vom Studentensprecher begrüßt, muss eine kleine Rede halten, dann einen großen Kuchen anschneiden, von dem jeder etwas isst, und nun schließt sich ein Programm von Darbietungen an, das ich sehr eindrucksvoll finde.

Abschiedsfeier am Sub-College for Social Development, Februar 2011

Ein Kung-Fu-Spezialist führt einen furchterregenden Tanz mit einem (nicht ganz echten) Schwert vor. (Mir geht durch den Kopf: Ein Professor, der diesem Mann schlechte Noten gegeben hat, sollte vielleicht zur Sicherheit den Raum verlassen). Zwei Dozenten und zwei Studenten müssen etwas trinken, wobei drei Becher normal, einer aber manipuliert (durch hineinrühren von viel Salz) ist. Die Zuschauer müssen dann versuchen, an den Gesichtern der Testpersonen abzulesen, wer den übelschmeckenden Trank bekommen hat. Ich muss da natürlich mitmachen, verstelle mich, so gut ich kann, und wir alle haben viel Spass. Als ich gehen muss, erhalte ich als Abschiedsgeschenk einen Satz Pudelmützen für die ganze Familie aus Wolle wegen der Kälte, die uns in Schanghai und München erwarten wird.

Dann geht es weiter zum Bibelkreis. Wir reden über Dan Browns DaVinci Code. Der Film ist hier von vielen gesehen worden, und die vermeintliche Kenntnis der Katholischen Kirche gründet sich für manchen Chinesen leider nur auf dem, was dort gezeigt wird.

Samstag, 8. Januar 2011

Zum Thema Europa höre ich hier, dass nach den Problemen mit den Staatsfinanzen Griechenlands und Irlands, nun auch Portugal und sogar Spanien mit Sorge betrachtet werden. Es gibt Vermutungen, dass Finanzkreise aus den U.S.A. gezielte Attacken gegen die Gemeinschaftswährung Europas reiten, um den Euro gegenüber dem Dollar zu schwächen. Das geschehe u.a. mit dem Blick auf China, das sich von dem Dollar ab- und dem Euro zuwenden wolle, und das durch solche Vorgänge von seiner europafreundlichen Neuorientierung abgehalten werden solle.

Das stärkt dann nicht nur den Dollar, sondern auch die Salden der eigenen Konten. Feststeht aber auch, dass solche Finanzangriffe nur gegen Staaten gestartet werden können, die wegen ihrer hohen Verschuldung in Abhängigkeit geraten sind. Politisch haben „die Amerikaner mit ihren eigenen Schulden genug zu tun. Ihr Finanzminister Geithner hat auch die Insolvenz der USA in einem Brief an den Kongress an die Wand gemalt. Das wäre für China tragisch, da man eine knappe Bio $ in US Staatspapieren investiert hat. Natürlich fürchtet China aber auch eine Schwächung des Euros durch die schwachen Länder des Euroraums. In welche Währung soll China denn umsteigen, wenn es das könnte?" (Uwe Haasen).

Woche 21: 9. - 15. Januar 2011

Sonntag, 9. Januar 2011

Wir hatten es ja schon erlebt, dass hier auf Befehl der Leitung des College der Sonntag im Werktagmodus verbracht werden muss. So findet sich denn an diesem zweiten Sonntag das Jahres 2011 niemand, der mich zu einem Gottesdienst begleiten könnte. Das liegt daran, dass alle Studenten Klausuren schreiben und das gesamte Lehrpersonal (mit Ausnahme von mir, zum Glück) eingeteilt ist, Aufsicht zu führen. Darum ist allerdings auch der Campus in sonntägliche Stille gehüllt, und man begegnet kaum jemandem auf den Straßen und Wegen.

Im Internet und in den Fernsehnachrichten erhält man Informationen über die rechtsradikalen Morde in Arizona vom Samstag, die sich gegen Anhänger von Präsident Obama richteten. Da fragt man sich, welches Land die größeren Probleme hat, China oder die U.S.A.

Montag, 10. Januar 2011

Wir sehen die Klausuren der Studenten nach. Utty muss die 141 Kurzaufsätze über Durkheim lesen und mit Punkten bewerten. Die Studentin Su Shan kommt und spielt mit Lisa.

Dienstag, 11. Januar 2011

Utty fährt in die Stadt, um sich um 11 Uhr mit einer Polizistin zu treffen. Eine enge Freundin von Utty, mit der zusammen sie Militärdienst und Studium durchlebt hat, ist mit dieser jungen Frau zusammen aufgewachsen. Sie ist daher für die Polizistin eine „große Schwester". Da diese Chinesinnen in intensivem Internetkontakt miteinander stehen, hat Uttys Studienfreundin das Treffen angebahnt. Entsprechend wird auch Utty von der Polizistin als „große Schwester" begrüßt. Sie stammt aus der Nähe von Peking und hat in der Hauptstadt dann die Polizeiakademie besucht. Als Akademikerin macht sie hier freilich keinen Polizeidienst auf der Straße, sondern sitzt (analog einer Polizeirätin) in ihrem Büro.

Sie arbeitet hier seit 2006 und gehört inzwischen einem spannenden Netzwerk von Beziehungen an, das im einzelnen aufzuführen hier aus verschiedenen Gründen zu weit gehen würde. Sie verabredet sich mit Utty zum Essen an einem anderen Wochentag, doch das muss sie dann kurzfristig absagen, weil sie das Abreißen von illegal gebauten Häusern überwachen muss. Utty fragt mich, ob ich Lust hätte, diese neue Freundin bei ihrer Arbeit zu begleiten und beim Abreißen der Häuser zuzuschauen. Ich lehne das aus schierer Angst mit Entschiedenheit ab, und bitte auch Utty sich da herauszuhalten, weil ich es für nicht auszuschließen halte, dass es dabei zu gefährlichen Auseinandersetzungen kommen könnte. Wir müssen uns ja nicht selbst davon überzeugen, wie fähig hier die Polizei ist, sich durchzusetzen.

Lisa geht zu ihren kleinen Schwestern in den Kindergarten. Ich sehe weiter Klausuren nach.

Mittwoch, 12. Januar 2011

Ich sehe immer noch Klausuren nach. In dem (wegen der Schriftzeichen) nur von Chinesen (und Sinologen) genutzten Teil des Internets entdecken wir einen nachgemachter Geldschein, auf dem aber nicht, wie auf allen legal im Umlauf befindlichen Sorten, der Große Vorsitzende Mao selbst, sondern sein Enkel abgebildet ist. Von Mao ebenso wie von diesem Enkel ist in der Bevölkerung bekannt, dass sie im Umgang mit Frauen nicht kleinlich waren, und man kann das ruhig mit dem Gründer der Church of England, Heinrich VIII vergleichen. Das macht diese Herren bei Frauen in China vielleicht weniger beliebt als bei Männern. Jedenfalls ist bemerkenswert, dass der Enkel Maos den Rang eines Generals der Volksarmee innehat, obschon er allgemein als dumm gilt. Über diese Zusammenhänge macht sich offenbar der Geldschein lustig. Ich kann ruhig darüber in aller Offenheit berichten, weil ich natürlich auch nicht weiß woher dieser fabelhaft echt aussehende Geldschein kommt.

Donnerstag. 13. Januar 2011

Utty und ich sehen immer noch Klausuren nach. Der Leiter des *Subcollege for Social Development*, Herr Li Li hat heute Geburtstag: Er wird 32 Jahre alt. Wir alle gehen abends in größere Runde zum Essen in ein Restaurant, dass sich Versailles nennt. Die Helles sind als Großfamilie alle sieben eingeladen, Gastgeber ist Li Li mit Frau, Mutter und Baby-Tochter, weitere Gäste sind Frau Ding mit Mutter und Tochter. Um unseren großen runden Tisch in einem separaten Zimmer sitzen also 14 Personen, drei erwachsene Männer (Li Li, mein Schwiegervater und ich), und die anderen 11 Personen sind Großmütter, Mütter und Mädchen. In einer kleinen Rede, die Utty übersetzt, feiere ich zunächst den Geburtstag unseres Chefs, doch dann lasse ich mich zu einer Damenrede auf die Mütter Chinas hinreißen, die seit Generationen unter schwierigsten Umständen und oft mit nur minimaler Unterstützung ihrer Männer für ihren Nach-wuchs sorgen. Das kommt gut an.

Freitag, 14. Januar 2011

Die Bibel-Gruppe kann sich heute nicht treffen, weil alle unter Zeitdruck Hunderte von Klausuren bewerten müssen. Die Studenten fangen an, abzureisen. In kleinen Gruppen ziehen sie zum Campustor und verstauen ihre rollenden Koffer im Bus oder in einer Taxe. Während sich das Abenteuer als Gastdozent auf dieser Insel seinem Ende zuneigt, gehen mir die Menschen durch den Kopf, die ich hier näher kennenlernen durfte. Da ist der Soziologe, Sohn eines Bauern, der als erstes Mitglied seiner Familie studiert hat. Er kündigt hier, weil sein Vater sich einen bleibenden Schaden am Fuß zugezogen hat und sein jüngerer Bruder die Arbeit auf dem Hof allein nicht schaffen kann.

Dann ist da die hübsche junge Dozentin, die zum Frühlingsfest in ihr Dorf zurückfährt, um dort zu heiraten. Sie mag
ihren Zukünftigen nicht besonders, doch seine und ihre
Eltern haben die Ehe verabredet, und da muss sie sich eben
fügen, sonst bekommt sie vielleicht gar niemanden. Da ist
die etwas ältere Frau, deren Vater sich in der Kulturrevolution besonders charakterfest und prinzipientreu verhalten
hat, und der als Folge davon Jahrelang in Haft bleiben
musste, bis seine Ehefrau ihm nicht mehr ganz treu war.
Daraufhin hat er sich umgebracht. Nun lebt die Tochter mit
der Trauer über den Verlust des Vaters und dem Groll auf
die Mutter. Und ähnliche Schicksale außer diesen hat man
mir hier noch anvertraut, doch alle diese Leute sind
diszipliniert, freundlich und arbeiten hart und erfolgreich. Es
ist schwer, an diese Menschen zu denken und die Fassung
zu bewahren.

Samstag, 15. Januar 2011

Das Gleichgewicht unserer Familie ist ein Stück weit verloren, weil Utty tage- und stundenlang zuerst mit Besinnungs-
aufsätzen zu Durkheim und nun mit College-Bürokratie
beschäftigt ist: Nach bestimmten kleinlichen Vorschriften
müssen die Noten aller Studenten online in den Großcom-
puter des College eingegeben werden. Ich gehe allein mit
Rita ein Stück spazieren und treffe so Frau und Baby von Li
Li. Ich kann nicht direkt mit ihnen reden, doch Rita
funktioniert recht gut als Dolmetscherin. Aber zurück zu der
ehrenamtlichen bürokratischen Tätigkeit von Utty!

Bürokratisierung ist schon von Max Weber als Menschheits-
problem erkannt worden. Als Gegenbewegung gegen den
Verlust einer einenden Idee stellt sie sich häufig ein, um
durch das Kommandieren von Formalismen organisatori-
sche Konformität dort zu erzwingen, wo sie von gemeinsamer Kreativität her nicht geleistet werden kann, vielleicht nur
darum, weil den Betroffenen keine Kreativität zugetraut wird.

Jedenfalls erledigt Utty bis zum Nachmittag alle geforderten Aktionen, und da nun alle Klausuren bewertet und die Ergebnisse im Großrechner gespeichert sind, endet eigentlich meine Tätigkeit als Gastdozent an diesem Tage.

Abends essen Utty und ich wieder im *Versailles*: Es gibt ein großes Abschiedsessen aller Lehrenden von *Social Development*, und das schließt Utty ein; denn in den Rang einer unbezahlten Dozentin ist sie informell inzwischen aufgerückt. Wir sitzen bei dem Chef Prof. Shen, dem College-Gründer. Er und ich „verbrüdern" uns, er gibt Utty seine Handy-Nummer. Er ist der Doktorvater von Li Li. Selbst hat Shen bei dem großen Soziologen Chinas Fei promoviert, der wiederum in London an der *London School of Economics* bei Malinowski promoviert hat. Wir haben also so etwas wie eine geistige Genealogie vor uns, die von Li Li über Shen und Fei bis zu dem berühmten Polen reicht, und obschon der Schamanismus in China ausgerottet wurde, steht heimlich der Geist Malinowskis im Raum (im Versailles von Sanya).

Woche 22: 16. - 22. Januar 2011

Sonntag, 16. Januar 2011

Da mit dem Ausklingen des Semesters die Dienstpflichten lockerer ausgeübt werden, geht Utty mit Kindern zum Spielen in Frau Dings Büro, wo sie die Tochter und die Nichte von Frau Ding treffen, die normalerweise von der Großmutter betreut werden. Nachmittags will ich mit den Kindern zu Cafe Waiting gehen, finde es aber zu unserer Enttäuschung geschlossen. Dem allgemeinen Abreisen der Studenten entspricht das schrittweise Schließen der Restaurants und Geschäfte, und so wird der Campus langsam leer. Der Versuch, den am Freitag ausgefallenen Bibelkreis heute nachzuholen, scheitert, weil sich verschiedene Abteilungen des College zu Abschiedsessen treffen.

Montag, 17. Januar 2011

Acht Personen, fünf Frauen, drei Männer, unternehmen vormittags eine Bergwanderung: Ziel der Aktion ist der Gipfel des höchsten Berges hier auf dem Campus. Utty und ich sind Teil-nehmer. Der Berg heißt übersetzt „Berg der gefallenen Schreibpinsel". Er zeichnet sich weniger durch besondere Höhe als durch senkrecht abfallende Wände und durch eine Steinzeithöhle am Fuße aus. Der Berg ist bekannt, weil eine Gruppe von Studierenden bei einer Besteigung von Einheimischen überfallen und ausgeraubt wurden. Wir lassen Geldbörsen und Wertsachen in der Wohnung, für alle Fälle. Die Stimmung ist heiter bis ausgelassen, ich bin wieder der Senior, dann nimmt ein Rentnerehepaar Mitte Sechzig teil, alle anderen sind (aus meiner Sicht) junge Leute.

Nach einer etwa halbstündigen ebenerdigen Wanderung sind wir an der Höhle. In deren Inne-ren ragen zwei schlanke Felsformationen senkrecht aus der Decke herab, die von den Einhei-mischen als das Schreibwerkzeug eines Gottes gedeutet werden, daher die „gefallenen Pinsel". Er hat vom Himmel herab gesehen, welch schlimme Dinge Menschen hier unten anrichten, und da er gerade beim Schreiben war, sind ihm vor Schreck seine Pinsel aus der Hand gefal-len. Ich entdecke am Eingang der Höhle und auch weiter innen Opferstellen, an denen die von buddhistischen Tempeln vertrauten Räucherstäbchen angezündet wurden. Einheimi-sche beten hier zu dem Gott, der die Griffel hat fallen lassen, damit ihre Kinder in der Schule gute Leistungen erzielen.

Der Überfall auf die Studentengruppe muss vielleicht neu gedeutet werden: Womöglich ging es nicht nur um das profane Ausrauben von privilegierten Youngstern, sondern auch um das Fortjagen von Eindringlingen, die entweihende Handlungen in der Nähe von Opferstellen begingen. Wie auch immer, die Höhle gilt außerdem als Fundort wichtiger

Hinweise auf eine Steinzeitkultur dieser Insel. Anstatt bescheiden mit der Höhlenbesichtigung zufrieden zu sein, mussten wir dann ein Kletterabenteuer anschließen, das weder meinem Kollegen Ruheständler noch mir eigentlich zuträglich war.

Wir hatten alle Fehler gemacht, die im Buche stehen, keine Bergschuhe, kein kompetenter Bergführer. Wir drei Männer haben uns dann im Laufe des Abstiegs disqualifiziert, sei es durch körperliche Leistungsmängel der Alten, sei es durch bergführerisches Unvermögen des Jungen, doch die fünf chinesischen Frauen hatten großen Spaß, krochen auf allen Vieren hinauf und wieder herab und erinnerten mich in der Sicherheit ihrer Bewegungen an Ameisen (was selbstverständlich als Kompliment gemeint ist).

Als ob der Tag damit nicht schon aufregend genug gewesen wäre, findet dann abends auch noch der nachgeholte Bibelkreis zum letzten Mal statt. Wir sind wieder bei Lucy zu Gast. Sie hat ein Ehepaar mit einem kleinen Jungen hinzu geladen. Der Ehemann und Vater, Paul, vertritt ebenso wie Lucy einen total relativistischen Standpunkt. Lucy verteilt einen Andachtstext aus der Bahá'i Gemeinde, in dem von der Hinwendung zu „Gottes heiligem Buch" die Rede ist. Ich frage, welches Buch da gemeint sei. Sie antwortet, Bibel, Koran, alte Sanskrit-Texte, all dies komme ja von Gott. Ich meine aber, dass es doch Widersprüche zwischen die-sen Texten gebe, und wie man denn damit umgehen solle. Jesus erscheine bald als Prophet, bald als häretischer Rabbiner, dann wieder als Gott selbst, das sei doch nicht einerlei? Lucy schließt den Abend früh, weil alle von der Arbeit der letzten Zeit erschöpft sind. Ich mache mir Gedanken, ob Lucy und Paul womöglich einen von der Partei gebilligten Umgang mit Religionen vertreten.

Dienstag 18. Januar 2011

Einerseits reisen immer mehr Studenten und Dozenten vom Sanya College ab, um das Frühlingsfest bei ihrem Familien zu verbringen, andererseits kommen immer mehr Touristen nach Sanya, um es hier in diesem tropischen Klima zu feiern. So werden Straßen, Strände, Busse, Restaurants und Hotels immer voller, während sich der Campus in eine – wie Jeremy sagt – ghost town verwandelt. Jeremy und Tracy sind für drei Wochen in die U.S.A. geflogen, wir werden sie aber vor unserer Abreise am 27. Januar noch für einige Tage wiedersehen. Abends beobachte ich am Strand, wie auf einer Plattform Dutzende von Rentnerehepaaren im Freien tanzen.

Mittwoch, 19. Januar 2011

Ich gehe mit Utty und Lisa zum Ausländerbüro des College wegen der notwendigen Verlängerung unserer Visa. Es gibt Ärger mit dem nur noch in stark reduzierter Besetzung vorhandenen Verwaltungspersonal, weil man sich überraschend für unzuständig erklärt (ein aus Deutschland gut vertrauter Trick): Wir seien ja nicht vom College, sondern vom Sub-College eingestellt worden, also müssten sich Li Li und Frau Ding um unsere Visa kümmern. Ein Telefonat mit dem schon in den Urlaub abgereisten Dr. Hu ändert nichts an der Situation. Erschwerend stellt sich nun erst heraus, dass wir uns gleich nach unserer Ankunft hier bei der örtlichen Polizei hätten melden müssen. In gedrückter Stimmung fahren Utty, Lisa und ich im Bus vom College in die Stadt zum Mittagessen. Der Bus hält an einer Haltestelle, der Fahrer versucht immer wieder vergeblich den ersten Gang einzulegen, doch die Bewegungen der langen Stockschaltung sind wirkungslos: Der Bus bleibt wegen Ausfall der Gangschaltung fahrunfähig. Wir verlassen den Bus und finden ein Taxi, das in unserer Nähe Fahrgäste aussteigen lässt.

Zwei junge Männer, einer vom Beifahrersitz aus, einer als Deckung hinter ihm, springen aus dem Taxi, der vordere hält etwas in der Hand und tritt zweimal mit dem Fuß ins Innere des Wagens in Richtung Fahrer, dann rennen beide davon. Gleichwohl steigen wir drei hinten in dieses Taxi ein. Der völlig entnervte Fahrer sagt, er sei gerade beraubt worden. Er versucht mit seinem Handy, die Polizei anzurufen. Dann fährt er langsam weiter in die Richtung, in die die Gangster gelaufen sind, hält wieder an und steigt aus. Da verlassen wir drei fluchtartig sein Taxi. - Nach dem Mittagessen fahren Lisa und ich ruhebedürftig ins College und Utty geht allein zur Polizei, um sich nach den Modalitäten der verspäteten polizeilichen Anmeldung zu erkundigen. Sie kann dort ganz gelassen auftreten, wegen der „kleinen Schwester" im Innendienst. Unsere Nachbarn, Daisy und ihr *boyfriend* Kino (die natürlich ganz andere chinesische Namen haben) kommen, sich zu verabschieden. Sie reisen zu Daisy's Familie zum Frühlingsfest.

Donnerstag, 20. Januar 2011

Auf der Festplatte des Laptop muss ich die alte Einladung nach Sanya finden, die Shen vor knapp einem Jahr an uns gerichtet hat. Sie wird fünf Mal gedruckt, dann bei Frau Ding im Büro gestempelt. Damit, mit den Pässen und mit Fotokopien der Pässe macht sich Utty allein auf den Weg, wieder zur Polizei. Dort zieht man keine Nummer, bildet keine Schlange, sondern drängt sich in chaotischem Knäuel im die Tische der Beamtinnen. Als Utty an der Reihe ist, stellt sich heraus, dass der Polizeicomputer ausgefallen ist. Utty ruft vom Handy aus ihre „kleine Schwester" im Innendienst an, die das leider nur bestätigen kann: Es betreffe die ganze Insel und sei in einigen Stunden sicher wieder behoben, sagt sie beruhigend.

Also kommt Utty zum Mittagessen ins College und geht nachmittags zum dritten Mal zur Polizei. Sie erreicht endlich die polizeiliche Meldung für uns alle fünf! In Washington D.C. trifft zu dieser Zeit Chinas Präsident mit Präsident Obama zusammen.

Freitag, 21. Januar 2011

Vormittags versucht Utty bei einem vierten Polizeibesuch, die Visa zu verlängern. Das dauert aber sechs Werktage und kann also von Sanya aus vor unserer Abreise nach Schanghai nicht rechtzeitig erledigt werden, also müssen wir das in Schanghai machen lassen. Ich gehe nur mit Rita zu zweit spazieren. Der Campus ist zum Teil abgesprerrt: Zu Ritas Kindergarten kommt man nicht mehr auf direktem Weg. Nachmittags beginnen Vorbereitungen für die Abreise: Aussortieren von Sachen und packen eines Kartons, der morgen direkt nach München geschickt werden soll. - Der Präsident Chinas besucht inzwischen Chicago.

Samstag, 22. Januar 2011

Tracy und Jeremy sind gestern nach Dauerflug Washington D.C. – Tokio – Peking – Sanya mit ihrem kleinen Sohn Hunter wieder hier eingetroffen. Tracy muss sofort arbeiten. Wir treffen uns mit Jeremy und Hunter bei Casa Mia und erzählen Stefano, dass wir am Donnerstag nach Schanghai fliegen.

Abschied aus der Wohnung in Sanya: Drei Kinder und zwei Studenten

Woche 23: 23. - 29. Januar 2011

Sonntag, 23. Januar 2011

Auf Einladung von Tracy treffen wir alle sieben zum Frühstück am *Holiday Inn Resort* ein und lassen uns ausführlich von ihr und von Jeremy berichten, was es Neues aus den U.S.A. gibt, wo beide mit ihrem kleinen Sohn gerade drei Wochen lang waren. Es wird ein entspannter und sehr erholsamer Sonntag bei sommerlichem Wetter.

Montag, 24. Januar 2011

Heute ist der Geburtstag meiner Mutter. Sie hätte an diesem 24. Januar ihren 101. Geburtstag gefeiert, wäre sie nicht am 6. November 2005 gestorben.

Dienstag, 25. Januar 2011

Unser letzter voller Tag auf dem College Campus. Er wird teils mit letzten Arbeiten am Computer, teils mit Aufräumen und Packen verbracht. Ich unternehme am Spätnachmittag einen langen nostalgischen Spaziergang allein auf dem großen Campus und mache Fotos in Erinnerung an die vergangenen schönen fünf Monate.

Mittwoch, 26. Januar 2011

Dies ist der Tag unserer Abreise aus dem College, obschon wir erst morgen von Sanya nach Schanghai fliegen. Wir sind mittags in der Stadt zu einem Abschiedsessen mit Leuten von *Social Development* verabredet, wobei noch einmal davon die Rede ist, dass wir bald wieder-kommen sollten. Von dort aus fahren wir mit unserem gesamten Reisegepäck noch einmal zum *Holiday Inn Resort*, wo wir als Gäste von Tracy unsere letzte Nacht auf der Insel Hainan verbringen. Am Hotelempfang sind die Temperaturen für den Tag unserer Abreise vorausgesagt: Sie sollen zwischen 16 (morgens) und 26 (mittags) Grad liegen. Tracy und Jeremy leiden noch unter der Zeitverschiebung zwischen Washington D.C. und China und ziehen sich relativ früh zurück.

Die neue „kleine Schwester" Uttys von der Polizei hatte mit einer Bronchitis zu kämpfen, was sie mindestens zum Teil dem Staub zuschreibt, von dem sie beim Abreißen der illegal gebauten Häuser umgeben war. Doch nun will sie trotzdem gleichsam in letzter Minute noch eine Begegnung der beiden Familien erreichen: Sie kommt mit Mann und kleinem Sohn spät abends in unsere Hotelunterkunft, und die drei bleiben bei angeregter Unterhaltung bis Mitternacht.

Die Polizeibeamtin ist eine sehr hübsche Nordchinesin aus der Gegend um Peking, und ihr Mann gehört der Minderheit der Li an, die hier auf dieser Insel und auch in diesem Tagebuch als *local people* oder Eingeborene bezeichnet werden. Diese verschiedenen Ursprünge der beiden werden noch durch einen großen Unterschied der Hautfarbe betont: Sie ganz hell, er vergleichsweise dunkel. Er erzählt zuerst ganz bescheiden von Heilerfolgen, die er mit traditionell chinesischen Methoden hatte.

Von dort führ uns das Gespräch zum Daoismus, in dem er schon in seiner Jugend eine Ausbildung von Weisen oder Meistern erhielt. Dann schloß sich bei dem Ehemann der Polizistin eine Ausbildung in Strafrecht in Peking an und eine vorübergehende Beschäftigung bei Gericht. Doch das alles machte ihn nicht froh, und so kam er heim auf diese Insel und widmete sich dem Daoismus und Buddismus, die sich anscheinend konfliktfrei kombinieren lassen.

Da Utty übersetzt, kann ich ein Fachgespräch über Fragen der Religion mit ihm führen. Dabei stellt sich schließlich heraus, dass er ein Schamane ist, und dass er auch Exorzismen erfolgreich ausgeführt hat. Nicht ganz ohne Stolz betont er aber, dass er für seine Dienste als Heiler oder Exorzist niemals Geld genommen habe. Ich frage, wie er Geld verdiene, weil aus dem Zusammenhang klar geworden war, dass die kleine Familie nicht nur von dem Monatsgehalt der Polizistin lebt. Er sei Geschäftsmann, sagt er. Welche Geschäfte er denn mache, frage ich. Er sei Fischzüchter und Fischhändler. Außerdem sei er aktiver Buddhist, gelte als Reinkarnaion eines „Heiligen" und sei Mitglied der Kommunistischen Partei Chinas. Ein bemerkenswerter Mann!

Ich frage noch die Polizistin, ob es manchmal für sie unheimlich sei, mit einem Schamanen verheiratet zu sein. Utty muss laut lachen, als sie meine Frage übersetzt. Ja, ein wenig sei es das für sie schon, aber sie, die Polizistin, sei wie ihr Mann dem Buddhismus verbunden, und das schaffe ein einendes Band zwischen ihnen. Sie glaube fest an die religiösen Fähigkeiten ihres Gatten. Zum Abschied bietet er noch an, dank seiner transzendenten Kräfte dafür sorgen zu können, dass mein nächstes Kind ein Sohn werde. Das erschüttert bei mir dann doch die zunächst gehegte Vermutung, dass er über visionäre Fähigkeiten verfügt.

Donnerstag, 27. Januar 2011

Nach dem Abschlussabend mit Polizistin und Schamane können wir zum Glück ausschlafen, weil unser Flug nach Schanghai erst für 18:05 gebucht ist. Wir sind mit einem Bekleidungsproblem konfrontiert, weil einerseits die vorausgesagten Temperaturen hier tatsächlich eintreten, weil wir aber andererseits nach Norden in den Winter fliegen. Dieser Konflikt wird dadurch gemildert, dass wir die Hotelsuite bis 16 Uhr behalten dürfen, also nicht schon stundenlang in Winterkleidung herumlaufen müssen. Ein *Holiday Inn* Kleinbus fährt kurz nach 16 Uhr uns sieben mit unserem umfangreichen Gepäck zu dem nahegelegenen Flughafen von Sanya, und der Abschied von Jeremy, Tracy und Hunter wird herzlich. Sie wollen uns in München besuchen.

Am Flughafen verläuft alles planmäßig. Der Flug Sanya – Schanghai dauert zweieinhalb Stunden, und gegen 21 Uhr sind wir im Winter angekommen. Der Temperaturunterschied von mehr als 20 Grad und das mir aus meinen Hamburger Tagen vertraute Schmuddelwetter mit Nieselregen um den Gefrierpunkt herum ist schon eine Herausforderung nach fünf Monaten in den Tropen. Erschwerend kommt hinzu, dass in Schanghai die Wohnungen alle keine Zentralheizungen haben, so dass man sich mit der auf „warm" umgeschalteten Klimaanlage behelfen muss.

Uttys Bruder, dessen Frau und deren kleine Tochter treffen uns in Pudong am Großflughafen der Monsterstadt, von der niemand genau weiß, wie weit die Einwohnerzahl über oder unter 20 Millionen Menschen liegt. Wir legen in zwei Autos, eins von Uttys Bruder, das andere von dessen Frau ge-

steuert, die mehr als 50 km vom Flughafen in das Wohn-
viertel zurück, in dem wir nun für die Dauer des Februars zu
Hause sind.

Freitag, 28. Januar 2011

Aus dem Flugzeug habe ich die englischsprachige Ausgabe
der Zeitung *Shanghai Daily* vom 27. Januar 2011 mitgenommen, die im Feuilleton in einem ganzseitigen Bericht von Yao
Minji das Heimfahren junger Erwachsener zu ihrem Her-
kunftsfamilien behandelt. Dieser alte Brauch führt in den
Tagen vor dem Chinesischen Neujahrsfest ein kaum vor-
stellbares Anschwellen des Personenverkehrs in diesem
Riesenland herbei. Der 2. Februar nach dem in der ganzen
Welt normalen Kalender ist nach dem Mondkalender Chinas
der Altjahrsabend, unserem Sylvester vergleichbar, und bis
dahin möchte (fast) jeder bei seiner Familie eingetroffen
sein. Der Artikel von Yao Minji beschreibt überzeugend,
dass viele Chinesen der jüngeren Generation die Reise mit
gemischten Geführen – oder in einigen Fällen auch entgegen den Erwartungen ihrer Eltern gar nicht – unternehmen.

Das stimmt mit einigen Beobachtungen überein, die ich auf
dem College Campus gemacht hatte. Für manche, die fern
der Heimat beruflich erfolgreich sind, ist die Fahrt zu den
Eltern aufs Land aus Anlass des traditionellen Neujahrs-
festes eine Reise in die Vergangenheit. Man muss sich dort
peinlichen Fragen stellen, warum man denn noch immer
nicht verheiratet sei. Mancher wird dann kurzerhand verheiratet und traut sich nicht, dagegen zu rebellieren. Auf jeden
Fall muss der junge Erwachsene damit rechnen, von seinen
Eltern den Nachbarn präsentiert zu werden, als der erfolgreiche Nachkomme seiner Familie und der Stolz seiner
Eltern.

Das kann, in Fällen, in denen das nicht eigentlich zutrifft, in
denen aber doch der Anschein erweckt werden soll, dass es

so sei, finanziell aufwendige Übertreibungen zur Folge haben, die den jungen Besucher mehr Geld kosten, als er in Wahrheit zur Verfügung hat. So sagt der Zeitungsartikel voraus, dass wohl im Laufe der Jahre, mehr und mehr junge Chinesen die traditionelle Reise nicht mehr unternehmen werden, und dass sich vielleicht der Trend umkehrt: Man fährt nicht aufs Land zu den Eltern, sondern lädt die Eltern zum Neujahrsfest zu der jungen Familie in die Stadt ein. Das kostet aber auch Geld und kann erst von den schon einigermaßen etablierten Kindern der Alten verwirklicht werden.

Samstag, 29. Januar 2011

Die U-Bahn Schanghais ist sehenswert. Sie ist vermutlich auf dem technisch neuesten Stand. Über die ganze gewaltige Länge des Bahnsteigs erstreckt sich eine Glaswand mit Schiebetüren, die sich erst zum Aus- und Einsteigen öffnen, wenn der eingefahrene Zug zum Still-stand gekommen ist, und sich dort ebenfalls die Türen öffnen. Diese höchst aufwendige Baumassnahme wurde beschlossen, weil immer wieder einmal im Gedränge des Berufsverkehrs wartende Fahrgäste unter den einfahrenden Zug gedrückt worden waren.

Sitzplätze finden sich nur entlang der Außenwände der Züge. Die Sitzenden schauen also stets ins Innere des Waggons und niemals in Fahrtrichtung oder entgegengesetzt. Das verschafft den Zügen ein Maximum an Stehplätzen. Sie verkehren geräuscharm und schnell und sind verglichen mit Deutschland im Fahrpreis billig: Eine Fahrt vom Stadtrand ins Zentrum kostet umgerechnet etwa einen halben Euro!

Woche 24: 30. Januar – 5. Februar 2011

Sonntag, 30. Januar 2011

Der Sonntag wird wegen der sich in der kommenden Woche ereignenden Festlichkeiten im Werktagsmodus verbracht. Er ist gleichsam ein vorweggenommener – oder vorgearbeiteter – Arbeitstag. Das Wetter hat sich sonnig aufgehellt und die Temperaturen des Schanghai-Winters liegen zwischen Null und fünf Grad darüber. Der Stadtbezirk hier in der Nähe das alten Flughafens heisst „Sieben Schätze" oder, vielleicht besser übersetzt „Zu den sieben Kostbarkeiten". Utty und ich machen eine langen Spaziergang, zuerst zur Polizei wegen der Anmeldung von uns fünf Deutschen hier. Das scheitert, weil ein Mietvertrag vorgelegt werden muss, den wir nicht bei uns tragen.

Dann sitzt am Weg ein Bettler, dem Utty etwas gibt. Dann sitzt am Weg – alles Mitten in Schanghai – eine Frau, die etwas auf die Platten des Gehwegs geschrieben hat. Ich erkundige mich nach der Inschrift. Es heißt: „Ich kann Ihre Zukunft voraussagen, fragen Sie mich bitte danach!" Wir tun das aber nicht. Wir essen in einem traditionsreichen Restaurant. Der bestellte Fisch wird vor der Zubereitung in einer Plastiktüte am Tisch vorgezeigt. Utty schaut ihn an. Da er sich nicht bewegt, schüttelt der Oberkellner die Tüte, um den Fisch zu animieren. Da der unbeweglich bleibt, schnuppert Utty daran. Er riecht nicht schlecht, also wird die Erlaubnis zur Zubereitung gegeben, obschon er nicht gezappelt hat.

Montag, 31. Januar 2011

Die polizeiliche Meldung gelingt. Das dauert eine Stunde und strapaziert die Geduld der Beamtin: Sie ist gewohnt, die Daten eines Ehepaars einzugeben; aber bei uns, einer fünf-köpfigen Familie, verliert sie nach dem dritten Pass die

Geduld und beauftragt eine jüngere (und im Rang niedrigere)Kollegin, die verbleibenden zwei Pässe zu bearbeiten.

Eines der Einkaufszentren, das man gehend erreichen kann, hat im oberen Stockwerk eine Rollschuhbahn. Dort abonniert Utty für alle drei Mädchen einen Kurs, in dessen Verlauf sie lernen sollen, sich auf Inline-Skates sicher zu bewegen. Das wird nun den ganzen Februar über täglich geschehen. Ich schaue zu und staune, wie schnell Lisa das lernt. Auch Rita und sogar die kleine Emmy machen trotz vieler Stürze tapfer mit. Ganz souverän fährt die Tochter von Uttys Bruder. Sie hat diesen Kurs schon länger besucht.

Dienstag, 1. Februar 2011

Shopping zu gehen ist mehr als nur die Pflicht, notwendige Einkäufe zu machen. Es ist ein Ritual, das zahllose Chinesen pflegen, und es ist auch eine Lieblingsbeschäftigung in der Freizeit, selbst wenn man kein Geld ausgeben will – oder kann. Besonders in diesen Tagen vor dem Neujahrsfest, sind alle Einkaufszentren und Kaufhäuser ständig stark besucht. Ganz im Unterschied zu deutschen Gepflogenheiten wird normalerweise um den Preis gehandelt (gefeilscht). Utty schaut an einem Kinderbekleidungsstand eine Kinderhose an, und sofort kommt ein Verkäufer und sagt: „Wenn es Ihnen gefällt, können wir über den Preis ja reden." Wir kaufen Nahrungsmittel ein, und es stellt sich heraus, die Orangen kommen aus Kalifornien und der Cambertkäse wurde in Bayern hergestellt.

Mittwoch, 2. Februar 2011, „Altjahrsabend" in China

Dieser Mittwoch ist in diesem Jahr in China und benachbarten Bevölkerungen Asiens (z.B. Korea) dem Sylvester unseres Kalenders vergleichbar. Doch während wir uns darauf verlassen können, dass der letzte Tag unseres Jahres stets auf den 31. Dezember fällt, wechselt der Termin des chinesischen Jahresendes ähnlich, wie wir das von unserem Osterfest kennen. Er kann von Ende Januar bis Mitte Februar variieren, und im Jahre 2011 fällt er eben auf den 2. Februar. Den Tag über wird in jedem Haushalt intensiv gekocht, denn bald nach Sonnenuntergang beginnen in allen Großfamilien – selbst für chinesische Verhältnisse – üppige Mahlzeiten. Was besonders intensiv an unser Jahresende erinnert, ist das Abbrennen von Feuerwerk und Knallkörpern. Das setzt sporadisch schon am Nachmittag hier ein.

Abends gibt es im Haushalt von Uttys Eltern das große Neujahrsessen. Leider kann mein Schwiegervater wegen Krankheit nicht teilnehmen. Dann beginnt das Abrennen von Knallkörpern, das sich bis etwa 2 Uhr morgens fortsetzt und wohl auch daran erinnert, dass es dieses Land war, in dem das Schießpulver erfunden wurde.

Donnerstag, 3. Februar 2011, erster Tag im Jahre des Kaninchens (oder des Hasens)

Niemanden interessiert es, dass sich in Ägypten der zehnte Tag eines Volksaufstands ereignet; denn China ganz mit sich selbst beschäftigt. Am ersten Tag des neuen Jahres hat jeder seine Eltern – oder eine Frau, die verheiratet ist, mit ihrem Ehemann zusammen dessen Eltern – zu besuchen. Auch ein Besuch bei dem Chef, dem man beruflich verpflichtet ist, und bei den Nachbarn wird heute erwartet. Morgen, am zweiten Tag des Jahres, gehen die Ehepaare und jungen Familien zu den Eltern der jungen Ehefrau. Dem Familientypologen macht es Spass, zu sehen, wie der erste Tag dem patrilinealen, und der zweite Tag dem matrilinealen Prinzip entspricht.

Nur habe ich noch nicht ganz klären können, ob es sich bei dem Jahr, das nun in Asien begonnen hat, um das des Kaninchen oder des Hasen handelt. Der Unterschied zwischen diesen beiden Tieren interessiert anscheinend hier weniger. In Deutschland möchte ich ja meine Ostereier nicht vom Osterkaninchen bekommen. Solche Gleichgültigkeit über die genaue Bestimmung eines Tieres erinnert mich an den Vergleich Maus – Ratte. Für den Chinesen ist die Ratte nur eine Supermaus, die schon rein quantitative noch unsympatischer ist als das kleinere Nagetier ähnlicher Machart. Doch im Umgang mit deutschen Damen sollte der verliebte junge Chinese sich genau überlegen, ob er „mein Mäuschen" oder „hallo, du kleine Ratte" sagt.

Der Überblick über die Liste der zwölf Jahre nach dem uralten chinesischen Kalender deutet dann daraufhin, dass die U.S.A.-freundliche Übersetzung als *year of the rabbit* eher falsch ist, und die deutschen Sinologen haben von jeher vom *Jahr des Hasen* geschrieben. Sie übersetzten aber auch als *Büffel*, wo man ebenso gut von *Kuh* reden könnte (es kommt vielleicht darauf an, wessen Geburtstag man gerade deuten möchte).

1. 子 *zǐ*: Ratte (鼠 *shǔ*) *angriffslustig*
2. 丑 *chǒu*: Büffel (牛 *niú*) *sanft*
3. 寅 *yín*: Tiger (虎 *hǔ*) *verwegen*
4. 卯 *mǎo*: Hase (兔 *tù*) *gutmütig*
5. 辰 *chén*: Drache (龍 *lóng*) *geistreich*
6. 巳 *sì*: Schlange (蛇 *shé*) *schlau*
7. 午 *wǔ*: Pferd (馬 *mǎ*) *ungeduldig*
8. 未 *wèi*: Schaf (羊 *yáng*) *artig*
9. 申 *shēn*: Affe (猴 *hóu*) *wendig*
10. 酉 *yǒu*: Hahn (鷄 *jī*) *stolz*
11. 戌 *xū*: Hund (狗 *gǒu*) *treu*
12. 亥 *hài*: Schwein (猪 *zhū*) *ehrlich*

Hase (oder Kaninchen) heisst also hier *Tu* und wird auch für uns einleuchtend als *gutmütig* gedeutet. Das *Mao* in der Liste vor dem Wort Hase hat mit dem großen Vorsitzenden nichts zu tun, wird auch auf Chinesisch anders geschrieben und ausgesprochen, und bedeutet hier einfach *Viertes Jahr*. Das *Dritte Jahr*, das gerade vorüber ist, galt als dem Tiger gewidmet und ging tatsächlich mit einer eher *verwegenen* Aussenpolitik einher. Da gibt nun der Hase mit seiner *Gutmütigkeit* Anlaß auch zu aussenpolitischen Hoffnungen für die Partner Chinas.

Freitag, 4. Februar 2011, zweiter Tag im Jahr des Hasen

Die Ursprünge der Idee vom Jahr des Hasen beschäftigen mich auch heute noch weiter: Der Legende nach lud Buddha, nach anderen Quellen der mythologische Jade-Kaiser Yu Di „[…] einst alle 13 Tiere der Tierkreiszeichen zu einem Fest ein. Die Katze gehörte ursprünglich auch dazu. Die Maus erzählte jedoch der Katze, dass das Fest einen Tag später stattfinden würde. Die Katze legte sich schlafen und träumte vom Fest. So kam es, dass nur zwölf Tiere, alle außer der Katze, zum Fest kamen. Das erste Tier war die Ratte (Maus), ihr folgten der Büffel (das Rind), der Tiger, der Hase, der Drache, die Schlange, das Pferd, die Ziege (das Schaf), der Affe, der Hahn (das Huhn), der Hund und schließlich das Schwein. Jedes Tier bekam ein Jahr geschenkt, und Yu Di benannte es nach ihm. So erhielt die Ratte das erste, der Büffel (das Rind) das zweite, der Tiger das dritte Jahr und das Schwein schließlich das zwölfte. Dies geschah in der Reihenfolge, in der sie gekommen waren. Alle erklärten sich damit einverstanden. Da die Katze nicht kam, wurde ihr auch kein Jahr zugeteilt, und sie wurde somit ausgeschlossen." (Wikipedia) Diese Zusammenhänge erklären auch die notorisch schlechte Beziehung zwischen Katze und Maus.

Jeder Zeitkreis beginnt mit einem „Jahr der Ratte", das in zwölfjähriger Folge wiederkehrt (1960, 1972, 1984, 1996, 2008, 2020 und so folgend). Da den Tierzeichen zusätzlich für jedes Jahr ein Element aus der 5-Elemente-Lehre Wasser, Feuer, Holz, Metall oder Erde zugeordnet wird, gibt es nicht nur das „Jahr der Ratte", sondern das Jahr der „Wasser-Ratte" und das Jahr des „Feuer-Tigers". Ein solcher Zeitkreis dauert 60 Jahre und beginnt dann wieder von vorn. Die erste 60jährige Periode begann, der Legende nach, 2637 v. Chr., also zu einer Zeit, über die man sich im Abendland kaum Gedanken macht.

Den Spätnachmittag verbringen wir wieder beim Rollschuh-unterricht für unsere drei Mädchen und ihre Kousine.

Samstag, 5. Februar 2011, dritter Tag im Jahre des Hasen

Heute, am dritten Tag des Jahres sollten nach der Tradition einiger Provinzen Chinas die Gräber der Vorfahren besucht werden. Das dürfte einer der Gründe dafür sein, daß zum Neujahrsfest eine so große Reisewelle einsetzt, denn die Gräber der lieben Toten sind am Herkunftsort der Familie zu finden. Hier in Schanghai hat niemand aus unserer Familie seine Vorfahren begraben, und so kann der Brauch, heute an die Gräber zu gehen, von uns nicht erfüllt werden.

Weil die Familien – auch hier in Schanghai – in diesen Neu-jahrstagen so stark auf sich selbst zurückgezogen leben, ist es in der Öffentlichkeit ungewöhnlich ruhig, vielleicht wie bei uns zu Weihnachten. Doch das endet in der kommenden Woche, und dann werden wir uns diese faszinierende Riesenstadt näher anschauen. Schon heute sind die Restaurants wieder stark ausgebucht. Die Gäste treten dort im Familienverband auf, fast immer als Gruppe, der drei Generationen angehören.

Als wir vom Essen im Lokal heimkommen, berichtet das Staatsfernsehen aus München von der Sicherheitskonferenz und von deren besonderer Bedeutung, die sie zusätzlich durch die Ägyptenkrise erhalten hat. Dazu werden Bilder aus dem Hotel Bayerischer Hof gezeigt, die mich zusätzlich ungeduldig machen, nach München heimzukehren.

Woche 25: 6. – 12. Februar 2011

Sonntag, 6. Februar 2011, 4. Tag im neuen Jahr

Um 10 Uhr trifft das Ehepaar bei uns ein, bei dem sie den Familiennamen Wang, er den Namen Yang trägt. Während es im alten China selbstverständlich war, dass bei der Heirat beide Eheleute den Familiennamen des Mannes annahmen, behält im „Neuen China" jeder den Familiennamen in der Ehe bei, den er oder sie von Geburt an hatte. Frau Wang war während des Besuchs der Oberschule bis zum Abitur einer der engsten Weggefährtinnen Uttys, und die beiden begrüßen einander mit großer Herzlichkeit.

Ein ganz kurzer Schock musste aber bei Beginn des Wiedersehens von Utty überwunden werden, weil ihre alte Freundin plötzlich ganz in streng muslimischer Weise mit Kopftuch und bodenlangem Kleid auftrat. Sie war immer schon Anhängerin des Islam gewesen, doch während der Schulzeit trat das kaum in Erscheinung, außer in einer gewissen pessimistischen Weltablehnung und der tiefen Überzeugung von der Bosheit der Menschen, die sie als Teenager mit ihren Eltern – nicht aber mit Utty – teilte. Sie litt chronisch an gesundheitlichen Problemen, und das ist wohl auch der Grund, warum die Ehe bisher kinderlos blieb. Doch dann unternahm sie zusammen mit ihrer Mutter im Oktober 2010 eine Pilgerfahrt nach Mekka, oder – richtiger müsste es heißen – *die* Pilgerfahrt nach Mekka und zu den anderen nahegelegenen heiligen Stätten des Islam, wie etwa drei Millionen andere Muslime aus der ganzen Welt das gleichzeitig auch taten.

Sie beschreibt gegenüber Utty die unvorstellbaren körperlichen Anstrengungen, die mit dieser frommen Unternehmung

verbunden waren, und berichtet auch, dass die gesundheitlichen Leiden, die sie über Jahre hinweg begleitet hatten,
seitdem auf wundersame Weise beendet wurden. Und im
Zusammenhang mit diesen Oktober-Erfahrungen, stehen
auch die strenge Einhaltung der regelmäßigen Gebete und
das Tragen muslimischer Kleidung in der Öffentlichkeit. Man
dürfe als frommer Muslim auch nicht aus Tassen trinken, die
von den Lippen solcher Personen berührt wurden, die
Schweinefleisch essen; also werde ich losgeschickt, um
Papierbecher zu kaufen, was ich natürlich widerspruchslos
tue.

Der Ehemann, Herr Yang, ist groß und sieht wie seine Frau
sympathisch aus mit ungewöhnlich langen, etwas lockigen
Haaren, die ihn wie einen Künstler aussehen lassen, der er
auch ist: In der Schulzeit kannte Utty ihn als beliebten
Sänger und Mitglied einer Pop-Band. Heute produziert er für
ein chinesisches Pendent von YouTube im Internet Werbe-
videos. Auch er stammt, wie seine Frau, aus einer Familie,
deren Mitglieder von jeher Muslime waren, und er trägt die
neu beschlossene strenge Frömmigkeit seiner Frau solida-
risch voll mit und lässt sich aus religiöser Überzeugung die
Haare wachsen. Ein Schwager seiner Frau – der Ehemann
ichrer Schwester und ebenfalls Muslim – ist Offizier im Militär
Chinas, und da könnte die Haartracht eher ein Thema
werden als in der Werbebranche.

Der Besuch bleibt gemessen an früheren Begegnungen
zwischen den beiden Freundinnen kurz, und als Utty später
am Telefon nach dem Grund fragt, erklärt Frau Wang, es
sei Zeit zum Gebet gewesen, daher hätten sie und ihr Mann
gehen müssen. Nach dem Besuch der beiden verbringen wir
wieder Zeit an der Rollschuhbahn mit dem Trainieren von
Inline-Skating durch unsere drei Mädchen.

Zu dem erhofften frühen Schlafengehen in Erwartung einer
ruhigen Nacht kann es nicht kommen. Am Abend wird

erneut, eher noch stärker als am „Altjahrsabend", Feuerwerk abgebrannt in Erwartung des wichtigen fünften Tages im neuen Jahr, an dem der Gott des Reichtums nach dem alten Glauben des Volks-Daoismus kommt. Er wird seinen Segen und damit die Wahrscheinlichkeit reich zu werden (oder zu bleiben?) vor allem denen bringen, die den meisten Lärm machen! Das Getöse um Mitternacht ist furchterregend und klingt erst im Laufe der ersten Stunde des neuen Tages wieder ab.

Montag, 7. Februar 2011, 5. Tag im neuen Jahr

Der Sonnenaufgang wird mit dem Abbrennen von Feuerwerk begrüßt (so langsam reicht´s!). Die im Vergleich zu deutschen Städten südliche Lage Schanghais bedeutet, dass sich die Temperaturen schneller aufwärts bewegen, wenn die Sonne länger scheint. Heute werden zwischen 5 und 15 Grad erwartet, und schließlich nennen die Chinesen diese Dauerfete, mit der sie nun schon den fünften Tag beschäftigt sind, ja Frühlingsfest und nicht Winterfeier.

Ein anderes Ehepaar besucht uns. Sie hat mit Utty zusammen in Schanghai an der Fudan Universität studiert. Jetzt arbeitet sie in Shenzhen als Wirtschaftsprüferin bei einer italienischen Firma mit Sitz in Hongkong. Ihr Ehemann ist Analyst: Er untersucht die Finanz- und Ertragslage großer Firmen und lässt dann die Ergebnisse seiner Untersuchungen den Investoren zugutekommen. Beide sind in Shenzhen zu Hause, der Nachbarstadt Honkongs, in der etwa 14 Millionen Menschen wohnen.

Die beiden haben einen Sohn und wünschen sich ein zweites Kind. Sie sind bereit, die Strafe zu zahlen, die dafür verhängt wird. Der Strafbetrag variiert von Bezirk zu Bezirk innerhalb Chinas und hängt vom Einkommen der Eltern ab. Hinzu kommen aber noch laufende finanzielle Benachteiligungen, z.B. die Kosten für Kindergarten und Krankenversicherung, weil eine ordnungsgemäße Registrierung eines Zweitkindes nicht erreicht werden kann. Es bleibt also in einen neuartigen Sinn ein illegitimes Kind. Dennoch wollen Uttys Freundin und ihr Mann ein zweites Kind, und bei ihrem guten Einkommen wird die Strafe dafür gewißt sehr teuer.

Es fällt mir schwer, die Ubiquität von Knallkörpern dieser Tag nicht schlicht den Knallköpfen anzulasten, die sie kaufen und (eben jetzt ab 18:30 Uhr wieder) abbrennen. Man will ja der Tradition nach z.B. den Gott des Reichtums durch Lärmentfaltung auf sich aufmerksam machen. Auch nach westlicher religiöser Tradition gibt es die Vorstellung, dass jemand „zu Gott *schreit*", obschon keine mir bekannte theologische Position dem Allerhöchsten Schwerhörigkeit zuschreibt.

Als ich im Frühjahr 1999 zum Fest des Totengedenkens in der Nähe von Fuzhou eine Familie bei dem Ritual am Grab des verehrten Vorfahren beobachten durfte, brannten die Hinterbliebenen auch dort Feuerwerk ab, mit dem erklärten Ziel, den Verstorbenen so herbeizurufen. Vielleicht verdankt sich (Adornodeutsch?) das Läuten vor der Wandlung der Messe einer ähnlichen Vorstellung, und kleine Kinder – zumal hier – rufen umso lauter, je dringlicher ihnen das Eingreifen von Mutter oder Vater in ihre Alltagssituation erscheint.

Gerade der Soziologe sollte wohl das Anlärmen (gibt es das Wort?) einer Person durch eine andere als Versuch der Nachrichtenübermittlung deuten können mit allerdings nicht eindeutigem Inhalt: Von „Wart's nur ab, dich kriegen wir schon noch!" bis zu „Komm doch bitte schnell und hilf mir!" Ich neige bei Lärm wohl doch zu der ersten Alternative.

Dienstag, 8. Februar 2011, 6. Tag im neuen Jahr

In Deutschland feiert man ein Fest maximal zwei Tage lang, so zu Weihnachten, zu Ostern und zu Pfingsten. Danach kehrt jeder wieder an seinen Arbeitsplatz zurück. Nicht so in China. Hier feiert man der agrarkulturellen Tradition nach zwei Wochen lang. An diesem Dienstag sind aber schon Bahnhöfe und Busdepots wegen des einsetzenden Rückreiseverkehrs überlastet, weil viele Arbeitgeber nur eine Woche Urlaub gewähren.

Heute ist in unserer Großfamilie die Feier des Geburtstags von Uttys Bruder. Ob aber heute sein Geburtstag ist, lässt sich so schnell nicht beantworten. Er feiert immer am 6. Tag des neuen Jahres nach dem Mondkalender. Das ist etwa so, als ob bei uns jemand am Ostermontag geboren wurde, und nun jedes Jahr am Ostermontag Geburtstag feiert, ganz gleich, um welches Datum es sich dabei handelt. Den „Geburtstag" der in den Personalpapieren verzeichnet steht, kann man daraus nicht ohne weiteres schließen.

Auch mit dem Alter gibt es interkulturelle Probleme. Die Vorstellung, dass ein Mensch bei seiner Geburt 0 Jahre zählt ist, erscheint hier (und z.B. auch in Korea) als absurd. Daher ist man hier immer ein Jahr älter als bei uns. Einen Blick in den Pass werfen und dann zum Geburtstag gratulieren? Nein, so einfach ist das hier nicht. Außerdem gab es bis zur Abschaffung des Kaisers in China nur den Mondkalender, und an die aktuelle neumodische Zeitrechnung, die nur der Sonne folgt und (hier) noch nicht mal hundert Jahre alt ist, kann man sich so schnell nicht gewöhnen.

Abends sind Utty und ich mit Uttys Bruder, dessen Frau und unserer ältesten und deren einziger Tochter zu Gast bei Professor Zhu Xue Qin. Er ist Direktor des Instituts für Frieden und Entwicklung der Shanghai University hier. Wir sind zunächst in Zhus Haus, treffen dort auch seine Frau und seine Mutter, und gehen dann ohne die beiden Damen zum Essen. Zhu meint, es sei eher für Peking typisch als für Schanghai, dass seine Mutter bei ihrem Sohn wohnt. In

Schanghai wohnen – so meint Zhu – etwa 90% der alten Leute bei ihren Töchtern.

Obschon Zhu Englisch recht gut kann, übersetzt Utty, so dass er Chinesisch und ich ganz überwiegend deutsch reden. Es ergibt sich eine höchst informative Unterhaltung: Zhu hatte sich 16jährig (aus Begeisterung für Mao) freiwillig zur Landarbeit gemeldet und machte das dann 13 Jahre lang. Mittlerweile sieht er diese Zeit wesentlich nüchterner, wurde Historiker und Professor und ist ein Bewunderer Max Webers. Auf Einladung der Konrad-Adenauer-Stiftung war er in Deutschland. Seit 20 Jahren lehrt er an dieser Universität.

Mittwoch, 9. Februar 2011

Die meisten Chinesen gehen heute wieder ihrer normalen Berufstätigkeit nach, doch der gigantische Rückreiseverkehr dauert an: Die Eisenbahn hier transportiert täglich rund 6 Millionen Menschen an ihre Arbeitsplätze zurück. – Wir brauchen für die Verlängerung der Visa neue Fotos, also müssen wir alle fünf heute zu einem Automaten gehen, der Passbilder erzeugt. Die Qualität der Bilder ist sehr gut, der Preis unglaublich billig.

In technischen Dingen ist China weit, das spürt man vielleicht hier in Schanghai noch mehr als auf der Insel Hainan. Uttys Bruder hat ein iPad von Apple, das er uns vorführt. Man kann das hier für 4000 Yuan (also ca. 440 Euro) kaufen und es ist eine erstaunliche Fortentwick-lung des *notebook computers*. Da das Gerät aus den U.S.A. kommt, hat es zunächst mit China wenig zu tun; doch was mich beschäftigt, ist die Texteingabe über den Bildschirm.

Um URLs oder *passwords* schreiben zu können, ruft man eine virtuelle Tastatur auf, die nur als Abbildung auf dem Bildschirm existiert. Dort tupft man dann auf die gewünschten Tasten. So ging das auch bei den Tastaturen bisheriger Computer: Die chinesischen Zeichen sind alle übersetzt in Pinyin (Chinese: 拼音; *pīnyīn*), definiert als *the official system to transcribe Chinese characters to teach Mandarin Chinese.*

Man gibt auf einer Tastatur unsere westlichen Buchstaben als Code für das gewünschte Zeichen ein, und die Software bietet einem dann aus dem Speicher des Rechners mehrere chinesische Zeichen zur Auswahl an, so dass man auf dasjenige klicken kann, das man gemeint hat. Dieses Verfahren ermöglichte den Zugang zu der uralten Schrift Chinas über die lateinischen Buchstaben des Westens. Das wird nun anders: Ich konnte beobachten, dass alternativ zu dieser Technik sowohl auf dem Bildschirm des iPad als auch auf dem Bildschirm des Navigationsgeräts im Auto, ein chinesisches Zeichen mit dem Fingernagel gezeichnet und vom System erkannt werden kann. Damit wird die westliche ABC-Tastatur überflüssig, was gewaltige wirtschaftliche Konsequenzen haben kann.

Donnerstag, 10. Februar 2011

Sowohl unsere Wohnung als auch diejenige meiner Schwiegereltern und von Uttys Bruder liegen in einer Siedlung von Wohnblocks, die mit einem Zaun umgeben und von Wachpersonal an den Zugängen und sogar durch Patrouillieren beschützt werden. In den U.S.A. nennt man das *gated community*. An dem Haupteingang, den wir ständig passieren, steht seit einigen Tagen ein Bild von Lenin, das zeigt, wie freundlich er mit Wachpersonal umgeht.

Ich fotographiere das, weil mich die Präsenz des alten Revolutionärs auf diesem Plakat überrascht. Mich erinnert das an die Innenseite einer großen Speisekarte in einem Restaurant in Sanya mit einem Bild, auf dem Mao lächelnd von glücklichen Jugendlichen umgeben gezeigt wird. Vielleicht ist es ein Merkmal Chinas (und freilich nicht nur

Chinas), sich von der Vergangenheit nur schwer lossagen zu können.

Die Seiten 2 und 3 (bevor die Liste der Speisen beginnt) einer Speisekarte in Sanya, Hainan

Utty und ich fahren mit der Super-U-Bahn nach Pudong zum Polizeihauptquartier wegen der Verlängerung unserer Visa. Dort geht es modern zu, man zieht natürlich eine Nummer und sitzt geordnet, bis man an der Reihe ist. Auffallend ist allerdings, dass alle, die dort Schalterdienst tun, in Polizei-uniform gekleidet sind, selbstverständlich mit den militärischen Rangabzeichen auf der Schulter.

Uns fehlt für das Glaubhaftmachen unserer Abreisepläne ein Ausdruck der e-Tickets bei der Lufthansa, aus der unsere Rückflüge am 28.2./1.3. zu erkennen sind. Utty telefoniert mit unserer Schwägerin, deren Büro ebenfalls im Stadtteil Pudong liegt. Mit ihrer Hilfe beschaffen wir das fehlende

Dokument aus dem Internet und können dann die Anträge einreichen. Während der Bearbeitung werden für einige Tage unsere Pässe einbehalten, was mich etwas beunruhigt.

Freitag, 11. Februar 2011

Hier steht kein arbeitsfreies Wochenende bevor! Wegen der Neujahrswoche, wird am kommenden Wochenende (mindestens am Samstag) vielerorts gearbeitet, um verlorene Produktivität nachzuholen. Diese Praxis hatten wir in Sanya auch schon beobachtet; sie scheint im Umgang mit mehrtätigen Festen normal zu sein. – Der Winter ist mit Temperaturen zwischen 0 und 5 Grad noch einmal zurückgekehrt. – In Ägypten tritt Präsident Mubarak zurück.

Einem *computer chat* mit Lea in New York entnehme ich, dass dort an der Metropolitan Opera eine Oper mit dem Titel „Nixon in China" große Beachtung findet und offenbar sehr gelobt wird. Ich verspreche Lea, nach New York zu kommen, um das Spektakel mit ihr anzuschauen, nur einen Termin wissen wir noch nicht.

Samstag, 12. Februar 2011

Die Zweisprachigkeit ist bei unseren Kindern voll angekommen: Beim Frühstück schüttet Emmy, die ich mit ihren drei Jahren für vernünftiger gehalten hätte, größere Mengen Salz in ihr weichgekochtes Ei. Ich kritisiere das, weil mir die Vergeudung von Nahrungsmitteln unerträglich scheint. Da redet Emmy mit ihrer Mutter in der Sprache dieses Landes. Ich frage nach, was sie denn gesagt habe. Utty übersetzt: Der Vati ärgert mich dauernd, ich mag nicht mehr neben ihm sitzen!

Nach dem Frühstück geht das Telefon: Die Polizei ruft Utty an. Bei den Recherchen aus Anlass unserer Visa-Anträge hat sich herausgestellt, dass Utty sich bei ihrer Einbürgerung in Deutschland nicht ordnungsgemäß aus Schanghai abgemeldet hat. Sie ist daher nun zweimal hier polizeilich gemeldet, einmal als Chinesin, einmal (seit fast zwei Wochen) als Deutsche. Das ist eine Ordnungswidrigkeit, die je Monat mit einer Geldstrafe belegt wird. Weil dieser Zustand seit fast einem Jahrzehnt besteht, wird das teuer. Utty fährt in die Stadt, um sich dieser überraschenden neuen Widrigkeiten zu widmen. Mein Angebot als Geleitschutz mitzukommen lehnt sie ab: Du würdest Dich nur noch mehr aufregen als ich.

Bei der Meldebehörde stellt sich heraus, dass Utty im Jahre 2000 als Beschäftigte einer kleinen Firma registriert wurde. Man verlangt eine Bescheinigung der Firma, dass sie dort nicht mehr arbeitet. Utty erklärt, dass sie nur wenige Monate dort tätig war und gar nicht wisse, ob das Geschäft noch existiert. Daraufhin wird auf die Bescheinigung verzichtet. Sie muss aber für die Zeit seit ihrer Auswanderung nach Deutschland pro Monat die vorgeschriebene Strafgebühr zahlen, weil sie sich nicht abgemeldet hat. Dann erhält sie die Bestätigung darüber, als Chinesin abgemeldet zu sein. Dieses Dokument wiederum muss dort überreicht werden, wo unsere Pässe zur Verlängerung der Visa liegen. Endlich gegen 17 Uhr nach ganztägiger Anstrengung ist alles erledigt, und Utty ist wieder in der Wohnung angekommen, auch erledigt.

Abends lädt Uttys Bruder den ganzen Clan zum Essen ein. Das Restaurant gehört einer erfolgreichen Kette von Esslokalen an und verteilt gedruckte Informationen über seine *Corporate Culture*. Darin lesen wir, dass der Buddhismus mit seinen Grundkategorien Mitleid, Liebe und Leere (emptiness) zu den Grundlagen der Unternehmenskultur gehört. Das Essen schmeckt trotzdem.

Woche 26: 13. - 19. Februar 2011

Sonntag, 13. Februar 2011

Die U-Bahn wird – so gestern für Utty – zur alltäglichen Selbstverständlichkeit. Dazu muss ich noch ergänzen, dass am Zugang jeder Station das Handgepäck durchleuchtet wird, wie wir das von Flughäfen kennen. Der Fahrkartenverkauf geschieht automatisch mit Rückgabe von Wechselgeld auch in Scheinen (nicht, wie in München, nur in Münzen).

Heute sind Utty und ich mit den drei Kindern von der muslimischen Freundin und ihrem Mann zum Essen in einem muslimischen Restaurant eingeladen. Der Ehemann holt Utty und mich an der U-Bahn ab, und als wir zusammen in dem Lokal eintreffen, spüre ich sofort, dass die Stimmung anders, irgendwie heiter, ist. Das Restaurant ist voll besetzt, auf einer kleinen Bühne tanzt eine sehr hübsche Frau in kasachischer Volkstracht, die Musik erinnert mich an Bauchtanz, aber darum handelt es sich hier nicht, sondern die voll bekleidete Tänzerin macht ganz andere und sehr elegante Bewegungen, besonders mit ihren Händen hoch über dem Kopf. Wir haben innerhalb des Restaurants ein kleines eigenes Zimmer, und wenn wir die Tür offen lassen, fällt der Blick auf die Bühne. Uttys Schulfreundin, wieder – wie seit der Mekkafahrt wohl immer – in streng muslimischer Kleidung, ist enttäuscht darüber, dass wir ohne die Kinder kommen, doch das stellt sich bald als wichtige Voraussetzung für die Thematik unserer Gespräche heraus.

Utty übersetzt wieder, ich kann meine Fragen und Bemerkungen auf Deutsch machen, und wir beginnen mit der gemeinsamen Verehrung für Abraham. Dabei taucht Sara in ungünstigem Licht auf, weil sie darauf besteht, dass Hagar mit dem Stammvater der Muslime, dem neugeborenen

Ismael, zum Verdursten in die Wüste geschickt wird. Uttys Freundin meint, dass dürfe man nicht Sara vorwerfen, denn Allah selbst habe dem Abraham im Traum befohlen, das zu tun, und dabei sei dem Allerhöchsten schon klar gewesen, dass er Hagar und ihr Kind retten werde. Bei der Mekkafahrt schreiten die Muslime aus aller Welt die Strecke ab, auf der die verzweifelte Mutter für ihr durstiges Kind nach Wasser gesucht hat.

Uttys Freundin erwähnt auch – wie sie meint – Gemeinsamkeiten im Glauben mit den Christen: Maria sei vom Heiligen Geist schwanger gemacht worden und dabei Jungfrau geblieben, Jesus sei ein großer Prophet, nur eben kein Gott. All dies glauben die Moslems. Mir ist fraglich, inwieweit hier wirklich Gemeinsamkeiten bestehen, zumal es im Lager der Christen leider gewaltige Unterschiede gibt.

Die Unterhaltung wendet sich dann praktischen Anliegen im Umgang mit aktuellen Problemen im heutigen China zu und kann aus verschiedenen Gründen hier nicht wiedergegeben werden. Dieses Gespräch zu viert wird ein ähnlicher Höhepunkt meiner Chinareise, wie die Begegnung mit der Polizistin und dem Schamanen am letzten Abend in Sanya. Unsere beiden Gastgeber sind Muslime, wie ihre Vorfahren. Ich erkundige mich: Beide stammen von Zuwanderern ab, die vor etwa 600 Jahren aus Persien nach China kamen. (Vor – in Worten – sechshundert Jahren!)

Montag, 14. Februar 2011

Es wird noch einmal drastisch kälter, bis zu 4 Grad unter null. Die Kinder verbringen den Nachmittag wieder auf der Rollschuhbahn und trainieren fleißig. Utty entdeckt in einer Broschüre, die auf der Straße an Passanten verteilt wird, einen politischen Witz, den wir gemeinsam übersetzen:

Scherzregel für richtiges Verhalten nach großen Vorbildern

1)   Wenn man nicht raucht und nicht trinkt,

wird man 63 Jahre alt wie General Lin Biao (ein früher Konkurrent Maos um die Macht, der auf der Flucht in einem Flugzeug über der Mongolei mit seiner ganzen Familie abstürzte und umkam)

2)   Wenn man zwar trinkt, aber nicht raucht,

wird man 73 Jahre alt wie Chou En Lai (beliebter früherer Regierungschef)

3)   Wenn zwar raucht, aber nicht trinkt,

wird man 83 Jahre alt wie Mao Ze Dong (hinreichend bekannter großer Vorsitzender)

4)   Wenn man sowohl raucht als auch trinkt,

wird man 93 Jahre alt wie Deng Xiao Ping (Pragmatiker, versagte der Studentenbewegung seine Unterstützung!)

5)   Wenn man raucht, trinkt, übermäßig isst, Prostituierte zu sich einlädt und sich dem Glücksspiel hingibt,

wird man 103 wie General Zhang Xue Liang (starb unter Hausarrest auf Taiwan).

6)   Wenn man jeden Tag Gutes tut und sein Leben ganz in den Dienst anderer stellt,

wird man 23 wie Lei Feng (ein früher Kommunist, der wegen seines Altruismus als Held bekannt wurde, auch weil er bei dem Versuch, einen Ertrinkenden zu retten, selbst ums

Leben kam. (Quelle: Werbebroschüre einer Frauenklinik in Schanghai, Febr. 2011)

In Gauting bei München stirbt heute der Soziologe *Karl Martin Bolte.* Ich erfahre das erst Tage später.

Dienstag, 15. Februar 2011

Um 10 Uhr treffe ich mich mit einer Studentin vom Sanya College, die in einem Vorort von Schanghai wohnt. Die Begegnung in Schanghai war ihre Idee, und ich bin nun froh, darauf eingegangen zu sein. Wir sitzen in dem Restaurant eines großen Hotels hier, und die sehr freundliche Kellnerin fragt, ob ich ihr Lehrer sei. Was sie antwortet, kann man übersetzten als: *Er ist ein Professor aus Deutschland,* oder, wenn man die chinesischen Zeichen für Deutschland kennt, als *Er ist aus dem Land der Tugend.* Da werden schon erhebliche Erwartungen an das Verhalten eines Deutschen geweckt.

Ich frage sie, wieso sie in Sanya studiert, obschon es hier in Schanghai und Umgebung so viele gute Hochschulen gibt. Ja, das ist ihr sichtlich peinlich, aber ihre Abiturnoten waren nicht besonders gut, gesteht sie. Sie sei übrigens in der Sekundarschule, bis sie 15 Jahre alt war, immer sehr gut gewesen, doch dann habe sie die Lust verloren. Ich bitte sie, mir den Schulalltag zu beschreiben. Aufstehen sei 6 Uhr früh, in der Schule nimmt man am Frühsport teil mit Rennen und Gymnastik. Ab 7 Uhr habe man in der Schulmensa sein Frühstück einzunehmen, ab 7:30 Uhr sitzt jeder im Klassenzimmer auf seinem Platz und liest laut (jeder gleichzeitig vor sich hin) Texte auf Chinesisch oder Englisch, die zu lernen aufgegeben waren, und dann beginnt der Unterricht um 8 Uhr.

Mittagspause ist 11:40 Uhr bis 14:30 Uhr. Da kann man wahlweise heimgehen oder in der Schule essen. Dann ist

Unterricht bis 17 Uhr mit einer Pause bis 19 Uhr. Wieder können die Schüler wahlweise in der Schule oder bei ihren Eltern essen. Die Abendperiode beginnt um 19 Uhr. Die Jugendlichen, die nicht Internatsschüler sind, kommen je nach Schulweg zwischen 21 Uhr und 21:30 Uhr nach Hause und setzen sich dann an ihre Hausaufgaben, mit denen sie bis gegen Mitternacht oder 1 Uhr nachts beschäftigt bleiben. Der Klassenraum muss spätestens bis 22 Uhr verlassen werden, weil dann dort das Licht ausgeschaltet wird, so dass die Internatsschüler ihre weitere Arbeit in die Schlafräume verlegen müssen.

Mich erfüllt diese Beschreibung mit Entsetzen, und ich halte das für doch wohl etwas übertrieben dargestellt; aber später bestätigt mir Utty, dass das schon zu ihrer Schulzeit so war, und wir kommen zu der Einsicht, dass sich offenbar daran in den vergangenen zwei Jahrzehnten kaum etwas geändert hat. Meine Studentin ist begeistert von ihrem Studium der Garten- und Landschaftsarchitektur, das sie nun in Sanya begonnen hat, weil sie da zum ersten Mal kreativ sein darf und sogar soll! Sie kritisiert noch an der Gymnasialzeit den hohen Anteil moderner Mathematik, der einige der jungen Leute stark belaste und für den es in der Berufspraxis kaum Anwendungsmöglichkeiten gebe, außer vielleicht, wenn man Mathematik studiere.

Ich erwähne noch meine Überraschung, als ich bei meiner Ankunft am Sanya College die Studenten alle in Uniformen mit militärischem Training beschäftigt fand. Ja, aber das seien sie alle schon seit ihrer Schulzeit so gewohnt, und das diene der Abhärtung: Man müsse es eben notfalls aushalten können, wenn man z.B. lange in der Mittagshitze aufrecht steht.

Mittwoch, 16. Februar 2011

Zwölf Tage vor dem Rückflug nach München unternehmen Utty und ich vormittags wieder die cross-metropolis U-Bahnfahrt, die uns in einer guten halben Stunde mit hoher Geschwin-digkeit zur Polizeizentrale führt. Es geht nur darum, die fünf Pässe mit den verlängerten Visa zu bezahlen und abzuholen, und das geht schnell. Doch dann sehen wir, dass in dem Pass unserer Lisa auf dem eingeklebten Visum der zweite Vorname falsch geschrieben ist. Ratlosigkeit! Soll man das einfach ignorieren? Zwei Stockwerke höher bei der Beantragung von Visa schaut ein Polizeimajor im Computer nach, und stellt fest, dass der Fehler auch dort besteht. Sehr höflich bietet er an, die Korrektur des Visums noch am gleichen Tage vornehmen zu lassen; doch wir können nicht heute noch einmal kommen, also müssen wir am Donnerstag wieder herreisen.

Gegen 16 Uhr machen wir fünf uns auf den Weg zu einer kombinierten U-Bahn-Taxi-Fahrt zu dem Soziologen Yu Hai von der Fudan Universität. Die Taxe steht im Stau, es ist ein unge-wöhnlich enger Feierabendverkehr, weil heute abends noch einmal in den Familien das neue Jahr gefeiert wird. Die von mir so geliebten Feuerwerkskörper sind wieder allge-genwärtig: In dieser Hinsicht ist dies ein Tag wie bei uns Sylvester.

Endlich, bei dem Fußweg von der Taxe zur Wohnung des Professors, verstehe ich, wieso man am 14. Tag des neuen Jahres immer noch feiert. Heute ist Vollmond. Das Neujahrsfest begann, als der Mond nach der Finsternis der Neumondzeit eine erste ganz schmale Sichel zeigte. Dann hat man ihn zwei Wochen lang in seinem Wachstum begleitet und ermutigt, und heute ist es endlich geschafft: Er strahl voll und rund vom Himmel herab! Damit enden die Neujahrsfeiern.

Yu Hai spricht gut Englisch, und bei und nach dem Essen kommt es zu den unvermeidlichen Soziologengesprächen zwischen ihm und mir. Er nennt mir auch den Namen eines Simmel-Experten, der an der Universität von Nanjing lehrt.

Donnerstag, 17. Februar 2011

Utty und ich fahren noch ein weiteres Mal zur Polizeizentrale, um endlich auch Lisas Pass abzuholen. Man hat das korrigierte Visum so geschickt auf das falsche draufgeklebt, dass niemand mehr den Fehler sehen kann. Damit steht einer legalen Ausreise von uns Fünfen nichts mehr im Wege.

Freitag, 18. Februar 2011

Die Nachricht von Boltes Tod und der Umgang damit im Institut für Soziologie in München beschäftigen mich und versetzen mich in depressive Stimmung.

Samstag, 19. Februar 2011

Gestern kam es zu einem Volksaufstand in Wisconsin, U.S.A., von denen die Medien heute im Gleichklang mit den Vorgängen in Tunesien, Ägypten und Bahrain berichten. Mir fällt wiederholt auf, dass die U.S.A. im direkten Vergleich mit China (auch) keine gute Figur machen.

Utty und ich fahren zur Vorabendmesse, die um 18 Uhr in der Kathedrale des Hl. Ignatius stattfindet. In der riesigen Kirche mit vielleicht 3000 Plätzen sitzen etwa 300 Gläubige. Es ist bitter kalt. Ein Chor singt sehr schön, Der Priester kommt mit einem Ministranten. Den altvertrauten Introitus mit dem dreimaligen *mea culpa* beten alle mit. Die beiden ersten Lesungen tragen zwei junge Damen vor.

Als der Zelebrand das Evangelium über die Feindesliebe in der Landessprache verkündet, habe ich den Eindruck, als ob

Gott zu mir spricht: „Das überrascht Dich wohl, dass ich auch Chinesisch kann?" Die Predigt betont die Feindesliebe im Kontext der Forderung nach Gerechtigkeit und erwähnt, dass Jesus, als er geschlagen wurde, fragt: Wenn ich etwas falsch gemacht habe, dann erkläre es mir, wenn ich nichts falsch gemacht habe, warum schlägst Du mich dann? Das Hinhalten auch der anderen Wange kommt dabei nicht zur Sprache. Das Credo wird im gregorianischen Choral gemeinsam gesungen, aber nicht auf Lateinisch, sondern auf Chinesisch.

Woche 27: 20. - 26. Februar 2011 in Schanghai

Sonntag, 20. Februar 2011

Uttys Bruder fährt in seinem Auto mit Utty und mir auf das Gelände einer mittelgroßen Möbelfabrik in einem Nachbarort Schanghais, Jiuting (übersetzt: Neue Pagode, Ting kommt in vielen Ortsnamen vor, weil es Pagode heisst). Am Rande des Werksgeländes, auf dem heute sonntägliche Ruhe herrscht, steht ein kleiner alter buddhistischer Tempel, in dem wir von zwei Herren erwartet werden. Der ältere ist der Eigentümer und Leiter der Möbelfabrik, der andere, jüngere, ist ein Privatlehrer der Tochter von Uttys Bruder, die gerade sechs Jahre alt wurde. Beide sind engagierte Anhänger des Zen-Buddhismus. Wir werden in dem kalten Raum herzlich begrüßt und mit Tee bewirtet.

Der Möbelunternehmer ist neben seiner wirtschaftlich sehr erfolgreichen Tätigkeit ein Heiler. Er redet mit Uttys Bruder über dessen Gleichgewichtsstörungen, fühlt ihm den Puls und rät zur Veränderung der täglichen Nahrungsaufnahme, empfiehlt gewisse Speisen und auch genaueres Nachdenken über innere Spannungen. Ich wollte das Ende dieses Dialogs abwarten, doch der jüngere Mann beginnt parallel dazu eine Unterhaltung mit Utty und mir. Er möchte mir die Grundzüge des Zen nahebringen, doch das scheitert völlig,

da mir das alles gar nicht einleuchtet. Viele der erkenntnis-
theoretischen Gedanken habe ich bei Simmel schon klarer
und weiterentwickelt gelesen. Außerdem friere ich während
der ganzen Zeit.

Abends gehen Utty und ich in ein wunderschönes Sympho-
niekonzert im Zentrum Schanghais. Das Programm ist ganz
Mozart gewidmet: Eine Opernouvertüre, ein Flötenkonzert
und eine große Symphonie: Weltklasse, sowohl auf dem
Podium als auch im Zuschauerraum! Das ist eben auch
China! Vielleicht können die den Mozart mittlerweise besser
interpretieren als wir.

Montag, 21. Februar 2011

Vera bemüht sich von München aus einen Gymnasialaus-
tausch mit China zu organisieren. Dadurch entsteht der
Kontakt zu Frau Zeng, einer Dame, die als Sponsorin einer
Oberschule nahe Schanghai, in dem Ort Taixing, hervorge-
treten ist und einen guten Bekannten in Deutschland hat.
Nach telefonischer Verabredung treffen sie und ich uns hier
in einem Restaurant. Sie ist eine ganz souveräne Frau im
Großelternalter, hat in den achtziger Jahren in den U.S.A.
Medizin studiert, in China als Ärztin gearbeitet und ist dann
ihrem Ehemann nach Hongkong gefolgt. Dort hatte sie keine
Möglichkeit, in ihrem Heilberuf zu bleiben. Daher wandte sie
sich dem Immobiliengeschäft zu, und das wiederum versetzte sie im Laufe der Jahre in den Stand, als Kultursponsorin
aufzutreten. Sie unterstützt nicht irgendeine Schule, sondern
das Gymnasium in der Heimatstadt ihres Vaters, das der
wohl besucht haben würde, falls damals friedliche Zeiten
geherrscht hätten.

Der Umstand, dass die Zeiten genau das aber nicht waren,
wird Ausgangspunkt für eine offene und höchst informative
Unterhaltung, in deren Verlauf sie und ich uns anschicken,
die an-stehenden Probleme der Welt mindestens theoretisch

zu lösen. Sie telefoniert mit der Schule in Taixing und verabredet nach Rücksprache mit mir, dass wir in ihrem Auto am Donnerstagvormittag dorthin fahren, damit ich die Schule und die Schule mich kennenlernen kann.

Direkt im Anschluss an dieses wichtige Gespräch treffe ich (nach fast einstündiger U-Bahn-fahrt) auf dem Gelände der Fudan Universität die Kollegen Fan Lizhu und Chen Na. Frau Fan kenne ich von früheren Besuchen in Schanghai als bedeutende Religionssoziologin, die eine der wenigen Forscher ist, von denen empirische Untersuchungen über religiöses Verhalten im heutigen China gemacht und publiziert wurden. Ihr Ehemann, Herr Chen, ist auch Sozialwissenschaftler. Er arbeitet in der *School of Journalism*.Wir haben beim Abendessen, zu dem die beiden mich einladen, ein für mich lehrreiches Gespräch über neue religiöse Entwicklungen in China.

Dazu gehört der Hinweis auf eine neu-konfuzianische Gemeinde im Norden der Provinz Fujian, in der Personen mit ihren Problemen zum Gemeindeleiter kommen und von ihm hingeführt werden zu einer Selbstanklage wegen Fehlern im Umgang mit anderen Menschen, z.B. nahen Verwandten. Wenn der Gemeindeleiter den Eindruck gewinnt, dass dem Betreffenden sein falsches Verhalten aufrichtig leid tut, wird ihm im Namen der Gemeinde verziehen, und er oder sie muss zu Ausgleich bestimmte Texte des Konfuzius auswendig lernen und rezitieren.

Frau Fan macht die wichtige Bemerkung, dass nach ihrer Überzeugung die uralte Tradition der Ahnenverehrung, nach der Chinesen ihre verstorbenen Vorfahren wie Heilige oder Götter rituell verehren und ihnen Opfer bringen, an das patrilineale Verwandtschaftssystem gebunden ist und mit ihm untergehen würde (oder wird?).

Dienstag, 22. Februar 2011

Utty und ich fahren im Taxi mit unseren drei Mädchen und mit der Tochter von Uttys Bruder zum großen Aquarium. Das ist für die Kinder aufregend und lehrreich und auch für uns Erwachsene sehr eindrucksvoll. Nach der Besichtigung zahlloser Meeresbewohner sehen wir eine Vorführung mit einem Seelöwen und einem weißen Wal als Artisten. Rita meldet sich spontan als Mitwirkende aus dem Publikum, wird vom Animateur interviewt und dann in ein Schlauchboot gesetzt, das an einer Leine, die der weiße Wal im Maul hält, im Kreis durch das Becken gezogen wird. Wir staunen über Ritas Sicherheit. Sie ist für einige Minuten ein Star mit großem Publikum.

Wegen einer Erkältung bleibe ich den Rest des Tages in der Wohnung. Der Kollege aus Nanjing, der ein Buch über Simmel geschrieben hat, ruft an und lädt mich ein, bei meinem nächsten Besuch in China, einen Gastvortrag an seiner Universität zu halten, weil es sich diesmal aus Zeitmangel nicht mehr organisieren lässt.

Mittwoch, 23. Februar 2011

Um die Erkältung möglichst schnell zu überwinden, unternehme ich heute nichts. Die Chancen fürs Gesundwerden sind gut, weil nun hier die Temperaturen zwischen 6 und 16 Grad liegen.

Donnerstag, 24. Februar 2011

Um 9:30 Uhr bin ich mit Frau Zeng zur Fahrt nach Taixing verabredet. Wir sind beide pünktlich. Sie bittet mich, in ihren BMW 325i einzusteigen. Ich gratuliere ihr zu dem schönen Auto. Es sei schon ziemlich alt, meint sie. Dann fahren wir zweieinhalb Stunden lang bei durchweg 120 km/h auf der tadellosen Autobahn, die allerdings Maut kostet, von

Schanghai nach Taixing. Das Tor zum Campus der High-School wird geöffnet, wir fahren auf das Gelände und werden schon erwartet.

Besichtigung des Schulmuseums der Oberschule in Taixing, Provinz Jiangsu, bei Schanghai, Februar2011.

Die Schule hat ca. 3000 Schülerinnen und Schüler und ein Kollegium von ca. 300 Personen. Sie arbeitet auf einem abgeschlossenen Campus inmitten der Stadt, deren Einwohnerzahl ganz ähnlich wie München bei etwa 1,2 Millionen liegt. Die Schule hat drei Jahrgansstufen. Auf dem Gelände stehen moderne Betongebäude, aber dazwischen hat man die alten ebenerdigen Bauten aus der Mitte des 19. Jahrhundert stehen lassen. Ein Teil dient als Schulmuseum, Archiv, Aufbewahrungsort von Urkunden und Siegertrophäen etc. Die meisten Schüler gehen täglich in ihre Familien, aber es gibt auch eine Minderheit, bei der die Schüler zu weit entfernt wohnen, und die daher in zwei, nach Geschlechtern getrennten, Internatshäusern schlafen. Die Schule hat den Ruf, im Einzugsgebiet von Taixing die beste Einrichtung ihrer Art zu sein. Daher herrscht offenbar scharfe Konkurrenz um einen Schülerplatz, und nur die Besten werden genommen.

Zu der Delegation, mit der Frau Zeng und ich uns treffen, gehören der „headmaster" – wie die Übersetzerin ihn vorstellt – mehrere Stellvertreter, die sich in verschiedene administrative Pflichten teilen, der zuständige Mann für die Kontakte mit den Ehemaligen und eine junge Englischlehrerin. Sie heißt Frau Zhang Hai Li (übersetzt Hai = Meer, Li = schön, aus der Familie Zhang), die sich für Westler Lydia nenne, aber die ich lieber mit Haili anrede, und ist meine Übersetzerin. Nach einer Schulbesichtigung, großzügiger Bewirtung und langen Gesprächen wird ein Kontaktverhältnis mit einem Gymnasium in München verabredet, das im Laufe des kommenden Jahres in die Wege geleitet werden soll. Maßgebend dafür, dass dies gelingt, ist der mit Entschiedenheit vorgetragene Wille der Frau Zeng, die Erziehung chinesischer Schüler durch Auslandskontakte zu verbessern.

Freitag, 25. Februar 2011

Nach angenehmer Übernachtung in einem großen Hotel treten Frau Zeng, der für die Kontakte zu ehemaligen Schülern zuständige Herr Fan und ich zu dritt in dem BMW die Reise nach Schanghai an, mit selbstverständlich Frau Zeng am Steuer. Es kommt wieder zu höchst informativen Gesprächen. In China meine man, dass die Katholiken nur an den Schöpfergott, nicht aber an Jesus glauben, während die Protestanten Anhänger Jesu seien, sagt Frau Zeng. Das führt dann auch zu der erstaunlichen Frage, ob jemand aus dem Westen Katholik oder Christ sei. Sie erwartet übrigens, dass China sich zu einer buddhistischen Nation entwickeln werde. Abends beim Essen unserer Großfamilie in einem

Restaurant, macht Uttys Bruder Bemerkungen, die auch in diese Richtung weisen.

Samstag, 26. Februar 2011

Ähnlich, wie die Kinder vor Weihnachten sagen: noch zweimal schlafen! Wir haben nur noch zwei Übernachtungen vor uns, ehe der Rückflug nach München auf uns zukommt. Die sechsjährige Tochter von Uttys Bruder, die im Herbst in die Schule kommt, hat heute, am Samstag, wieder mehrere private Unterrichtsstunden. Sie lernt Klavierspielen, und bei dem Zen-Budd-histen, dem wir am 20. Februar begegnet sind, memoriert sie Texte aus der klassischen Literatur Chinas, z.B. über die Kunst der Kriegführung. Der Unterricht geschieht im Kontext einer kleinen Gruppe von fünf oder sechs Kindern. Utty und ihr Bruder erklären mir, dass es für die uralten Regeln der Kriegführung mehrere analoge Anwendungsmöglichkeiten gibt, z.B. im Wettbewerb in der Wirtschaft, wo man den Konkurrenten über seine wahren Absichten ähnlich täuschen kann wie im Krieg den Gegner. Mir war vor Jahren beim Studium alter taoistischer Texte schon aufgefallen, dass dort die erotische Eroberung einer Frau durch ihren Geliebten mit kriegerischen Handlungen aus Anlass der Belagerung einer befestigten Stadt verglichen wurde.

Ich frage Utty, ob dieser Unterricht ihrer Nichte denn Spaß mache. Ich lerne, dass dies die falsche Frage war. Wenn einem jungen Menschen in China etwas Spaß mache, müsse er sich eher dafür entschuldigen, weil er oder sie sich ja offensichtlich nicht angestrengt habe. Bei der Sechsjährigen kommt es also gar nicht darauf an, ob es ihr Freude macht, dass ihre Eltern ihre Privatunterricht geben lassen, sondern ob sie ihre Zeit optimal nutzt oder nicht.

Sonntag, 27. Februar, letzter ganzer Tag in China

Ganz früh ruft Tracy aus Sanya an, um guten Flug zu
wünschen. Wir planen ein Wiedersehen in München. Dann
geht Utty mit ihrem Bruder und dessen Frau zu einem
erfolgreichen Geschäftsmann hier, von dem die beiden
Damen lernen sollen, wie man beim Geldverdienen erfolgreich sein kann. Er weist Utty darauf hin, dass für Antiqui-
täten, z.B. alte Fotoapparate, die noch funktionieren, in
Deutschland aber ausrangiert wurden, hier hohe Preise
erzielt werden können. Abends kommt es zu einem
gemütlichen Abschiedsessen in der Wohnung von Uttys
Verwandten.

Montag, 28. Februar 2011

Da bei dem Lufhansaflug LH 727 auf dem Flughafen
Schanghai Pudong das Einsteigen erst zu dem geplanten
Abflug um 23:50 Uhr abgeschlossen sein muss, ist mit
Sicherheit damit zu rechnen, dass unsere Maschine mehr
als zehn Minuten braucht, um abzuheben, und dass sie also
nicht mehr im Februar, sondern in den ersten Minuten des 1.
März den Boden Chinas verlassen wird. Wir haben daher
heute noch den ganzen Tag zur Verfügung, zum entspann-
ten Abschied und zum Packen. Wieder in zwei Autos, wie
bei der Landung in Schanghai am Ende des Aufenthalts in
Sanya, fährt der zehnköpfige Clan, sechs Erwachsene, vier
Kinder zum Flughafen. Beim Abschied weint die Tochter von
Uttys Bruder, weil sie von nun an wieder als Einzelkind lebt,
wie in China üblich, und weil ihr der normal gewordene
Kontakt zu ihren Cousinen fehlen wird. Gegen 23:30 Uhr
sind wir an Bord des Airbus der Lufthansa, in dem viele
einfache Leute aus China Platz nehmen, die anscheinend in
München nur umsteigen, um an einem anderen Zielort als
Gastarbeiter tätig zu werden.

Dienstag, 1. März 2011

Kurz nach Mitternacht rollt unsere Maschine auf die Startbahn. Begrüßung und Betreuung als Fluggäste der Lusthan-
sa ist schon ein wenig so, als wären wir in Deutschland. Ich
habe Spaß daran, wie die chinesische Flugbegleiterin mit
unseren kleinen Mädchen auf Chinesisch darüber verhandelt, welchen „Drink" man ihnen servieren soll. Der humor-
volle Kapitän weist darauf hin, dass die Reise „nur" zwölf
Stunden dauern wird. Nach deutscher Zeit fliegen wir von 17
Uhr am 28. Februar bis 5 Uhr am 1. März.

Wir sind etwas früher über Bayern angekommen, doch der
Flughafen München öffnet erst um 5 Uhr seine Pforten, und
so müssen wir in der Luft Herumwarten, ehe wir dann wenige
Minuten nach 5 Uhr nach einen halben Jahr wieder auf
deutschem Boden landen. Uns fehlt zwar eine Nacht, die wir
anstatt im Bett in der Economy Class verbracht haben, aber
dafür erhalten wir zum Ausgleich sieben Stunden Tageszeit
geschenkt. Als uns das Gross-Taxi an der Wohnung absetzt,
meint Lisa, es sei ja noch so früh, da können sie gleich noch
rechtzeitig zur Schule gehen. Das reden wir ihr aber aus, und
so wartet sie mit ihrer Wiedereingliederung in das deutsche
Bildungssystem noch 24 Stunden.

Mit der Heimkehr nach München endet dieses Tagebuch,
doch das Nachdenken über die sechs Monate in China
beginnt. Wer, wie während meiner früheren Aufenthalte im
Land der Mitte, als *foreign expert* oder Universitätsgast für
kurze Zeit dort auftritt, bewegt sich auf einer hochrituali-
sierten Bühne. Im Vordergrund steht dann das unglaublich
großzügige Verhalten der Gastgeber bei Einladungen zum
Essen und bei der touristischen Begleitung und Betreuung.
In einer solchen vorübergehenden Gastrolle lebt man in
Hotel- oder Gastprofessorenzimmern mit schnellem Internet
und der Möglichkeit, im Fernsehen auch CNN zu empfangen. Hört man nach seiner Rückkehr in die westliche Heimat

von Internetbeschränkungen, der Unmöglichkeit z.B. Facebook zu öffnen oder CNN-Nachrichten zu sehen, so neigt man dazu, das für chinafeindliche Propaganda zu halten.

Erst wenn man aus der Rolle des Kurzfriststaatsgastes aussteigt, lernt man die Wirklichkeit – ein wenig – kennen, in der die Kollegen und Freunde in China ständig leben. Erst dann kann man auch vertrauensvolle Bekanntschaften schließen, die für Mitteilungen über persönliche Schicksale die Grundlage bilden können. Dass dies in dem zurückliegenden Halbjahr möglich war, ist der eigentliche Wert des Aufenthalts. Daraus aber zu folgern: nun ist ein fundiertes Urteil über China möglich, wäre ganz abwegig. Wer meint, er wisse – oder wisse besser – wie man ein Volk von etwa 1,5 Milliarden Menschen regieren solle, von denen mehr als die Hälfte unter den Bedingungen landwirtschaftlich-dörf-licher Tradition leben, der muss ziemlich ahnungslos sein. Es folgt: Je mehr man über China weiß, desto besser weiß man, dass man nichts weiß.

V.5: Kurzer Rückblick

Die Kommunistische Partei hat mit ihren zum Teil unbeliebten Politdozenten[72] an den Universtäten Chinas viel Mühe, der neuen Generation von Enkeln der Opfer der Kulturrevolution eine Verehrung für Mao anzuerziehen. Sie, die Enkel der Opfer, waren zum Teil meine Studenten, kluge und grundehrliche junge Leute, die sich in ihrer großen Mehrzahl in die Tradition der Kenner klassischer Texte und des überkommenen Bildes des Gelehrten stellen. Dazu gehört es für sie, wie für ihre akademischen Vorfahren, dass sie gerade *nicht politisch aktiv*, sondern nur als Ratgeber in Fragen der Ethik kompetent und wirksam werden möchten.

Die Aussichtslosigkeit, die nach meiner Einschätzung diesen Idealen entgegensteht, konfrontierte mich zuweilen mit der

---

[72] Vergleiche dazu Abschnitt V.1,d).

Versuchung, nicht mehr nach China zurückzukehren. Doch ich bin von 1996 bis 2018 immer wieder dort gewesen. Zwischen 1996 und 2008 besuchte ich China zu Kurzbesuchen mit Vorträgen, vor allem in Peking und Shanghai. Von 2010 bis 2014 habe ich Gastprofessuren in Sanya und Xiamen wahrgenommen und dort auf Englisch Soziologie unterrichtet. Danach durfte ich noch im Jahr 2018 den hundertsten Jahrestag des Todes von Simmel bei einer Tagung in Hangzhou an der Zhejiang Universität mitfeiern.[73]

Vorher hatten bei meinen Lehrveranstaltungen am 13. Dezember 2010 die Marx-Aussagen des zum Britischen Lord gewordenen deutschen Soziologen *Dahrendorf*, die hier oben schon erwähnt wurde, besondere Aufmerksamkeit gefunden. Das Folgende war es also, was meine Studenten dazu auf der Power Point Folie von mir angeboten bekamen:

Ralf Dahrendorf (1929 – 2009): Developed industrial societies have taken a path of evolution that *does not* agree with the prognosis of Karl Marx.

A) The two classes *did not* get more and more polarized.

B) Social conflicts *did not* result primarily from the distribution of the means of production.

C) The revolution propelled by the proletariat *did not* happen, at least not in those countries for which Marx had predicted that.

It follows that *something must be wrong* with Marx's theory. As a result, there are three ways to deal with the tradition of Marx's work:

a) Forget the theory of Marx as old-fashioned.

b) Describe it as a historic phenomenon that has certain elements which are still relevant today and can be used

---

[73] Ein Tagungsband über die Vorträge, die auf der Tagung gehalten wurden, sind 2021 bei der *Commercial Press* in Peking erschienen. Herausgeber: Ji Zhe.

together with other approaches. This is the way of the *Frank-furt School.*

c) Develop a better theory in the continuity of Karl Marx, thereby replacing it, as was done by *Theodor Geiger,* by *Karl Renner,* and by *Ralf Dahrendorf* himself.

Das ist ja eigentlich erfreulich klar, doch anscheinend dann besonders schwer verständlich, wenn es so gar nicht zu dem passt, was man bei anderer Gelegenheit zum gleichen The-ma gesagt bekommt. Dahrendorf war mir bei Tagungen be-gegnet. Er und ich hatten an der Universität Hamburg zum Dr.phil. promoviert, er über das Thema: *Der Begriff des Ge-rechten im Denken von Karl Marx,* (ich über Hafenarbeiter). Dahrendorfs Texte lassen an Klarheit nichts zu wünschen übrig.

Mein Unterricht über das *Marx-Bild Dahrendorfs* wurde lei-der zum Wendepunkt meiner China-Erfahrungen, weil sich auch auf dem geographisch so fern von Beijing liegenden College Campus ab 2010 die Handschrift des Präsidenten Xi Jinping (geb. 1953) immer mehr durchsetzte. Xis Einfluss in der Partei war schrittweise stärker geworden, bis er 2012 das Amt des Generalsekretärs übernahm und als selbstver-ständliche Folge davon 2013 Staatspräsident Chinas wurde.

Xi fehlt die für den traditionellen Gelehrten seiner Kultur ty-pische Vertrautheit mit den großen geisteswissenschaftli-chen Klassikern. Er war 1975-79 an der *Tsinghua University* in Beijing[74] Student mit dem Ziel, einen Abschluss als *Che-mieingenieur* zu erreichen. Dann kehrte er von 1998 bis 2002 dorthin zurück, um in einem Graduiertenstudium *Mar-xistische Philosophie* zu lernen und mit dem Grad eines *Dok-tors der Rechte* abzuschließen.

Die auch in China normal gewordene Begrenzung der Amts-zeit eines Präsidenten ließ er 2018 aufheben, und 2021 wurde er von der Partei als Präsident auf Lebenszeit

---

[74] Vgl. hier Abschnitt IV.2.

bestätigt. Seit er die Entwicklung der Partei beeinflussen konnte, war er bemüht, den Weg der Reformpolitik seiner Vorgänger, so auch die von *Hu Jintao*, schrittweise zurückzufahren.

Eine Studentin, die ich besser kannte als andere, weil sie mehrmals eingeteilt war, mich am Flughafen abzuholen oder für mich zu übersetzen, fragte mich nach der Dahrendorf-Vorlesung im Hörsaal offen vor allen Zuhörern sehr betont, ob ich die Marx-Thesen nur als die *Meinung von Dahrendorf* vorgetragen hatte, oder ob diese Thesen auch *meine eigene Ansicht* wiedergeben. Ich antwortete, dass ich Dahrendorf in seiner Einschätzung des Wirkens von Marx *auch selbst zustimme.*

Von da an wurden meine Lehrveranstaltungen umgestellt: Es kamen keine Studenten mehr als Zuhörer, sondern nur noch eine kleine Zahl junger Kollegen. - Bei meinem nächsten Antrag auf ein Visum für China, das ich in München dem *Generalkonsulat der Volksrepublik China* vorlegte, musste ich eine Erklärung unterschreiben, dass ich nicht die Absicht habe, in China irgendwo *akademischen Unterricht* anzubieten, sondern mit meiner bevorstehenden Reise lediglich *touristische Absichten* verfolge.

V. 6: Krieg als Kulturkonflikt: Ukraine und Gaza

Die Berichte über *Aufenthalte in Asien* begannen mit den Einladungen von 1995 und mit meinem Wiedersehen mit Professor Hua in dessen Heimat in Peking ein Jahr danach. Darauf folgte eine Reihe von zum Teil folgenschweren Aufenthalten in Japan, Korea und China, lauter Aktivitäten, die – abgesehen vom Balkan-Krieg in Bosnien – davon ausgingen, dass weitgehend weiterhin Frieden in der Welt herrschen würde. Nach dem Horror meiner Kindheit mit den Schwerpunkten auf die *Massenbombardierungen* von Hamburg und Dresden war der weitere Lebensverlauf getragen von der Erfahrung und der Dankbarkeit dafür, seit 1945 in einer einigermaßen friedlichen Welt leben zu dürfen.

Das stellte sich als Illusion heraus, als Ende Februar 2022 der Krieg in der Ukraine ausbrach. Die traurige Realität, die dieser Kriegsbeginn zum Bewusstsein brachte, lässt sich bis zum Anfang das Jahres 2013 zurückverfolgen: Als zu Beginn des Jahres 2013 in St. Petersburg ein Gesetz gegen jede Form von sogenannter „Schwulenpropaganda" (Propaganda zugunsten von Homosexualität) verabschiedet wurde, kreierte eine Gruppe von Aktivisten ein Video mit Musik des russischen Komponisten Tschaikowski, der homosexuell war, als Hintergrundmusik.[75]

Ein Beispiel dafür, wie Hass gegen Homosexualität in Propaganda für einen Krieg umgemünzt werden kann, dokumentiert der Zeitungsbericht „Russlands Krieg gegen Homosexualität."[76] Darin wird belegt, dass die Aggression gegen Aktivisten, die sich für mehr Toleranz gegenüber Homosexuellen und Lesbierinnen eingesetzt haben, seit Anfang des Ukrainekriegs in Russland zugenommen hat.

In den regierungseigenen Fernsehkanälen wurde der Krieg in der Ukraine immer wieder als dadurch gerechtfertigt dargestellt, dass er nötig sei, um generell den Einfluss „des Westens" auf Russland zu reduzieren und speziell die aus westlichen Quellen stammende Neigung zugunsten von Homosexualität zurückzudrängen. In der Öffentlichkeit beliebte Medienstars, wie die von Putin begeisterte Ansagerin des Kanals Russland I, Olga Skabejewa[77] versuchen antiwestliche Gefühle aus dem Zweiten Weltkrieg wiederzubeleben, die sich ursprünglich gegen Nazi-Deutschland richteten.

Skabejewa bezeichnet dementsprechend Tendenzen, die Nachgiebigkeit gegenüber Homosexuellen, Lesbierinnen und „Transmenschen" fördern, als "trans-fascists" und for-

---

[75] *Berliner Morgenpost,* 19-24 Feb. 2013
[76] Andreas Apetz, Frankfurter Rundschau, 23. Juli, 2022.
[77] Dokumentiert von dem *British Network BBC*

dert deren "denazification."[78] Putin selbst hat sich in der Öffentlichkeit in die gleiche Richtung geäußert und bezieht sich auf „religiöse Metaphysik" auch in Gegenwart des Patriarchen der Russisch-Orthodoxen Kirche.

Der Einfluss von Religion auf Politik ist in den Predigten des Patriarchen Kyrill I, offenkundig: In einer Ansprache vom 6. März 2022 in der Kathedrale Christus-Erlöser rechtfertigte der Patriarch den Angriff auf die Ukraine, weil der dazu beitrage, die Glieder der Kirche von sexuellen Orientierungen zu schützen, die mit den Werten der Kirche nicht übereinstimmten.[79] Der rechte Glaube bedeute nach den Worten des Kirchenoberhauptes, das Personen mit homosexuellen oder lesbischen Neigungen von der regulären Mitgliedschaft ausgeschlossen seien. Präsident Putin hat in öffentlichen Auftritten seine Übereinstimmung mit dieser Ansicht mehrfach zum Ausdruck gebracht.

Noch absurder sind Skabejewas Argumente, nach denen Russland gegen die im Westen grassierenden „perversen sexuellen Neigungen" nichts zu unternehmen brauche: Weil im Westen, eben wegen der „perversen" Neigungen, keine Säuglinge mehr zur Welt kommen, verlieren jene Länder ohnehin ihre Bedeutung, denn es kommt keine neue Generation zustande.[80]

Außer dem Ukraine-Krieg in Europa gibt es achtzig Jahre nach Hamburg seit dem 7. Oktober 2023 den Krieg im Nahen Osten zwischen Israel und der palästinensischen Hamas. Doch die beiden neuen Kriege in der Ukraine und im Nahen Osten unterscheiden sich, so dass die Frage sinnvoll ist, welcher der beiden die größere Ähnlichkeit mit *Gomorra*

---

[78] Der historischen Wirklichkeit entspricht allerding die Einsicht, dass das Nazi-Deutschland war, das extrem *intolerant* gegenüber Homosexualtät agierte.
[79] Andreas Apetz, ibid.
[80] Andreas Apetz, ibid.

und dem Vorgehen in Hamburg und Dresden im Zweiten Weltkrieg hat.

Es ist vielleicht zulässig, die europäischen Kriege der Neuzeit mit einem Duell[81] zu vergleichen. Der Vergleich klang hier zu Beginn des Lebensrückblicks an, als mein Großvater Moescher und ich seine Tapferkeitsauszeichnung betrachteten und sie besprachen: Das Duell diente der Rechtfertigung eines Statusanspruchs und hatte in aller Regel nicht die Auslöschung des Gegners zum Ziel: Wer sich unterwarf sicherte dadurch sein Leben.

Unabhängig von der Frage des Duells: Die Zivilbevölkerung war im Ersten Weltkrieg in Deutschland durch die Hungersnot betroffen aber nicht durch Massenbombardierungen. Freilich kann eine bestimmte Bevölkerung zielstrebig ausgehungert und dadurch ausgelöscht werden, wie das Teile der Landbevölkerung der Ukraine während des Winters 1933-34 unter Stalin betraf, als eine Flucht vom Land in die Städte – um dem Hungertod zu entgehen – mit Gewalt behindert wurde. Vergleichbares traf während des Ersten Weltkriegs in Deutschland nicht zu.

Manche Aspekte der Ukraine-Kriegs tendieren zwar in die Richtung auf eine Bombardierung von Nicht-Kombattanten, doch spielt das dort nicht die zentrale Rolle wie in Palästina, wo die Vernichtung eines Bevölkerungsteils (der Hamas) angestrebt oder in Kauf genommen wird. Im Ukraine-Krieg wie in Palästina geht es – mindestens stillschweigend im Hintergrund – um religiöse Glaubensüberzeugungen. Dazu liefert das CNN im Internet einen Kurzbericht, der in diesen Kontext passt:

---

[81] Zur Bereitschaft Max Webers zu einem Duell vergleiche: „Weber wäre in der Tat jederzeit zu einem Duell mit Ruge bereit gewesen…" in: *Die Zeit* online, 13.08.1998: *Max Weber zwischen Wirtschaftspolitik, Gerichtsaal und Opernhaus.*

„On Thursday, commenting separate videos that showed Israeli soldiers singing prayers into the loudspeakers of a mosque in the occupied West Bank city of Jenin, the IDF (Israel Defense Forces) said it had removed those involved from operational activity and they would be disciplined accordingly."[82]

Das „gelobte Land," in dem Juden, Muslime und andere seit Generationen leben oder vor ihrer Vertreibung gelebt haben, gilt den dort Heimischen als von Gott selbst zugewiesen. Das macht es zu einer gotteslästerlichen Missetat, bestimmte Gebietsansprüche zu bestreiten. Eine solche religiöse Begründung von Territorialansprüchen macht es aber unmöglich, nach dem Modell eines Duells zu verfahren: Wer sich unterwirft, bestreitet – oder bezweifelt doch mindestens – die Existenz des eigenen Gottes. Umgekehrt kann die erfolgreiche Vernichtung des Gegners von dem Gläubigen in manchen Religionen als Gottesbeweis gewertet werden.

Eine historisch vergleichende Beurteilung von Kriegen wird als Kulturvergleich zudem dadurch erschwert, dass jeweils versucht werden muss, zu unterscheiden, welche Motivationen für das Töten im Sinne von seit Generationen überlieferten Glaubensinhalten als *ehrlich und echt* gelten einerseits, und solchen, die im Bewusstsein derer, die sich ihrer bedienen, als *propagandistische Ausrede* erkannt werden können. Freilich müssen solche Rechtfertigungen nicht bei Angreifern und Verteidigern die gleichen sein.

Das Putin-Umfeld argumentiert teils religiös, teils weltlich-propagandistische mit sexueller Perversion des Gegners, die Sprecher der Ukraine sehen mit gutem Grund keine Notwendigkeit, darauf einzugehen. Doch gemessen an dem Stellenwert der Massenbombardierungen erinnern eher die Auseinandersetzungen zwischen Israel und der Hamas als der Ukraine-Krieg an die Luftangriffe auf Hamburg und Dres-

---

[82] CNN Internet Service.

den im Zweiten Weltkrieg und an die biblische Begründung der Vorgänge mit dem Hinweis auf Gomorra.

Verzeichnis zitierter oder erwähnter Publikationen

Bauer, Wolfgang: *Geschichte der chinesischen Philosophie, Konfuzianismus, Daoismus, Buddhismus* (Herausgeber: Hans van Ess) München: Beck 2006.

Blumer, Herbert und Horst J. Helle: Herbert Blumer im Interview (in English): Mead, Park und deren Schüler – eine Innenansicht der Schule von Chicago. In: Horst Jürgen Helle, Hrsg., *Architekten der Soziologie 1900-2000*. Amazon.com 2024: 44-63.

Durkheim, Emile: *The elementary forms of religious life,* London: Allen & Unwin 1968.

Brown, David: *Tchaikovsky. A Bibliographical and Critical Study –* The Years of Fame (1878-1893). Paperback edition: Vol. III. The Years of Wandering (1878-1885). Vol.: IV The Final Years (1885-1893) London[83]: Victor Gollancz Ltd. 1992, 527ff.

Ebertz, Michael N.: Erosionen im Jenseits – Erosionen im Diesseits. Predigten über „Himmel", „Hölle", „Fegefeuer" in soziologischer Sicht. In: Horstmann, Johannes (Hrsg.): *Ende des Katholizismus oder Gestaltwandel der Kirche?* Schwerte 1993: 83-132.

Fei, Hsiao-tung (alternative Schreibweise für Xiaotong): *China's Gentry. Essays in Rural-Urban Relations*, Chicago & London: University of Chicago Press 1953.

Fürstenberg, Friedrich: Vorwort, in: Gerd Reinhold, *Familie und Beruf in Japan – Zur Identitätsbildung in einer asiatischen Industriegesellschaft*. Berlin: Duncker & Humblot 1981: 7.

---

[83] Thema ist auch die Homosexualität Tschaikowskis

Granet, Marcel: *Chinese Civilization* (translated by Kathleen Inness and Mabel Brallsford), London & New York 2013 (Französisches Original 1929).

Hammond, Phillip E.: *With liberty for all: Freedom of religion in the United States*, Louisville, Westminster: John Knox Press 1998.

Helle, Heinz: *Überwindung der Schwerkraft*[84], Roman, Suhrkamp Verlag, Frankfurt am Main 2018.

Helle, Horst Jürgen (Hrsg.): *Kultur und Institution,* Berlin: Duncker & Humblot 1982, 380 Seiten.

Helle, H. J. und S. N. Eisenstadt (eds.): *Micro-Sociological Theory: Perspectives on Sociological Theory,* vol. 2, London, Beverly Hills, New Delhi: SAGE Publications (International Sociological Association) 1985.

Helle, Horst J. (Editor): *Verstehen and Pragmatism. Essays in Interpretative Sociology.* Frankfurt/Main, Bern, New York, Paris: Peter Lang 1990.

Helle, Horst J.: A Journey into Sociology, in: Mathieu Deflem (Editor) *Sociologists in a Global Age: Biographical Perspectives.* Hampshire (England) & Burlington, VT (USA): Ashgate 2007: 219-230.

Helle, Horst J.: *Verstehende Soziologie. Eine Methode für das Studium des Menschen und seiner Kultur,* München 2018, Amazon.com, 231 Seiten.

Helle, Horst J.: Family and Work in Today's Society, in: *Guest-Lectures in Europe, America, and Asia,* New Edition, München: Amazon.com 2024, S. 215-229.

Helle, Horst J.: *Soziologie der Religionen. Entwicklung der Ideen vom Heiligen*, München: Amazon.com 2024.

---

[84] Thema des Romans ist Alkoholabhängigkeit als Suchtkrankheit

Helle, Horst (Hrsg.): *Architekten der Soziologie*. Mit Beiträgen zu Peter L. Berger, David Riesman, Herbert Blumer, Erving Goffman, Elman Service, Florian Znaniecki u.a. München: Amazon.com 2024.

Hunter, James Davison: (1991): *Culture wars: The struggle to define America,* New York: Basic Books 1991.

James, William: *The varieties of religious experience,* Cambridge, Mass.: Harvard Univ. Press 1985.

Kindermann, Gottfried-Karl: *Der Ferne Osten – in der Weltpolitik des industriellen Zeitalters*. Lausanne: Edition *Rencontre* 1970.

Redfield, Robert: Introduction to: Hsiao-tung Fei, *China's Gentry*, *Essays in Rural-Urban Relations*, Chicago: University of Chicago press 1953: 10.

Reinhold, Gerd: *Familie und Beruf in Japan – Zur Identitätsbildung in einer asiatischen Industriegesellschaft*. Berlin: Duncker & Humblot 1981, 187 Seiten.

Marx, Karl: *The Marx-Engels reader,* Robert C. Tucker (editor), New York: Norton 1978.

Marx, Reinhard Kardinal: *Wie die Kirche der Welt beim Denken hilft.* Vortrag, abgedruckt in: *zur debatte,* 4/2019: 6-7.

Obayashi, Hiroshi: *Death and afterlife: Perspectives of world religions,* New York: Greenwood Press 1992.

Park, Il-Young, (publiziert als: *Il-Young Park)*: Minjung, *Schamanismus und Inkulturation: Schamanistische Religiosität und christliche Orthopraxis in Korea*. Dissertation, Universität Fribourg, Schweiz 1988.

Poznansky, Alexander: *Tschaikowskys Tod, Geschichte und Revision einer Legende*[85]. Mainz: Schott Musik International, 1998, 188ff.

Shils, Edward: *The Calling of Sociology and other Essays on the Pursuit of Learning.* Chicago and London: The University of Chicago Press 1980, 498 pp.

Schmidt-Glintzer, Helwig: *Das neue China. Von den Opiumkriegen bis heute.* 6. überarbeitete Auflage, (zuerst 1999), München: C.H. Beck 2014.

Simmel, Georg: *Gesammelte Schriften zur Religionssoziologie*, Hrsg.: Horst Jürgen Helle, Andreas Hirseland und Hans-Christoph Kürn, Berlin: Duncker & Humblot 1989.

Simmel, Georg: *Essays on religion,* ed. & transl. by Horst Jürgen Helle and Ludwig Nieder, New Haven, Yale Univ. Press 1997.

Weber, Max: „Allgemeiner Charakter der asiatischen Religiosität," S. 363-367 in: Ders., Die Wirtschaftsethik der Weltreligionen, II: *Hinduismus und Buddhismus*, 6. Auflage. Tübingen: J.C.B. Mohr (Paul Siebeck) 1978 (zuerst 1921).

Weber, Max: *The protestant ethic and the spirit of capitalism"*, London , Unwin Paperbacks 1985.

Wenko, Dieter: Konflikte in Familie und Ehe im Lichte der Ablösungsproblematik, in: *Soziologenkorrespondenz*, Neue Folge, Heft 4, München 1977: 19-36.

Xue, Yongling: *The Influence of Religious Beliefs on Social Interaction*, Frankfurt am Main: Peter Lang 2004, 256 Seiten.

Yang, C. K.: *"Religion in Chinese society: A study of contemporary social functions of religion and some of their historical factors"*, Berkeley: University of California Press 1970.

---

[85] Siehe Fußnote 78!

9 798874 108748